"十三五"国家重点图书、音像、电子出版物出版规划项目
民族文字出版专项资金资助项目

白族语言文化释义丛书

话语材料

李素琴 著

云南出版集团
云南美术出版社

图书在版编目（CIP）数据

白族语言文化释义丛书．3，话语材料 / 李素琴著
．-- 昆明：云南美术出版社，2022.6
ISBN 978-7-5489-4707-3

Ⅰ．①白… Ⅱ．①李… Ⅲ．①白语－语言学－研究
Ⅳ．① H252

中国版本图书馆 CIP 数据核字 (2021) 第 193420 号

出 版 人：刘大伟
图书策划：张文璞　韩　洁
责任编辑：郑涵匀　韩　洁　陈铭阳
责任校对：方　帆
装帧设计：范　晓

白族语言文化释义丛书　话语材料

李素琴　著

出版发行：云南出版集团
　　　　　云南美术出版社（昆明市环城西路 609 号）
印　　装：云南金伦云印实业股份有限公司
开　　本：787mm × 1092mm　1/16
印　　张：36.25
版　　次：2022 年 6 月第 1 版
印　　次：2022 年 6 月第 1 次印刷
ISBN 978-7-5489-4707-3
定　　价：399.00 元（全 3 册）

白语（berpngvz）是白族的民族共同语。

白族主要聚居在云南省大理白族自治州境内，云南省怒江州、丽江市、保山市、昆明市、玉溪市、文山州等其他地州以及贵州省毕节市、六盘水市和湖南省桑植县、湖北省鹤峰县也有白族分布，据2010年第六次人口普查数据，白族人口共有193万。

白语的使用人口主要是大理州、怒江州、丽江市的白族，此外在保山隆阳、楚雄南华、文山丘北、玉溪元江、昆明沙朗等地也有零星分布。传统上将白语分为三大方言：大理（南部）方言、剑川（中部）方言、怒江（北部）方言。其中，大理和剑川方言比较接近，两者可以相互通话，怒江方言同其他两个方言差别较大，通话比较困难。一般认为，怒江方言受其他语言（主要是汉语）的影响相对较少，语言系统较为古朴。根据抽样调查数据估计，大理方言的使用人口约60万人，剑川方言的使用人口约50万人，怒江方言的使用人口约10万人。

白语兼有汉语和藏缅语的语言特点，因此，其语言系属问题一直存在争议，傅懋勣、徐琳、赵衍荪等学者认为白语属于汉藏语系藏缅语族彝语支，戴庆厦、杨应新等认为应单列白语支。此外，郑张尚芳等认为白语和汉语构成“汉白语族”，罗常培、李绍尼等认为白语是一种混合语。

白语大理、剑川两个方言的语音系统比较简明，怒江方言相对复杂，塞音和塞擦音分清、浊，并有舌尖后和小舌两组辅音。三个方言的元音都分松紧。剑川方言和怒江方言有鼻化韵母，而

大理方言都为元音韵母。三个方言都有大量的汉语借词。语法方面，白语属话题凸显型语言，基本语序和汉语一致，都为主谓宾（SVO）的语序。白语量词发达，量词的位置在名词之后。白语的肯定和否定形式有语音屈折对应现象，比如 geiz（见）和 guiz（不见）、dap（行）和 duap（不行）等。

白族人民在日常生活中以白语为交际工具，在各民族交流融合的过程中，白语和汉语互相影响，你中有我，我中有你，白语中有大量汉语借词，而大理的汉语方言，也借用了不少白语词汇。由于受白语影响，大理州境内的一些汉族人也兼通白语，居住在大理市、洱源县境内的部分回族也以白语为主要交际用语。怒江州的兰坪县境内，由于多民族杂居，而白语影响又比较大，白语因此成为当地各民族的共同交际语之一。从分布地区看，居住在平坝地区以及城镇附近的白族居民一般兼通汉语。而边远山区，如洱源西山、剑川象图、云龙高明等白族村寨的白族群众大部分只通白语。

白族有两种民族文字，一种是老白文，历史上又叫“白文”“僰文”，形成于南诏中后期（公元9–10世纪），是汉字系文字的一种，属于典型的南方仿汉型文字，其书写系统由假借汉字和自造字符构成，以假借汉字为主。自造字符白族民间称为“白字”，主要是通过汉字及其偏旁重新组合的形式造成，包括意义合体字、音义合体字、形声字、“口旁字”等类型，意义合体字如：“嫑”，白语读 mia，意为“不要”；“昆”，白语读 cal，意为“早饭”。音义合体字如：“厚页”，白语读 gex，意义为“厚”；“胥”，白语读 wa，意义为“月”。形声字如：“亻能”，白语读 nel，意为“你的”；“口斗”，白语读 doud，意为“话”。“口旁字”如：“咡”，白语读 ngerd，意为“去”；“呠”，白语读 bel，意为“他的”。也有个别的变体字和省略字，如“尹”，白语读 liat 或 liax（jiax），意为“这样”等。

另一种文字是新白文，也叫拼音白文，是中华人民共和国成立以后在党和国家的关心支持下创制的拼音文字。1957 年，中国科学院少数民族语言调查第三工作队白语组深入各个白族聚居区开展语言文字调查，设计完成以南部方言为基础方言、下关白语为标准音的《白族文字方案》（草案），并于 1958 年在第二次全国少数民族语文科学讨论会上通过。1982 年初，大理州成立了“大理白族自治州白文研究组”，对 1958 年《白文方案》进行第一次修订，以中部方言为基础方言，以剑川金华白语为标准音，并进行推广试验，取得积极成效。1993 年 6 月，在云南省委、省人民政府和大理州委、州人民政府的关心支持下，由云南省少数民族语文指导工作委员会牵头在昆明召开了“白族语言文字问题科学讨论会”，对《白族文字方案》进行了再次补充和完善，以“一套方案兼顾两大方言（大理和剑川）”为出发点，制订了以大理方言和剑川方言为基础方言、以剑川金华镇和大理喜洲镇为标准音点

的新方案，修订后的《白族文字方案（草案）》规范了拼写，适应了白语文工作的实际，白语文的工作得到了白族群众的认可和欢迎，白语文也得到了积极的推广。

语言是重要的文化资源，作为中华民族语言大家庭中的一员，白语不仅丰富着中华民族的语言资源，同时也生动地体现了白族的社会、历史和文化。在今后很长的时间内，白语仍将作为白族最为重要的交际工具和民族特征而存在。

又记：2020 年 5 月，承蒙云南美术出版社和段然老师支持编撰白族语言文化释义丛书，包括日常用语、谚语熟语和话语材料三卷。丛书的撰写以1993年修订《白族文字方案（草案）》为标准，大理大学文学院副教授张锡梅负责日常用语卷的撰写，中国社会科学院民族学与人类学研究所研究员王锋牵头负责谚语熟语卷撰写，大理大学外国语学院副教授李素琴负责话语材料卷撰写。其中，日常用语卷主要使用大理方言，话语材料卷使用剑川方言，谚语熟语卷涵盖了大理、剑川两大方言。丛书采用统一的译释格式，即第一行为国际音标，第二行为汉语直译，第三行为拼音白文，第四行为汉语意译。

云南美术出版社十分重视云南省多样性民族语言文化的保护和传承，我们对此表示高度赞赏。段然老师一直以弘扬民族文化为己任，积极探索通过民族语言文化助力云南省民族团结进步边疆繁荣稳定示范区建设，韩洁老师在丛书编撰过程中耐心细致沟通，认真释疑解惑，确保了本套丛书顺利完成编撰，在此一并致谢。是为记。

目录

1. 白族县市概要

大理市
tɛ^{31}li^{33}tsɛ̃^{21}
Daitlix zaind

001.tɛ^{31}li^{33}tsɛ̃^{21}tsɯ^{33}jui^{42}nã^{42}mɯ^{55}sẽ^{55}pɯ^{44}kv^{44}no^{33},

大理 市 在 云南[1] 它的 西北角

Daitlix zaind zex Yuipnanp mel seinlbegv nox,

大理市地处云南省西北角，

002.mɯ^{55}tṽ^{55}jɛ̃^{33}piɯ̃^{44}tshue^{44},ɕiã^{42}jui^{42},

他的东面 是 宾川[2] 祥云

mel dvnl yainx Biencuei, Xianpyuip,

东与宾川、祥云相连，

003.mɯ^{55}nɑ^{21}jɛ̃^{33}we^{44}sẽ^{44}li^{55}mi^{42}tu^{55},

他的南边 是 巍山 及 弥渡

mel nad yainx Weisein lil Mipdul,

南与巍山、弥渡相邻，

1 云南，《白汉词典》268 页翻译为 Ngvdnal，本书使用其汉字白读。

2 宾川，《白汉词典》38 页，翻译为 Bilgel，为方便阅读，本书使用其汉字白读 Biencuei。

004.sẽ^{55}po^{21}jɛ̃^{33}jã^{55}pi^{35}, kɛ^{55}lo^{55}tsɯ^{33}tɕĩ^{55}tsho^{55}sẽ^{55},
西边 是 漾濞[3] 之间 是 点苍山
Seinlbod yainx Yanlbif, gaillol zex Jinlcol seinl,
西接漾濞，以点苍山为界，

005.pɯ^{44}mi^{42}tsɯ^{33}lo^{31}xo^{55}ɕi^{44}li^{55}tsã^{33}ɣou^{42}khɛ^{31}.
背面 是 洱源县 以及 鹤庆
bemip zex Lotholxi lilzanx Hhoupkait.
北与洱源、鹤庆交界。

006.tɛ^{31}li^{33}tsɛ̃^{21}no^{33}tsɯ^{55}fv^{31}tsw^{33}ke^{21}ɣɛ^{33}kuɛ^{55},
大理市 的 政府 在 下关
Daitlix zaind nox zebfvt zex geid Hhaixguail,
大理市人民政府所在地是下关，

007.mo^{31}tsɯ^{33}tɛ^{31}li^{33}no^{33}tsɯ^{55}tsɿ^{55}, tɕiɯ^{44}tɕi^{55}li^{55}vɯ̃^{42}xuɑ^{55}tsõ^{33}ɕiɯ^{33}.
它是 大理 的 政治 经济 和 文化 中心
mot zex Daitlix nox zebzib, jiejib lil venphuab zonxxiex.
是全州政治、经济、文化中心。

008.tɛ^{31}li^{33}no^{33}pɛ^{44}ɕiɛ^{42}xɯ^{31}pɛ^{35}tshu^{35}we^{42}tsv^{31}.
大理的 百姓 里 白族 为主
Daitlix nox bai`xiaip het Baifcuf weipzvt.
大理市百姓以白族为主。

009.tsɛ̃^{21}xɯ^{31}kv^{42}tɯ^{33}25ko^{55}miɯ^{42}tshu^{35}.
城 里 住着 25 个 民族
zaind het gvp dex 25 gol miepcuf.
市内共有 25 个民族居住。

010.2019niɛ^{42}pɛ^{35}tshu^{35}tsɯ^{33}tsõ^{31}sɯ^{42}kho^{31}no^{33}68.06%;
2019 年 白族 有 总数 人口的 68.06%
2019 niaip Baifcuf zex zont ssepkot nox 68.06%;
2019 年白族占总人口的 68.06%;

3 漾濞，白族话也称 Yondvut。

011.mɯ^{55}tɕiɑ^{42}tsɯ^{33}xã^{55}tshu^{35}、ji^{42}tshu^{35}、xui^{42}tshu^{35}.

其他　　有　汉族　　彝族　　回族

mel jiap zex Hanlcuf, Yipcuf, Huipcuf.

其次为汉族、彝族、回族等。

012.tɛ^{31}li^{33}tsɛ̃^{21}mɯ^{55}tɕi^{21}pɛ^{21}tsɯ^{33}1815phiɯ^{42}fã^{33}tɕhiɛ^{33}mi^{31},

大理　市　它的　地盘　1815 平方千米

Daitlix zaind mel jidbaid zex 1815 piepfanx qiaixmit,

大理市总面积 1815 平方千米，

013.mɯ^{55}xɯ^{31}sv^{42}po^{21}sv^{42}tã^{44}tsɯ^{33}70.5%；

其中　山地　坡地　占 70.5%

mel het svpbod–svpdan zex 70.5%；

其中山地占 70.5%；

014.pɑ^{44}tsɿ^{31}thɯ^{31}tsɯ^{33}tsɛ^{44}15.8%，

坝子　仅仅　占 15.8%

ba'zit tet zex zai 15.8%，

坝区面积占 15.8%，

015.ɕiɑ^{55}sɯ^{55}no^{33}jɛ^{33}tɛ̃^{31}li^{33}ko^{21},

下剩　的 是 大理　海

xialsel nox yainx Daitlix god,

剩余面积是洱海，

016.tɕhuɛ^{42}kuo^{35}tɕhiɛ̃^{55}ɕui^{33}ko^{21}tɕhi^{44}ne^{21}xɯ^{31}no^{33}ɑ^{31}ne^{21}.

全国　　清水　　湖　七个　　里　的　一个

quaipguof nox qiainlxuix god qi neid het nox at neid.

是全国七大淡水湖泊之一。

017.mo^{31}kɯ^{55}tɕĩ^{55}tsho^{55}sẽ^{55}ɑ^{31}jɑ^{42}，to^{42}na^{21}to^{42}pɯ^{44}，

它 与　点苍山　一样　　南北走向

mot gel Jinlcol seinl atyap, dopnad dopbe,

与苍山一样南北走向，

018.ã^{33}sɛ^{55}jui^{21}jɯ̃^{33}kou^{44}pi^{21}pho^{33}.

看像　耳朵　　　个

anx sailyuid yenxgou'bid pox.

像极了一只耳朵。

019.te^{31}li^{33}lɯ^{31}ŋui^{33}lo^{55}kṽ^{55}tso^{31}tɕĩ^{55},

大理　这个地方　河流　多

Daitlix letnguixlol gvnlzot jil,

大理境内溪流多，

020.to^{42} to^{42}se^{31}se^{31}ɑ^{31}pɛ^{44}lo^{55},

大大小小　一百多

dopdop–seitseit at bai lol,

大大小小近 100 条，

021.mɑ^{55}tɕhiɛ^{55}tsɯ^{33}sv^{42}no^{33}kɯ^{21}thɯ^{55}jĩ^{44}tɛ^{31}li^{44}ko^{21}xɯ^{31}.

它们　全 是 山上　流下来　　大理　海　里

mal qiail zex svp nox ged tel yin Daitlix god het.

全部发源于大理盆地四周山麓并流入洱海。

022.tɛ^{31}li^{33}tsɛ̃^{21}xɯ^{31}tse^{44}tsɯ^{33}wĩ^{55}ɕui^{33}sɑ^{55}ɣɯ^{42}.

大理 城　里　再　有　温泉　三处

Daitlix zaind het zei zex winlxuix sal hhep.

市内还有地热温泉 3 处。

023.tɛ^{31}li^{33}tsɛ̃^{21}mɯ^{55}tṽ^{55}na^{21}sẽ^{55}pɯ^{44}tɕiɯ^{35}tsɯ^{33}sv^{42},

大理　城　它 东南西北　　　全 是　山

Daitlix zaind mel dvnlnad–seinlbe jief zex svp,

大理市东西南北四面群山环绕，

024.ɛ^{55}ɕi^{55}mi^{42}tsɯ^{33}tsɿ^{44}tsõ^{21}tsɿ^{44}tsõ^{21}no^{33}phiɛ^{55}po^{21}tɑ^{44}ne^{21},

中间　　有 窄　长　窄长的　　　坡地　个

ailxilmip zex zi'zond–zi'zond nox piailbodda neid,

中间是狭长缓坡区，

025.sẽ^{55}po^{21}kɑ^{55}，tṽ^{55}po^{21}pi^{33}，tṽ^{55}po^{21}tsɯ^{33}tɛ^{31}li^{33}ko^{21},

西边 高 东边低 东边 有 洱海

seinlbod gal, dvnlbod bix, dvnlbod zex Daitlix god,

西高东低，东边是洱海，

026.ko^{21}pi^{55}no^{33}tsɯ^{33}jɯ^{44}wu^{44}li^{55}tsã^{33}tsi^{55}tɕi^{31}tɑ^{31}.

海边 有 村庄 和 田野

god bil nox zex ye wu lilzanx zil jitdant.

海边是村庄和田野。

027.tɛ^{31}li^{33}tsɛ̃^{21}ɕui^{33}tɕi^{55}，sv^{42}li^{55}tɕi^{55}.

大理市 水多 山也多

Daitlix zaind xuix jil, svp lil jil.

大理市除了水多，山也多。

028.xã^{31}kɑ^{55}xã^{31}tsõ^{21}no^{33}sv^{42}tsɯ^{33}tɕĩ^{55}tsho^{55}sẽ^{55}.

最高 最长 的 山脉是 点苍山

Hant gal hant zond nox svp zex Jinlcol seinl.

最高的、最长的山脉是点苍山。

029.tɕĩ^{55}tsho^{55}sẽ^{55}li^{55}tsɯ^{33}to^{42}na^{21}to^{42}pɯ^{44},

点苍山 也 是 南北走向

Jinlcol seinl lil zex dopnad–dopbe,

点苍山呈现南北走向，

030.mɯ^{55}no^{33}sv^{42}tsɯ^{33}tsɛ̃^{42}tɕiɯ^{33}khui^{55},

它 的 山 有 十九 座

mel nox svp zex zainp jiex kuil,

由十九座山峰组成，

031.kɑ^{55}tshv^{31}tsɯ^{33}3500mi^{31}phiɑ^{44}4122mi^{31}.

高度 有 3500 米 至 4122 米

gal cvt zex 3500 mit pia 4122 mit.

海拔 3500 米—4122 米。

032.tɛ^{31}li^{33}pɑ^{44}tsɿ^{31}tṽ^{55}ŋua^{44}wĩ^{55}，zɯ^{31}sɑ^{55}ŋua^{44}tɕhiɛ^{55}nv^{21}，

大理 坝子 冬季 暖 夏季 清凉

Daitlix ba'zit dvnlngua winl, ssetsalngua qiailnvd,

大理坝子冬暖夏凉，

033.tɛ^{31}li^{33}pɑ^{44}tsɿ^{31}tsṽ^{42}ko^{21}、jui^{55}mɯ^{55}li^{55}tsã^{33}tshɯ^{31}，

大理 坝子 种谷子 玉米 和 蔬菜

Daitlix ba'zit zvnp god, yuilmel lilzanx cet,

大理坝子盛产水稻、玉米和蔬菜，

034.ɑ^{55}tɑ^{44}tshv^{44}no^{33}me^{33}kɑ^{35}kho^{33}jɯ^{44}xiõ^{31}.

这里 出产的 大米 几粒 吃 好

alda cv nox meix gaf kox ye xiont.

这里出产的大米口感好。

034.tɛ^{31}li^{33}tsɛ̃^{21}no^{33}tɛ^{31}li^{33}tsõ^{42}tsɯ^{33}sɛ^{21}tsɿ^{33}tsɯ^{42}，

大理市 的 大理石 有 很多

Daitlix zaind nox Daitlix zonp zex sait zix zep,

大理市大理石资源丰富，

035.lɯ^{31}thã^{55}jĩ^{21}kɛ̃^{55}xo^{44}zv^{21}mo^{31}tsu^{55}sɛ^{31}tsɿ^{33}tsɯ^{42}no^{33}v^{33}tɕɿ^{31}，

现在 人们 用它 做 许多 的 物件

lettanl yindgainl ho ssvd mot zul sait zix zep nox vxjit,

现在已被大量开采利用，

036.tsu^{55}tsɿ^{55}xo^{55}piɛ^{21}，xuã^{55}thiɛ^{55}，pi^{55}kɯ^{33}li^{55}tɕhi^{31}.

做成 花瓶 画幅 研钵等

zul zil holbiaid, huanltiail, bilgex lilqit.

制作成花瓶、大理石画，研钵等。

037.tɛ^{31}li^{33}tsɛ̃^{21}tsɯ^{33}sv^{42}ko^{44}no^{33}，ko^{21}pi^{55}no^{33}，

大理 市 山脚下 湖水边

Daitlix zaind zex svp go nox, god bil nox,

大理市依山傍水，

038.tsɯ^{33}fɯ̃^{33}tɕiɯ^{31}tɕhui^{33}，tsɯ^{33}po^{31}xu^{55}no^{33}tɕi^{31}fv^{55}，
是 风景 区 是 保护 的 地点
zex fenxjietquix, zex bothul nox jitfvl,
是风景名胜区、自然保护区，

039.tɛ^{31}li^{33}kɯ^{31}tsɛ̃^{21}lɛ^{35}kuɛ^{35}tɕiɑ^{33}li^{35}sɿ^{31}vɯ̃^{42}xuo^{55}miɯ^{42}tshɯ^{42},
大理 古城 是 国家 历史 文化 名城
Daitlix getzaind laif guaifjiax lifsit venphuabmiepcep,
大理古城是国家历史文化名城，

040.sɿ^{55}kɛ^{55}tsɯ^{33}miɯ^{42}no^{33}kuɛ^{33}ɕiã^{55}no^{33}tsɛ̃^{21}ne^{21}.
世界 知名 的 旅游 的 城市个
sibgaib zexmiep nox guaixxianl nox zaind neid.
世界知名的旅游城市。

http://www.yndali.gov.cn/dlszf/c103380/tydp.shtml 大理州人民政府门户网站，发布时间：2021 年 02 月 19 日，来源： 大理州统计局

洱源概述
lo^{21}xo^{55}ɕi^{33}
Lodholxix

001.lo^{21}xo^{55}ɕi^{44}tsɯ^{33}tɛ^{31}li^{33}ko^{21}mɯ^{55}tɯ^{21}po^{21}ne^{21},
洱源　　是 大理 海　它的 源头　个
Lodholxi zex Daitlix god mel dedbodneid,
洱源是洱海的发源地，

002.mo^{31}tsɯ^{33}jui^{42}nã^{42}sẽ^{55}pɯ^{44}kv^{33},
它　在　云南　　　西北　角
mot zex Yuipnanp seinlbegvx,
位于云南省西北部，

003.tɛ^{31}li^{33}mɯ^{55}pɯ^{44}po^{21}.
大理　它的 北部
Daitlix mel be'bod.
大理州北部。

004.mɯ^{55}tṽ^{55}po^{21}tsɯ^{33}ɣou^{42}khɛ^{31},
它　东边　　是　　鹤庆
mel dvnlbod zex Hhopkait,
东与鹤庆县相连，

005.mɯ^{55}na^{21}po^{21}tsɯ^{33}tɛ^{31}li^{33}, jã^{55}pi^{35},
它的 南边　是　大理　　漾濞
mel nadbod zex Daitlix, Yanlbif,
南与大理市、漾濞县接壤，

006.mɯ^{55}se^{55}tsɯ^{33}jui^{42}lõ^{42},
它的西边 是 云龙
mel seinl zex Yuiplonp,
西与云龙县分疆，

007.mɯ^{55}pɯ^{44}tsɯ^{33}tɕĩ^{42}tshuĩ^{55}.

它的 北部 是 剑川

mel be zex Jinpcuinl.

北与剑川县毗邻。

008.tsã^{55}ciɛ^{55}tsɯ^{33}2250phiɯ^{42}fã^{33}mi^{31}.

全 县 有 2250 平方千米

Zanl xiail zex 2250 piepfanx qiaixmit.

全县总面积 2250 平方千米。

009.tɛ^{31}li^{33}phia^{44}li^{33}tɕiã^{55}no^{33}thu^{33}sɑ^{55}lo^{21}xo^{55}ɕi^{44}no^{33}pe^{44},

大理 到 丽江 的 路 从 洱源 助词 走

Daitlix pia Lixjianl nox tux sal Lodholxi nox bei,

大理到丽江的路从洱源穿过，

010.lo^{21}xo^{55}ɕi^{44}tsɛ̃^{21}ne^{21}tsɯ^{33}tshɿ^{35}pi^{35}xu^{42}tsɯ^{55},

洱源 县城 个 在 茈碧湖 镇

Lodholxi zaind neid zex Cifbifhup zeb,

洱源县城驻茈碧湖镇，

011.kã^{55}tshv^{31} 2060 mi^{31},

高度 2060 米

ganl cvt 2060 mit,

海拔 2060 米，

012.kɛ^{33}tɯ^{33}khui^{55}miɯ^{55} 389 tɕhĩ^{55}mi^{31}.

距离 昆明 389 千米

gaixdex Kuilmiel 389 qiaixmit.

距昆明公路里程 389 千米。

013.kɛ^{33}ɣɛ^{33}kuɛ^{55}69 tɕhɛ^{33}mi^{31}.

距离下关 69 千米

gaix Hhaixgual 69 qiaixmit.

距州府下关公路里程 69 千米。

014.lo^{21}xo^{55}ɕi^{44}no^{33}pɛ^{44}ɕiɛ^{42}ɣɯ^{31}pɛ^{35}tshu^{35}xã^{31}tɕi^{55},

洱源　　的百姓　　里 白族　　最多

Lodholxi nox bai`xiaip het Baifcuf hant jil,

洱源是以白族为主的多民族聚居县，

015.tsã^{55}ɕiɛ^{55}tsɯ^{33}tɯ^{33}26ko^{55}miɯ^{42}tshu^{35}.

全县　有　　26 个　民族

zanlxiail zex dex 26 gol miepcuf.

全县共有 26 个民族。

016.pɛ^{42}、xã^{42}、ji^{42}、xui^{42}、li^{55}sɿ^{55}、nɑ^{35}ɕi^{33}、tsã^{55}、te^{31},

白　汉　彝　回　傈僳　纳西　藏　傣

Baip、Hanp、Yip、Huip、Lilsil、Nafxix、Zanl、Deit,

白族、汉族、彝族、回族、傈僳族、纳西族、藏族、傣族，

017.lɯ^{55}piɑ^{44}ne^{21}tsɯ^{33}te^{31}te^{31}kv^{33}kɛ^{21}a^{55}ta^{44},

这 八个　　是 世代　　居住 这里

lel bia neid zex deitdeit gvp gaid alda,

这 8 个民族世代居住在这里，

018.so^{31}su^{55}miɯ^{42}tshu^{35}jĩ^{21}kɛ̃^{55}tsɯ^{33}tsã^{55}kɛ^{21}tsɿ^{33}no^{33}71%.

少数 民族　　人口　　是　　全部　　的 71%

sotsul miepcuf yindgainl zex zanlgaidzix nox 71%.

少数民族人口占总人口的 71%。

019.sa^{55}2010niɛ^{42}no^{33}khɯ^{33}lo^{21}xo^{55}ɕi^{44}tsɯ^{33}ɕiã^{33}tsɯ^{55}tɕiɯ^{33}ne^{21},

从 2010 年（助词）开始 洱源　　有乡镇 九个

Sal 2010 niaip nox kex Lodholxi zex xianxzeb jiexneid,

2010 年起洱源县辖 9 个镇乡，

020.mɑ^{55}tsɯ^{33}tsɿ^{35}pi^{35}xu^{42}tsɯ^{55}、tɯ^{42}tsuĩ^{55}tsɯ^{55}、

它们 是　茈碧湖　　镇　　邓川　　镇

mal zex Cifbifhup zeb、Depcuil zeb、

分别是茈碧湖镇、邓川镇、

021.jou^{44}su^{42} tsɯ^{55}、sa^{55}zao^{21}tsɯ^{55}、tou^{44}ŋɯ^{21}tsɿ^{33}ɕiã^{33}、
右所　镇　三营镇　上 牛街　乡
Yousup zeb、Salssaod zeb、Dou'ngedzix xianx、
右所镇、三营镇、牛街乡、

022.vu^{31}jɯ^{44}ɕiu^{55}ɕiã^{33}、lɛ^{42}tɕhiã^{33}ɕiã^{33}、
凤羽乡　炼铁乡
Vutye`xiul xianx、Laipqianx xianx、
凤羽乡、炼铁乡、

023.ku^{21}ɣɯ^{33}tsɯ^{55}li^{55}ɕi^{33}sẽ^{33}ɕiã^{33}.
乔后镇　和 西山乡
Gudhhex zeb lil Xixseinx xianx.
乔后镇和西山乡。

024.phiɑ^{44}2017niɛ^{42}，tsã^{55}ɕiɛ^{55}jĩ^{21}kɛ̃^{55}tsɯ^{33}29.87vu^{31}，
到 2017 年　全县　人口　有 29.87 万
Pia 2017 niaip, zanlxiail yindgainl zex 29.87 vut,
2017 年末，全县总人口 29.87 万人，

025.mɯ^{55}xɯ^{31}，tshɿ^{35}pi^{35}xu^{42} tsɯ^{55}no^{33}jĩ^{21}kɛ̃^{55}tsɯ^{33}6.1vu^{31}，
其中　茈碧湖 镇 的 人口 有 6.1 万余
mel het, Cifbifhup zeb nox yindgainl zex 6.1vut，
其中，茈碧湖镇有 6.1 万余人，

026.sa^{55}zao^{21}tsɯ^{55}jĩ^{21}kɛ^{55}tsɯ^{33}4.2 vu^{31}lo^{55}，
三营　镇 人口 有 4.2 万余
Salssaod zeb yindgainl zex 4.2 vut lol,
三营镇有 4.2 万余人，

027.tou^{44}ŋɯ^{21}tsɿ^{33}jĩ^{21}kɛ^{55}tsɯ^{33}2.5 vu^{31}lo^{55}，
上 牛 街 人口　有 2.5 万余
Dou`ngedzix yindgainl zex 2.5 vut lol，
牛街乡有 2.5 万余人，

028.tɯ^{42}tshuĩ^{55}tsɯ^{55}jĩ^{21}kɛ̃^{55}tsɯ^{33}1.7 vu^{31}lo^{55}，

邓川　　镇 人口 有 1.7 万余

Depcuinl zeb yindgainl zex 1.7 vut lol，

邓川镇有 1.7 万余人，

029.jou^{44}su^{42}tsɯ^{55}jĩ^{21}kɛ̃^{55}tsɯ^{33}5.8 vu^{31}lo^{55}，

右所　镇 人口　有 5.8 万余

Yousup zeb yindgainl zex 5.8 vut lol，

右所镇有 5.8 万余人，

030.vu^{31}jɯ^{44}ɕiu^{55}tsɯ^{55}jĩ^{21}kɛ^{55}tsɯ^{33}3.46 vu^{31}lo^{55}，

凤羽　　镇　人口 有 3.46 万余

Vutye`xiul zeb yindgainl zex 3.46 vut lol，

凤羽镇有 3.46 万余人，

031.lɛ^{42}tɕhiã^{33}ɕiã^{33}jĩ^{21}kɛ^{55}tsɯ^{33}2.45 vu^{31}lo^{55}，

炼铁　乡 人口 有 2.45 万余

Laipqianx xianx yindgainl zex 2.45 vut lol，

炼铁乡有 2.45 万余人，

032.ku^{21}ɣɯ^{33}tsɯ^{55}jĩ^{21}kɛ^{55}tsɯ^{33}2.14 vu^{31}lo^{55}，

乔后　镇 人口　有 2.14 万余

Gudhhex zeb yindgainl zex 2.14 vut lol，

乔后镇有 2.14 万余人，

033.ɕi^{33}sẽ^{33}ɕiã^{33}jĩ^{21}kɛ̃^{55}tsɯ^{33}1.38 vu^{31}lo^{55}.

西山　乡　人口　有 1.38 万余

Xixseinx xianx yindgainl zex 1.38 vut lol.

西山乡有 1.38 万余人。

034.pɛ^{42}xo^{44}tsɯ^{33}18.84ŋv^{31} lo^{55}，

白族　有 18.84 万余

Baip ho zex 18.84 vut lol,

白族人口 18.84 万余人，

035.tsɯ^{33}tsã^{55}kɛ^{21}jĩ^{21}kɛ̃^{55}no^{33}63%.

是　总人口　　的 63%

zex zanlgaid yindgainl nox 63%.

占总人口的 63%。

036.lo^{21}xo^{55}ɕi^{44}no^{33}tɕi^{21}pɛ^{21}ɣɛ^{33}wĩ^{55}ɕui^{33}tiɯ̃^{31}tɕi^{55},

洱源县　的 地　下 热水　非常 多

Lodholxi nox jidbaid hhaix winlxuix dient jil,

洱源县地热资源丰富，

037.tou^{44}ŋɯ^{21}tsɿ^{33}、sa^{55}zao^{31}、tsɿ^{35}pi^{35}xu^{42}xã^{31}tɕi^{55},

上牛街　　三营　茈碧湖　最多

Dou`ngedzix、Salssaot、Cifbifhup hant jil,

牛街、三营、茈碧湖水热活动最多，

038.vu^{31}jɯ^{44}ɕiu^{55}、jou^{44}su^{42}、lɛ^{42}tɕhiã^{33}li^{55}tɛ^{44}tɕhi^{44}wĩ^{55}ɕui^{33}.

凤羽　　　右所　　炼铁　　也 打出　温泉

Vutye`xiul、Yousup、Laipqianx lil dai qi winlxuix.

凤羽、右所、炼铁也有温泉。

039.kɯ^{55}ɕui^{33}li^{55}sɛ^{31}tsi^{33}tsɯ^{42},

冷水　也 十分充沛

Gelxuix lil saitzixzep,

冷水资源很充沛，

040.tsɯ^{33}tshɿ^{35}pi^{35}xu^{42}、ko^{21}sẽ^{55}ko^{21}、

有　茈碧湖　　海西　海

zex Cifbifhup、Godseinl god、

有茈碧湖、海西海、

041.se^{35}tã^{31}、tṽ^{55}tã^{31}li^{55}tɕhi^{31},

西甸　东甸　之类

Seinldant、Dvnldant lilqit,

西湖、东湖等湖泊、

042.mɑ^{55}ja^{35}lo^{42}sɿ^{42}tɕiã^{33}、me^{42}tshɿ^{55}xu^{42}xɯ^{31}kɯ^{31}ko^{42},
它们 从 罗什江　弥茨河　　里　流过
mal yaf Lopsipjianx、Meipcilhup het ged gop,
它们流经罗什江、弥茨河，

043.sa^{55}pɯ^{44}kɯ^{21}tsɯ^{21}na^{21},
由 北 流 向　南
sal be ged zed nad,
由北流向南，

044.kɛ^{33}lo^{31}ɣɯ^{33}tsɿ^{55}kɯ^{21}jĩ^{44}tɛ^{31}li^{33}ko^{21}xɯ^{31}.
最 后　则 流 入 大理海 里
gai lot hhex zil ged yin Daitlix god hhet.
最后汇入洱海。

045.ko^{44}juɛ^{42}tõ^{33}fv^{33}no^{33}se^{31}pa^{44}tsɿ^{31}xɯ^{31}wĩ^{55}nv^{44},
高原　上　　的 小坝子 里 温润
Goyuaip donxfvx nox seit ba'zit het winlnv,
高原小坝子形成温润的气候，

046.a^{55}ta^{44}tshv^{44}ŋɯ^{21}pa^{42}、tɕĩ^{33}li^{55}tsã^{33}ko^{21},
这里出产 牛奶　　梅 和　谷
alda cv ngedbap、jinx lilzanx god,
这里盛产牛奶、梅果和水稻，

047.sɿ^{35}xo^{35}ɕiã^{44}tshui^{33}kuɛ^{33}ciã^{55}，wĩ^{55}ɕui^{33}lio^{42}jã^{31}.
适合 乡村　　旅游　　温泉　疗养
Sifhof xiancuix guaixxianl winlxuix liopyant.
适宜乡村旅游、温泉康养。

注：本文改编自洱源县人民政府官网发布“洱源概述”，发布于 2020 年 04 月 25 日，李素琴改编、转写和翻译。

剑川
tɕĩ^{42}tshuĩ^{55}
Jinpcuinl

001.tɕĩ^{42}tshuĩ^{55}tsɯ^{33}kɛ^{21}jui^{42}nã^{42}sɯ^{31}no^{33}se^{55}pɯ^{44}kv^{33},
剑川　位于　云南　省　的　西北角
Jinpcuinl zex gaid Yuipnanp set nox seinlbe gvx,
剑川县位于云南省西北部，

002.tɛ^{31}li^{33}pɛ^{35}tshu^{35}tsɿ^{55}tsɿ^{55}tsou^{33}pɯ^{44}thui^{55}ɣɯ^{31}.
大理 白族　自治　州　北部
Daitlix Baifcuf zilzil zou be`tuil het.
大理白族自治州北部。

003.mɯ^{55}tṽ^{55}tsɯ^{33}ɣou^{42}khɛ^{21}ɕiɛ^{55},
它的　东有　鹤庆县
Mel dvnl zex Hhoupkaid Xiail,
东连鹤庆县，

004.mɯ^{55}na^{21}tsɯ^{33}lo^{21}xo^{55}ɕi^{44},
它的 南 有 洱源
mel nad zex Lodholxi,
南接洱源县，

005.mɯ^{55}se^{55}tsɯ^{33}lã^{42}phiɯ^{42},
它的 西部有 兰坪
mel seinl zex Lappiep,
西靠兰坪县，

006.mɯ^{55}pɯ^{44}tsɯ^{33}jui^{55}lo^{42},
它的 北部 有玉龙县
mel be zex Yuillop,
北邻玉龙县，

007.se^{55}pɯ^{44}kv^{33}kɑ^{55}、tṽ^{55}na^{21}kv^{33}pi^{33}.

西北　角 高　东南 角 低

Seinlbe gvx gal, dvnlnad gvx bix.

地势西北高东南低。

008.tṽ^{55}po^{21}、ɛ^{55}ɕi^{55}mi^{42}li^{55}se^{55}po^{21}lɛ^{35}to^{42}sv^{42}no^{33},

东部　　中部 和　西部　 为大山

Dvnlbod, ailxilmip lil seilbod laif dopsvpnox,

东部、中部、西部为高山山地地带，

009.sv^{42}ja^{42}kv^{55}jɑ^{42}tsɯ^{33}to^{42}nɑ^{21}to^{42}pɯ^{44}pe^{33},

山群 河流群 是 南北　走向

Svpyap gvlyap zex dopnad dopbebeix,

山脉河谷呈南北向分布，

010.sv^{42}kɑ^{42}ɣɯ^{31}tsɯ^{33}pa^{44}tsɿ^{31}、kv^{55}po^{21},

山谷　里 有 坝子　 河流

Svpgap hhet zex bazit,gvlbod,

峡谷之间分布着平坝和河谷，

011.tṽ^{55}pɯ^{44}kv^{33}no^{33}tɕiɯ^{44}xua^{42}tsɯ^{55}tsɯ^{33}tɕhiɛ^{55}ɕui^{33}ko^{21}tɕiɛ^{55}xu^{42},

东北 角　的　 金华　镇　 有　淡水湖剑湖

Dvnlbe gvx nox Jiehuap zeb zex qiailxuix god jiailhup,

县境东北金华坝镶嵌着淡水湖泊剑湖，

012.tsɑ^{55}ɕiɛ^{55}jɑ^{35}tṽ^{55}po^{21}phiɑ^{44}se^{55}po^{21}tsɯ^{33}58tɕhiɛ^{33}mi^{31},

全县　从 东部　 到　西部　 有 58 千米

Zalxiail yaf tvnlbod pia seilbod zex 58 qiaixmit,

全县东西相距 58 千米，

013.jɑ^{35}na^{21}phiɑ^{44}pɯ^{44}tsɯ^{33}55tɕhiɛ^{33}mi^{31},

从南　到 北　　有 55 千米

Yaf nad pia be zex 55 qiaixmit,

南北纵横 55 千米，

014.tɕi^{21}pɛ^{21}ŋui^{33}tsɯ^{33}2250phiɯ^{42}fã^{33}tɕhiɛ^{33}mi^{31}.

地面　块　有 2250 平方千米

Jidbaid nguix zex 2250 piepfanx qiaixmit.

总面积 2250 平方千米。

015.sv^{42}ja^{42}tse^{44}tshɯ^{55}90%li^{55}ɕui^{42}，pɑ^{44}tsɿ^{31}tsɯ^{33}7%，

山群　占 了 90% 以上　　　坝子 是 7%

Svpyap zei cel 90% lil xuip, ba`zit zex 7%，

山区面积占 90% 以上，盆地占 7%，

016.mɯ^{55}tɕiɑ^{42}tsɿ^{55}lɛ^{35}kṽ^{55}gui^{33}、ko^{21}li^{55}khou^{31}pa^{42}，

它的伙伴　　则 是 河　　湖沟渠，

meljiap zil laif gvnlxuix koutbap,

其余为湖泊、河流，

017.sv^{42}liɑ^{31}kɑ^{55}，kɯ^{55}kɑ^{21}，tsu^{55}tɕi^{31}no^{33}tɕi^{55}，

山群　高　寒冷　　　种田的 多

svpliat gal, gelgad, zul jid nox jil,

山高，天气寒冷，务农为主，

018.tɕi^{42}tshuĩ^{55}kɛ^{44}ɣɛ^{33}kuɛ^{55}126ko^{33}li^{31},

剑川　距离下关 126 公里

Jipcuinl gai Hhaixguail 126 goxlit,

剑川距下关 126 千米，

019.tɛ^{31}li^{33}pɛ^{35}tshu^{35}tsɿ^{55}tsɿ^{55}tsou^{33}tsou^{33}ts^{55}fv^{31}tsɯ^{33}tshv^{31};

大理 白族　自治 州　州政府　　所在地

Daitlix Baifcuf Zilzilzou zoufvt zex cvt;

大理白族自治州州府所在地;

020.mo^{31}kɛ^{44}sɯ^{31}xui^{55}khũi^{55}miɯ^{55} 460 ko^{33}li^{31}.

它距离 省会　昆明　　460 公里

mot gai sethuil Kunlmiel 460 goxlit.

距省会昆明市 460 千米。

021.tṽ^{55}ŋua^{44}tsõ^{21}，tsɑ^{35}sɿ^{55}kɑ^{21}ja^{35}mu^{33}，
冬天 漫长　扎实 冷 没有
Dvnlngua zond, zafsil gad jafmux,
冬长，无严寒，

022.zɯ^{31}sɑ^{55}ŋuɑ^{44}tshɯ^{55}，tsɑ^{35}sɿ^{55}wĩ^{55}ja^{35}mu^{33}，
春 夏天　短　　扎实　热 没有
ssetsalngua cel, zafsil winl jafmux,
春夏短，无酷暑，

023.ɑ^{31}suɑ^{44}ɣɯ^{31}kɯ^{55}wĩ^{55}tshv^{31}tshɑ^{55}mɯ^{55}ɕi^{55}，
一年 里 冷　热 程度 差不多
antsua het gelwinl cvt calmelxil,
年温差小，

024.sɿ^{55}tso^{42}ã^{31}jĩ^{33}xɯ^{31}kɯ^{55}wĩ^{55}tshv^{31}tshɑ^{55}tɯ^{33}tɕi^{55}.
但是 一日 里　冷热　程度 差　得多
silzop antyinx hhet gelwinl cvt cal dex jil.
但是日温差大。

025.tɛ^{31}li^{33}li^{33}tɕiã^{55}ko^{33}su^{35}、kuɛ^{35}tɑo^{55}214ɕiɛ^{55}jɑ^{35}tɑ^{44}pe^{44}，
大丽高速　　　国道 214 线　从这里经过
Daitlix Lixjianl gaoxsuf、guaifdaol 214 xiail yaf da bei,
大丽高速公路、国道 214 线贯穿县境，

023.tu^{44}lɯ^{55}kõ^{33}tsv^{33}kɑ^{44}taĩ^{42}tshuĩ^{55}、tɛ^{31}li^{33}、
路 这 两条 沟通了剑川与大理
tux lel gonx zvx ga Jinpcuinl、Daitlix 、
这两条路连接了剑川与大理、

024.li^{33}tɕiã^{55}li^{55}ɕiã^{33}kɯ^{35}li^{31}la^{33}tɕiã^{33}khɯ^{33}.
丽江　和 香格里拉的联系
Lixjianl lil Xianxgeflitlax jianxkex.
丽江、香格里拉的联系。

025.ŋɛ^{21}tsɯ^{21}tṽ^{55}tsɯ^{33}phiɑ^{44}ɣou^{42}khɛ^{31}no^{33}tɕiɛ^{55}xo^{35}ko^{33}lu^{55}，

向　东 有　通往鹤庆县　　　　的　剑鹤　公路

ngaid zed dvnl zex pia Hhoupkait nox Jiailhol goxlul,

向东有剑鹤公路通往鹤庆县，

026.ŋɛ^{21}tsɯ^{21}sẽ^{55}tsɯ^{33}phiɑ^{44}nu^{55}tɕiã^{33}no^{33}tɕiɛ^{55}lã^{42}ko^{33}lu^{55}，

向　西 有 通往 怒江州　　的　剑兰公路

ngaidzel seinl zex pia nuljianx nox Jiaillanp goxlul,

向西有剑兰公路通往怒江州，

027.ŋɛ^{21}tsɯ^{21}na^{21}tsɯ^{33}phiɑ^{44}lo^{21}xo^{55}ɕi^{44}li^{55}jã^{55}pi^{35}no^{33}phiɯ^{42}tiɛ^{55}ko^{33}lu^{55}，

向南　有通往　洱源县　　和漾濞县　的　平甸公路

ngaid zed nad zex pia Lodholxi lil Yanlbif nox Piepdiail goxlul,

向南有平甸公路通往洱源县和漾濞县，

028.tɕi^{42}tshuĩ^{55}tsɯ^{33}jui^{42}na^{42}sẽ^{55}pɯ^{44}no^{33}tsɛ^{55}lio^{35}jɑo^{55}ti^{55}，

剑川　在 云南 西北　　　的　战略 要地

Jinpcuinl zex Yuipnap seinlbe nox zailliof yaoldil,

剑川县地处滇西北要冲，素为战略要地，

029.lɛ^{35}tiɛ^{33}ɕi^{33}pɛ^{35}ŋɛ^{21}thɯ^{55}ŋɛ^{21}tso^{33}no^{33}jõ^{44}pe^{44}no^{33}thu^{33}，

为 滇西北 走 上　走 下　的　必要 走的路

laif diaixxix baif ngaidtel ngaidzox nox yon bei nox tux,

为滇西北陆路交通的咽喉重地，

030.2019niɛ^{42}tsã^{55}ɕiɛ^{55}tsɯ^{33}ɕiã^{33}tsɯ^{55}pia^{33}ne^{21}，

2019 年　全县　有 乡 镇　八个

2019 niaip zanlxiail zex xianxzeb bia neid,

2019 年全县辖乡镇八个，

031.mɑ^{55}tsɯ^{33}tɕiɯ^{55}xuã^{42}tsɯ^{55}，tã^{31}ŋv^{33}tsɯ^{55}，

它们 是 金华镇　　　　甸南镇

mal zex Jinhuanp zeb, Dantngvx zeb,

即金华镇、甸南镇，

032.sou^{55}tɕhui^{31}tsɯ^{55}，mɛ^{33}tɯ^{55}tsɯ^{55}，

沙溪镇　　　　马登镇

Soulquit zeb, Maixdel zeb,

沙溪镇、马登镇，

033.lo^{31}tɕui^{55}sẽ^{55}tsɯ^{55}, jõ^{21}tsɯ^{21}ɕiã^{33},

老君山镇　　羊岑乡

Lotjuilseinl zeb, Yondzed xianx,

老君山镇、羊岑乡，

034.li^{55}so^{55}ɕiã^{33}, ɕiã^{55}thu^{42}ɕiã^{33}.

弥沙乡　象图乡

Lilsol xianx, Xianltup xianx.

弥沙乡、象图乡。

035.ku^{33}te^{31}phia^{44}lɯ^{31}thɑ^{55}tɕi^{42}tshuĩ^{55}tshv^{44}ŋv^{44}tɕiõ^{42}，

古代 到 现在　　剑川　出　木匠

Guxdeit pia lettal Jinpcuinl cv ngvjionp,

自古剑川出木匠，

036.tɕĩ^{42}tshui^{55}ŋv^{44}tɕiõ^{42}jõ^{44}tsɿ^{55}khu^{33}tshv^{31}to^{42}ɣou^{31}，

剑川　木匠　要么　擅长　盖　大房

Jinpcuinl ngvjionp yon zil kux cvt dophhout,

剑川木工师傅们要么擅长盖大房子，

037.jõ^{44}tsɿ^{55}khu^{33}khu^{55}xo^{55}tshu^{33}tsv^{21}tsv^{21}tsɿ^{33}ŋv^{55}te^{21}，

要么　擅长雕刻 花草　　虫儿　鱼只

yon zil kux kul holcux zvdzixngvlde^{21},

要么擅长雕刻花草虫鱼，

038.xẽ^{55}no^{33}fv^{55}no^{33}，tɕi^{21}pɛ^{21}no^{33}sa^{44}no^{33}，

天上 飞的　　地上　奔走的

heinl nox fvl nox, jidbaid nox sa nox,

飞禽走兽，

039.lɯ^{55}kɑ^{35}suɑ^{44}jĩ^{21}kɛ̃^{55}xo^{44}kɑ^{44}ŋv^{33}khu^{55}tsu^{55}no^{33}ɕio^{31}.

这些年来 人们　把 木雕　做得 好

lelgafsua yindgainl ho ga ngvxkul zul nox xiot.

这些年来木雕产业得到了弘扬发展。

040.ã^{55}na^{33}ɕiɛ^{44}no^{31}pe^{44}tɕĩ^{42}tshuĩ^{55}tsɿ^{55},

哪一天 你 走 剑川　则

Anlnaxxiai not bei Jinpcuinl zil,

若某天你去到剑川,

041.ŋɛ^{31}jĩ^{44}tou^{44}ɣou^{21}mu^{35}tio^{44}ɕiɔ^{31}tsɯ^{55}kɑ^{44}xã^{55}tsɿ^{55},

进去 浉河　木雕 小镇　一下 看 则

ngaidyin Douhhoud mufdiao xiaotzeb ga hanl zil,

可以去狮河小镇欣赏木雕,

042.suɛ^{55}piɛ^{55}kɑ^{44}tsõ^{21}jõ^{21}pɑ^{42},

顺便 一下尝尝 羊乳

suailbiail ga zond yondbap,

顺路尝尝羊乳饼,

043.kɑ^{44}kuɛ̃^{33}mɛ^{44}jĩ^{21}ko^{42}li^{55}tso^{21}po^{21}sẽ^{55},

一下逛 满贤林　和 石宝 山

ga guainx Maixyindgop lil Zodbodseinl,

逛逛满贤林和石宝山,

044.kɑ^{44}tɕhiɛ^{55}tɕi^{55}xo^{55}jṽ^{33}li^{55}ɑ^{55}phõ^{42}ko^{33}tɕi^{21}khv^{44}tɕi^{21}wĩ^{55}jĩ^{44}.

一下听 金花妹　与阿鹏哥 对歌 对　热闹

ga qiail Jilholyvnx lil Alponpgox jidkv jid winlyin.

听听石宝山上金花与阿鹏们热情四溢的对歌。

注：改写自剑川县地方志编纂委员会办公室 2019 年 04 月 17 日发布的剑川简介，李素琴改写、转写和翻译。

鹤庆
ɣou^{42}khɛ^{31}
Hhoupkait

001.ɣou^{42}khɛ^{31}ɕiɛ^{55}tsɯ^{33}jui^{42}na^{42}sɯ^{31}sẽ^{55}pɯ^{44}po^{21},
鹤庆　县 位于 云南 省　　西北部
Hhoupkait xiail zex Yuipnap set seinlbe bod,
鹤庆县位于云南省西北部，

002.tsɯ^{33}tɛ^{31}li^{33}tsou^{33}mɯ^{55}pɯ^{44}thu^{55}ŋv^{55},
在 大理 州 它的 北端　助词
zex Daitlix zou mel be`tul ngvl,
在大理州北端，

003.mɯ^{55}tṽ^{55}po^{21}tsɯ^{33}tɕi^{55}so^{55}kṽ^{55},
它 东边 有　金沙 江
mel dvnlbod zex Jilsol gvnl,
东有金沙江，

004.mɯ^{55}na^{21}po^{21}nõ^{44}kɛ̃^{44}piɛ^{33}tsɯ^{33}piɯ̃^{44}tshuĩ^{44}、tɛ^{31}li^{33},
它　南部 的 邻居　有　　宾川县　　大理市
mel nadbod nox gai'biai zex Biencuin、Daitlix ,
南与宾川县、大理市接界，

005.mɯ^{55}sẽ^{55}po^{21}no^{33}kɛ^{44}piɛ^{44}tsɯ^{33}tɕi^{42}tshuĩ^{55}，lo^{21}xo^{55}ɕi^{44},
它 西部 的 邻居 有 剑川县　　　洱源县
Mel seinlbod nox gai'biai zex Jinpcuinl, Lodholxi,
西与剑川县、洱源县接壤，

006.mɯ^{55}pɯ^{44}kɯ^{55}li^{33}tɕiã^{55}tsɯ^{33}sã^{55}kɛ^{42},
它的北 与 丽江市 是 相邻
mel be gel Lixjianl zex sanlgaip,
北与丽江市毗邻，

007.mɯ^{55}tɕi^{21}pɛ^{21}ŋui^{33}tsɯ^{33}2395piɯ^{42}fã^{33}tɕhiɛ^{33}mi^{31}，
它 面积 块 有 2395 平方 千米
Mel jidbaid nguix zex 2395 piepfanx qiaixmit,
国土面积 2395 平方千米，

008.tsã^{55}ɕiɛ^{55}tsɯ^{33}tsɯ^{55}tɕhi^{44}ne^{21}，ɕiã^{33}kõ^{33}ne^{21}，
全县 有 镇 7 个 乡 2 个
zanlxiail zex zeb qi`neid, xianx gonx neid,
全县辖 7 镇 2 乡，

009.ɕĩ^{55}thuĩ^{55} tsɯ^{55}、tshɑo^{31}xai^{31} tsɯ^{55}、jui^{42}xo^{35}tsɯ^{55}、
辛屯 镇 草海 镇 云鹤 镇
Xinltuinl zeb, Caothait zeb, Yuiphof zeb,
即辛屯镇、草海镇、云鹤镇、

010.sõ^{33}kui^{55}tsɯ^{55}、ɕi^{44}ji^{35} tsɯ^{55}、
松桂 镇 西邑 镇
Sonxguil zeb, Xiyif zeb,
松桂镇、西邑镇、

011.xuã^{42}phiɯ̃^{42}tsɯ^{55}、lõ^{42}khɛ^{44}kho^{31}tsɯ^{55}、
黄坪 镇 龙开口 镇
Huanppienp zeb, Lonpkaikout zeb,
黄坪镇、龙开口镇、

012.lu^{35}xo^{35}ji^{42}tshu^{35}ɕiã^{33}, tɕĩ^{55}tuĩ^{55}ciã^{33}.
六合 彝族 乡 金墩 乡
Lufhof Yipcuf xianx, Jinlduinl xianx.
六合彝族乡、金墩乡。

013.ɕiɛ^{55}tsɛ̃^{21}tsɯ^{33}jui^{42}xo^{35}，
县 城 在 云鹤
Xiailzaind zex Yuiphof,
县城在云鹤，

014.kɛ^{44}sɯ^{31}xui^{55}khuĩ^{55}miɯ^{55}476tɕhiɛ^{33}mi^{31},

距省会昆明市 476 千米

gai sethuil Kuinlmiel 476 qiaixmit,

距省会昆明市 476 千米，

015.kɛ^{44}tsou^{33}fv^{31}tɛ^{31}li^{33}tsɛ̃^{21}tsɯ^{33}136tɕhiɛ^{33}mi^{31},

距 州府　大理市　有　136 千米

gai zouxfvt Daitlix zaind zex 136 qiaixmit,

距州府大理市 136 千米，

016.kɛ^{33}li^{33}tɕiã^{55}tsɛ̃^{21}tsɯ^{33}39 tɕhiɛ^{33}mi^{31},

距　丽江 市　有　39 千米

gai Lixjianl zaind 39 qiaixmit,

距丽江市 39 千米，

017.tsɛ̃^{21}xɯ^{31}xɛ^{21}pɑ^{35}tsɯ^{33}2196mi^{31}.

城 里　海拔　有　2196 米

zaind het haidbaf zex 2196 mit.

县城海拔 2196 米。

018.a^{31}suɑ^{44}xɯ^{31}no^{33}tɕhi^{55}wui^{33}phiɯ^{42}tɕui^{33}15tu^{55}.

一年　里　的 气温　平均　15 度

Attsua het nox qilwuix piepjuix 15 dul.

年均气温约 15℃。

019.tsã^{55}ɕiɛ^{55}no^{33}jĩ^{21}kɛ̃^{55}tsɯ^{33}281vu^{31},

全县　的人口　有 281 万

Zanlxiail nox yindgainl zex 281 vut,

全县总人口 281 万人，

020.mɯ^{55}ɣɯ^{31}pɛ^{42}xo^{44}tsɯ^{33}59.34%.

它 里面 白族　是　59.34%

mel het Baip ho zex 59.34%.

其中白族占总人口 59.34%。

021.mɯ^{55}xɯ^{33}tsɿ^{55}ji^{42}, mio^{42}, li^{55}sɿ^{55}, na^{35}ɕi^{33},
它 后面 则 彝　苗　傈僳　纳西
mel hhex zil Yip,Miaop, Lilsil, Nafxix,
其次是彝族、苗族、傈僳族、纳西族等，

022.kuɛ̃^{33}ɕiã^{55}tshv^{31}tsɿ^{55}tsɯ^{33}ɕiɯ^{33}xuã^{42}jɯ^{44},
逛闲　地方 则　有　　新华　村
guainxxianl cvt zil zex Xiexhuap ye,
主要旅游景区有新华村，

023.to^{42} to^{42}se^{31}se^{31}no^{33}nv^{21}thã^{55}pɯ^{33}sɛ^{21}tsɿ^{33}tsɯ^{42},
大大小小　的 龙潭 个 非常多
dopdop seitseit nox nvdtanlbex sait zix zep,
若干个大大小小的龙潭，

024.jui^{42}xo^{35}ku^{31}tsɯ^{55}、tshɑo^{31}xai^{31}sɿ^{35}ti^{55}.
云鹤　古镇　草海　湿地
Yuiphof gutzeb, Caothait sifdil.
云鹤古镇、草海湿地。

025.tsɿ^{33}miɯ^{42}tɕhi^{55}no^{33}pɯ^{31}ti^{55}thɯ^{35}tshɛ^{31}tsɯ^{33}pɛ^{42}tsṽ^{33},
有 名气　的 本地　特产　有 白酒
Zex miepqil nox betdil tefcait zex baipzvnx,
知名地方特产有白酒，

026.xo^{31}thui^{31}，tɕiɯ^{55}te^{42}kã^{55}，mɑ^{31}tshɑ^{31}tɕhiɯ^{55}kui^{55},
火腿　猪肝胙　马厂　当归
hottuit, jielteippganl, Matcat qienlguil,
火腿、猪肝胙、马厂当归，

027.tɕĩ^{55}、jĩ^{21}、tṽ^{21}tɛ^{44}tɕhi^{44}no^{33}so^{31}ko^{33}ji^{55}phiɯ^{31}.
金　银 铜 打制 的 民族手工艺品
jinl, yind, dvnd daiqi nox sotgoxyilpiet.
金银铜民族打制的手工艺品。

注：本介绍汉语文本来源为鹤庆县人民政府办公室官网，发布于 2020 年 08 月 28 日，http://www.heqing.gov.cn/dlzhqx/ c102538/tydp.shtml。李素琴改编、翻译和转写。

云龙县概况
jui^{42}lo^{42}ɕiɛ^{55}
Yuiplop xiail

001.jui^{42}lo^{42}ɕiɛ^{55}tsɯ^{33}tɛ^{31}li^{33}tso^{33}mɯ^{55}sẽ^{55}pɯ^{44}po^{21}.

云龙 县 位于大理 州 它的 西北部

Yuiplop xiail zex Daitlix zox mel seinlbe'bod.

云龙县位于大理州西北部。

002.mɯ^{55}tṽ^{55}po^{21}tsɯ^{33}lo^{21}xo^{55}ɕi^{44}ɕiɛ^{55}li^{55}jã^{55}pi^{35}ɕiɛ^{55},

它的东 是 洱源县 和 漾濞县

Mel dvnl bod zex Lotholxi xiail lil Yanbbif xiail,

东接洱源县和漾濞县，

003.mɯ^{55}na^{21}po^{21}tsɯ^{33}jõ^{31}phiɯ^{42}ɕiɛ^{55}li^{55}po^{31}se^{33}tsɛ̃^{21},

它的南 有 永平①县 和 保山市

mel nadbod zex Yondpiep xiail lil Botseix zaind,

南邻近永平县和保山市，

004.se^{55}po^{21}kɛ^{33}tɕiɯ^{31}nu^{55}tɕiã^{33}tso^{33}lu^{42}sui^{31}ɕiɛ^{55},

西 部 邻近 怒江 州 泸水 县

Seilbod gaixjiet Nuljianx zox Lupsuit xiail,

西邻近怒江州泸水县，

005.mɯ^{55}pɯ^{44}kɛ^{33}tɕiɯ^{31}tɕĩ^{42}tshuĩ^{55}ɕiɛ^{55}

它的北 接近 剑川 县

mel be gainjiet Jinpcuil xiail

北接剑川县

006.li^{55}nu^{55}tɕiã^{33}tso^{33}lã^{42}phiɯ^{42}ɕiɛ^{55}.

和 怒江 州 兰坪县

lil Nujianx zox Lanpiep xiail.

和怒江州兰坪县。

---

① 永平，根据赵衍孙、徐琳编著《白汉词典》179 页 Hhuidbid, 或者 394 页 Yondbeit。

007.ɑ^{55}tɑ^{44}no^{33}tɕi^{21}pɛ^{21}tsɯ^{33}4400.95phiɯ^{42}fã^{33}tɕhiɛ^{33}mi^{31},

这里的 土地 有 4400.95 平方 千米

Alda nox jidbaid zex 4400.95 piepfanx qiaixmit,

这里国土总面积 4400.95 平方千米，

008.jɑ^{35}tṽ^{55}phiɑ^{33}se^{55}xã^{31}khuã^{44}tshv^{31}tsɯ^{33}91.8tɕhiɛ^{33}mi^{31},

从东到西 最宽 地方 有 91.8 千米

yafdvnf piax seil hant kuan cvt zex 91.8 qiaixmit,

东西最大横距 91.8 千米，

009.jɑ^{35}na^{21}phiɑ^{44}pɯ^{44}xã^{31}tsõ^{21}109tɕhiɛ^{33}mi^{31}.

从 南 到 北 最长 109 千米

yaf nad pia be hant zond 109 qiaixmit.

南北最大纵距 109 千米。

010.sv^{42}tɕi^{55}pa^{44}tsɿ^{33}xu^{33},

山 多 平坝 少

svpjil ba'zit xux,

山多平坝少，

011.to^{42}sv^{42}kɛ^{55}lɯ^{55}tsɯ^{33}kou^{42}phɑ^{44},

高山 之间 有 峡谷

dopsvp gaillel zex gouppa,

高山峡谷相间，

012.tsɯ^{33}tshɑ^{31}lɑ^{31}mou^{42}sui^{33}no^{33}se^{31}pa^{44}tsɿ^{31},

零三四碎 的 小 坝子

zex catlat moupsuix nox seit ba'zit,

有零碎的小坝子，

013.sv^{42}jɑ^{42}tse^{44}tshɯ^{55}tsã^{55}ɕiɛ^{55}tɕi^{21}pɛ^{21}no^{33}90%.

山区 占了 全县 面积 的 90%

svpyap zei cel zanlxiail jidbaid nox 90%.

山区面积占全县面积的 90%。

第一章

014.xɛ^{31}pɑ^{35}xã^{31}kɑ^{55}tshv^{31}tsɯ^{33}3663mi^{31},
海拔 最高 处 有 3663 米
haitbaf hant gal cvt zex 3663 mit,
最高海拔 3663 米，

015.tsɯ^{33}mio^{42}ve^{31}ɕiã^{33}no^{33}la^{44}ma^{42}khu^{33}se^{55}.
是 苗尾乡 的 喇嘛枯 山
zex Miopveit xianx nox Lamapkux seinl.
是苗尾乡的喇嘛枯山。

016.xɛ^{31}pɑ^{35}xã^{31}pi^{33}tshv^{31}tsɯ^{33}730mi^{31},
海拔 最低 处 有 730 米
haitbaf hant bix cvt zex 730 mit,
最低海拔 730 米，

017.tsɯ^{33}miɯ^{42}tɕiɛ^{55}ɕiã^{33}no^{33}xo^{42}tɕhi^{42}pa^{44}.
是 民建 乡 的 红旗 坝
zex Miepjiail xianx nox Hopqipba.
是民建乡的红旗坝。

018.ɕiɛ^{55}tsɛ̃^{21}tsɯ^{33}tshv^{31}xɛ^{31}pɑ^{35}1640mi^{31}.
县城 所在地 海拔 1640 米
Xiailzaind zex cvt haitbaf 1640 mit.
县城所在地海拔 1640 米。

019.mɯ^{55}tɑ^{44}no^{33}sv^{42}tsɯ^{33}nu^{55}se^{33}、jui^{42}lĩ^{31}tsɿ^{33}mɯ^{35},
那里 的主要山脉有怒山 云岭 支脉
Meldanx nox svp zex Nulseix, Yuiplint zixmef,
那里主要山脉有怒山山脉、云岭支脉，

020.tsho^{42}se^{33}se^{33}mɯ^{35}、ɕuɛ^{35}phɛ^{42}sẽ^{33}li^{55}tɕhiɯ^{33}sui^{31}lã^{42}sẽ^{33} sẽ^{33}mɯ^{35}.
崇山 山脉 雪盘山 和 清水朗山
Conpseix seixmef, Xuaifpaipseinx lil Qiexsuit lanpseinx seinxmef.
崇山山脉、雪盘山山脉和清水朗山山脉。

021.kṽ^{55}ɕui^{33}tsɯ^{33}lã^{55}tsã^{33}tɕiã^{33}、pĩ^{55}tɕiã^{33}，nu^{55}tɕiã^{33}.
河水 有 澜沧江 沘江 怒江①
Gvnlxuix zex Lanlcanxjianx, Binljianx, Nuljianx.
主要水系有澜沧江、沘江、怒江。

022.pɛ^{44}ɕiɛ^{42}xo^{44}tsṽ^{42}tsuã^{55}tɕiã^{55},
百姓 们 种植 粮食
Bai`xiaip ho zvnp zuanljianl,
百姓种植粮食，

023.tsṽ^{42}ɣou^{21}tao^{21}、tso^{21}se^{33}、xã^{55}jɛ^{33}no^{33}li^{55}tɕi^{55}.
种植 核桃 茶叶 烤烟 的 也多
zvnp hhouddaod, zodseix, hanlyaix nox lil jil.
种植核桃、茶叶、烤烟的人也多。

024.2019niɛ^{42}tsã^{55}ɕiɛ^{55}tsɯ^{33}tsɯ^{55}ɕi^{44}ne^{21}、ɕiã^{33}tɕhi^{44}ne^{21},
2019 年 全县 辖 镇 4 个 乡 7 个
2019 niaip zanlxiail zex zeb xi neid, xianx qi neid,
2019 年全县辖 4 个镇 7 个乡，

025.mɑ^{55}tsɯ^{33}luo^{35}tɯ^{55}tsɯ^{55}, ko^{33}kuo^{31}tɕhio^{42}tsɯ^{55},
它们分别是诺邓镇② 功果桥镇③
mal zex Luofdel zeb, Goxguotqiop zeb,
它们分别是诺邓镇 、功果桥镇、

026.tshou^{42}tɕiɛ^{55}tsɯ^{55}，pɛ^{42}tso^{42}tsɯ^{55},
漕涧镇④ 白石镇
Coupjiail zeb, Baipzop zeb,
漕涧镇、白石镇、

① 怒江，白语称为 Nodconl gvnl

② 诺邓镇，当地人称 tso^{42}me^{21}tɕiɛ̃^{33}，意思是“石门井”。

③ 功果桥镇，当地人称 tsou^{44}ɣɯ^{31}，意指“旧州”。

④ 漕涧镇，当地人称 tsho^{55}kv^{21}，tsho^{55} 意思是“盐”，概因古时此地为食盐贸易中心而得名。

027.po^{31}fṽ^{33}ɕiã^{33}, kue^{33}phiɯ^{42}ɕiã^{33},

宝丰乡① 关坪乡②

Botfvnx xianx, Gueixpiep xianx,

和宝丰乡、关坪乡、

028.thui^{42}tɕi^{35}ɕiã^{33}，tshã^{31}ɕiɯ^{33}ɕiã^{33}，

团结乡③ 长新乡④

Tuipjif xianx, Cantxiex xianx,

团结乡、长新乡。

029.tɕiɛ^{31}tshɑo^{42}ɕiã^{33}、mio^{42}ve^{31}ɕiã^{33}、miɯ^{42}tɕiɛ^{55}ɕiã^{33}.

检槽乡⑤ 苗尾乡⑥ 民建乡⑦

Jiaitcaop xianx, Miaopveit xianx, Miepjiail xianx.

检槽乡 、苗尾乡 、民建乡。

030.2019niɛ^{42}ti^{31}tsɯ^{33}6.73vu^{31}jĩ^{21}ɣou^{31}kv^{42}khɯ^{33}tɑ^{44},

2019 年末 有 6.73 万 户 住 在 这里

2019 niaip dit zex 6.73 vut yindhout gvp kex dan,

2019 年末，常住总户数 6.73 万户。

031.kɑ^{35}te^{31}kv^{42}khɯ^{33}tɑ^{44}no^{33}miɯ^{42}tshu^{35}tsɯ^{33}pia^{44}ne^{21},

几代 居住在 这 民族 有 8 个

gafdeit gvp kex dan nox miepcuf zex bia neid,

世居民族有 8 个。

---

① 宝丰乡，当地人称 lɔ^{35}mɛ^{35}tɕiɛ̃^{33}。

② 关坪乡，当地人称 kuɛ^{55}pɛ^{21}。

② 团结乡，当地人称 sɿ^{33}kɛ^{55}jɯ^{44}。

④ 长新乡，当地人称 ji^{21}tshv^{55}po^{33}，意思是划船处。

⑤ 检槽乡，当地人称 tsɿ^{21}jiɯ^{55}tɯ^{21}，意思是“水槽”。

⑥ 苗尾乡，当地人称 miɑ^{44}ŋui^{33}。

⑦ 民建乡，当地人称 to^{21}pɛ^{21}tsɿ^{33}，意思是“大平坝”，这里地势相对平坦。

032.tsɯ^{33}xã^{42}, pɛ^{42}， ji^{42}, li^{55}sɿ^{55}， ɑ^{33}tshã^{33}, mio^{42}, te^{31}, xui^{42}.
是汉 白 彝 傈僳 阿昌 苗 傣 回
zex Hanp, Baip, Yip, Lilsil, Axcanx,Miop,Deit,Huip.
是汉族、白族、彝族、傈僳族、阿昌族、苗族、傣族、回族。

033.2019niɛ^{42}pɛ^{42}xo^{44}tsɯ^{33}15vu^{31},
2019 年 白族 有 15 万
2019 niaip Baipho zex 15 vut,
2019 年白族 15 万余人，

034.tse^{33}tsã^{55}ɕiɛ^{55}no^{33}jĩ^{21}kɛ̃^{55}no^{33}72.39%.
占 全县 的 人口的 72.39%
zeix zanlxiail nox yindgainl nox 72.39%.
占全县人口的 72.39%。

035.thɯ^{35}tshɛ^{31}tsɯ^{33}jɑo^{44}tshu^{33}、mɯ^{35}ti^{55}wɛ^{55}ɕui^{55}li^{55}、su^{55}、
特产 有 中药材 麦地湾梨 花椒
Tefcait zex yaocux、Mefdilwaix xuillil、sul、
特产有中药材、麦地湾梨、花椒、

036.thɑ^{35}tsɿ^{33}、nuo^{35}tɯ^{55}xuo^{31}thui^{31}、fv^{55}mi^{33}、tshɛ^{33}li^{31}tsɿ^{33},
柿子 诺邓 火腿 蜂蜜 车厘子
tafzix、Nuofdel huottuit、fvlmix、caixlitzix,
柿子、诺邓火腿、蜂蜜、车厘子，

037.tsho^{42}lo^{42}、tã^{31}sɯ^{33}、tɯ̃^{33}tsɛ̃^{31}xo^{55}、pɯ^{35}xo^{35}、
重楼 党参 灯盏花 百合
coplop、dantsex、denxzainthol、befhof、
重楼、党参、灯盏花、百合，

038.jõ^{44}、ko^{55}tshɛ^{55}、tɯ^{31}pa^{42}tsɿ^{33}、lɑ^{35}tsɿ^{33}.
魔芋 贡菜 秋豌豆 辣椒
yon、golcail、detbapzix、afzix.
魔芋、贡菜、秋豌豆、辣椒。

039.tsuɑ^{55}tɕiã^{55}tsɿ^{55}tsv^{42}jui^{55}mɯ^{55}，ko^{21}，tɑ^{55}mɯ^{35}.

庄稼　那么 种　玉米　　水稻　大麦

Zualjianl zil zvp yuilmel, god lil dalmef.

农作物主要有玉米、水稻和大麦。

040.xã^{55}ŋɯ^{21}、jõ^{21}、ke^{55}.

养牛　　羊　鸡

Hanl nged, yond, geil.

养牛、羊和鸡等家禽。

041.kuɛ^{33}ɕiã^{55}tsɿ^{55}ŋɛ^{21}xã^{55}"pa^{35}kua^{55}thu^{42}"li^{55}nuo^{35}tɯ^{55}jɯ^{44}.

逛闲　则 前往看　"八卦图"　和　诺邓村

Guaixxianl zil ngaid hanx　"bafgual tup"　lil Nuofdel ye.

旅游景点主要有"八卦图"和诺邓村。

042. lɯ^{31}thã^{55}tsɿ^{55}tse^{44}ŋɛ^{21}ka^{44}"mu^{35}lɯ̃^{55}fã^{42}"ka^{44}kv^{42},

现在　那么还去　把 木楞房　一下 住

Lettanl zil zei ngaid ga　"muflenl fanp"　ga xgvp,

现在还可以去住一住"木楞房"，

043. ka^{44}xã^{55}pĩ^{55}tɕiɛ̃^{33}li^{55}pɛ^{44}ɕiɛ^{42}xo^{44}tsɛ^{55}tsu^{55}pĩ^{55}.

一下看盐井　和 百姓们　怎样 制作盐

ga xhanl bai`xiaip ho zailgt zul binl.

看一下盐井，看看百姓们怎样制盐。

注：本文改编自云龙县政府办公室相关介绍，发布于 2020 年 10 月 14 日，李素琴改编、转写和翻译，

剑川木匠
tɕĩ^{42}tshuĩ^{55}ŋv^{44}tɕiõ^{42}
Jinpcuil Ngvjionp

001. 李：tsɿ^{55}ke^{55}ɕiɛ^{44}jã^{55}ŋɯ^{35}tɕhi^{44}jã^{42}sɿ^{33}fv^{33}tṽ^{55}tsɿ^{33},
那么今天 我们 来到 杨师傅 家里
Zil gailxiai yanl ngef qi Yanpsixfvx dvnl zix,
那么今天我们来到杨师傅家里。

002.tsu^{31}jɑo^{55}tsɯ^{33}kã^{33}tɕhiɛ^{55}jã^{42}sɿ^{33}fv^{33},
主要 是 听一听 杨师傅
zutyaob zex ganx qiail Yanp sixfvx
主要是听一听杨师傅。

003.tɕĩ^{42}tshuĩ^{55}mo^{35}tio^{33}mɯ^{55}tshuɛ^{42}tshɯ^{42}kã^{33}jã^{55}kã^{33}tɕiã^{31}sɿ^{31}.
剑川 木雕 它的 传承 给我们 讲一讲
Jinpcuinl mufdiaox mel cuaipcep kanx yanl ganx jiantsit.
把剑川木雕的传承给我们讲一讲。

004.jã^{42}sɿ^{33}fv^{33}tsɿ^{33}tsɯ^{33}jã^{55}tɕĩ^{42}tshuĩ^{55}lɯ^{31}po^{21}no^{33}ku^{31}tɕiɛ^{55}tsuɛ^{33}tɕiã^{33}lɑ^{42}.
杨师傅 是 咱们剑川 这边的 古建专家
Yanp sixfvx zex yanl Jinpcuinl letbod nox gutjiail zuaixjianx lap.
杨师傅是咱们剑川这边的古建专家。

005.jã^{55}pɛ^{42}ŋv^{42}tsɿ^{33}tsɿ^{55}tsu^{33}tsɯ^{33}ɯ^{55}mɯ^{55}no^{33}sua^{44}“sẽ^{55}sɛ^{21}”，“to^{42}sẽ^{55}sɛ^{21}”.
咱们 白语 则 就是 叫他 说 “山神” “大山神”
Yanl Baipngvp zix zil cux zex el melnox sua “seinlsaid”，“dop seinlsaid”.
咱们白语则称呼为“宗师”“大宗师”。

006.ke^{55}çiɛ^{44}jã^{55}ŋɯ^{35}tɕhi^{44}mɯ^{55}xã^{31}tṽ^{55}tsɯ^{33}tshu^{33}sua^{44},

今天 咱 来到 他 家 就是 说

Gailxiai yanl ngef qi mel hantdvnl zex cux sua,

今天咱来到他家是希望，

007.zɯ^{31}mo^{31}kɑ^{33}tɑ^{33}niɛ^{42}tsɛ̃^{55}kɛ^{21}ɣɯ^{42}sou^{31}ji^{33}

让 他 把 当年 怎么 学 手艺

Sset mot gax daxniaip zainlgaid hhep soutyix

让他把当年怎么学手艺，

008.ji^{55}tso^{33}lɯ^{31}pɛ^{21}kɛ^{33}mo^{31}tsu^{55}no^{33}pi^{31}tɕio^{55}tiɛ^{31}çiɯ^{42}no^{33}lɯ^{31}jɑ^{42},

以及 现在 他 做过的 比较 典型的这些

yilzox letbaidgaix mot zul nox bitjiaob diaitxiep nox letyap,

以及现在他做过的比较典型的作品，

009.ke^{55}so^{55}sɯ^{31}jã^{55}kɛ^{21}.

介绍给我们一下

geibsaob sset yanl gaid.

介绍给我们一下。

010.lɑ^{42}tsɿ^{55}lɯ^{31}pɛ^{21}kɛ^{33}tsɿ^{55}mo^{31}jĩ^{44}sua^{44}to^{42}la^{42},

但是 现在 他 年龄 大 了

Lapzil letbaidgaix zil mot yinsua dop lap,

但是现在他年纪大了，

011.kɛ^{55}tsɿ^{55}tsɯ^{33}sɛ^{31}tsɯ^{42}ɛ^{55}?

今年 有 多大

Gailzil zex saitzep ail?

今年年纪多大?

012. 杨师傅：lu^{35}sɿ^{35}sɿ^{55}lɑ^{42}.

六十四 了

Lufsifsib lap.

六十四岁了。

013.li^{31}：tsɿ^{55}kũ^{55}to^{33}no^{33}tsu^{55}khɯ^{33}tua^{42}lɑ^{42},

那么 更多 的 做 得 不 了

Zil genbdox nox zul kex duap lap,

那么更多的做不动了，

014.tsu^{31}jɑo^{55}tsɿ^{55}li^{31}lui^{55}sã^{55}ka^{44}se^{31}no^{33}xo^{44}ka^{44}tsɿ^{31}to^{55}.

主要 是 理论上 给年轻的人们一下 指导

zutyaob zil litluib sanb ga seitnox ho ga zitdob.

主要是在理论上给年轻人做一做指导。

015.tɛ^{33}tɯ^{33}tiɯ̃^{31}tsɿ^{33}ã^{31}pho^{55},

带了 徒弟 一群

daix dex dientzix antpol,

还带了一群徒弟，

016.mo^{31}tshu^{33}tsɯ^{33}tsɿ^{31}to^{55}mɑ^{55}lɑ^{42}.

他 就是 指导 他们了

mot cux zex zitdob mal lap.

他就是指导他们了。

017.ni^{55}tã^{44}sɿ^{42}xuã^{33}to^{42}mɯ^{33}no^{33}lɯ^{31}ne^{21}tsɯ^{33}tsɛ̃^{55}kɛ^{21}ɣɯ^{42}tɯ^{33}?

您当时 画 大墨 的 这个 是 怎样 学会的

Nil dansip huanx dopmex nox letneid zex zainlgaid hhep dex?

您当时怎么学会建房子的木工手艺?

018. 杨师傅："ŋɑ^{55}ku^{33}kɑ^{35}pe^{42}tsɯ^{33}tsu^{55}ŋv^{44}tɕiõ^{42}ɕia^{33}

我们的老几代 都 做 木匠 是吧

"Ngal gux gaf beip zex zul ngvjionp xiax,

"我家的上几代人都是木匠。

019.ŋɯ^{55}jɛ^{42}ŋɯ^{55}ti^{33}na^{42}xo^{44}li^{55}tɕiɯ^{55}tsɯ^{33}tsu^{55}ŋv^{44}tɕiõ^{42}.

我爷 我爹 那些人也 全是 做木匠

ngel yep ngel dix napho lil jiel zex zul ngvjionp.

我爷爷和我爹爹他们也都是做木匠。

020.ŋɑ^{55}se^{31}tsɛ^{21}kɑ^{33}sv^{55}ɣɯ^{42}jɑ^{35}tɯ^{33},
我们小时候 学上 没过
ngal seitzaidgax svl hhep yafdex,
我们小时候没上过学，

021.kɯ̃^{55}khɯ^{33}mɑ^{55}ɣɯ^{33}ɣɯ^{42}tsu^{55}ŋv^{44}tɕiõ^{42}.
跟着 他们后 学习 做 木匠
genl kex mal hhex hhep zul ngvjionp.
就跟着他们学做木匠。

022.to^{42}xo^{31}kɛ^{55}lɯ^{31}jɑ^{42}tsɿ^{55}ɯ^{55}mɯ^{55}no^{33}suɑ^{44}tsu^{55}su^{35}ɕi^{35}lɑ^{42}.
大房子栋 之类的 那么 叫作说 做熟悉了
dop hotgail letyap zil el mel nox sua zul suf xif lap.
大房子之类的已经可以说做熟练了。

023.tsu^{55}lɯ^{31}ne^{21}tsɿ^{55}sou^{31}ɕiɛ^{33}ŋɛ^{21}phia^{44}jĩ^{21}kɛ^{55}tṽ^{55}jɛ^{31}xɑo^{31},
做这个 那么 首先去到人家家里也好
zul let neid zil soutxiaix ngaid pia yindgainldvnl yaithaot,
做这个呢，首先去到人家家里，

024.ŋɛ^{21}phia^{44}ɑ^{55}na^{33}jɛ^{31}xɑo^{31}kɑ^{44}ti^{55}tɕi^{33}khu^{55}liã^{55}thɯ^{55}.
到达 哪里 也好 把地基 块 量下来
ngaidpia alnax yaithaot ga dibjix kul lianl tel.
去哪里也好，先把这块地基的面积量一量。

025.lɑ^{42}tsɿ^{55}ti^{55}ji^{35}lio^{44}ja^{42}pa^{21}thɯ^{55}tsɿ^{55},
然后 第一 木料些 搬下来
lapzil dibyif lio yap bad tel zil,
然后，第一步，把木料搬下来，

026.mɯ^{55}ɣɯ^{31}tɕu^{55}tshɯ^{55}no^{33},tsv^{21}jɯ^{44}no^{33},
其中 朽烂的 虫蛀 的
mel hhet jul cel nox, zvd ye nox,
其中朽烂的、虫蛀的，

027.lɯ^{31}ja^{42}jõ^{44}phɛ^{42}tshv^{42}tshɯ^{55}tɕhiɛ^{55},

这些木料要全部排除出去

let yap yon paipcvp cel qiail,

这些木料要全部排除出去，

028.ji^{31}xou^{55}tsɿ^{55}mɯ^{55}tɯ^{21}ŋɯ^{35}xuã^{33}mɯ^{55}tsɯ̃^{33}jɑ^{31}.

然后　才　来　画它的柱子 些

yithoub zil melded ngef huanx mel zenx yat.

然后才来画柱子的墨线。

029.to^{42}xo^{31}kɛ̃^{55}tsɿ^{55}kɯ^{55}ɑ^{55}tɑ^{33}se^{31}xo^{31}kɛ̃^{55}tshɑ^{55}mi^{55}ɕi^{55},

大房子　则 与 这里 小房子 栋 差不多

dophotgainl zil gel aldax seithotgainl calmilxil,

大房子则与这栋小房子[1]差不多，

① 此处杨师傅搬出一个祖宗牌坊，作为样品，讲解大房子的结构。

030.ɑ^{33}tɑ^{44}phiɯ^{42}tshã^{42}tsɿ^{55}sui^{55}ŋui^{42}suɑ^{44},
这里 平日 则 算是
axda piepcanp zil suilnguip sua,
这里 平时 是 算为 说，

031.ŋɑ^{55}xou^{31}kɛ̃^{55}jui^{31}tsɯ^{21}tɯ^{21}ɕiɑ^{33},
我们 房子 面向 前方
ngal houtgainl yuitzed ded xiax,
房子朝向正前方是吧，

032.tsɿ^{55}tshu^{33}tsuo^{31}sɛ^{33}, tsuo^{31}tsõ^{33},
就是 左山 左中
zil cux zuotsaix, zuotzonx,
就是左山，左中，

033.khɛ^{55}tsɿ^{55}jou^{55}sɛ^{33}, jou^{55}tsõ^{33},
然后是 右山 右中
kailzil youlsaix, youlzonx,
然后是右山，右中，

034.khɛ^{55}lɯ^{31}tɯ̃^{55}tsɿ^{55}tshu^{33}ɯ^{55}mɯ^{55}no^{33}kuo^{33}fã^{55},
然后 这里 就 叫 助词 挂枋
kail letdenl zil cux el mel nox guoxfanl,
然后 这里就叫 挂枋，

035.tshɛ^{35}tshuɛ^{55}tshɛ^{35}mɑ^{31}mi^{33}ɕio^{31}tshɯ^{55},
尺寸 尺码 想 好 了
Caifcuil–caifmat mix xiot cel,
想好了尺寸，

036.khɛ^{55}tsɿ^{55}pe^{44}lio^{33}， pe^{44}lio^{33}lɑ^{42}tsɿ^{55},
然后 备料 备料 以后
kailzil bei'liox, bei'liox lapzil,
然后是备料，备料以后，

037.to^{42}tɕia^{44}tɕia^{44}ne^{21}tshv^{55}khɯ^{33},

大屋架架 个 穿 起

dop jiajia neid cvl kex,

把大屋架搭起，

038.la^{42}tsɿ^{55}mɯ^{55}tɯ^{21}tsu^{55}mɯ^{55}thiɯ̃^{55}tsɿ^{33}ja^{42},

然后 再做 它的 条子些

lapzil melded zul mel tienlzix yap,

然后再做它的小木条，

039.la^{42}tsɿ^{55}mɯ^{55}tɯ^{21}kha^{44}mɯ^{55}wɛ^{42},

然后 才 盖 它的瓦

lapzil melded ka mel waip,

然后才盖瓦，

040.Lɯ^{31}ne^{21}tsɿ^{55}tsu^{55}mou^{31}tã^{55}kou^{33},

这个 是 做 它 耽搁

letneid zil zul mout danlgoux,

这一个做起来费时间，

041.tsɛ̃^{55}tsɛ̃^{33}tsɿ^{33}tsɛ̃^{55}tsɛ̃^{33}tsɿ^{33}lia^{31}sɯ^{33}tsu^{31}khɯ^{33}no^{33},

一小节儿 一小节儿 这样 组合起 的

zainlzainx zix zainlzainx zix zut kex nox,

一小节儿 一小节儿地组合起的，

042.a^{31}tsɯ̃^{21}tsõ^{21}tɕhi^{44}tɕiɛ^{33}tɕiɛ^{33},a^{31}tsɯ̃^{21}tsõ^{21}tɕhi^{44}tɕiɛ^{33}tɕiɛ^{33}

每一层长出来一点儿，每一层长出来一点儿

atzend zond qi jiaixjiaix, atzend zond qi jiaixjiaix,

逐层伸长一点儿，

043.lɛ^{21}kɛ^{33}ŋɯ^{55}ŋv^{31}lɯ^{31}kɛ̃^{55}li^{55}tsu^{55}tsɿ^{55}tsu^{55}tɕhiu^{55}li^{55}ɑ^{35}mu^{33},
眼下 我的 这栋 也做是做 好 也不不①
laidgaix ngel ngvt letgainl lil zul zil zul qiul lil afmux,
现在我做的这一栋，算不上做得有多么好，

044.xɛ^{42}sɿ^{55}tsu^{55}tshɯ^{55}ɕi^{44}，ŋv^{44}ŋuɑ^{44}lɑ^{42}."
还是 做了 四五 个 月 了
haipsib zul cel xi, ngv ngua lap."
还是做了四五个月了。

045.li^{31}："se^{31}no^{33}ɑ^{31}tɕiɛ^{33}tɕiɛ^{33}tsɿ^{33}liɑ^{42}tou^{44}khɯ^{33}tsɯ^{33}sɛ^{31}tsɿ^{33}tsɯ^{42}?"
李：细小的 零部件 这些 总共 有 多少
"Seit nox atjiaixjiaixzix liap dou kex zex sait zix zep?"
这些细小的零部件总共有多少个？

046.ja^{42}sɿ^{33}fv^{33}："ji^{35}tɕhiɛ^{33}tuo^{33}tɕiɛ^{55}!"
杨师傅 一千 多件
Yap sixfvx: "Yifqiaix duox jiaib!"
杨师傅：一千多件！

047.li^{31}："tsɿ^{55}tsu^{55}to^{42}xo^{31}liɑ^{42}sɯ^{33}fɑ̃^{55},
李：那么建 大房 这样 方②
Zil zul dophot liapsex fanl,
那么建造一栋这样的大房子。

048.jɑ̃^{55}jõ^{42}tɯ^{33}no^{33}tɕiɑ^{55}sɿ^{44}tsɯ^{33}ɑ^{55}nɑ^{44}kɑ^{35}tɕɿ^{31}?"
咱们用到的 家什 有 哪几样
yanl yonp dex nox jialsi zex alna gaf jit?"
咱们用到的工具有哪几样？

---

① 剑川白语里类似 ɑ^{35}mu^{33} 这样的双重否定表达否定的情况比较常见。

② fɑ̃^{55} 是白语房子的量词，类似于"一栋"。

049.jɑ^{42}sɿ^{33}fv^{33}：“to^{42}ŋv^{44}tɕiõ^{42}tɕia^{55}sɿ^{44}tsɿ^{55},
杨师傅： 大木匠 家什 么
Yapsixfvx: “Dopngvjionp jialsi zil,
杨师傅：至于大木匠家什，

050.ji^{31}tɕhiɛ^{42}jõ^{42}no^{33}thɔ^{33}tsɿ^{55}mɯ^{55}jɑ^{42}sv^{42}tɕi^{55},
以前 用 的 一套 则 它的件数多
yitqiaip yonp nox taox zil mel yapsvp jil,
以前 用 的 一套 则 它的件数多。

051.jõ^{42}tɕĩ^{42}tshui^{55}nv^{33}ne^{21}ŋv^{33}.
用 剑川 箩筐 背
yonp Jinpcuinl nvxneid ngvx.
用剑川箩筐背。

052.mɯ^{55}ɣɯ^{31}tsɯ^{33}pɯ̃^{55}tɯ^{21}，mɯ̃^{44}tɯ̃^{44}tɯ^{21},
它里面 有 斧头个 墨斗 个
Mel het zex benlded, men'den ded,
它里面有个斧头，有个墨斗，

053.xuɑ^{44}tɕhiɛ^{55}kã^{55}，tshɛ^{33}kã^{55}，fv^{42}tshɛ^{44},
画签 竿① 尺子竿 锯子个
huaqiail ganl, caixganl, fvnpcai,
一支画签，一把尺子，一个锯子，

054.khɛ^{55}tsɿ^{55}ɕui^{44}fv^{42}tsɿ^{33}，tshɯ^{55}thui^{55},
然后 镂空锯 短推刨
kailzil xui'fvlzix, celtuil,
然后是镂空锯，短推刨，

① 竿，白语量词，用于细长的物件，白语量词通常置于名词后。

055.tso^{21}thui^{55}，pã^{42}tshɯ^{55}thui^{55},

长推刨　半短推刨

zondtuil, banpceltuil,

长推刨，半短推刨，

056.tso^{42}tsɯ^{33}sɑ^{55}fv^{55}tso^{42}，ɕi^{44}fv^{55}tso^{42}，tɕhi^{44}fv^{55}tso^{42},

凿 有　三分凿　　四分凿　　七分凿

zop zex salfvl zop, xi'fvl zop, qi'fvl zop,

凿子分三分凿，四分凿，七分凿，

057.pia^{44}fv^{55}tso^{42}，pɛ^{21}tso^{42}，ke^{33}xo^{55}tso^{42},

八分凿　　平凿　　雕花凿

bia'fvl zop, baid zop, geixhol zop.

八分凿，平凿，雕花凿。

058.Li^{31}："ne^{21}tsɿ^{55}mɯ^{55}ko^{33}tɕui^{55}tsã^{44}tɕhi^{44}ɑ^{31}kɛ^{21}?

李：　那么　它的工具　数出来　很多

Lit: "Neidzil mel goxjuil zanqi atgaid?"

李："那么 它的工具 数出　很多？"

059.ja^{42}sɿ^{33}fv^{33}："ɑ^{31}kɛ^{21}ɛ^{33}，na^{42}ne^{21}tsɯ^{33}ŋv^{33}tɑ^{42}ɑ^{31}ŋv^{33}.

杨师傅　　很多呢　　那些 是 背 得 一背①

Yap sixfvx: "Atgaid aix, napneid zex ngvx dap atngvx.

杨师傅：很多很多呢，足以背一大筐了。

060.ɑ^{31}tɕi^{31}kõ^{33}tɕi^{31}tsu^{55}tɕhi^{44}ã^{33}kuo^{42}tuo^{42}.

一件 两件　做　出 看 得　不

Atjit gonxjit zul qi anxguopduop.

一两件工具什么都做不好。

---

① ŋv^{33}，动词"背"和量词"箩筐"同音同形。

061.sɛ^{55}jui^{31}tɯ^{21}kɛ^{42}tshv^{44}me^{21}tsɿ^{55},

若是像从前　出门 那么

Sailyuit dedgaip cvmeid zil,

若是从前出门做工的话，

062.jã^{55}tɕĩ^{42}tshuĩ^{55}nv^{33}ne^{21}ŋv^{33}tsɿ^{55}kɛ^{42}kɛ^{42}sɯ^{33}."

咱剑川　背箩 个 背 得 吱嘎吱嘎

Yanl Jincuinl nvxneid ngvx zil gaipgaip sex."

咱们剑川背箩压得嘎吱响。"

注：本文转写自实地采访录音，杨润标记录，李素琴转写、翻译，

2. 生活方式　邻里互助

白族民间有很多互助模式。随着生产生活方式日渐与城市接近，部分互助形式已经消失，但是多数还存留下来，成为标志性的乡村生活模式。

001.pε^{35}tshu^{35}jɯ^{44}xɯ^{31}tsɯ^{33}sã^{55}ŋui^{21}no^{33}tshuε^{42}thõ^{31}，

白族　乡村里有　互助　的　传统

Baifcuf ye het zex sanlnguid nox cuaiptont,

白族农村有互助互帮的传统，

002.tsṽ^{42}tɕi^{31}phia^{44}tsõ^{55}wu^{33}tshṽ^{31}xo^{31}，

种 田 到　筑墙　盖房

zvnpjit pia zonlwux cvnthot,

从农业生产到筑墙盖屋。

003.tsu^{55}ɕi^{31}sɯ^{44},pε̃^{44}pε^{42}sɯ^{44},tε^{44}fε^{44}jṽ^{33},ɯ^{55}tsɿ^{33}ŋv^{33}，

办喜事　办丧事　打发 姑娘 娶儿媳

zul xitse, bain baipse, dai'fai yvnx, el zixngvx，

婚丧嫁娶，

004.xɑ^{31}tsɿ^{33}xo^{31}tsɿ^{33}ɯ^{55}sã^{55}ŋui^{21}.

家家　户户　叫 帮忙

hat zix hot zix el sanlnguid.

家家户户叫人帮忙。

005.jã^{55}ɕiɛ̃^{55}suɑ^{44}tsu^{55}tɕi^{31}no^{33}sã^{55}ŋui^{21}.

我们先 说 种田 的 帮忙

Yanl xiainl sua zuljit nox sanlnguid.

先从农事中的互助讲起吧。

006.pi^{31}fã^{55}suɑ^{44}fv^{55}kɛ^{55}no^{33}xuɛ̃^{44}ŋɯ^{42}.

比方 说 栽秧 的 换工

bitfanl sua fvlgail nox huainngep.

比如栽秧换工。

007.tɕhi^{55}no^{33}xo^{44}，phɯ^{55}jou^{31}xo^{44}kɛ̃^{55}lɯ^{55},

亲戚 们 朋友 们 之间

Qinlnox ho, pelyout ho gainllel,

亲戚之间，朋友之间。

008.ã^{31}jɯ^{44}xɯ^{31},ka^{35}jɯ^{44}kɛ̃^{55}lo^{55}tɕhiɛ̃^{55}xuɛ̃^{44}ŋɯ^{42},

一个村里的 几 村 之间 都可以 换工

antye het, gafye gainllol qiainl huainngep,

不仅是同村换工，村与村之间也换工，

009.xuɛ̃^{44}ŋɯ^{42}xo^{44}thu^{33}ko^{44}tuĩ^{33}tsɿ^{55},

换工的 人 路 脚 远 如果

huainngep ho tuxgo duinx zil,

换工的时候，如果路远。

010.ŋɛ^{21}mɑ^{55}tṽ^{55}jɯ^{44}li^{55}mɑ^{55}tṽ^{55}kv^{42}.

去 他们 家里吃和家里住

ngaid mal dvnl ye lil mal dvnl gvp.

就到对方家里吃住。

011.fv^{55}kɛ^{55}jɛ̃^{33}so^{55}khu^{33}tso^{42}sɯ^{33}tsu^{55},

栽秧 是辛苦 活计 件

Fvlgail yainx solkux zopse zul,

栽秧是一件艰辛的劳动。

012.ji^{55}kua^{33}to^{42}pe^{42}niõ^{44}ji^{35}tsɿ^{35}wɛ̃^{33}thɯ^{55}fv^{55},

腰杆 脊背 要一直 弯下 栽

yilguax–dopbeip nion yifzif wainx tel fvl,

需要长时间弯腰低头劳作。

013.ŋɑ^{21}tɛ̃^{55}ŋa^{21}te^{44},ã^{31}jĩ^{44}tsu^{55}thɯ^{55}tsɿ^{55}suã^{55}sv^{31}nɛ^{42}sv^{31},

汗如雨下 一天 做下来 是 酸痛 累痛

ngaddainl–ngaddei, antyin zul tel zil suanlsvt– naipsvt,

常常汗如雨下，一天下来腰酸背痛。

014.tɯ^{33}phia^{44}khɛ^{44}tsi^{33}xo^{31}sõ^{33}ɣɯ^{35}jũ^{33}tũ^{31},

等到 客主人 家 送来 中午饭

Dex pia kaix hot sonx hhef yenxdent,

等到主人到地头送中午饭。

015.tsã^{55}kɛ^{21}jɯ^{44}tũ^{33}to^{42}phiɛ^{55}to^{42}phiɛ^{55}no^{33}lɑ^{44}kɛ^{21},

大家 吃到 大片大片 的 腊肉

zanlgaid ye dex doppiail doppiail nox lagaid,

大家吃着巴掌大的土猪腊肉片，

016.tɕhi^{44}mɯ^{55}tɯ^{21}xɛ̃^{55}tã^{42}khɯ^{33}.

力气 才 活得 起

qi melded hainl danp kex.

又才恢复精神。

017.jũ^{33}tũ^{31}jɯ^{44}tshɯ^{55}kɑ^{44}ɕiã^{55}tsɿ^{33}，tɕi^{21}khv^{44}kɑ^{35}tsẽ^{33},

午饭 吃 过 一下休息 唱白曲 几句

Yenxdent ye cel ga xianlzix, jidkv gaf zeinx,

吃吃饭，休息好，对个白曲，

018.tɕiã^{31}ɕio^{44}xuɑ^{44}tsɿ^{33}the^{55}, lɛ̃^{31}mɛ^{44}thɯ^{55}ɕui^{33}xɯ^{31}fv^{55}kɛ^{55},

讲 笑话 子 台 又 爬 下 水 里 栽秧

jiant xiohua'zix teil, lait mai tel xuix het fvlgail,

讲个笑话，又下水田栽秧，

019.tɯ^{21}ŋv^{55}tshv^{31}xo^{31}jõ^{44}tsõ^{55}wu^{33},

从前　盖房子 要 筑墙

Dedngvl cvt hot yon zonl wux,

从前白族盖房子需要夯土墙，

020.jõ^{44}tɕhi^{44}ɣɯ^{42}to^{42}no^{33}jĩ^{21}kɛ̃^{55}pia^{44}tɕiɯ^{44}jĩ^{21},

要 力气 大 的 人们 八 九 个

yon qihhep dop nox yindgainl bia jie yind,

至少需要八九个壮劳力，

021.wa^{42}thu^{33}sɿ^{33}no^{33},

挖土壤　的

Wap tuxsix nox,

挖土的，

022.jõ^{42}pɛ̃^{42}tɕhĩ^{55}khṽ^{55}piɛ̃^{42}thu^{33}sɿ^{33}no^{33},

用 簸箕　搬运　土壤 的

yonp bainpqinlkvnl biainp tuxsix nox,

用簸箕运送土的，

023.tsõ^{55}wu^{33}no^{33}，tsã^{55}kɛ̃^{21}jɛ̃^{33}tɕhĩ^{55}no^{33}tɕiɛ̃^{31}no^{33}.

筑墙　的　全都 是 亲戚 亲戚

zonlwux nox, zanlgaind yainx qinlnox–jiaintnox.

筑墙的，全都是亲戚。

024.kõ^{33}lo^{55}xo^{31}phia^{44}tsɯ^{33}sɯ^{31}tsɯ^{33}v^{33}no^{33}tsɿ^{31}tɕiã^{33},

各 家户 到 有事 有 事　的 时候

Gonxlolhot pia zexset–zexvx nox zitjianx,

家家户户到了办大事的时候，

025.tɕhiɛ̃^{55}jõ^{44}tɕhiɛ̃^{33}sã^{55}ŋui^{21},

都 要 请　帮忙

qiainl yon qiainx sanlnguid,

都要请人帮忙，

026.tɕhiɛ̃^{33}khɛ^{33}sã^{55}ŋui^{21}ji^{35}pɛ̃^{33}tsɯ^{33}jɯ^{44}ɣɯ̃^{31}ɯ^{55},

请 客 帮忙 一般 是 村 里 叫

Qiainxkaix sanlnguid yifbainx zex ye het el,

宴请的互助一般以村为单位开展，

027.lu^{55}su^{33}lu^{55}su^{33}tsɿ^{55}vɯ̃^{31}tiɯ̃^{55}thɯ^{55}.

陆续 陆续 是 稳定 下

Lulsux lulsux zil ventdienl tel.

长久以来形成稳定的分工。

028.ã^{31}jɯ^{44}tsɯ^{33}ã^{31}jɯ^{44}no^{33}“tsõ^{31}li^{31}”，“thi^{42}tio^{55}”.

每村 有 每村 的 总理 提调

Antye zex antye nox “zontlit”， “tipdiol”.

各村有自己“总理”或者“提调”。

029.sã^{55}ŋui^{21}no^{33}xo^{44}jṽ^{33}jĩ^{21}tɕi^{55}，sã^{55}ɕi^{44}jĩ^{21}ã^{31}wo^{55},

帮忙 的 人们 女人多 三四人 一伙

sanlnguid nox ho yvnxyind jil, sanl xi yind antwol,

帮工以妇女为主，三四人一个组，

030.ɯ^{33}tɕui^{55}ko^{35}jĩ^{21}no^{33}nɯ̃^{42}li^{35}li^{55}thɯ^{35}tshã^{42}pe^{33}jĩ^{44}ko^{35}tsu^{31},

根据 各人 的能力 和 特长 加入 各组

Genxjuil gofyind nox nenplif lil tefcanp bei yin gofzut,

根据个人能力和特长进入各个组，

031.tɕhiɛ̃^{55}“tsõ^{31}li^{31}”xuɛ^{35}“thi^{42}tio^{55}”ã^{55}phei^{55}.

听从 总理 或 提调 安排

qiainl “zontlit” huaif “tipdiol” anlpeil.

听从“总理”或者“提调”的安排。

032.ko^{35}tsu^{31}fv^{55}tsɯ̃^{35}ko^{35}tsu^{31}no^{33}tsõ^{42}sɯ^{33}.

各组 负责 各组 的 活计

Gofzut fvlzenf gofzut nox zonpsex.

各组负责好自己的分内活计。

033.tɕhiɛ̃^{33}khɛ^{33}sã^{55}ŋui^{21}ji^{35}pɛ̃^{33}fv^{55}tsɿ^{55}lɯ^{31}jã^{42}kɑ^{35}tsu^{31}:

请客　帮忙　一般 分成　这样　几组

Qiainxkaix banxmanp yifbainx fvl zil letyanp gafzut:

一般办客互助帮工的分组如下：

034.tsɿ^{55}tshv^{55}, thou^{44}tshɯ^{31},tso^{21}ɕui^{33}, sẽ^{33}ke^{42}pa^{44},

做厨　端菜　茶水　洗小碗大碗

zilcvl, toucet, zotxuix, seinx geipba,

厨师组，上菜组，茶水组，洗碗清洁组。

035.vu^{31}xɛ^{55}sɿ^{31},pã^{31}liã^{42}tshɛ^{55},tsẽ^{55}jṽ^{33}sẽ^{42},tsuã^{33}phẽ^{42}tsɿ^{33}.

捞 米饭　拌凉菜　煎乳扇　切盘子

Vud hailsit, bant lianpcail, zeinl yvnxseinp, cuanx peinpzix.

煮米饭，拌凉菜，煎乳扇和做拼盘。

036.khei^{44}ɕi^{35}li^{55}to^{33}tɯ^{21}po^{21}tsɿ^{55}tɕhiɛ̃^{33}jĩ^{44}sua^{44}to^{42}no^{33}xo^{44}.

开席　和　磕头　是 请 年龄大的人

Kei`xif lil doxdedpod zil qiainx yinsua dop nox ho.

开席和上香等一般是请上了年纪的人负责。

037.tɕhiɛ̃^{33}sv^{55}vɛ̃^{42}tɕhiõ^{55}no^{33}xo^{44}ŋɯ^{35}xɑ^{31}tṽ^{55}vɛ̃^{42}tui^{42}tsi^{33},

请书法写得好　的 人们 来 家里　写对联，

Qiainx svl vainp qionl nox ho ngef hatdvnl vainp duipzix,

请书法好的人来家里写对联，

038.kuã^{33}tui^{42}tsɿ^{33}tsɿ^{55}ne^{35}jĩ^{44}sua^{44}se^{31}xo^{44}ma^{55}tso^{42}sɯ^{33}.

挂 对子　是　年岁　小　的　他们的活计

guanx duipzix zil neif yinsua seit ho mal zopsex.

挂对联是年轻男子们和孩子们的任务。

039.kua^{44}li^{44}tsɯ^{33}jɯ^{44}ɣɯ^{31}tsɯ^{33}vɯ̃^{42}xuã^{55}no^{33}tsɿ^{33}jĩ^{21}kõ^{33}jĩ^{21}.

挂礼　是 村里　有 文化　的男人 两个

Gua'li zex ye het zex venphuanb nox zixyind gonxyind.

挂礼组一般是村里有文化的男人两人。

040.pɛ̃^{44}ɕi^{31}sɯ^{44}tsɿ^{55}tɕhiɛ̃^{33}ti^{33}mo^{33}tɕhi^{42}tɕhuɛ̃^{42}no^{33}jṽ^{33}jĩ^{21}ŋɯ^{35}khou^{55}khv^{31}.

办喜事　是 请 爹妈 健全　　　的 女人 铺床

Bain xitse zil qiainx dixmox qipquainp nox yvnxyind ngef koulkvt.

办婚事要请父母健在的女人来铺婚床。

041.ɕi^{31}sɯ^{44}pɛ̃^{42}sɯ^{33}tɕhiɛ̃^{55}jõ^{44}tɕhiɛ̃^{33}phɯ^{55}ti^{55}tɛ̃^{33}no^{33}.

喜事白事　全 要 请 吹 唢呐 的

xitse bainpsex qiainl yon qiainx pel dildainx nox.

婚丧都要请吹唢呐的人。

042.pɛ^{42}sɯ^{44}tsɿ^{55}jõ^{44} tsɯ^{33}tã^{55}pã^{55}no^{33},

白事 是 要 有　抬棺的

Bainpse zil yon zex danlbanl nox,

如果办丧事，还要请男人们抬棺，

043.tã^{55}pã^{55}no^{33}jĩ^{35}pɛ̃^{33}tsɿ^{55}tsɿ^{55}tɕĩ^{31}ŋɯ^{35}，ɯ^{55}tsɿ^{31}tso^{42},

抬棺 人 一般 是 自己 来　　叫 不用

Danlbanl nox yifbainx zil zibjit ngef, el zitzop,

抬棺人一般是自愿来，不用请，

044.ã^{31}xo^{31}pã^{33}ã^{31}xo^{31}，kɛ̃^{42}jĩ^{21}tshv^{44}ŋɯ^{42}.

一户 帮 一户　人人 出力

anthot banx anthot, geinpyind cv ngep.

家家互助，人人出力。

045.lɯ^{31}thã^{55}tsɿ^{55}jĩ^{21}kɛ̃^{55}xo^{44}ŋɛ^{21}thɯ^{55}ŋɛ^{21}ta^{42},

近来　是 人们　　　　走来走去

Lettanl zil yindgainl ho ngaidtel–ngaiddap,

现代人口多流动，

046.xuɛ̃^{33}ŋɯ^{42}no^{33}ɕu^{33}tshɯ^{55}，kɯ^{21}ŋɯ^{42}no^{33}tɕi^{55}khɯ^{33},

换工　的 少了　　　卖 工 的 多 了

huainxngep nox xux cel, gedngep nox jil kex,

生产中的换工在减少，有偿劳动增加起来了，

第二章

047.zɯ̃^{31}tɕhĩ^{31}sɿ^{55}ku^{55}no^{33}sã^{55}ŋui^{21}tse^{44}tsɯ^{33},

人情　世故　的 帮忙　还在

ssentqint–silgul nox sanlnguid zei zex,

但是生活中的互助模式还是广泛存在，

048.mo^{31}zɯ^{31}ɕiu^{55}jɯ^{44}xɯ^{31}po^{31}tshɛ^{42}tɕiɛ̃^{21}jĩ^{21},

它 让　乡村 里　保持着 情义

mot sset xiulye het botcaip jiaindyind,

维系着农村的人情味，

049.jĩ^{21}kɛ̃^{55}xo^{44}kɛ^{55}lo^{55} tsɯ^{33}tɕiɛ̃^{21}jĩ^{21},

人们　之间　　有情义

yindgainl ho gaillol zex jiaindyind,

维系着人际情感，

050.tse^{44}nẽ^{35}phiɛ̃^{31}tɕiɯ̃^{44}jɛ̃^{55},ã^{31}jĩ^{21}kã^{55}jĩ^{21}no^{33}xo^{44}tsɿ^{31}tɕiã^{33}.

还 是 聊 经验　一人 教 一人　的 好时机

zei neif piaint jienyainl, antyind ganlyind nox ho zitjianx.

也提供了交流生产生活经验的场所。

本文根据洱源县农村生活观察，李素琴撰稿、转写和翻译。

3. 去牛街炼渡村的温泉挑水

大理的很多地方有丰富的地热温泉，其中，洱源县有四个连片温泉带，温度高低不一。牛街温泉水温高达 80 余度，那里的百姓每天取水回家。

001. 李：a^{31}jĩ^{33}, kɛ^{42}jĩ^{44}tsɿ^{33}tã^{55}ɕui^{33}ji^{33}?
大叔 每 日 子 挑 水 吗
Atyinx, geipyin zix danlxuix yix？
大叔，天天来挑水吗?

002. 董：ɯ̃^{31},ke^{42}jĩ^{44}ŋɛ^{21}lo^{42},
嗯 每天 去 的
Ent，geipyin ngaid lop，
是呢，每天都来，

003.khɛ^{55}tɯ^{21}、jɯ̃^{33}tɯ̃^{31}、pẽ^{33}kɛ^{42}，
早晨 午饭 傍晚
Kailded、yenxdent、beinxgaip，
早晨、午饭、傍晚，

004.ã^{31}jĩ^{44}tã^{55}sã^{55}phe^{31},sã^{55}phe^{31}ɛ^{35}.
一天 挑 三 回 三 回 呢
Antyin danl sanl peit, sanl peit aif.
每天一共挑三回水呢。

005. 李：ɕui^{33}lɯ^{31}wu^{55}kɛ^{55}lui^{33}?

水 这 点 恐怕 烫

Xuix letwul gail luix？

这水恐怕很烫吧?

006. 董：lui^{33}！ ja^{44}fv^{31}jõ^{42}mo^{31}zɯ^{31}ŋɯ^{21}ŋui^{42}te^{42}.

烫！ 回家 用 它 给牛 喂猪

Luix！ Yafvt yonp mot sset nged nguip deip.

烫！回家用它喂喂牛，喂喂猪。

007.ŋui^{42}te^{42}li^{55}ɕiã^{33}ta^{33}ŋui^{42}tɕhiõ^{55}.

喂 猪 也 相当 喂 好

Nguip deip lil xianxdanx nguip qionl.

喂猪也是挺好的。

008.wo^{42}tsɿ^{55}kɛ^{35}wɛ^{55}li^{55}jõ^{42}mo^{31}se^{33}se^{33}ke^{42}pa^{44}.

然后 格外 也 用 它 洗 洗小碗大碗

Wopzil gaifwail lil yonp mot seixseix geipba.

也用来洗洗碗，非常方便。

009. 李：tsɔ^{33}！ mɯ^{55}no^{33}tsɯ^{33}tɯ^{33}tɕhi^{44}pa^{21}jɔ^{33}?

是 它（助词）有 得 气味一股 是吧

Zaox！ Mel nox zex dex qi bad yaox？

是的。这水好像有一股味道?

010. 董：sɿ^{55}tsɿ^{55}lɛ^{42}sui^{31}no^{33}sɿ^{55}tsɿ^{55}lɛ^{42}jɔ^{33},

自 来 水 的 天 然 嘛

zillaip suit nox zillaip yaox,

自来水的天然味嘛，

012.mo^{31}tsɯ^{33}tɕi^{21}pɛ^{21}xɯ^{31}xua^{44}tɕhi^{44},

它 是 大地 里 沸腾 出

mot zex jidbaid het hua qi,

这是从地底下涌出来的，

013.mo^{31}tsɯ^{33}ɕiã^{33}ta^{33}tɕhiɯ̃^{33}ɕiu^{55}.

它 是 相当 清秀

mot zex xianxdanx qienxxiul.

自来水么，非常干净。

014. 李：tsɔ^{33}！ ŋo^{31}tɕhiɛ̃^{55}tɯ^{33}ma^{55}sua^{44}tsɔ^{42},

是 我 听 到 他们 说 道

Zaox！ Ngot qiainl dex mal sua zop,

是的！我听人说，

015.ɕui^{33}lɯ^{31}ja^{42}jõ^{42}mo^{31}jõ^{42}ne^{42}wo^{42}tsil,

水 这样的 用 它 洗浴 之后

xuix letyap yonp mot yonpneip wopzil,

用这里的水沐浴后，

016.tshɛ̃^{55}kɯ^{21}ne^{31}jo^{33}mu^{33},tsɿ^{31}pio^{33}?

身体 个 痒 不 是 否

cainlgetneid yox mux, zit biox？

身体不会发痒，对吧？

017. 董：tso^{33}tso^{33},tshɛ̃^{55}kɯ^{21}to^{42}pe^{21}sv^{31}sɿ^{55}tsɿ^{55},

对 对 身 体 脊背 痛 的话

Zaox zaox，cainlget-dopbeid svt zil,

对对，腰酸背痛的人，

018.ma^{55}jõ^{42}ne^{42}jõ^{42}tshɯ^{55}sɿ^{55}tsɿ^{55}mo^{31}tɕhiɯ̃^{33}ɕiu^{55}.

他们 泡澡 泡 完 就 它 清秀

mal yonpneinp yonp cel zil mot qienxxiul.

他们来泡泡澡的话，也会很舒服。

4. 白族农耕文化介绍

大理乡村地区的白族主要从事农业种植，平坝里种植水稻和蚕豆，坡地上种植耐旱植物，靠近江河湖泊的百姓种植水生植物，靠山的百姓从事经济果木种植等。

001.tɑ^{44}li^{31}no^{33}pε^{44}çiε^{42}xo^{44}tsṽ^{42}tçi^{31}no^{33}tçi^{55},

大理的 百姓　　们　种田为主业

Daitlix nox bai'xiaip ho zvnpjit nox jil,

大理的百姓们以种田为主业，

002.tsv^{42}ko^{21}，mɯ^{33}，jui^{55}mɯ^{55}，mi^{55}zao^{21}，

种谷子　麦子　　玉米　　　大麦

zvnp god, mex, yuilmel, milssaod,

种谷子、麦子、玉米、大麦，

003.pa^{44}tsɿ^{31}ɣɯ^{31}tsṽ^{42}tɯ^{33}xã^{31}tçi^{55}no^{33}tsɯ^{33}ko^{21}.

坝子　　里 种得 最多 的　是谷子

ba'zit hhet zvnp dex hant jil nox zex god.

坝子里种得最多的是谷子。

004.sã^{55}ŋua^{44}ŋɯ^{35}tsɿ^{55}, kɑ^{44}sv^{44}tsṽ^{44}tsɯ^{21}mɯ^{55}no^{33}.

三月　来　以后 把谷粒　泡　　起来

Sanlngua ngef zil, ga svzvn zed mel nox.

三月以后把谷粒泡起来。

005.tsɯ^{21}ã^{31}ɕiɛ^{44}tsɿ^{55}, vu^{31}tɕhi^{44}，ŋv^{33}khɯ^{33}.

泡 一 夜以后 捞出 捂着

Zed antxiai zil, vut qi,ngvx kex.

泡一夜之后捞出来、捂着。

006.tsu^{55}tsɛ̃^{21}tɕhi^{31}，ŋv^{55}tɕhĩ^{55}.

整理秧田 施肥

Zul zaindjit, ngvl qinl.

整理秧田、施肥。

007.tɯ^{33}ma^{55}ŋɛ^{21}tsɿ^{33}ŋɛ^{21}tɕhi^{44},

等 它们的 芽子 出来

Dex mal ngaidzix ngaid qi,

等谷粒发了芽，

008.sã^{44}sv^{44}tsṽ^{44}.

撒种子

san sv'zvn.

撒种子。

009.ɕui^{33}ŋɯ^{21}tɯ^{21}tsõ^{33}tɕi^{31},

水牛 头 犁 田

Xuixnged ded zonx jit,

水牛犁田，

010.tsɿ^{33}jĩ^{21}xo^{44}tshẽ^{44}vu^{42}.

男人 们 挖 田

Zixyind ho cein vup.

男人们挖田。

011.pã^{44}ɕui^{33}, ka^{44} tɕi^{31}tɕĩ^{42}tsɯ^{21}khɯ^{33}.

挖水 把 田 丘 浸泡 起

Ban xuix, ga jit jinp zed kex.

挖水，把整丘田浸泡起。

012.tɯ^{33}tsɛ̃^{21}liã^{31}kõ^{55}tɯ^{33}ã^{31}tshɿ^{33}tsɯ^{42},

等 秧苗 长 到 一尺 左右

Dex zaind liant gonl dex antcix zep,

等秧苗长到一尺高左右，

013.jṽ^{33}jĩ^{21}xo^{44}ma^{31}tsɛ̃^{21},

女人 们 拔秧苗

yvnxyind ho matzaind,

女人们拔秧苗，

014.tsã^{55}kɛ^{21}tsɿ^{33}fv^{55}kɛ^{55}.

大家 插秧

zanlgaid zix fvl gail.

大家插秧。

15.kɛ̃^{44}ã^{31}ŋua^{44}tsɿ^{55},khu^{55}tsɛ̃^{21}kõ^{33}pɯ̃^{55}.

隔 一月 以后 间 苗 两 次

Gain antngua zil, kul zaind gonx benl.

一个月以后，间苗两次。

016.tɯ^{33}piɑ^{44}ŋua^{44}me^{33}thɯ^{55},

等 八月 米 灌浆

dex bia'ngua,meix tel,

等到八月，米粒灌浆，

017.tɕiɯ^{33}ŋua^{44}sɛ^{44}ko^{21}, jã^{21}ko^{21},tɛ̃^{44}ko^{21}, niɛ̃^{21}me^{33},

九月 割 谷子 收谷子 打谷子 碾米

jiexngua sai god, yand god, dain god,niaind meix,

九月里割谷子、收谷子、打谷子、碾米，

018.jã^{55}jɯ^{44}ɕi^{55}me^{33}lɑ^{42}!

咱 吃 新米啦

Yanl ye xilmeix lap!

咱吃新米啦!

019.ku^{33}jĩ^{21}xo^{44}nɯ^{33}sua^{44}:

老人们　总说

Guxyind ho nex sua:

老人们总说:

020."pi^{31}thv^{55}xɛ̃^{55}li^{55}ɕi^{55}ko^{31}me^{33},

芋头　汤 和 新 谷 米

"Bittvlhainl lil xilgodmeix,

芋头汤泡新米饭,

021.xuɛ^{31}lɛ^{31}xuɛ^{31}lɛ^{31}thɯ^{55}ɣɛ^{33}kuɛ^{55}.

哗啦哗啦　　到　下关

huaitlait huaitlait tel Hhaixguail.

哗啦哗啦咽下肚。

022.se^{31}tɕhi^{55}nɯ^{33}ŋɛ^{21}ko^{31}tã^{21}xɯ^{31}ɕiã^{55},

小时候 常常去 稻田　里　玩

Seit qil nex ngaid goddand het xianl,

孩提时代常去稻田里玩,

023.zɯ^{31}sã^{55}ŋua^{44}ŋɛ^{21}mou^{33}ŋv^{55}kɛ^{33}v^{44}.

二月 三月　去 摸鱼　　捉泥鳅

ssetsanlngua ngaid moux ngvl gaix v.

夏天可以到田里摸鱼摸泥鳅。

024.phia^{44}khu^{55}tsɯ̃^{31}no^{33}tsɿ^{31}tɕiã^{33},

到了　间　秧苗的 时候

pia kul zaind nox zitjianx,

到了间苗时节,

025.mã^{44}lɯ^{33}mã^{44}lɯ^{33}tse^{44}tsɿ^{42}tɯ^{33}kou^{21}ke^{55}tsɿ^{33}sẽ^{42},

偶尔 偶尔　　还 捡到　海鸡　仔 蛋

man'lex man'lex zei zip dex goudgeilzix seinp,

偶尔还会捡到水鸟蛋,

026.sɯ^{55}sɛ^{44}tɕĩ^{42}tsɿ^{33}tɕi^{31}tsɿ^{33}no^{33}kɛ̃^{33}suã^{31}mã^{33}ke^{55}.

收拾　季 在田埂　上 捉 蚂蚱

selsaijinp zil jitzix nox gainx suantmanxgeil.

秋收时节到田埂上捕捉蚂蚱。

027.lɯ^{55}kɑ^{35}sua^{44}jĩ^{21}kɛ̃^{55}xo^{44}tsɯ^{33}ko^{21}tɕi^{42}xɯ^{31}xã^{55}ŋv^{55}.

这几年　人们　　在　稻田　里 养鱼

Lel gaf sua yindgainl ho zex god jip het hanl ngvl.

这几年人们还在稻田养鱼。

028.ko^{21}liã^{31}sɯ^{55}khɯ^{33}tsɿ^{55}jõ^{44}jã^{44}tɯ^{31}lɑ^{42}.

谷子　收 起　后 要 压　豆了

God liant sel kex zil yon yan det lap.

谷子刚收完，就要播种蚕豆种子了。

029.tɯ^{31}liã^{31}xɛ̃^{55}tɕhi^{44}tsɿ^{55}jɯ^{44}tɕhiɛ̃^{31}tɯ^{31},

豆子些　长出　则　吃　青豆

Det liant hainl qi zil ye qiaintdet,

蚕豆长出来，可以吃青豆子，

030.xou^{31}kã^{55}li^{55}lɛ^{31}tã^{42},jõ^{42}mo^{31}we^{42}kẽ^{55}te^{42}ŋɯ^{21}mɛ^{33}.

晒干　也 可以 用它　喂养 鸡猪牛马

hout ganl lil lait danp, yonp mot weip geinldeip-ngedmaix.

也可以晒干作为家禽家畜的饲料。

031.jĩ^{42}tshui^{55} tsɯ^{33}tshɯ^{31}to^{31},ɯ^{55}tsɿ^{31}mu^{31}lĩ^{42}ɕiɯ̃^{33}thã^{44}.

剑川　有 菜 道　　叫 子母 连心 汤

Jinpcuinl zex cet dot, el zitmut linpxinx tan.

剑川有一道菜，叫子母连心汤。

032.tsu^{33}tɯ^{33}tɯ^{31}jã^{31}fɛ^{33}tɕhi^{44}ko^{44}tshɿ^{33}tsɿ^{31}tɕiã^{44},

就 等 豆 嫩芽 发出 2 尺　时间

Cux dex det yant faix qi gocix zitjian,

就是等蚕豆发芽，长到 2 尺高的时候，

033.jõ^{44}kɑ^{44}mɯ^{55}ɛ^{55}fa^{35}no^{33}ŋɛ^{21}tɕiɛ^{33}tshɯ^{55}.

要　把 它的二发　的芽　掐去

yon ga mel ailfaf nox ngaid jiaix cel.

要去把后发的嫩苗掐去。

034.tɕiɛ^{33}thɯ^{55}no^{33}ŋɛ^{21}tsɿ^{33}jã^{42}xou^{31}kã^{55}，tsã^{31}khɯ^{33}.

掐下来　的　芽子　些　晒干　攒起

Jiaix tel nox ngaidzix yanp hout ganl,zant kex.

掐下来的嫩苗晒干，存起来。

035.tɯ^{33}tɕhiẽ^{31}tɯ̃^{31}ɕĩ^{55}jɯ^{44}tsɛ^{31}tɑ^{42}tsɿ^{55}pẽ^{21}tɯ^{31}ke^{55}tsɿ^{33},

等　青豆　　芯　吃得成　则　剥豆　瓣 子

Dex qiaintdetxinl ye'zait dap zil beid detgeilzix,

等到青豆成熟，把豆子剥成豆瓣。

036.kã^{55}ŋɛ^{21}tsɿ^{33}jã^{42}jõ^{42}ɕui^{33}pho^{33}khɯ^{33},

干豆苗芽　些　用水　泡　起

ganlngaidzix yanp yonp xuix paox kex,

把晒干的蚕豆苗发水，

037.tshuã^{33}lɑ^{44}kɛ̃^{21}kɑ^{35}xɯ̃^{33}tsu^{55}jɯ^{21},

切　腊肉　几　丝 做 油

cuanx lagaid gaf henx zul yed,

切几丝腊肉做油，

038.kã^{55}ŋɛ^{21}tsɿ^{33}li^{55}tɯ^{31}kẽ^{55}tsɿ^{33}tsv^{33}xɛ̃^{55},

干　芽子　也 豆瓣　子　煮汤

ganlngaidzix lil detgeilzix zvx hainl,

蚕豆苗干和豆瓣煮汤，

039.tsɑ^{35}sɿ^{55}ɕio^{5}!

扎实　香

zafsil xionl!

非常鲜美！

040.xuã^{33}no^{33}tsṽ^{42}jui^{55}mɯ^{55}li^{55}tsã^{33}mi^{55}zao^{21}.
荒山上　种 玉米　　及 大麦
Huanx nox zvnp yuilmul lilzanx milssaod.
山地上经常种的是玉米和大麦。

041.tɕhiɛ̃^{31}jui^{55}mɯ^{55}tsɿ^{55}tsã^{42}jɯ^{44},
青玉米　　则 煮吃
Qiaint yuilmel zil zanp ye,
青玉米煮来吃，

042.kã^{55}jui^{55}mɯ^{55}tsɿ^{55}we^{42}zɯ^{31}ke^{55}.
干玉米　　　喂 给 鸡
ganl yuilmel zil weip sset geil.
干玉米喂鸡。

043.tɕhiɛ̃^{31}mi^{55}zao^{21}kã^{55}mi^{55}zao^{21}kou^{42}tsṽ^{33}.
青 大麦　干 大麦　酿 酒
Qiaint milssaod ganl milssaod goup zvnx.
青大麦和干大麦酿酒。

044.tsɯ^{33}lao^{21}xõ^{55}ɕi^{44}no^{33}tou^{44}ŋɯ^{21}tsɿ^{33}no^{33}tsɿ^{55},
在 洱源　　　的　上　牛街　　上
Zex Laodhonlxi nox Dou`nged zix nox zil,
在洱源县的牛街乡，

045.kã^{55}mi^{55}zao^{21}tsẽ^{44}kho^{31}ji^{31}ŋɛ^{21}tsɯ̃^{21},
干 大麦　　还　可以　发芽
Ganl milssaod zeinx kotyit ngaidzid,
干大麦还可以将它催芽，

046.tsu^{55}pɛ^{42}kã^{55}tsɿ^{42}，tsu^{55}kã^{55}tsɿ^{42}phã^{44}.
做　麦芽糖　　做　糖果 渣
zul baipganlzip, zul ganlzip pan.
做成麦芽糖和糖饭。

047.kɛ̃^{44}lou^{31}ɣɯ^{33}kɑ^{44}tɕian^{31}tsu^{55}suã^{55}.

最后　　　讲讲　种菜

Gainlouthhex ga jiant zul suanl.

最后介绍一下种菜吧。

048.ã^{31}xo^{31}xo^{31}mɑ^{55}suã^{55}tɯ^{55}jɛ̃^{33}tsɿ^{33}xo^{31}tou^{31}ɣɯ^{33},

有些人家　他们 菜园　是 在 房　后

Athothot mal suanldel yainx zex hotdot hex,

有些人家屋后有一块园子，

049.ã^{31}mu^{33}tsɿ^{33}tsã^{55}jɯ^{44}ŋv^{31}tsɿ^{33}tɑ^{44}sã^{55}tɕiɯ^{31},

不然　是 全村　的 在 搭 相互

antmux zix zanlye ngvt zexda sanljiet,

不然就是全村集中成片的菜园子，

050.suã^{55}ã^{31}tɯ^{55}kɯ^{55}tɯ^{55}kɛ^{55}lo^{55} tsɯ^{33}ɕui^{33}khou^{31}tsṽ^{33},

菜地 一块　与块 之间 有　　水沟　条

suanl atdel gel del gaillol zex xuixkout zvnx,

各块菜地之间有条水沟隔开，

51.pɯ^{35}tshu^{35}xo^{33}ɛ̃^{44}khɯ̃^{31}tsv^{42}tɕhiɛ̃^{31}pɛ̃^{42}tsɯ^{31},po^{55}lo^{55}tsɯ^{31},

白族　人们 爱　种　青白菜　　　菠菜

Baifcuf ho ainkent zvnp qiaintbainpcet, bollolcet,

白族人常种青菜白菜菠菜，

052.tsv^{42}mɛ^{44}tɕiã^{44}no^{33}xou^{31}pou^{33}tou^{55},

种 爬架　的　荷包豆

Zvnp mai jian nox houtbouxdoul,

种爬架子的荷包豆，

053.tsv^{42}tɕhĩ^{55}tsɿ^{33}lɑ^{35}tsɿ^{33}li^{55}fɛ̃^{33}tɕhɿ^{31},

种 茄子　辣子 及 番茄

zvnp qinlzix lafzix lil fainxqit,

种茄子、辣子和番茄，

第四章

054.tsṽ^{42}jiɯ^{55}suɛ̃^{33}tshṽ^{55}kɯ^{44}tsɯ^{31}li^{55}suã^{31}miou^{55}tsɿ^{33},
种 芫荽 小葱 韭菜 蒜苗子
zvnp yienlsuainx,cvnl,gecet,lil suantmioul zix,
种芫荽，小葱，韭菜，蒜苗等，

055.tsṽ^{42}tɕi^{55}kuɑ^{55}ɕi^{55}xu^{55}li^{55}tsã^{33}tsɿ^{55}phɑo^{44}.
种 南瓜 瓠瓜 和 黄瓜
zvnp jilguanl,xilhul lilzanx zil pao.
种瓠瓜、南瓜和黄瓜。

056.lɯ^{55}kɑ^{35}sua^{44}ɣɯ^{42}tɯ^{33}tsṽ^{42}lu^{42}sui^{31}, zɯ^{42}kõ^{33}tɕuɛ̃^{55}.
这 几年 学会 种 芦笋 人工菌
Lel gaf sua hhep dex zvnp lupsuit, ssepgonxjuainl.
这些年学会栽培芦笋、人工菌。

057.sẽ^{55}sv^{42}ko^{44}lo^{44}jɯ^{44}xɯ^{31}ɕui^{33}tɕi^{55}jĩ^{44}phĩ^{31}tsõ^{21},
西山 脚下 村庄 水多 太阳 长
Seinlsvp go'lo ye het xuix jil yin`pint zond,
至于那些西山脚下的村庄，气候湿润，日照时间长，

058.mɑ^{55}tsv^{42}pɛ^{35}xɑo^{35}， mi^{55}lv^{44}.
他们 种 百合 山药
mal zvnp baifhaof,millv.
还种百合和山药。

059.kv^{42}ɕui^{33}pi^{55}no^{33}xo^{44}tsṽ^{42}ou^{31},kv^{55}tɯ^{21}li^{55},kã^{42}kɯ̃^{33},
住在水边 的 人们 种藕 慈姑 菱角
Gvnp xuixbil nox ho zvnp'out,gvldedlil,ganpgenx,
靠水而居的则种植莲藕，慈姑，菱角，

060.kv^{42}sv^{42}no^{33}pɯ^{35}tshu^{35}xo^{44},
住在山上的 白族 们
gvpsvp nox baifcuf ho,
住在山区的白族，

061.ji^{35}pε^{44}tsv^{42}jã^{31}jui^{55}tsɿ^{33},tɯ^{31},li^{55}thu^{44}phiε̃^{55} tshɯ^{31}.

一般 种 洋芋 子 豆 及 蔓菁 菜

yifbai zvnp yantyuilzix, det, lil tu'piainlcet.

主要种植土豆、豆类和蔓菁。

062.tse^{44}tsṽ^{42}ɣou^{21}tou^{21},su^{55}li^{55}tsã^{33}ɕui^{55}li^{55}tɑ^{21}ɣɯ^{33}.

还 种 核桃 花椒 及 梨 桃 李

zeinx zvnp hhouddoud, sul lilzanx xuillil–dadhhex.

还种植核桃、花椒和果木。

063.tɕhi^{44}piɑ^{44}ŋuɑ^{44} ŋε^{21}tsɯ̃^{31}liã^{31}ɣε^{33}sɯ^{55}sε̃^{33}.

七八月 去 树林 下 捡 菌子

Qi bia ngua ngaid zent liant hhaix sel sainx.

夏季则采摘山林里的野生菌。

064.pa^{44}tsɿ^{31}xɯ^{31}no^{33}ɕui^{33}tɕi^{31}，xuã^{33}ti^{55}no^{33}kã^{55}tɕi^{31},

坝子 里 的 水田 荒地 的 旱田

Ba'zit het nox xuixjit, huanxdil nox ganljit,

坝子里的水田，坡地上的干田，

065.khou^{31}pi^{55}khou^{31}pã^{42}，sv^{42}tɯ^{21}sv^{42}kã^{42},

沟渠 水塘 山顶 山谷

koutbil–koutbanp, svpded–svpganp,

湖泊水渠，山野林间，

066.tɕhiε̃^{55}tsɯ^{33}tɕi^{31}tã^{31}li^{55}"suã^{55}kε^{55}".

全都是 田垄 和 菜园

qiainlzex jitdant lil "suanlgail".

全都是田野和菜地。

067.thui^{55}kɯ̃^{33}xui^{42}liɯ̃^{42}，thui^{55}kɯ̃^{33}xui^{42}xu^{42},

退耕还林 退耕还湖

Tuibgenx huiplienp, tuibgenx huiphup,

退耕还林、退耕还湖，

068.zɯ̃^{31}ɕiu^{55}jɯ^{44}xɯ^{31}no^{33}sv^{42}lv^{33}khɯ^{33},ɕui^{33}tɕhiɛ̃^{55}khɯ^{33},

让 乡村 里 的 山 绿起来 水 清起来

sset xiulye het nox svp lvx kex, xuix qiainl kex,

让乡村的山更绿，水更清，

069.zɯ̃^{31}pɛ^{35}tshu^{35}xo^{44}kv^{42}no^{33}ã^{33}ji^{35}，tsu^{55}no^{33}ã^{55}ɕĩ^{55}.

让 白族 人们 住得 安逸 做 得 安心

sset Baifcuf ho gvp nox anxyif, zul nox anlxinl.

让白族百姓的家园更加宜居宜业。

5. 学习做乳扇

001. 董：lɯ^{55}kõ^{33}kua^{33}sɿ^{55}tsɿ^{55}jõ^{42}mo^{31}zo^{33}jɯ̃^{33}sẽ^{31}.

这两 根 就 用 它 绕 乳扇

Lel gonx guax zil yonp mot ssox yenxseint.

这两根就用来绕乳扇。

002. 李：jõ^{42}mo^{31}zo^{33}jɯ̃^{33}sẽ^{31}.

用 它 绕 乳扇

Yonp mot ssox yenxseint.

用来绕乳扇。

003. 董：khɛ^{33}si^{31}tsu^{55}xɯ^{33}jɔ^{33}.

开始 做 起 吧

Kaixsit zul hex yaox.

开始做了。

004.suã^{55}kṽ^{55}tsɯ^{44}tẽ^{44}mɯ^{55}xɯ^{31}kõ^{33}tso^{42},

酸卤 汁 盛 它 里 两 勺

Suanlgvnlze dain mel het gonx zop,

盛两勺酸卤汁，倒进锅里，

005.lɯ^{31}ne^{21}tsɯ^{33}suã^{55}kṽ^{55}tsɯ^{44}.

这 个 是 酸卤汁

Letneid zex suanlgvnlze.

这是酸卤汁。

006. 李：ɔ^{31},suã^{55}kṽ^{55}tsɯ^{44}tsɛ^{55}tsu^{55}tɕhi^{44}fɛ^{33}?

哦 酸卤汁 怎么 做 出来 怎么

Aot，suanlgvnlze zail zul qi faix?

哦，酸卤汁是怎么做出来的?

007. 董：suã^{55}kṽ^{55}tsɯ^{44}tsɿ^{55}ja^{42}pa^{42}fa^{35}ɕiɔ^{55},

酸卤汁 就是 反正 从 牛奶里发酵

Suanlgvnlze zil fantzenl yap bap fafxiaob,

酸卤汁就是牛奶发酵做出来的，

008.pa^{42}ja^{42}tsu^{55}tɕhi^{44}sɿ^{55}lɛ^{31}tɛ̃^{33}ta^{42}tɕhi^{44}ɣɯ^{35}jɔ^{33}.

牛奶 做 成 后 又 盛 到 出 来 吧

bapyap zil qi sil lait dainx danp qi hhef yaox.

牛奶做成（乳扇）后又盛出来吧。

009. 董：tɯ^{21}ŋv^{55}tsɿ^{55}jõ^{42}ɕĩ^{55}、tso^{42}kho^{55},

以前 是 用 柴火 灶（一）眼

Dedngvl zil yonp xinl、zopkol,

以前要用柴火、灶，

010.lɯ^{31}kɯ^{55}sɿ^{55}tsɿ^{55}jõ^{42}tiɛ̃^{55}tshi^{42}lu^{42},fã^{33}piɛ̃^{55}.

现在 是 用 电磁炉了 方便

letgel zil yonp diainlciplup, fanxbiainb.

现在用电磁炉了，方便。

011. 李：tso^{42}mu^{33}jɔ^{33},

灶 没有 吧

Zop mux yaox,

灶没有了，

012.ta^{55}pu^{55}fɯ^{55}tsɯ^{33}tso^{42}the^{33}sɿ^{55}wo^{42}.

大部分 把 灶 拆 了

dalbulfel zex zop teix sil wop.

大部分人家都把土灶拆了。

013. 董：tso^{42}mu^{33}ɔ^{31}.
灶 没有 了
Zop mux aot.
灶没有了。

014. 李：tsɿ^{55}lɯ^{31}tɕhi^{55}suã^{55}kṽ^{55}tsɯ^{44}wu^{55}tsɯ^{33}wĩ^{55}tshv^{31}tɕi^{55}tsɯ^{42}sɯ^{33}?
那么 现在 酸卤汁 些 是 热 到 多少 程度
Zil letqil suanlgvnlze wul zex winl cvt jilzep sex?
那么现在酸卤汁要多热呢?

015. 董：suo^{55}mo^{31}suo^{55}, niõ^{44}sɯ^{31}mo^{31}xua^{44}xɯ^{33},
煮 它 煮 要 让 它 烧涨
Suol mot suol，nion sset mot hua hex,
煮一煮，要烧开，

016.tɕhi^{55}thɯ^{55}mɯ^{31}tɕhi^{55}mo^{31}kɯ^{55}tɕiɛ̃^{33}.
倒 下 那时候 它 凉（一）点
qiltel met qil mot gel jiainx.
刚才倒下去的时候有点凉。

017. 李：ɛ̃^{35},niõ^{44}xua^{44}xɯ^{33}jɔ^{33}?
嗯 要 沸腾 是吧
Einf，nion hua hex yaox?
嗯，要煮到沸腾一点?

018. 董：xua^{44}xɯ^{33}tsɿ^{55}mɯ^{55}tɯ^{21}tsu^{55}tsɛ̃^{21}ta^{42},
烧开 是 才 做 能
Hua hex zil melded zul zaind dap,
烧开了才能做，

019.xua^{33}xɯ^{33} mɯ^{55}tɯ^{21}tɛ̃^{33}thɯ^{55}pa^{42}a^{31}pa^{44}.
烧开 才 盛 下去 牛奶一大碗
hua hex melded dainxtel bap at ba.
烧开了才可以倒一大碗牛奶进去。

第五章

020. 李：ɛ̃^{35} , pa^{42}a^{31}pa^{44}.

好 奶 一碗

Einf，bap at ba.

嗯，一碗奶。

021. 董：tɕio^{31}khuã^{55}tɕiɛ̃^{33}tsɿ^{33}.

搅拌 慢 些 点

Jiot kuanljiainx zix.

慢慢地搅拌。

022. 李：ũ^{31},khuã^{55}khuã^{55}tɕio^{31}.ŋa^{33}xɯ^{33}wa^{31}jɔ^{33}.

嗯 慢慢地搅动 开始凝固了呢

Ent，kuanl kuanl jiot,ngax hex wat yaox.

嗯，慢慢地搅拌，开始凝固了呢。

023. 董：ɛ̃^{35}, tshɯ^{31}lɯ^{33}tshɯ^{31}lɯ^{33}jɔ^{33}.

嗯 慢慢 慢慢 吧

Einf，cetlex–cetlex yaox.

嗯，慢慢来。

024. 李：kuã^{55}kuã^{55}ɕi^{55}ɕi^{55}ŋɯ^{21},lɛ^{21}tsɿ^{55}?

慢慢地 研磨 那么

Kuanlkuanl–xilxil nged, laid zil？

那么，就慢慢地研磨，对吧?

025. 李：tɕi^{42}tu^{42}lɯ^{33}.

快 地

Jipdup lex.

好快。

026. 董：xuɑ^{44}xɯ^{33}wo^{42}tsɿ^{55}kɑ^{44}xui^{33}jɑ^{33}sei^{31}tɕiɛ̃^{33}.

烧涨了 然后 把 火 压 小（一）点

Hua hex wopzil ga huix yax seit jiainx.

烧开了以后火关小一点。

027. 李：tsɑ^{35}sɿ^{55}tɕi^{42}tu^{42}mɛ^{55}.

扎实　快　呢

Zafsil jipdup mail.

确实快呢。

028.lui^{33}tsi^{31}mu^{33}mɯ^{55}fv^{33}xɯ^{31}?

烫　是否　它　里边

Luix zit mux,mel fvx het?

里边烫吗?

029. 董：mu^{33}, mu^{33}, mu^{33}.

不　不　不

Mux,mux,mux,

不烫。

030.phia^{44}mo^{31}lui^{33}tsɿ^{55}suã^{55}kṽ^{55}tsɯ^{44}lui^{33}tɕi^{55}xɑ^{44},

到　它 烫 的话 酸卤汁　烫 多了

Pia mot luix zil, suanlgvnlze luix jil ha，

烫的话说明酸卤汁多了，

031.mo^{31}tsu^{55}xe^{33}.

它　做　害

mot zul heix.

不好做。

032.xui^{33}ne^{21}to^{42}tsɿ^{55}kuɛ^{55}se^{31}tɕiɛ̃^{33},

火 过 大 的话 关 小 一点

Huix neid dop zil guail seit jiainx，

火大的话关小一点，

033.mu^{33}tsɿ^{55}mo^{31}xua^{44}ka^{55}sɿ^{55}.

不然　它　涨　干了

mux zil mot hua gal sil.

不然牛奶煮干了。

034.ŋɑ^{55}tsɯ^{33}kõ^{33}jĩ^{21}tsu^{55},

我们有 两人 做

Ngal zex gonxyind zul,

我们两个人一起做，

035.ji^{35}pã'tsɿ^{55}tu^{55}tɑ^{55}jĩ^{21}li^{55}kɔ^{31}ji^{31},

一般 是 独自 人 也 可以

yifbanx zil duldal yind lil kaotyit,

一般情况下一个人也可以，

036.kõ^{33}jĩ^{21}tsɿ^{55}mo^{31}tɕi^{42}tu^{42}tɕiɛ̃^{33}jɔ^{33}!

两 人 的话 它 快 点 对吧

gonxyind zil mot jipdup jiainx yaox！

两个人的话速度会快一点！

037. 李：tsɔ^{33}！ ŋɯ̃^{21}ta^{55}kɛ^{21}?

对 研磨 多少 次

Zaox！ Nged dalgaid?

对！研磨多少次呢?

038. 曹：kɛ^{55}niõ^{44}tsɛ̃^{42}lou^{55}kɛ^{21}.

恐怕 要 十 余 次

Gail nion zainp loul gaid.

大概十多下。

039.mo^{31}mo^{42}tɕiɛ̃^{33}jɔ^{33}！

它 细腻 一些 是吧

Mot mop jiainx yaox！

它细腻一些！

040. 李：li^{55}mo^{31}tsɿ^{55}mo^{31}ɕi^{55}suã^{35}tɕiɛ̃^{33}jɔ^{33}.

捏 它 的话 它 细腻 一些

Lil mot zil mot xilsuanf jiainx yaox.

捏捏它，它口感细腻一些。

041. 董：ɯ̃^{31}, ɕi^{55}suã^{35}.
对 细腻一点
Ent，xilsuanf.
对的，细腻一点。

042.lɯ^{31}wu^{55}tsɿ^{55}ŋo^{31}tɕhi^{55}sɿ^{55}ɔ^{31}, niõ^{44}mu^{33}ɔ^{31}.
这 点就 我 倒 了 要 不了
Letwul zil ngot qil sil aot，nion mux aot.
这点酸水就倒了，不要了。

043. 李：lɯ^{31}ne^{21}tsɿ^{55}tsu^{33}ka^{44}mo^{31}tɕiɛ̃^{55}tsõ^{33}tɕia^{44}ne^{21}no^{33}.
这 个 的话 就 把 它 绕 上去 架子 个 面
Letneid zil zux ga mot jiainl zonx jia neid nox.
这样子的话就把它拉到架子上去。

044. 董：ɯ̃^{31}，ŋã^{55}tsõ^{33}tɕia^{44}ne^{21}no^{33}.
嗯 粘到 架子个 上
Ent，ngal zonx jia neid nox.
嗯，粘到架子上。

045.niõ^{44}to^{42}se^{31}tshɯ^{55}tsõ^{21}a^{31}jã^{31}jɔ^{42},
要 大小 短 长 一样吧
Nion dopseit celzond at yaop.
要大小长短差不多。

046.tɕia^{44}lɯ^{31}ne^{21}, tɯ^{21}ŋv^{55}tsɿ^{55}ne^{35}pɛ^{33}nɔ^{33},
架子 这个 以前的话 是 木头的
Jia letneid, dedngvl zil neif baix nox,
以前架子是木头做的。

047.lɯ^{55}kɯ^{55}thã^{55}tsɿ^{55}ŋo^{31}ko^{44}mo^{31}tsu^{55}tsɿ^{55}su^{55}liɔ^{55}no^{33},
现在 是 我 把 它 做 成 塑料 的
Lelgeltanl zil ngot ga mot zul zil sulliaol nox,
现在我们用塑料管。

048.ɕiɛ^{55}ku^{33}mɯ^{55}no^{33},

线 裹 它 上

Xiail gux mel nox,

裹上线圈，

049.mo^{31}tsu^{33}tɕhiũ^{33}tɕhiũ^{33}ɕiu^{55}ɕiu^{55},

它 就 清清秀秀

mot zux qienxqienx–xiulxiul,

它就很干净，

050.tsɿ^{55}lia^{31}sɯ^{33}tsɿ^{55}mo^{31}tsu^{33}tsui^{42}mu^{33}.

这个样子 是 它 就 滑 不

zil liatsex zil mot zux zuip mux.

这样乳扇架子不滑。

051. 董：tsui^{42}mu^{33},mu^{33}tsɿ^{55}mo^{31}tha^{35}thɯ^{55}.

滑 不 不然 它 松开下来

Zuip mux, muxzil mot taftel.

不滑，不然会松开掉下来。

052. 李：a^{31}jĩ^{33}, lɯ^{31}ne^{21}kã^{55}wa^{31}jɔ^{33}？

大伯 这 个 干 了 吧

Atyinx, letneid ganl wat yaox？

大伯，这个干了吧?

053.kã^{55}tsi^{31}mu^{33}e^{31}？

是 没 诶

Ganl zit mux eit？

干没干?

054. 董：lɯ^{31}jõ^{21}tsɿ^{55}kã^{55}lɑ^{42}.

这 片 是 干 了

Letyond zil ganl lap.

这一片干了。

第五章

055. 董：kɛ̃^{55}tsu^{33}mɯ^{55}pĩ^{55}lɯ^{31}ja^{42}xɛ̃^{55}.
恐怕是 它的 边沿 这些湿
Gainl zux mel binl letyap hainl.
恐怕是它的边沿还潮。

056.sẽ^{55}po^{21}na^{55}tɕia^{44}tɕia^{44}tsɿ^{55}mo^{31}tse^{44}xɛ̃^{55}.
西边　那 架架 是 它 还 湿
Seinlbod naljia jia zil mot zei hainl.
西边架子上的也还潮湿。

057. 李：na^{55}ja^{42}tsɿ^{55}pɛ^{42}no^{33}tsɿ^{55}xɛ̃^{55}，tsi^{31}pio^{33}？
那 些 是 白 的 是 湿 是否
Nalyap zil baip nox zil hainl，zit biox？
那些发白的是潮的是吧?

058. 董：na^{55}ja^{42}tsɿ^{55}mɯ^{55}tɯ^{21}tsu^{55}tɕhi^{44}ɣɯ^{35}.
那些 是 才 做 出 来
Nal yap zil melded zul qi hhef.
那些才做出来不久呢。

059. 李：ɔ^{31}, tsɿ^{55}kã^{55}thɯ^{31}sɿ^{55}no^{33}tsɿ^{55}tsu^{33}ŋv^{21}.
哦 是 干透 了 的 是 就 黄
Aot，zil ganl tet sil nox zil zux ngvd.
哦，干透了以后颜色会变黄。

060. 董：ũ^{31}, kã^{55}thɯ^{31}tshɯ^{55}tsɿ^{55}tsu^{33}ŋv^{21}.
嗯 干 透 了 是 就 黄
Ent，ganl tet cel zil zux ngvd.
嗯，干了就变黄了。

061. 李：ɛ̃^{35}，tsɿ^{55}tɕiɛ̃^{55}kɑ^{44}mo^{31}the^{44}ke^{55}fɛ^{44}?
好 那 怎样 把 它 解开 怎样
Einf，zil jiainl ga mot tei keil fai？
好的，那怎样把乳扇从架子上解下来?

062.ni^{55}kɑ^{44}the^{44}，ŋo^{31}tsã^{31}xɯ^{33}?

您试一下解 我 扶 着

Ni ga tei，ngot zant hex?

您试解一下，我扶着？

063. 董：mɯ^{55}ko^{44}pho^{44}no^{33}the^{44}xɯ^{33}.

它的 脚 只 的 解 开始

Mel go'po nox tei hex.

从“脚”这里开始解。

063. 李：ko^{44}pho^{44}no^{33}the^{44}xɯ^{33}.

脚 只 的 解 开始

Go'po nox tei hex.

从“乳扇脚”开始解开。

064. 李：lɯ^{31}ne^{21}li^{55}tsɯ^{33}tshɛ̃^{55}kɯ^{31}ne^{21}, jĩ^{55}pio^{33}?

这 个也 是 身子 个 是否

Letneid lil zex cainlget neid, yinl biox？

这是它的身子是吧?

065. 李：phe^{55}ɣo^{42}ne^{21}jɔ^{33}?

解容易而已吧

Peil hhop neid yaox？

容易解吧?

066. 董：phe^{55}ɣo^{42}.

解 容易

Peil hhop.

容易解。

067. 李：ŋo^{31}ka^{44}sai^{31}.

我 一下试

Ngot ga sait.

我试一试。

068.ne^{21}tsɿ^{55}mɯ^{55}ko^{44}pho^{44}phe^{55}kui^{42}sɿ^{55}la^{42}！

仅此而已 它的 脚 撕 坏 了

Neidzil mel go'po peil guip sil lap！

这样解的话，它的“脚”撕坏了！

069. 李：jɯ̃^{33}sẽ^{31}ja^{42}tɕhi^{42}si^{35}tsɯ^{33}miɛ^{55}tshɛ̃^{55}.

乳扇 些 其实 有 名称

Yenxseint yap qipsif zex miail cainl.

乳扇的每个部位其实都有对应的名称。

070.lɯ̃^{31}ne^{21}tsɯ^{33}jɯ̃^{33}sẽ^{31}ko^{44},tsɿ^{55}mɯ^{55}tɕiɑ^{42}li^{55}?

这 个 是 乳扇 脚 那么 它的 伙伴 呢

Letneid zex yenxseint go，zil meljiap lil？

这是“乳扇脚”，别的部位呢?

071. 董：lɯ̃^{31}ne^{21}tsɯ^{33}mɯ^{55}sɯ^{33}、mɯ^{55}ko^{44}.

这 个 是 它的手 它的 脚

Letneid zex mel sex、mel go.

这个是它的手它的脚。

072. 李：mɯ^{55}sɯ^{33}、mɯ^{55}ko^{44}!

它的 手 它的 脚

Mel sex、mel go!

“手手脚脚！”

073. 董：fã^{31}tsɯ̃^{55}tsu^{33}mɯ^{55}sɯ^{33}、mɯ^{55}ko^{44}.

反正 就是 它的 手 它的脚

Fantzenl zux mel sex mel go.

就是它的“手脚”。

074.lɯ^{31}jɑ^{42}mɯ^{55}tshẽ^{55}kɯ^{31}.

这 些 它的 身子

letyap mel cainlget.

这是它的身子。

075. 李：ɛ̃^{35},ɛ̃^{35},tsɿ^{55}lɯ^{31}phiɛ^{55}tsɛ̃^{55}ne^{21}to^{31}?

嗯 嗯 那么 这 片 怎么办

Einf einf，zil letpiail zailneid dot？

嗯嗯，这片怎么解?

076.tse^{44}jã^{33}tsṽ^{33}tɕiɛ̃^{33}jɔ^{33}.

再 压重 一点 吧

zei yanx zvnx jiainx yaox.

再压重一点吧。

077. 李：si^{42}tɕiɛ̃^{33}tsõ^{21}tɕi^{55}xɑ^{44}li^{55}kɛ̃^{55}tuɑ^{42}jɔ^{33}.

时间 长 太也 恐怕 不行 吧

Sipjiainx zond jil ha lil gainl duap yaox.

时间太长了也不行吧?

078. 董：tsõ^{21}tɕi^{55}xɑ^{33}tsɿ^{55}mɔ^{31}tsu^{33}kui^{42}sɿ^{55}ɔ^{31}.

长 太 就 它 就 坏了

Zond jil hax zil mot zux guip sil aot.

时间太长就坏了。

079. 李：tsɿ^{55}ɑ^{31}jĩ^{33},liɯ̃^{31}xui^{55}tsɿ^{55}tsɿ^{55}ɑ^{55}se^{31}?

那么大伯接下来做什么呢

Zil atyinx, lethuil zil zil alsait?

那么大伯接下来做什么呢?

080. 董：kɑ^{44}mɑ^{55}phi^{33}tɑ^{44}sã^{55}tɕiɯ̃^{31},

把它们 铺在一起

Ga mal pix da sanl jient,

把乳扇铺在一起。

081.liɑ^{31}sɯ^{33},no^{31}ã^{33}mɯ^{55}ko^{44},mɯ^{55}sɯ^{33},fv^{55}tɕhi^{44}.

这样子 你看 它的腿 它的手 分清楚

liatsex, not anx mel go, mel sex fvlqi.

这样子看得清楚哪里是“手”，哪里是“脚”。

082. 董：$liɑ^{31}sɯ^{33}fɛ^{33}xɯ^{33}$.

这样子 反面

Liatsex faix hex.

这样子是反面。

083. 李：$lɯ^{31}ne^{21}tsɿ^{55}mɯ^{55}sɯ^{33}ts\tilde{o}^{21}tɕi\tilde{ɛ}^{33}$,

这个　　是它的 手长一些

Letneid zil mel sex zond jiainx,

这一片的“手”长一点，

084. $mɯ^{55}ko^{44}pho^{44}tshɯ^{55}tɕi\tilde{ɛ}^{33}$.

它的腿　个　短一点

Mel go'po cel jiainx.

“脚”短一些。

第五章

6. 买卖货物

001. 杨：nɑ^{55}jɯ̃^{33}sẽ^{31}tɕi^{55}tsɯ^{42}ɑ^{31}tɕi^{55}?
你们的 乳扇　多少一斤
Nal yenxseint jilzep atjinl？
乳扇多少钱一斤?

002.sã^{55}tsɛ^{42}ŋv^{33}.
三 十五
Sanl zaip ngvx.
三十五元。

003. 杨：jɯ̃^{33}sẽ^{31}lɯ^{55}kɑ^{35}jõ^{21}tsɿ^{55}tso^{31}mu^{33}?
乳扇 这　几片真 或者 不
Yenxseint lel gafyond zilzot yinl mux？
这些乳扇正宗吗?

004. 李：tsɿ^{55}！ mɯ^{55}tɯ^{21}tsu^{55}tɕhi^{44},no^{31}ã^{33},lɛ^{31}jõ^{33}xo^{44},
正宗　刚刚　做出来　你 看　既　好
Zil！ Melded zul qi，not anx，lait yonx ho,
正宗！才做出来的，你看，多好，

005.lɛ^{31}jõ^{33}jɛ^{55}sɛ^{55}ã^{33}tɕhiõ^{55}.
又　色泽　看 好
lait yon yailsail anx qionl.
色泽也漂亮。

006. 杨：tsɿ^{55} tɕhui^{55}sɯ^{31}ŋɯ^{55}no^{33}ŋv^{33}tui^{42}tɑ^{42}.

那么 称　给　我（助词）五对吧

Zil quil set ngel nox ngvxduip dap.

那么给我称五对吧。

007. 李：ŋv^{33}tui^{42} jɔ^{33}?

五　对　吗

Ngvx duip yaox？

五对吗?

008.ŋo^{31}kɑ^{44}ã^{33}jɔ^{33}，kɑ^{44}si^{31}ã^{33}tã^{55}tɕi^{55}?

我 把　看　　把试试 看 几斤

Ngot ga anx yaox，ga sit anx danljil？

让我看看，有几斤?

009. 李：ŋuɑ^{33}ŋuɑ^{33}no^{33}ɑ^{31}tɕi^{55}.

足足的 一斤

Nguax nguax nox at jil.

足足的一斤了。

010.sã^{55}tsɛ̃^{42}ŋv^{33}.

三 十 五

Sanl zainp ngvx.

三十五块钱。

011.tshã^{31}tɕiɛ̃^{55}mu^{33}ji^{33}?

零　钱　没　吗

Cantqiainl mux yix？

没零钱吗?

012.ne^{33}tshã^{31}tɕiɛ̃^{55}tɑ^{42}.

拿零钱　可以

Neix cantqiainl dap.

给我零钱吧。

013.tsɛ^{42}ŋv^{33}khou^{55}，tse^{44}jõ^{44}ne^{44}tsɛ̃^{42}.

十五块钱　　还有二十块钱

Zainpngvx koul，zei yon nei'zainp.

十五块钱，还有二十块钱 。

014. 杨：tshã^{31}no^{33}mu^{33}ɔ^{31}，tsɿ^{55}pu^{31}ŋo^{31}ɛ^{35}.

零 的　没了　　找找补我吧

Cant nox mux aot，zil but ngot aif.

没零钱了，你找零给我吧。

015. 李：ẽ^{35}, pu^{31}no^{31}、pu^{31}no^{31}.

嗯　找补你　找补你

Einf,but not,but not.

好，找补给你。

016.kɑ^{44}tɯ^{33}tɕiɛ̃^{33}jɔ^{33}.

把　等　一会 吧

Ga dex jiainx yaox.

稍等一会儿吧。

本长篇对话属白语洱源方言，由李素琴提供采访实录话语、转写和翻译。

7. 煎乳扇

001. 李：tɑ^{55}ko^{33}ke^{55}jĩ^{44}tshã^{55}no^{33}niõ^{44}tsẽ^{55}jɯ^{44}jɯ̃^{33}sẽ^{31}ji^{33}?

大哥　今天　早饭（助词）要煎吃乳扇

Dalgox，geilyin canl nox nion zeinl ye yenxseint yix？

大哥，今天早饭要煎乳扇吃吗?

002. 杨：ɛ̃^{35}.ke^{55}jĩ^{44}mɛ^{31}tɯ^{33}jɯ̃^{33}sẽ^{31}kɑ^{35}tɕĩ^{55},

嗯 今天 买 得 乳扇 几斤

Einf，geilyin maitdex yenxseint gafjinl,

嗯，今天在你们那买了几斤乳扇，

003.ɕiã^{31}kɑ^{44}tsẽ^{55}jɯ^{44}.

想 试试 煎 吃

xiant ga zeinl ye.

想煎了吃。

004. 李：xo^{55}la^{31}，tsɿ^{55}jã^{55}tɑ^{31}xo^{31}kɑ^{44}kã^{55},

对啦，那么咱们一起来讲解一下

Hol lat，zil yanl dathot ga ganl,

对啦，那么咱们一起来讲解一下，

005.tse^{55}jɯ̃^{33}sẽ^{31} tsɛ̃^{55}kɛ^{21}tsɛ̃^{55} fɛ^{33}jɔ^{33}?

煎 乳扇　怎么 煎 怎么呀

zeinl yenxseint zailgaid zeinl faix yaox？

乳扇要怎么煎?

006.tsɿ^{55} ŋo^{31} ã^{33} jĩ^{55} tsẽ^{55} jɔ^{33} !

那 我 看 您 煎 呀

Zil ngot anx yinl zeinl yaox !

那我看您煎!

007. 杨：ke^{55}jĩ^{44}jã^{55}tsẽ^{55}jɯ^{44}jɯ̃^{33}sẽ^{31},

今天 我们 煎 吃 乳扇

Geilyin yanl zeinl ye yenxseint,

今天我们煎吃乳扇,

008.tsɿ^{55}sou^{31}ɕiã^{55}jã^{55}niõ^{44}tsui^{31}pe^{55}jɯ̃^{33}sẽ^{31}kõ^{33}tsõ^{31}、

那么 首先 我们要 准备 乳扇 两 片

zil soutxianl yanl nion zuitbeil yenxseint gonx zaot、

首先要准备乳扇两片、

009.tshɯ^{31}tsɿ^{33}sɿ^{33}jɯ^{21}wu^{55},pɛ^{42}so^{55}to^{21}tɕhui^{31},pĩ^{55}tɕhui^{31}.

菜籽 油 一点 白砂糖 一点 食盐一点

cetzixyed wul、baipsoldod quit、binl quit.

少量菜籽油、白砂糖、食盐。

010. 李：ɕi^{31}huã^{55}jɯ^{44}kã^{55}mi^{44}no^{33}tsɿ^{55}ã^{55}so^{55}to^{21},

喜欢 吃 甜 的 那么 放 糖

Xithuanl ye ganlmi nox zil anl soldod,

喜欢甜的搁一点白糖,

011.ɕi^{31}xuã^{55}jɯ^{44}pĩ^{55}no^{33}tsɿ^{55}ã^{55}pĩ^{55}tɕiɛ̃^{33}.

喜欢 吃 咸 的 那么放 盐 点

xithuanl ye binl nox zil anl binl jiainx.

喜欢咸的搁点食盐。

012. 杨：tsɿ^{55}lɯ^{31}tɕhi^{55}jã^{55}tsẽ^{55}jɯ̃^{33}sẽ^{31}tɯ^{21}ŋv^{55},

那么 现在 我们 煎 乳扇 之前

Zil letqil yanl zeinl yenxseint dedngvl,

那么现在我们煎乳扇之前,

013.çiɛ̃^{55}jõ^{44}kɑ^{44}jɯ̃^{33}sẽ^{31}tshuã^{33}khe^{55}.

先 要 把 乳扇 切 开

xiainl yon ga yenxseint cuanx keil.

先要把它切开。

014.la^{31}tsɿ^{55}to^{31}se^{31}kɯ^{33}tçu^{55}ko^{33}lo^{55}jĩ^{21}çi^{31}xuã^{55},

那么 大小 根据 个人的 喜好

latzil dotseit gexjuil goxlolyind xithuanl,

根据个人的喜好，

015.jã^{55} kho^{31}jĩ2^{1}tshuã^{33}to^{31}tçiɛ̃^{33}，tshuã^{33}se^{31}tçiɛ̃^{33}.

我们 可 切 大 点 切 小 点

Yanl kotyit cuanx dot jiainx，cuanx seit jiainx.

我们可切大块，或者切小块。

016. 李：ɛ̃^{35}.ŋo^{31}pɑ^{33}nɯ^{55}mɑ^{42}tçiɛ̃^{33}jɔ^{33}！

嗯 我 帮帮 你 忙 点 吧

Einf.ngot banx nel map jiainx yaox！

嗯，我来帮帮你吧！

017. 杨：jɯ̃^{33}sẽ^{31}liɑ^{31}kã^{55}tɯ^{33}tçiɛ̃^{33},

乳扇 这些 干 点

Yenxseint liat ganl dex jiainx zix,

这些乳扇稍有点干，

018.tse^{55} tçhi^{33}ɣɯ^{35}lɔ^{42}si^{42}phu^{31}tuɑ^{42}.

煎出来 太 酥 不可能

zeinlqi hhef laopsip put duap.

煎出来不会太酥。

019. 杨：tse^{55}jɯ̃^{33}sẽ^{31}tsɯ^{33},

煎 乳扇 的话

Zeinl yenxseint zex，

煎乳扇的话，

020.jũ^{33}sẽ^{31}jõ^{44}tshɔ^{42}ɑ^{31}tɕiɛ̃^{33}tsɿ^{33}.

乳扇 要 潮 一点 子

yenxseint yon caop atjiainxzix.

煎乳扇的话，最好稍微潮软一点儿。

021. 李：ɛ̃^{35}.mo^{31} kã^{55} tɯ^{33} tɕiɛ̃^{33} tsɿ^{33},

好 它 干燥的 一点 的话

Einf.Mot ganl dex jiainxzix,

好。要是乳扇干燥了点儿的话，

022.tsɿ^{55} tsɛ̃^{55}kɛ̃^{21} tshɔ^{42} ni^{55}?

那么怎么 潮 呢

zil zainlgaind caop nil？

要怎么回潮呢?

023. 杨：kã^{55} tɯ^{33} tɕiɛ̃^{33} tsɿ^{33}sɿ^{33} tsɿ^{55},

干 得 点 子 的话

Ganl dex jiainx zix zil,

过于干燥的话，

024.jõ^{42}tɕhiɛ̃^{31}tshɯ^{31}sẽ^{44}、pɛ^{42}tshɯ^{31}sẽ^{44}ko^{33}mɯ^{55}no^{33}ɑ^{31}phi^{31}tsɿ^{33}sɿ^{33},

用 青菜 叶 白菜 叶裹 它 上 一 片 子

yonp qiaintcet sein、baipcet sein gox mel nox atpitzix,

可以用一片青菜叶或者白菜叶裹住乳扇，

025.tsho^{42} mo^{31} tsho^{42}.

潮 它 潮

Caop mot caop.

让它回潮。

026. 李：ɛ̃^{35}.

好

Einf.

好。

027. 杨：ke^{55}jĩ^{44}tsɿ^{55}jã^{55}si^{42}tɕiɛ̃^{33}tɕiɯ̃^{31},
今天　是 咱们 时间 紧
Geibyin zil yanl sipjiainx jient,
今天咱们有点赶时间，

028.tsu^{33}tshɔ^{42}mu^{33}la^{31}！
就 潮 不 了
zux caop mux lat！
就不潮了！

029. 李：ɛ̃^{35}，kɑ^{44}sɿ^{31}jɔ^{33}.
好 一下 试 吧
Einf，ga sit yaox.
嗯，试一下吧。

030. 杨：jɯ̃^{33}sẽ^{31}kɛ^{42}khe^{55},
乳扇　剪 开
Yenxseinp gaip keil,
乳扇剪开，

031.tshuã^{33}khe^{55}la^{31}tsɿ^{55}jã^{55}ɕiã^{55}niõ^{44}khɯ^{55}xui^{33},
切开后　然后 咱们 先要 开　火
cuanx keil lat zil yanl xianl nion kel huix,
切段后，先打火，

032.ɕiɛ̃^{55}jõ^{42}tɯ^{33}to^{42}xui^{33}kɑ^{44}tshɛ̃^{55}phi^{55}su^{55}wĩ^{55},
首先用 得 大 火　把　锅 个 烧 热
xiainl yonp dex dop huix ga cainl pit sul winl,
首先用大火把锅烧热，

032.su^{55}wĩ^{55}wo^{42}tsɿ^{55}mɯ^{55}tɯ^{21}tsõ^{55}tshɯ^{31}tsɿ^{33}sɿ^{33}jɯ^{21}.
烧 热 之后　才　放 菜籽　油
sul winl wopzil mel ded zonl cetzixyed.
烧热之后才倒入菜籽油。

033. 李：wĩ^{55}mo^{31}ŋui^{55}tsɛ̃^{42}sẽ^{44}ni^{55}?

热 了没 怎么知道呢

Winl mot winl zainp sein nil？

怎么知道锅热没热呢?

034. 杨：tsɿ^{55}ã^{33}mo^{31}tshv^{44}xui^{44}ɕĩ^{55}.

那 看 它 出 烟

Zil anx mot cv huixxinl.

看看锅有没有冒烟。

035. 李：xui^{33}ɕĩ^{55}tshv^{44}ɔ^{31}!

烟 出来 了

Huixxinl cv aot!

冒烟啦!

036. 杨：tse^{55}jɯ̃^{33}sẽ^{31}tiɯ̃^{31}kɑ^{44}tɕhiõ^{55}no^{33}tsɯ^{33},

煎 乳扇 最 好 的 是

Zeinl yenxseint dientga qionl nox zex,

煎乳扇最好的方法是，

037.tɕiɑ^{55}mɯ^{55}no^{33}pɛ^{42}mɛ^{33}tsɿ^{55}tɕhiɛ̃^{33}tsɿ^{33}.

加 它 的 酥油 一点 子

jial mel nox baipmaixzil at jiainx zix,

加一点酥油，

038.tsɿ^{55}tsu^{33}tsẽ^{55}tɕhi^{44}ɣɯ^{35}lɛ^{31}jõ^{44}phu^{31}lɛ^{31}jõ^{44}ɕiõ^{55}.

那么 煎 出 来 又 酥 又 香

zil zux zeinl qi hhef lait yon put，lait yon xionl.

那煎出来的乳扇又酥又香。

039.ke^{55}jĩ^{44}tsɯ^{33}pɛ^{42}mɛ^{33}tsɿ^{55}tsui^{31}pe^{55}tu^{44}tsɿ^{55},

今天 但是 酥油 准备 没 的话

Geilyin zex baipmaixzil zuitbeil du zil,

但是今天没准备酥油，

第七章

040. 李：pɛ^{42}mɛ^{33}tsɿ^{55}tɕhiɛ̃^{33}.

酥油　一点

Baipmaixzil jiainx.

酥油一点。

041.mu^{33}tsɿ^{55}, sẽ^{55}tsɿ^{55}jɔ^{33}.

没有的话，新鲜猪油一点吧

Mux zil seinlzil jiainx yaox.

没有的话，加一点新鲜猪油吧。

042. 杨：ṁu^{33}tsɿ^{55}tsɿ^{55}su^{55}ɑ^{31}tɕhiɛ̃^{33}tsɿ^{33}sɿ^{33},

或是用一点猪油

Mux zil zilsol atjiainxzix,

或是用一点猪油，

043.wo^{42}tsɿ^{55}jɯ^{21}niõ^{44}su^{55}wĩ^{55}sɿ^{55}.

然后 油 要　烧 热

wopzil yed nion sul winl sil.

然后要把油烧热。

044.tse^{55} jɯ̃^{33}sẽ^{31} no^{33} tsi^{21}tɕiã^{33},

煎　乳扇　的　时候

Zeinl yenxseint nox zidjianx,

煎乳扇的时候，

045.jã^{55}xui^{33}ne^{21}ji^{35}tiɯ^{55}niõ^{44}tsɑ^{31}wu^{35}tɕhiõ^{55}.

我们火 个一定　要 掌 握　好

yanl huix neid yifdienl nion zatwuf qionl.

一定要控制好火候。

046.ji^{35}pã^{33}no^{33}jõ^{42}se^{31}xui^{33},

一般　的话 用 小火

Yifbanx nox yonp dex seit huix,

一般用小火，

047.pɑ^{35}pɛ^{35}wɑ^{31}phia^{44}sɑ^{33}si^{35}wɑ^{31}.

80 瓦至 30 瓦

80 wat pia 30 wat.

(电磁炉)80 瓦至 30 瓦之间。

048.nɯ^{55}kõ^{33}tã^{31}no^{33}thiɔ^{42}tsɯ^{31}.

这　两档　之间 调整

Nel gonx dant nox tiaopzet.

这两档之间调整。

049.khe^{33}si^{31}tsɯ^{33}jõ^{33}pɑ^{35}pɛ^{35}wɑ^{31}no^{33}su^{55}wĩ^{55}sɿ^{55},

开始　是 用 80　瓦　的 烧 热 掉

Keixsit zex yonx 80 wat nox sul winl sil,

开始的时候用 80 瓦直到油烧热，

050.wɔ^{42}tsɿ^{55} thiɔ^{42} se^{31} tɕiẽ^{33} tsɿ^{33}sɿ^{33}.

然后　调 小　一点 子

wopzil tiaop seitjiainxzix.

然后再调小一点。

051.xui^{33}ne^{21}to^{42}tɕi^{55}sɿ^{55}tsɿ^{55}mo^{31}tsẽ^{55}tsã^{55}sɿ^{55},

火 个 大 太　的话 它 煎　糊 掉

Huix neid dop jil sil zil mot zeinl zanl sil,

温度太高的话容易煎糊，

052.xui^{33}ne^{21}se^{31}tɕi^{55}xɑ^{33}tsɿ^{55}mo^{31}tsẽ^{55}thɯ^{31}mu^{33}.

火 个 小 太　的话　它　煎 透 不

huix neid seit jil hax zil mot zeinl tet mux.

火太小的话，又煎不透。

053.tse^{55}jɯ̃^{33}sẽ^{31}no^{33}tsɛ̃^{21}kɛ^{33}tsɯ^{33}ji^{35}tiɯ̃^{55}se^{31}ɕi^{55},

煎 乳扇　的 时候 是 一定 小心

Zeinl yenxseint nox zaindgaix zex yifdienl seitxil,

煎乳扇的时候一定要仔细，

第七章

054.jɯ̃^{33}sẽ^{31}no^{33}ã^{31}miɑ^{33}tsɯ^{33}ɕui^{33}.

乳扇上 不要 有 水

yenxseint nox antmiax zex xuix.

不能让乳扇沾水。

055.tsɯ^{33}sui^{31}fɯ^{55}tsɿ^{55}，mo^{31}xui^{55}tsɑ^{33}xɯ^{33}jã^{55}no^{33}.

有了 水分 的话 它 会 喷溅到 我们上

Zex suitfel zil，mot huil zaxhex yanl nox.

沾了水的话，油很可能会飞溅到人身上。

056. 李：ɕui^{33}miɑ^{33}，kã^{55}kã^{55}so^{55}so^{55}tɕi^{31}jɔ^{33}?

水分不能有 干 干 燥 燥的样子是吗

Xuix miax，ganlganl–solsol jit yaox？

不能有水分，保持干燥，是吗?

057. 杨：jã^{55}jɯ̃^{21}ji^{31}tɕiɯ^{33}su^{55}li^{44}ɣɯ^{35},

咱们的油已经 烧 很热了

Yanl yed yitjiex sulli hhef,

咱们的油已经烧热了。

058.kho^{31}ji^{31}kɑ^{44}jɯ̃^{33}sẽ^{31}tsõ^{55}thɯ^{55}.

可以 把 乳扇 放 下去

kotyit ga yenxseint zonl tel.

可以放乳扇进去了，

059.tsõ^{55}ã^{31}po^{21}no^{33},khuã^{55}lɯ^{33}khuã^{55}lɯ^{33}tsõ^{55}tɯ^{55}.

放 一边 上 慢的样子 慢的样子 放进

Zonl antbod nox, kuanllex–kuanllex zonl tel.

从一边放下去，缓慢一点儿。

060. 李：jɑ^{35}pĩ^{55}no^{33},ã^{31}po^{21}no^{33}ã^{55}thɯ^{55}.

往 边上 一边 上 放 下去

Yaf binl nox, antbod nox anltel.

往边上放下去。

061. 杨：khuã^{55}lɯ^{33}khuã^{55}lɯ^{33}

慢慢地　　慢慢地

Kuanllex kuanllex.

慢慢地，慢慢地。

062. 李：phu^{33}xɯ^{33}ɔ^{31}.

酥 起 了

Put hex aot.

酥了。

063. 杨：phu^{33}xɯ^{33}tsɿ^{55}fɛ^{33}mo^{31}ɑ^{31}tɔ^{42}.

酥 起 了 翻 它 一 回

Put hex zil faix mot at daop.

酥了的话，翻面。

064.jɯ̃^{33}sẽ^{31}tɕiɛ̃^{33}ke^{55}jĩ^{44}tsɯ^{33}mo^{31}xo^{31}kã^{55}tɯ^{33}tɕiɛ̃^{33},

乳扇　 些 今天　 是 它 晾晒 干了得一点

Yenxseint jiainx geilyin zex mot hot ganl dex jiainx,

今天的乳扇晾得干了一点，

065.lɔ^{35}mo^{31}tsẽ^{55}tɕhi^{44}ɣɯ^{35}lɔ^{42}si^{35}phu^{31}mu^{33}.

于是它炸出 来 老实 酥 不

laof mot zeinl qi hhef laopsif put mux.

所以炸得不够酥脆。

066. 李：tsɔ^{33}！

对

Zaox！

对的！

67. 杨：jã^{55}pɛ^{42}so^{55}to^{21}sɑ^{33}mu^{55}no^{33}sɑ^{33},

我们 白糖　 撒 它 （助）撒

Yanl baipsoldod sax mel nox sax,

我们撒一点白糖，

068.tsɿ^{55}jɯ̃^{33}sẽ^{31}phɛ^{42}tsẽ^{55}tɕhiõ^{55}sɿ^{55}.

那么 乳扇　盘　煎　好 了

zil yenxseint paip zeinl qionl sil.

乳扇就煎好了。

069.ã^{33}tɕhiõ^{55}mu^{33}?

看　好　不

Anx qionl mux？

好看吗?

070. 李：ã^{33}tɕhiõ^{55}ã^{33}tɕhiõ^{55}！

看 好　看　好

Anx qionl anx qionl！

好看好看!

071. 杨：ji^{35}tiɯ̃^{55}jɯ^{44}tɕhiõ^{55}tɑ^{42}, no^{31}si^{31}kɑ^{44}jɯ^{44}.

一定 吃 好 得　你 试试 将 吃

Yifdienl yeqionl dap，not sit ga ye.

一定很好吃，你先尝一下。

072.kɑ^{44}tsõ^{21}mɯ^{55}xɯ^{31}tsui^{55}ã^{33}tɕhiõ^{55}lɯ^{31}phiɛ^{55}.

将 尝　它 里面　最 看　好　这 片

Ga zond mel het zuib anx qionl letpiail.

尝尝最好看的这一片。

073.jɯ^{44}tɕhiõ^{55}！ mɯ̃^{55}ɣɯ^{31}ŋɯ^{21}pɑ^{42}pɑ^{21}ɕiõ！

吃　好　它　里面 牛奶味香醇

Ent，ye qionl！ Mel het ngedbap bad,ye qionl lex！

嗯，好吃！奶香味浓郁！

074.tɛ^{31}li^{33}no^{33}pɛ^{42}ttshɿ^{35}sɿ^{33}pɛ^{42}jṽ^{33}xo^{44},

大理　的　白子　白女　们

Daitlix nox Baipzix–Baipyvnx ho,

大理的白族儿女们，

075.ke^{55}jĩ^{44}no^{33}tsu^{55}jɯ̃^{33}sẽ^{31}tsu^{33}ke^{55}so^{55}phia^{33}tɑ^{44}.

今天 的 做 乳扇 就介绍 到 这

geilyin nox “zul yenxseint” zux geibsob pia alda.

今天的“乳扇制作”介绍到这里。

076.Xuɛ^{33}jiɯ̃^{42}tsɑ^{55}kɛ^{21}tsɿ^{33}

欢迎 所有人

Huaixyienp zalgaid zix

欢迎大家

077.tɕi^{55}su^{35}ã^{33}ŋɑ^{55}ɣɯ^{33}jĩ^{44}no^{33} tɕiɛ̃^{35}mu^{35}.

继续 看我们 后天 的 节目

jilsuf anx ngal hhexyin nox jiaifmuf.

继续关注我们今后的节目。

078.jã^{55}tsɑ^{55}kɛ^{21}tsɿ^{33}jɯ^{44}tɕhiõ^{55}ɯ̃^{33}tɕhiõ^{55},

我们 所有人 吃好 喝好

Yanl zalgaidzix yeqionl–enxqionl,

祝我们大家吃好喝好。

079.xɛ^{55}sɿ^{33} kuo^{42}tɕhiõ^{55}.nã^{55}we^{55}!

健康 幸福 谢谢

hailsix–guopqionl.Nanlweil!

身心愉快。谢谢!

本对话属白语剑川方言，由李素琴提供采访实录话语，李素琴进行转写和翻译。此前作者出镜采访了《千年古镇牛街乳扇制作》白语纪录片，曾在大理广播电视台、洱源县融媒体中心播出，可以从微信公众号“我是洱源呢”观看视频。

8. 洱源梅子的生产工艺介绍

洱源梅子是云南省的特产，具有一定地域特色和一定知名度，是国家地理标志认证产品。洱源梅子产量多，品质好，被智慧的白族人民加工成食品和饮品。

001.phia^{44}kẽ^{42}sua^{44}no^{33}tsɿ^{55}ŋua^{44}tɯ^{21}，tɕĩ^{33}xo^{55}khɯ^{55},

到　每年　的　正月　前　梅花 开放

Pia geipsua nox zilngua ded, jinxhol kel,

每年正月前梅花盛开，

002.lo^{21}xu^{55}ɕi^{44}no^{33}sv^{42}tɯ^{21}sv^{42}kã^{42}pɛ^{42}tɕhiɑ^{44}tɕhiɑ^{44},ɕiu^{55}fv^{55}fv^{55},

洱源　的 山 顶 山谷　白茫茫　香喷喷

Lodhulxi nox svpded–svpganp baip qiaqia, xiol fvlfvl,

洱源的山野间白茫茫，花香阵阵，

003.tɕĩ^{33}tsɯ^{31}xɛ̃^{55}ke^{21}sv^{42}no^{33},jɯ^{44}xɯ^{3}.

梅树　生　山地　村里

jinx zet hainl geid svp nox,ye het.

梅树生长在山区，村庄里。

004.a^{55}ta^{44}tshv^{33}no^{33}tɕĩ^{33}liã^{31}to^{42}kho^{33}，kɛ^{21}tsɯ̃^{21}kɯ̃^{33},

这里 出产 的 梅果些 大 颗　肉质层 厚实

Alda cv nox jinx liant dop kox, gaidzend genx,

出产的梅果个头大、肉质厚，

005.mɯ^{55}fv^{44}xɯ^{31}no^{33}jiɯ^{42}jã^{31}tɕi^{55}.

它 腹 里 的 营养 多

Mel fv het nox yiepyant jil.

各种营养丰富。

006.lo^{21}xu^{55}ɕi^{44}xo^{44}tsṽ^{42}pĩ^{55}tɕĩ^{33},ku^{33}tɕĩ^{33},suã^{33}to^{55}tɕĩ^{33}.

洱源 人 种 盐梅 苦梅 双套梅

Lodhulxi ho zvnp binljinx,kuxjinx.

洱源人种植盐梅、苦梅等。

007.tɕĩ^{55}khɯ^{33}ta^{42}suã^{55}no^{33}xo^{44}tsɿ^{55}kɑ^{44}mo^{31}ta^{44}sui^{31}ko^{31}no^{33}jɯ^{44},

经得住 酸味 的人们 是 把它 当水果吃

jinl kex dap suanl nox ho zil ga mot da suitgot ye,

耐得住酸味的人直接当水果食用，

008.tsu^{55}tsɿ^{55}tio^{33}me^{42}、tuĩ^{44}tɕĩ^{33}、xua^{55}me^{42}、

做成 雕梅 炖梅 话梅

zul zil dioxmeip、duinjinx、hualmeip、

加工为雕梅、炖梅、话梅、

009.su^{44}kuo^{31}me^{42}tsɿ^{55}juɛ^{35}fã^{33}jɯ^{44}tɕhiõ^{55}.

苏裹梅 则更好吃

suguotmeip zil yuaiffanx ye qionl.

苏裹梅则更好吃。

010.lɛ^{31}kho^{31}ji^{31}tsu^{55}tsɿ^{55}suã^{55}xɛ̃^{55}li^{55}ɯ̃^{33}no^{33}.

也 可以做成 酸醋 以及 喝的

Lait kotyit zul zil suanlhainl lil enx nox.

甚至果醋及果饮。

011.tsɿ^{55}tsɛ̃^{55}kɛ^{21}tsu^{55}tɕĩ^{33}kho^{33}no^{33}jɯ^{44}tɕui^{33}kɛ^{55}tɯ^{21}li^{55}?

那么怎样 加工 梅子 的 吃 嘴 呢

Zil zainlgaid zul jinxkox nox yejuixgailded lil?

那么怎样加工梅子零食呢?

第八章

012.jã^{55}ɕiã^{55}kɑ^{44}xã^{55}tsɛ̃^{55}kɛ^{21}tsu^{55}tio^{33}me^{42}jɔ^{33}.

我们先一下看 怎么 制作雕梅 吧

Yanl xianl ga hanl zainlgaid zul dioxmeip yaox.

先看一下怎么加工雕梅吧。

013.jõ^{42}pĩ^{55}tɕĩ^{33},tou^{42}mɯ^{55}ɣɯ^{31}to^{42}kho^{33}tsou^{33}tsũ^{55}no^{33},

用盐梅 挑选 它里面 大 颗 周正的

Yonp binljinx, doup mel het dop kox zouxzenl nox,

最好用盐梅大果，要求果形端正，

014.kɛ^{44}tɯ^{21}pɯ^{31}jɛ̃^{33}jõ^{42}piɛ̃^{42}pĩ^{55}ɕui^{33}li^{55}xui^{55}ɕui^{33}ɛ^{44}tɕĩ^{33}.

最前 步骤 是 用 淡盐水 和石灰水 腌梅子

gai'ded bet yainx yonp biainp binlxuix lil huilxuix ai jinx.

第一步是鲜梅果用 3% 至 5% 的食盐和 1% 至 2% 石灰水浸泡。

015.ɛ^{44}mɯ^{55}no^{33}ã^{31}jo^{31}, tsu^{33}si^{35}ɛ^{55}ɕio^{31}si^{42},

腌泡一夜，即 12 小时左右

ai mel nox antyot, cux sif'ail xiotsip,

浸泡一夜，即 12 小时左右，

016.tɕhiɛ̃^{31}tɕĩ^{33}liã^{42}pĩ^{42}ŋv^{21}tɕiɛ^{33},

青梅子 些 变黄 点

qiaintjinx lianp binpngvd jiainx,

青梅转淡黄，

017.tsɿ^{55}kɑ^{44}pĩ^{55}ɕui^{33}li^{55}xui^{55}ɕui^{33}piɛ̃^{44}tshɯ^{55}.

则 把 盐水 及石灰水 滤 掉

zil ga binlxuix lil huilxuix biain cel.

就把盐水石灰水倒掉。

018.tsɿ^{33}tɕĩ^{33}kho^{33}no^{33}khu^{55}po^{55}lo^{31}tsua^{44}no^{33}jɑ^{33}fa^{33}.

在梅子上 刻出 波浪 的 样式

Zix jinxkox nox kul bollotzua nox yaxfax.

在梅子上雕刻波浪纹路。

019.kuɛ^{21}no^{33}tsi^{42}to^{31},tɕi^{55}tɕiɛ̃^{33}jɛ̃^{33}tsi^{42}piɑ^{44}to^{31},

横的　10 道　多点　是 18 道

Guaid nox zip dot, jil jiainx yainx zip bia dot,

横向 10 道至 18 道，

020.khu^{55}tɕhĩ^{33},tsuĩ^{44}mɯ^{55}wɑ^{42},

雕 出　　挤　它的核

Kulqinx, zui mei wap,

雕花完毕、挤出梅核，

021.la^{35}tsɯ^{21}ni^{44}tɕhiɛ̃^{55}ɕui^{33}xɯ^{31}si^{35}ɛ^{55}ɕio^{31}si^{31},

然后浸入　净水　　里 十二小时

laf zed ni qiainlxuix het sif ail xiotsit,

放入清水中浸漂 12 小时，

022.mɯ^{55}kɛ^{55}no^{55}xuɛ^{33}ɕui^{33}sã^{55}pɯ^{55},mu^{33}tsɿ^{55}ŋv^{33}pɯ^{55},

它之间　　换水　三 次　不然 五次

mel gaillol huaixxuix sanl benl,mux zil ngvx benl,

中间更换水三至五次，

023.tɕĩ^{33}kho^{33}no^{33}tse^{44}tsõ^{21}tɯ^{33}pĩ^{55}ji^{31}tɕiɛ̃^{33}tsɿ^{55}tsu^{33}tɕiã^{55}xo^{55}.

梅 颗　（助词）还 尝到　盐味 点　就是 恰当

jinxkox nox zei zond dex binlyit jiainxzix zil zux jianlhol.

以雕梅饼略带咸味为宜。

024.tio^{33}tɕhi^{44}no^{33}tɕĩ^{33}ã^{31}tsɯ^{21}、pɛ^{42}so^{55}to^{21}ã^{31}tsɯ^{21}.

雕 出　的 梅 一层　白砂糖　　一层

Diox qi nox jinx ant zed,baip soldod ant zed.

一层雕梅饼一层白砂糖。

025.tio^{33}tɕhiõ^{55}no^{33}tɕĩ^{33}jã^{33}tsɿ^{55}tɕu^{35}xuã^{33}sɯ^{33}tṽ^{33}tṽ^{33}tsɿ^{33},

雕好　的梅果压扁成　菊花　一样 朵 朵 子

diox qionl nox jinx yanx zil juf huanx sex dvnx dvnx zix,

雕好的梅果压扁，成朵朵菊花状，

026.ɕui^{44}ni^{44}zɯ^{21}ne^{21}xɯ^{31}.

铺装 入 罐 个　中

xui ni ssed neid het.

铺装入罐中。

027.zɯ^{21}tɯ^{21}po^{21}ŋv^{55}tɕhi^{55}mã^{33}so^{55}to^{21}, ɛ^{44}sã^{55}ŋua^{44},

罐 头颅 地方 倒　满 砂糖 放 三 月

Ssetdedbod ngvl qil manx soldod, ai sanlngua,

罐口放足一层白砂糖，腌渍 3 个月，

028.kɛ^{33}tɯ^{21}ŋua^{44}niõ^{44}ke^{42}jĩ^{44}thiɛ̃^{55}so^{55}to^{21},

最前面 月　要 每天 添加 砂糖

gaix dedngua nion geip yin tiainl soldod,

其间头一个月每天添加白砂糖，

029.ɣɯ^{33}kõ^{33}ŋua^{44}tsɿ^{55}zɯ^{21}ne^{21}fv^{55}khɯ^{33},

后 两 月　是 罐子个　封 好

hhex gonx ngua zil ssed neid fvl kex,

后 2 月封存不动，

030.kã^{55}mi^{44}tshv^{31}ã^{31}jã^{42}.

甘甜　度　一样

ganlmi cvt antyanp.

确保糖分渗透均匀。

031.tɕiɯ̃^{44}tɕhi^{44}no^{33}tio^{33}me^{42}ŋv^{21}so^{55}so^{55}，suã^{55}kã^{55}mi^{44}.

浸泡 出 的 雕梅　黄 澄澄　酸中带甜

Jien qi nox dioxmeip ngvd sol sol, suanl ganlmi.

成品雕梅色泽褐黄，酸酸甜甜。

032.lɯ^{31}xui^{55}tsɿ^{55}kɑ^{44}suɑ^{44}tsu^{55}tuẽ^{44}tɕĩ^{33}.

现在　是 一下说 做 炖梅

Lethuil zil ga sua zul tuinjinx.

现在说说怎样做炖梅。

第八章

033.tuĩ^{44}tɕĩ^{33}tsɿ^{55}jõ^{42}khu^{33}tɕĩ^{33}li^{55}ta^{42},ɛ^{44}xo^{44}mɯ^{31}tsuo^{55}.

炖梅　是 用苦鲜梅　也可以　二号果 那种

Duinjinx zil yonp kuxjinx lil dap,ai ho met zuol.

炖梅可以用苦梅鲜果，中果即可。

034.ɕiɛ̃^{55}kɑ^{44}sẽ^{55}tɕĩ^{33}liã^{42}sẽ^{33}kã^{55}tɕiɯ̃^{42},

先 将　鲜 梅　些 洗　干净

Xiainl ga seinl jinx lianp seinx ganljienp,

先将鲜梅果清洗干净，

035.lɑ^{31}tsɿ^{55}tsɯ^{21}ni^{44}piɛ̃^{42}xui^{55}ɕui^{33}xɯ^{31}.

然后　浸　入 淡　石灰水　里

lat zil zed ni biaip huilxuix het.

浸入石灰水中。

036.xui^{55}ɕui^{33}no^{33}ku^{55}tshv^{31}tsɯ^{33}10%phia^{33}20%,

石灰水 的 浓度　　是　10%—20%

Huilxuix nox gulcvt zex 10% pia^{33} 20%,

石灰水浓度约 10%—20%，

037.tsɯ̃^{21}mo^{31}si^{35}ɛ^{55}ɕio^{31}si^{31},

浸泡它　12　小时

zed mot sif ail xiotsit,

浸泡 12 小时，

038.tɕĩ^{33}liã^{42}v^{21}tɕhi^{44},phiɔ^{33}sẽ^{33}kã^{55}tɕiɯ̃^{42}.

梅子些 捞出　漂　洗 干 净

jinx lianp vd qi, piox seinx ganljienp.

捞出梅果用水漂洗干净。

039.kɑ^{44}tɕĩ^{33}liã^{42}tɕhi^{55}ni^{44}tu^{33}zɯ^{21}ne^{21}xɯ^{31},

把 梅子些 倒　进 土罐　个 里

Ga jinx lianp qil ni tuxssed neid het,

将梅果放入土罐，

040.kɯ^{33}tɕui^{55}tɕĩ^{33}tɕhui^{31}no^{33}sv^{42},tɕiã^{55}pĩ^{55}15%,so^{55}to^{21}20%.

根据 梅子些 的 数量 加食盐 15% 砂糖 20%

genxjul jinxquit nox svp, jianl binl 15%, soldod 20%.

根据梅果重量，添加食盐 (15%)，砂糖 (20%)。

041.ko^{35}jĩ^{21}ɕi^{31}xuo^{55}no^{33}tɕiã^{55}v^{33}ta^{42}，pi^{31}fã^{55}suɑ^{44},

个人 喜欢 的 加 东西 比方 说

Gofyindxit huol nox jianl vxdap, bitfanl sua,

可以根据个人喜好添加东西，比如，

042.tɕiã^{55}jã^{42}mẽ^{42},su^{55}li^{55}tsã^{33}ɣou^{21}tɯ^{31}tsï^{3}kɑ^{35}kho^{33},li^{55}tɕhi^{31},

加杨梅，花椒粒或者炒蚕豆，等等

jianl yanpmeinp, sul lilzanx hhoddet zix gaf kox, lilqit,

加入鲜杨梅，花椒颗粒，炒蚕豆，等等，

043.tɕhiã^{55}ɕui^{33}phia^{44}tsɿ^{55}kɑ^{44}tɕiɯ̃^{33}mɯ^{33}khɯ^{33},

加 水 到 至 把 梅果淹没 过

jianl xuix pia zil ga jinx mex kex,

加净水至梅果恰被浸没，

044.kɑ^{44}zɯ^{21}ne^{21}mɯ^{55}phɯ^{31}ne^{21}phɯ^{31}tɕhiõ^{55}.

把 罐子 个 它的 盖子 个 盖 好

ga ssed neid mel pet neid pet qionl.

把土罐的盖子盖好。

045.ku^{31}ni^{44}tuĩ^{44}tɕĩ^{33}tshv^{31},

端 进 炖梅 的地点

Gut ni duin jinx cvt,

将罐置于炖房，

046.zɯ^{21}ne^{21}mɯ^{55}pĩ^{55}tsuɛ̃^{33}no^{33}jõ^{42}ŋv^{33}mi^{42}tsɿ^{33}v^{44}khɯ^{33},

罐子 它的 周围 用锯末 子 捂住

ssed neid mel binlzuainx nox yonp ngvmipzix vkex.

罐周围用锯末等燃料围住。

047.xui^{33}ne^{21}tɕhui^{33}khɯ^{33}，se^{31}xui^{33}ji^{35}tsi^{35}niɯ̃^{33},

火 堆 点 起　　小火　一直 燃着

huix neid quix kex, seit huix yifzif nienx,

点着燃料，以微火续炖，

048.to^{42}xui^{33}ne^{21}lu^{55}su^{33}lu^{55}su^{33}pĩ^{42}se^{31}.

大火 堆 陆续 陆续 变小

dop huix neid lullul–suxsux binp seit.

火力先强后弱。

049.lɯ^{55}ka^{35}ɕiɛ^{44}niõ^{44}sui^{42}sɛ^{42}kɑ^{44}xã^{55},

这 几 天 要 随时 把 看

Lel gafxiai nion suipsaip ga hanl,

此过程须适时检查，

050.xui^{33}ne^{21}to^{42}xa^{44}tso^{42}mu^{33}?

火 堆 大 死 没有

huix neid dop ha zop mux?

火力太大了吗?

051.zɯ^{21}ne^{21}ɣɯ^{21}ɕui^{33}kã^{55}tshɯ^{55}mu^{33}?

罐　个 里 水 干 掉

Ssed neid het xuix ganl cel mux?

土罐中的水有没有干?

052.niõ^{44}tɕhiã^{55}mɯ^{55}ŋv^{55}ŋv^{44}mi^{42}tsɿ^{33}tɕhui^{31},

要 加 它　木 末子 点

Nion jianl melngvl ngvmipzix quit,

及时添加锯末燃料，

053.sẽ^{31}xui^{33}wu^{44}tshɯ^{55}xo^{33}, ɕui^{33}kã^{55}xo^{33},

小 火 灭 掉 不得　水干不得

seint huix wu cel hox, xuix ganl hox,

保持微火不灭、罐水不干。

第八章

054.ji^{35}tsi^{35} tɯ^{33}phia^{44}tɕĩ^{33}kho^{33}、tɕĩ^{33}wa^{42}pĩ^{42}xɯ^{44}tɕhiɛ^{55}.

一直 等到 梅子 梅核 变 黑 遍

Yifzif dex pia jinxkox, jinxwap binp he qiainl.

直至梅肉、梅核全部变黑。

055.sã^{55}tsi^{42}ɕiɛ^{44}，jã^{35}xo^{55}tsɿ^{55}ŋv^{33}tsi^{42}ɕiɛ^{44}，tuĩ^{44}xɯ^{33},

三十天 不然的话 五十天 炖 熟

Sanlzip xiai, yanfhol zil ngvxzip xiai,duinhex,

一般 30 天—50 天炖熟，

056.tuĩ^{44}tɕĩ^{33}xɯ^{44}lia^{44}，suã^{55}，ɕiã^{33}xui^{33}.

炖梅 黑亮 酸 杀 火

duinjinx he'lia, suanl, xianx huix.

色泽乌黑，酸咸，降火。

057.tuĩ^{44}tɕhiõ^{55}no^{33}tɕĩ^{33}zɯ^{21}sou^{55}kɯ^{55}tshɯ^{55}，

炖好 的 梅子罐 凉 冷 了

Duin qionl nox jinx ssed soul gel cel,

将炖制好的炖梅自然冷却，

058.tsõ^{55}ke^{21}wa^{33}no^{33}li^{55}tsõ^{55}ta^{42}ka^{35}ŋua^{44}.

放 在 外面 也放 得 几 月

zonl geid wax nox lil zonl dap gaf ngua.

可以常温存放数月。

059.ti^{55}sã^{33}ko^{55}tsɿ^{33}su^{33}kuo^{31}me^{42}no^{33}tsu^{55}fa^{35}.

第三 个 是 苏裹梅 的 做法

Dil sanx gol zex suxguotmeip nox zulfaf.

第三是介绍一下加工苏裹梅的方法。

060.jue^{42}lio^{55}tsɿ^{33}pĩ^{55}tɕĩ^{33}，ɛ^{33}xo^{44}no^{33}ta^{42}.

原料 是 盐梅 二号的 就好

Yuaipliol zex binljinx, ai hox nox dap.

原料为盐梅鲜果，中果即可。

061.kɛ̃^{44}tɯ^{21}pɯ^{31},kɑ^{44}tɕĩ^{33}liã^{42}phao^{44}ni^{44}2%no^{33}xui^{55}ɕui^{33}xɯ^{31},

最先的一步 把梅子 泡在 2% 的 石灰水里

Gain ded bet, ga jinx lianp pao ni 2% huilxuix het,

第一步是将梅果以 2% 的石灰水浸泡，

062.phɔ^{44}liã^{31}sã^{33}ko^{55}ɕio^{31}si^{42}la^{42}tsɿ^{55},

泡 两 三 个 小时 以后

pao liant sanx gol xiotsip lap zil,

浸泡二至三小时后，

063.vu^{21}tɕhi^{44},phio^{44}sẽ^{33}kã^{55}tɕiɯ̃^{42}.

捞出梅果漂洗 干净

vud qi, pio seinx ganljienp.

捞出梅果，漂洗干净。

064.ji^{35}miɛ^{55}kɑ^{44}tsi^{31}su^{55}sẽ^{44}sẽ^{33}kã^{55}tɕiɯ̃^{42}.

一面 把 紫苏叶 洗 干净

Yif miaif ga zitsul sein seinx ganljienp.

同时，将紫苏叶清洗干净。

第八章

065.tsu^{55}su^{33}kuo^{31}me^{42}tsɯ^{33}pɛ^{55}fɑ^{35}kõ^{44}tsuã^{55}.

做 苏裹梅 有 办法 两 种

Zul suxkuotmeip zex bailfaf gonx zuanl,

苏裹梅有两种做法。

066.ji^{35}tsɯ^{33}ã^{31}kho^{33}ã^{31}kho^{33}no^{33}kuo^{33}.

一 是 一个 一个 的 裹

Yif zex ant kox ant kox nox guox.

方法一，鲜梅果一个一个地包裹。

067.kɑ^{44}tɕhiẽ^{31}tɕĩ^{33}jã^{44}pẽ^{55}ke^{55},

把 青梅 压 裂开

ga qiaintjinx yan bainl keil,

将青梅压开裂缝，

068.tsõ^{55}jĩ^{44}mɯ^{55}tshv^{55} xɯ^{31}su^{55}kho^{33}kõ^{33}kho^{33}li^{55}pɛ^{42}so^{55}to^{21},

放进 它的 缝 里 花椒粒一颗两颗 及 白砂糖

zol yinx mel cvl cvl het sul kox gonx kox lil baipsoldod,

放进裂缝里一至二粒花椒和少许白砂糖，

069.jõ^{42}tsi^{31}su^{55}sẽ^{33}ã^{31}sẽ^{33}kuo^{33}khɯ^{33},

用 紫苏叶 一 片 裹 起

yonp zitsul seinx ant seinx guox kex,

用一片紫苏叶裹起，

070.tsõ^{55}jĩ^{44}zɯ^{21}ne^{21}xɯ^{31},

放入 罐 个 里

zonl yin ssed neid het,

放入罐子里，

071.mɯ^{55}tɯ^{21}no^{33}tɕia^{55}mã^{33}pɛ^{42}so^{55}to^{21}li^{55}fv^{55}mi^{44},

它的顶部 加 满 白砂糖 及 蜂蜜

mel ded nox jial manx baipsoldod lil fvlmi,

顶部加装白砂糖和蜂蜜直至灌满，

072.zɯ^{21}tɕui^{33}ne^{21}fv^{55}tɕiɯ̃^{31},

瓶口 封紧

ssed juix neid fvl jient,

封严罐口。

073.sɯ^{31}tɕĩ^{33}liã^{42}tsɯ^{33}so^{55}to^{21}ɣɯ^{31}tɕiɯ̃^{44}thiɯ̃^{31},

让梅果些 在 砂糖 里 浸 透

ssetjinx lianp zex soldod het jien tient,

进行梅果的浸泡糖化，

074.kõ^{33}ŋua^{44}kuo^{42}tshɯ^{55},

两个月 过 去

Gonx ngua guop cel,

存放 2 个月以上，

075.so^{55}to^{21}li^{55}mɯ^{55}tɕiɑ^{42}no^{33}phe^{55}lio^{55} ji^{31}ji^{31}tsã^{55}kɛ^{21}tɕiɯ̃^{44} jĩ^{44}tɕĩ^{33}kho^{33} xɯ^{31}.

砂糖 及 它的伙伴 的 配料 味道 全部 浸入梅 子果肉里

soldod lil meljiap nox peilliol yityit zanlgaid jienyin jinxkox het.

砂糖和其余配料的味道完全进入梅果果肉里。

076.mɯ^{55}tɕiã^{42}no^{33}pɛ^{55}fa^{35}tsɯ^{33}tɕĩ^{42}tsuo^{42}tɕiɛ̃^{33},

它的伙伴 的 办法 是 快捷 点

Meljianp nox bailfaf zex jinpzuop jiainx,

另外一种办法更快一些，

077.ɛ̃^{55}tsɿ^{33}tciã^{55}tɕĩ^{33}tɕhui^{31}xɯ^{31}30%phia^{44}50%no^{33}so^{55}to^{21},

二是 加 梅果些 里 30%—50% 的砂糖

Ainl zex jianl jinxquit het 30% pia 50%,

方法二：往梅果中放入 30%—50% 的白砂糖，

078.tsi^{21}su^{55}sẽ^{33}、su^{55}kho^{33}tsɿ^{33}ã^{31}jɑ^{42}tɕiɛ̃^{33}tsɿ^{33},

紫苏 花椒 颗粒 等 一样 一点子

zitsul seinx, sulkoxzix ant yap jiainx zix,

紫苏叶、花椒等各少量，

079.pa^{31}ta^{44}sã^{55}tɕiɯ̃^{31}，tsõ^{55}jĩ^{44}zɯ^{21}ne^{21}xɯ^{31}，jã^{33}tɕiɯ^{31}.

拌 在 相互 放进 罐子 里 压紧

bat da sanl jient, zonl yin ssed neid het,yanx jient.

一起混装入罐中，压紧。

080.mɯ^{55}tɯ^{21}no^{33}tɕiã^{55}mã^{33}pɛ^{42}so^{55}to^{21}li^{55}fv^{55}mi^{44},

它的 顶部 加满 白砂糖 肯蜂蜜

Mel ded nox jianl manx baipsoldod lil fvlmi,

顶部加装蜂蜜直至灌满，

081.zɯ^{21}tɕui^{33}ne^{21}fv^{55}tɕiɯ̃^{31}.

罐子嘴 个 封严

ssed juix neid fvl jient.

封严罐口。

082.sɯ^{31}tɕĩ^{33}liã^{42}tsɿ^{33}so^{55}to^{21}xɯ^{31}tɕiɯ̃^{44}thiɯ̃^{31}.

让 梅果些 在 砂糖　　里 浸泡 透彻

Sset jinx lianp zix soldod hhet jien tient.

让梅果在糖里充分糖化。

083.su^{33}kuo^{31}me^{42}tsu^{55}tɕhi^{44}tsɿ^{55}tshɛ̃^{44}xɯ^{33},

苏裹梅　　做好　　是 褐红

Suxguotmeip zul qi zil cai hex,

苏裹梅成品色泽褐红，

084.jɯ^{44}khɯ^{33}suã^{55}kã^{55}mi^{44}，tshui^{33}tshui^{33}no^{33}.

吃 着　酸 甘甜　脆脆　的

ye kex suanl ganl mi, cuix cuix nox.

口感甜酸脆。

085.lɯ^{55}sã^{55}tsuã^{55}jɛ̃^{33}pɛ^{42}xo^{33}ɛ̃^{33}jõ^{42}tɕĩ^{33}tsu^{55}no^{33}ɕiã^{55}tɕui^{33}kɛ^{55}tɯ^{21}.

这三种　　是白族人爱 用梅子做的 闲　嘴巴

Let sanl zuanl yainx Baiphox ainx yonp jinx zul nox xianljuixgailded.

这三种是白族人家常做的梅子小零嘴。

086.kho^{31}ji^{31}tsɯ^{33}tshã^{31}xɯ^{31}ta^{55}lia^{55}no^{33}tsu^{55},

可以　在　厂房 里　大量　　的做

Kotyit zex cant het dallial nox zul,

既可以在工厂里规模化生产。

087.tsɯ^{33}kõ^{33}lo^{55}xa^{31}tṽ^{55}tsu^{55}ã^{31}tɕiɛ̃^{33}tsɿ^{33}li^{55}ta^{42}.

在 各　家 里 做 一点 子 也行

zex goxlol hant tvnl zul ant jiainx zix lil dap.

也可以在家里小批量制作。

9. 大理生皮

大理是一个多民族聚居的地方，也是各民族美食聚集的地方，大理白族人爱吃的生皮就是其中之一，很多外地人听闻大理人吃生肉，惊叹不已。

001.xɛ̃^{55}pe^{21}，lɛ^{31}ɯ^{55}“hɛ̃^{55}kɛ^{21}”, “hɛ̃^{55}ɕiõ^{35}”,

生皮　也叫“生肉”

Hainlbeid，lait el hainlgaid, hainlxiof,

生皮，也叫“生肉”，

002.tsɯ^{33}pɛ^{42}xo^{44}ɕi^{31}xuã^{55}no^{33}tsɯ^{31}to^{31}.

是 白族 喜爱　的 菜肴

zex Baipho xithuanl nox cet dot.

是白族喜爱的菜肴。

003.pɛ^{42}xo^{44}xɑ^{31}tṽ^{55}ke^{42}jĩ^{21}tsu^{55}tɯ^{33}tɑ^{42}.

白族　家庭 个个 做 得 会

Baipho hatdvnl geipyind zul dex dap.

白族家庭没有不会做这道菜的。

004.hɛ̃^{55}pe^{21}, jɛ̃^{33}hɛ̃^{55}no^{33}te^{42}pe^{21}li^{55}te^{42}kɛ^{21}.

生皮　就是生的 猪皮 和 猪肉

Hainlbeid,yainx hainl nox deipbeid lil deipgaid.

所谓生皮，就是指生的猪皮和猪肉。

005.kɛ^{44}tã^{55}tɯ^{21}pu^{55}jɯ^{44}hɛ̃^{55}pe^{21}niõ^{44}tã^{44}to^{31}.

最　前　次 吃 生皮　要 胆子大

Gai'danl ded bul ye hainlbeid nion dan dot.

第一次吃生皮需要足够的勇气。

006.jã^{55}jɯ^{44}xɛ̃^{55}no^{33}te^{42}ke^{21}ja^{35}ko^{42}.

我们吃生的猪肉 不曾经

Yanl ye hainl nox deipgaid yafgop.

我们没有吃过生肉。

007.tsɿ^{55}，hɛ̃^{55}pe^{21}to^{33}ti^{31}jɯ^{44}ɕio^{31}li^{55}mu^{33}?

那么 生皮　到底 吃　好 或 不

Zil, hainlbeid doxdit ye xiot lil mux?

那么，生皮到底美味不?

008.jɯ^{44}tɯ^{33}tã^{42}no^{33}jĩ^{21}kɛ^{55}xo^{44}tsɿ^{55}tsã^{42}tɯ^{33}jɯ^{44}ɕio^{31}！

吃 得 会 的人 家 们 是 觉得　吃 好

Ye'dexdanp nox yindgainl ho zil zanp dex ye xiot！

会吃的人觉得美味！

009.tɑ^{44}li^{31}no^{33}xɛ̃^{55}pe^{21}tsu^{55}no^{33}ɕi^{44}tsɿ^{44},

大理的　生皮　做的 细致

Da'lit nox hainlbeid zul nox xi'zi,

大理生皮制作精细，

010.sɿ^{44}jɯ^{44}xɛ̃^{55}no^{33}te^{42}pe^{21}li^{55}xɛ̃^{55}kɛ^{21}pio^{33}.

切吃 生 的猪皮　及生肉 并非

si ye hainl nox deipbeid lil hainlgaid biox.

不是直接将猪皮和猪肉割下就吃。

011.nio^{44}tsu^{55}tɕhi^{44}ɕiõ^{55}ɕiõ^{55}niɯ̃^{21}niɯ̃^{21}no^{33}xɛ̃^{55}pe^{21}tsi^{55},

要想做出　香香　嫩嫩　的 生皮 那

Nion zul qi xionlxionl–niendniend nox hainlbeid zil,

要想做出香嫩可口的生皮，

第九章

012.mɯ^{55}no^{33}tsɯ^{33}tɯ^{33}jɔ^{44}tɕiɯ^{31}no^{33}kɑ^{35}pɯ^{31}.

它（助词）有　要紧　的 几 步骤

mel nox zex dex yaojiet nox gaf bet.

有几个步骤很重要。

013.xã^{31}jɔ^{44}tɕiɯ^{31}no^{33}tsɯ^{33}xɛ̃^{55}pe^{21}kɛ^{21}lɯ^{31}tɕiɛ̃^{33},

最　要紧 的 是 生皮　肉 这 块

Hant yaojiet nox zex hainlbeid gaid letjiainx,

首要的是生皮肉要好，

014.la^{31}tsɿ^{55}phe^{44}mɯ^{55}no^{33}suã^{55}xɛ̃^{55}ke^{31},

然后 搭配 它（助词）酸 汁 碗

latzil pei mel nox suanlhainl gait,

二是做一碗可口的蘸水，

015.ke^{55}ɕiɛ^{44}jã^{55}ɣɯ^{35}tɑ^{44}li^{31}kɑ^{44}xã^{55},

今天　咱们来 大理　将 看看

Geilxiai yanl hhef Da'lit ga hanl,

今天我们来大理看一看，

016.tsɛ̃^{55}kɛ̃^{21}tsu^{55}xɛ̃^{55}pe^{21}?

怎样　做　生皮

zainlgaind zul hainlbeid?

怎么加工生皮肉？

017.ɕia^{44}te^{42}tsɿ^{55}ja^{35}suɑ^{44}la^{31},tsã^{55}pũ^{55}suɑ^{44}xu^{55}te^{42}.

杀猪　是 不 说 啦　直接　　说 烧猪

Xia deip zil yaf sua lat, zanlbenl sua hul dep.

杀猪就不说啦，直接说怎么烧猪吧。

018.tsɯ^{33}kɑ^{44}te^{42}tɯ^{21}tɕia^{44}khɯ^{33}xui^{33}ne^{21}no^{33}xu^{55},

是 把　猪 个　架到　　火　堆（助词）烧

Zex ga deipded jia kex huixneid nox hul,

首先看看烧猪，宰杀好的全猪放在火上烤，

第九章

019.xui^{33}lɯ^{31}ne^{21}tsɿ^{33}jõ^{42}kã^{55}mã^{44}、kɑ^{55}jã^{21}fv^{55}.

火 这堆 是 用 干 稻草 干 松针

huix letneid zil yonp ganlman、ganlyandfvl.

这堆火呢最好用干稻草或者干松针作燃料。

020.tɯ^{33}xu^{55}phia^{44}tsɿ^{55}tsv^{42}ã^{31}pou^{31}tsɯ^{42}tsɿ^{55},

等 烧 到 至 熟 一 半 大约则

dex hul pia zil zvp antbout zep zil,

估计猪肉表皮半熟时，

021.kɑ^{44}te^{42}ma^{21}kua^{55}tshɯ^{55}，tse^{44}xu^{55}pɛ^{21}.

把 猪毛 刮 去 再 烧 一会儿

ga deipmad gual cel, zei hul baid.

将毛刮净，然后再接着烤一会儿。

022.xu^{55}phia^{44}tsɿ^{55}mɯ^{55}pe^{21}tsɯ^{31}ŋv^{21}so^{55}so^{55}tɕĩ^{31},

烧 到 至 它的 皮 层 黄澄澄 样

Hul pia zil mel beidzend ngvdsolsol jint,

直至表皮呈金黄色为止，

023.la^{31}tsɿ^{55}si^{44}tɕhi^{44}mɯ^{55}pe^{21}、tsuo^{33}thui^{31}、jo^{33}li^{31}tɯ^{21},

然后 切 出 它的皮 后腿 里脊 个

latzil si qi mel beid, zuoxtuit, yoxlit ded,

然后取其皮、后腿肉和里脊肉作为主料，

024.kɑ^{44}ma^{55}tshuã^{33}tsɿ^{55}mou^{42}xɯ̃^{33}tsɿ^{33},

把 它们 切 至 细 丝 子

ga mal cuanx zil mouphenxzix,

切成细肉丝，

025.ja^{35}mu^{33}tsɿ^{33}pou^{42}phiɛ^{55}tsɿ^{33}.

否则 是 薄 片 子

jafmux zil bouppiailzix.

或薄肉片儿。

026.ŋv^{21}so^{55}so^{55}tɕi^{31}no^{33}pe^{21}tshuã^{33}tsɿ^{55}ɕi^{33}kv^{33},
黄澄澄 样 的皮子切成 四 方
Ngvdsolsol jit nox beid cuanxzil xixgvx,
金黄色的肉皮则切成方块，

027.kɛ^{21}pe^{21}pɛ^{31}ke^{21}tsɿ^{55}phɛ̃^{42}ne^{21}ã^{31}kv^{33}no^{33},
肉皮 摆放进 盘子个 一角（助词）
gaidbeid bait geid zil painp neid antgvx nox,
肉皮铺在盘子里一个角落，

028.kɛ^{21}xɯ̃^{33}tsɿ^{33}pɛ^{31}ke^{21}tsɿ^{55}mɯ^{55}tɕia^{42}kv^{33}no^{33}.
肉 丝 子 摆放 在 它的 别的 角（助词）
gaid henx zix bait geid zil meljiap gvx nox.
生肉丝铺在另一个角落。

029.niõ^{44}suɑ^{44}ni^{55}tã^{44}tsẽ^{33}to^{31}tɕiɛ̃^{33}tsɿ^{55},
要是说 您的胆再大 点 子
Nionsua nil dan zeinx dot jiainx zil,
如果您是胆子再大点的人，

030.tse^{44}tshuã^{33}ta^{33}mɯ^{55}no^{33}xɛ̃^{55}kã^{55}kɑ^{35}phiɛ^{55},
还 切 搭 它（助词）生猪肝几片
zei cuanx dax mel nox hainlganl gaf piail,
还可以切几片生猪肝，

031.pɛ^{31}ke^{21}tsɿ^{55}mɯ^{55}tɕia^{42}kv^{33}xɯ^{31}.
摆放 在 它的 别的角里
bait geid zil meljiap gvx het.
放在另外一个角落里。

032.la^{35},ŋv^{21}so^{55}so^{55}no^{33}kɛ^{21}pe^{21},
于是黄澄澄 的 肉皮
laf, ngvdsolsol nox gaidbeid,
这样呢，金黄的肉皮，

第九章

033.tshɛ^{44}ɕui^{55}tshɛ^{44}ɕui^{55}no^{33}kɛ^{21}xɯ̃^{33}tsɿ^{33},

粉红粉红 的 肉丝儿

cai xul cai xuil nox gaidhenx zix,

粉红的肉丝，

034.tshɛ^{44}xɯ^{44}no^{33}kã^{55}kɑ^{35}phiɛ^{55},

红 黑 的 肝 几片

cai he nox ganl gaf piail,

猩红的猪肝薄片，

035.ɣɛ^{33}no^{33}tĩ^{33}tɯ^{33}lv^{33}wo^{33}sui^{31}sɿ^{55}、pɛ^{42}xɛ̃^{55}tshɯ^{31}sɿ^{55},

下面 垫着 绿莴苣 丝 白 萝卜 丝

hhaix nox dinx dex lvx woxsuit sil, baip hainlcet sil,

下面垫着翠绿的莴苣丝和雪白的萝卜丝，

036.khu^{33}to^{21}no^{33}khɛ^{33}tsɯ^{33}jĩ^{21}tsu^{55}tɕhi^{44}xɛ̃^{55}pe^{21}phe^{42}!

巧 做的 客主 人 做出 生皮 盘

kux dod nox kai'zexyind zul qi hainlbeid peip!

巧手的主人就做好一盘生皮了！

037.lɯ^{31}xui^{55}tsɿ^{55}tsu^{55}xɛ̃^{55}pe^{21}suã^{55}wu^{55}.

这回 就 做 生皮 醋 点

Lethuil zil zul hainlbeid suanlwul.

接下来的一步是制作生皮蘸水。

038.xɛ̃^{55}pe^{21}jɯ^{44}tɕhiõ^{55}tso^{31}jɯ^{44}xɛ̃^{33},

生皮 吃 好 或者吃 害

Hainlbeid ye qionl zot ye hainx,

生皮好不好吃，

039.tse^{44}niõ^{44}xã^{55}ni^{55}suã^{55}wu^{55}xɯ^{31}tsõ^{55}tɯ^{33}a^{55}sɛ̃^{31}.

还 要 看 你的醋（量词）里放进去什么

zei nion hanl nil suanlwul het zonl dex alsaint.

还取决于蘸水佐料的配置。

040.suã^{55}wu^{55}jõ^{42}suã^{55}xɛ̃^{55}li^{55}tɕiɑ^{42}no^{33}tsuo^{35}lio^{55}.

酸 蘸水 用 酸 汤 及 别 的 佐料

suanlwul yonp suanlhainl lil jiap nox zuofliol.

制作生皮蘸水的佐料一般为醋和其他佐料。

041.ji^{35}pɛ̃^{33}jã^{55}jõ^{42}tuĩ^{33}tɕĩ^{33}xɛ̃^{55}、mu^{33}kuɛ^{55}xɛ̃^{55},

一般咱们用 炖梅 汤 酸 木瓜汤

yifbainx yanl yonp duinxjinx hainl, muxguai lhainl,

一般我们用炖梅醋或酸木瓜醋，

042.ja^{35}mu^{33}tsɿ^{55}mɛ^{31}“xɛ̃^{55}pe^{21}suã^{55}xɛ̃^{55}”ku^{21},

不然 就 买 生皮醋 一瓶

yafmux zil mait “hainlbeid suanlhainl” gud,

或者干脆就买一瓶“生皮醋”，

043.lɯ^{31}ne^{21}li^{55}jɛ̃^{33}jõ^{42}mu^{33}kuɛ^{55}li^{55}tɕĩ^{33}tsu^{55}no^{33},

这 个 也是 用 木瓜 和 梅 做的

let neid lil yainx yonp muxguail lil jinx zul nox,

也是用木瓜等水果制作的，

044.niõ^{44}suɑ^{44}jĩ^{21}tɯ^{33}tua^{42},

要说 找得不

nion sua yind dex duap,

如果找不到这样的醋，

045.mi^{31}tshu^{55}、ɕiã^{33}tshu^{55}、tshɯ̃^{42}tshu^{55}li^{55}ta^{42}.

米醋 香醋 陈醋 也 行

mitcul, xianxcul, cenpcul lil dap.

也可以用米醋、香醋、陈醋。

046.mɯ^{55}tɕiã^{42}tsɿ^{55}, tɕiã^{55}jo^{42}, pĩ^{55}, su^{55}, la^{35}tsɿ^{33},

它的别的 是 酱油 盐 花椒 辣椒

Meljianp zil, jianlyop, binl, sul, lafzix,

此外，酱油、盐、花椒，辣椒，

047.ɕiõ^{55}mɑ^{44}niõ^{44} tsɯ^{33},

香料要有

xionlma nion zex,

香料很必要，

048.ɣao^{31}tsɿ^{55}mɑ^{55}、ti^{55}sõ^{33}tsi^{31}、wɔ^{21}to^{21}tɕhiɛ̃^{55}ta^{42}，

炒 芝麻　地松子　核桃 都 行

hhaot zilmal, dilsonxzit, woddod qiainl dap,

炒芝麻、炒花生末、炒核桃末都行，

049.jɯ^{55}sui^{44}，se^{31}tshv^{55}，kõ^{55}，suã^{31},mou^{31}to^{31}mou^{31}to^{31}.

芫荽　小香葱 生姜　蒜　细 剁　细　剁

yelsui, seitcvl, gonl, suant, moutdot moutdot.

芫荽、小香葱、生姜末和蒜末等细剁成末。

050.tsõ^{55}tɕi^{55}ɕu^{33}li^{55}? no^{31}xã^{55}ni^{55}ŋui^{33}ŋv^{55}.

放 多少 呢　你　看你　眼（助词）

Zonl jilxux lil? Nox hanl nil nguixngvl.

放多少呢？你看着办吧。

051.ŋɯ^{55}pa^{31}pa^{44}lɯ^{33}suɑ^{44}:

我的爸爸　常　说

Ngel batba lex sua:

我爸爸常说。

052."la^{35}tsɿ^{33}niõ^{44}tɕhi^{55}，su^{55}niõ^{44}kɯ^{33}！"

辣椒　必须 辣　花椒必须 麻

"Lafzix nion qil, sul nion gex！"

辣椒粉要够辣、花椒粉要够麻！

053.niõ^{44}suɑ^{44}suã^{55}xɛ̃^{55}ke^{42}suã^{55}tɕi^{55}xa^{44}tsɿ^{55},

要 说　酸　汤 碗　酸　多 太　则

Nion sua suanlhainl geip suanl jil ha zil,

如果蘸水太酸的话，

第九章

054.tsõ^{55}mɯ^{55}xɯ^{31}pɛ^{42}so^{55}to^{31}tɕhui^{31}tsɿ^{33}.

放 它 里面 白 砂糖 点 子

Zonl mel het baip soldotquit zix.

可以加少许白糖。

055.xɛ̃^{55}pe^{21}phe^{42}li^{55}suã^{55}xɛ̃^{55}ke^{42}tho^{44}tɕhi^{44}ɣɯ^{35}tsɛ̃^{35}!

生皮 盘 及 酸 汤 碗 端 出 来 吧

Hainlbaid peip lil suanlhainl geip tao qi hhef zainf!

请把生皮、蘸水端上桌！

056.kɑ^{44}tso^{21}！ te^{42}pe^{21}lɛ^{31}niõ^{44}niɯ̃^{31}tsɿ^{55}lɛ^{31}niõ^{44}ɕiõ^{55},

一下尝尝 猪皮 又 嫩 则 又 香

Ga zond! Deipbeid lait nion nient zil lait nion xionl,

尝一尝！用稻草烧过的猪皮口感又香又嫩，

057.tse^{44}tsɯ^{33}xu^{55}kɛ^{21}no^{33}tsã^{55}ɕiõ^{55}pã^{21},

还 有 烧肉 的 焦香 味

zei zex hulgaid nox zanlxionl band,

有一股淡淡的烤肉焦香味，

058.kɛ^{21}kɑ^{35}xɯ̃^{33}niõ^{55}le^{42},

肉丝儿也很滑嫩

gaid gaf henx nionlleip,

肉丝鲜嫩可口，

059.suã^{55}xɛ̃^{55}wu^{55}xɯ^{31}kɑ^{44}pɯ^{21}，ã^{31}tɕiɛ̃^{33}li^{55}ɕiɛ̃^{55}mu^{33},

酸汤 里 一下蘸 一点 也 腥 不

xuanlhainl wul het ga bed, antjiainx lil xiainl mux,

放入蘸料碗里蘸一下，消除了生肉的腥味，

060. kɛ^{55}tɯ^{33}kɛ^{5}tsi^{31}mu^{33}?

吓 得 吓 是否

Gail dex gail zit mux?

吓人吧?

第九章

061.wɛ^{42}tɕhuɛ^{42}jɛ̃^{33}mɯ^{55}tsɿ^{55}tɕi^{31}no^{33}ã^{31}vɛ̃^{33}.

完全 是 它 自己的 一种 味道

Waipquaip yainx mel ziljit nox antvainx.

完全是一种独一无二的新感受。

062.sɿ^{55}tso^{42}，khɛ̃^{44}xo^{44}kho^{31}nɯ̃^{42}ɕĩ^{55}tsã^{55}，kɛ^{55}fv^{44}sui^{42}.

但是 客人 们 可能 心 焦 怕 腹 泻

Silzop, kain ho kotnenp xinlzanl, gail fv suip.

然而，有的客人会担心闹肚子。

063.tsu^{55}xɛ̃^{55}pe^{21}no^{33}tsi^{21}tɕia^{33}，tsã^{35}sɿ^{55}se^{31}ɕĩ^{55},

做 生皮 的 时候 扎实 小心

Zul hainlbeid nox zitjiax, zafsil seitxinl,

生皮的制作对猪肉和卫生的要求极其严格，

064.ã^{31}mio^{33}tsɯ^{33}pɛ̃^{31}te^{42}、te^{42}mo^{33}、mi^{31}sa^{33},

别 是 病猪 猪 母 米砂猪

antmiox zex baitdeip, deipmox, mitsax,

不能是病猪、老母猪、米砂猪，

065.lɯ^{31}jã^{42}no^{33}kɛ^{21}tsɿ^{55}ji^{35}tiɯ^{55}jɯ^{44}xu^{33}.

这样的 肉 是一定吃 不得

letyanp nox gaid zil yifdienl ye hux.

这样的猪肉是一定吃不得。

066.sɿ^{55}tso^{31}, jɯ^{44}xɛ̃^{55}kɛ^{21} tsɯ^{33}kho^{31}nɯ̃^{42}jɯ^{44}ni^{44}ɕi^{55}tɕui^{55}.

不过 吃 生肉 是 可能 吃到 细菌

Silzot, ye hainlgaid zex kotnenp ye ni xibjuib.

不过，吃生猪肉有细菌隐患。

067.jĩ^{21}kɛ̃^{55}suɑ^{44}, ɯ̃^{33}pɛ^{42}tsṽ^{33}fv^{33}tsɿ^{33}ɕia^{44}ɕi^{55}tɕui^{55}.

人家说 喝白酒 口 子 杀 细菌

Yindgainl sua, enx baipzvnx fvx zix xia xibjuib.

有人说喝口白酒能杀菌。

068.ŋo^{31}tsɑ^{42}tɯ^{33}tsɿ^{55}ã^{31}tuã^{42}.

我 觉得　是 不 不行

ngot zap dex zil antduanp.

我估计没啥用。

069.ja^{35}xo^{55}tsɿ^{55}，jɯ^{44}wã^{42}xɛ̃^{55}kɛ^{21}tsɿ^{55},

实在不然　吃了　生肉　后

Yafhol zil, ye wanp hainlgaid zil,

或者么，吃完以后啊，

070.la^{33}sɿ^{33}tɕhiɛ̃^{33}jɯ^{44}mɯ^{55}no^{33}tɛ^{33}tsv^{21}jo^{44}kho^{33}tsɿ^{33}?

快点　　吃 它（助词）打虫药 颗 子

laxsix jiainx ye mel nox daixzvd yokox zix?

及时吃一点杀寄生虫的药?

071.Niõ^{44}sua^{44}ni^{55}tɕia^{42}no^{33}xo^{44}jɯ^{44}tɯ^{33}tuã^{42}tsɿ^{55}.

要是说　你的别的 人们 吃得 不 则

Nionsua nil jiapnox ho ye dex duanp zil,

如果小伙伴们吃不了这样的生皮，

072.tsẽ^{33} tsɯ^{33}mɯ^{55}tɕia^{42}no^{33}“xɛ̃^{55}pe^{21}”.

再　有　它别　的　生皮

zei zex meljiap nox “hainlbeid”.

推荐您一款另类的“生皮”。

073.tsu^{33}jɛ̃^{33}“niu^{42}kẽ^{33} xɛ̃^{55}pe^{21}”.

就是　牛街　生皮

Cux yainx “niupgeinx hainlbeid”.

那就是“牛街生皮”。

074.tou^{44}ŋɯ^{21}tsɿ^{33}tɕi^{21}pɛ̃^{21}ɣɛ̃^{33}fv^{33}no^{33}xuã^{33}ɕui^{33}tiɯ̃^{31}lui^{33},

牛街　地板　下 腹　的　热水　　非常烫

Dou'ngedzix jidbaind hhainxfvxnox huanxxuix dient luix,

由于牛街地热温泉非常烫，

第九章

075.xuã^{33}tɕhi^{44}no^{33}wĩ^{55}ɕui^{33}pa^{35}si^{35}tɕi^{31}tu^{55},

涌出来 的 热水 八十多度

huanx qi xnox winlxuix baf sif jit dul,

自涌的温泉水温高达 80 余度，

076.ã^{55}tɑ^{44}no^{33}so^{55}kɛ^{55}xo^{44}jõ^{42}ŋui^{55}ɕui^{33}lui^{33}te^{42}thui^{21}ma^{21}.

这里的屠户 们 用 热水 烫猪 褪毛

anlda nox solgail ho yonp winlxuix luix deip, tuid mad.

所以这里的屠户杀猪一般用温泉水烫褪猪毛。

077.wo^{42}tsɿ^{55}kɑ^{44}kɛ^{21}tshuã^{33}tsɿ^{55}se^{31}thio^{55}se^{31}thio^{55},

然后 把 猪肉 切 至 小条 小条

Wopzil ga gaid cuanx zil seit tionl seit tionl,

然后把鲜肉切成小条，

078.tsõ^{55}ni^{44}lui^{33}jɯ^{21}tshɯ^{55}xɯ^{31}tsẽ^{55}xɯ^{33},

放进 热 油 锅 里 煎 熟

zonl ni luix yed cel het zeinl hex,

放进热油锅里炸熟，

079.ã^{31}tɕhĩ^{55}tsɿ^{33}tsu^{33}ɕiõ^{55}fv^{55}fv^{55}tɕi^{31},

一会儿 子 就 香喷喷 样

antqinlzix zux xionlfvlfvl jit,

顿时香气四溢，

080.kɛ^{21}liã^{31}tsẽ^{55}ŋv^{21} tsɿ^{55}tsu^{33}kɛ̃^{42}tɕhi^{44},

肉些 煎 黄 就 夹出来

gaid liant zeinl ngvd zil zux gainp qi,

肉炸到金黄取出来，

081.so^{55}kɯ^{55}tɕiẽ^{33}，mo^{42}mo^{42}no^{33}tshuã^{33},

凉 凉 点儿 细细 地 切

sol gel jiainx, mopmop nox cuanx,

放凉一点儿，再细细地，

082.po^{42}phiɛ^{55}tsɿ^{33}li^{55}tso^{42}mo^{42}xɯ̃^{33}tsɿ^{33}tɕhiɛ̃^{55}tɑ^{42}.

薄片　子 或 细　丝 子　都 行

bop piail zix lilzop mop henx zix qiainl dap.

薄片或者细丝都可以。

083.suã^{55}xɛ̃^{55}ke^{42}tsɿ^{55}tsu^{33}ã^{31}jã^{42}.

酸 汤 碗　就是 一样

Suanlhainl geip zil cux ant yanp.

蘸水做法相同。

084.tshuã^{33}xɛ̃^{55}kɛ^{21}no^{33}pɛ̃^{33}jo^{21}li^{55}jĩ^{55}tã^{55}tsɿ^{33}

切　生肉 的 砧板和菜刀

Cuanx hainlgaid nox bainxyod lil yinldanl zix

记得生板、切菜刀

085.ko^{55}tshuã^{33}tsv^{42}kɛ^{21}no^{33}fv^{55}khẽ^{55}jɔ^{33},

和 切　熟肉 的 区分开

gol cuanx zvpgaid nox fvl kel yaox,

与熟板切菜刀要分开哦，

086.jɯ̃^{55}sui^{33}、tshv^{55}lɯ^{31}ja^{42}jõ^{42}ko^{33}we^{33}kɑ^{44}ɕia^{44},

芫荽　葱 这样的 用 高温 一下 杀

yenlsuix, cvl let yap yonp goxweix ga xia,

芫荽、小葱等生佐料呢，用高温灭菌，

087.lɯ^{31}phe^{55}tsɿ^{55}ã^{55}ɕĩ^{55}ã^{55}nɔ^{44}jɯ^{44}xɛ̃^{55}pe^{21}wo^{55}！

这回 子　安心 愉快 吃 生皮　吧

let peil zil anlxinl–anlnao ye hainlbeid wol！

安心愉快地享受这样的“生皮”吧！

088.tui^{33}tshv^{31}ŋɯ^{35}no^{33}khɛ̃^{44}xo^{44},

远方　来　的客人们

Duixcvt hhefnox kain ho,

远方来的客人们，

089.thui^{33}tɕiɛ̃^{55}na^{55}niu^{42}ke^{33}xɛ̃^{55}pe^{21}！

推荐　你们 牛街 生皮

tuixjiainl nal Niupgeix hainlbeid!

推荐牛街生皮给您！

090.kɛ^{44}tã^{55}no^{31}ɣɯ^{33}，pɛ^{42}tsɿ^{33}pɛ^{42}jṽ^{33}tɕhiɛ̃^{55}sɯ^{44}tɯ^{33},

最后　　　白子　白女　都　知道

Gaix danl not hhex, Baipzix–Baipyvnx qiainl se dex,

最后，白子白女都知道，

091.jɯ^{44}xɛ̃^{55}pe^{21}no^{33}xu^{33}tsi^{31}tɕiã^{33}tsɯ^{33}tã^{31}ŋua^{44}tɕi^{33},

吃 生皮　的 好　时节　　是　春节

ye hainlbeid nox hux zitjianx zex Dantnguajix,

吃生皮的最好时节是过年，

092.xu^{33}ti^{55}tiɛ̃^{31}tsɯ^{33}ɕiu^{55}ɕiɑ^{33}jɯ^{44}xɯ^{31},

好 地点 是　乡 下　村　里

hux dildiaint zex xiulxiax–yehet,

最好的地点是乡村，

093.phia^{44}mɯ^{55}no^{33}tsɿ^{55}, jɯ^{44}xɯ^{31}xo^{44}ɕiã^{44}te^{42}.

到　它（助词）村民　　杀猪

pia mel nox zil, ye het ho xia deip.

到时候，村里人杀年猪。

094.tshɯ^{31}sv^{55}liã^{42}tɕhiɛ̃^{55}tsɯ^{33}mɑ^{55}tɕi^{31}xɯ^{31}tshv^{44},

菜蔬　　些　全 是 他们田里 种

cet svl lianp qiainl zex mal jit het cv,

各色菜蔬都是他们自家田里种的，

095.ke^{55}ke^{55}ɑ^{44}ɑ^{44}li^{55}xɑ^{31}tṽ^{55}xã^{55}no^{33},

鸡鸡　鸭鸭　也自己　养 的

geilgeil–a'a lil hatdvnl hanl nox,

鸡啊鸭啊都是自家养的，

096.niõ^{44}suɑ^{44}ni^{55} tsɯ^{33}pɛ^{42}xo^{44}no^{33}tɕhi^{55}tɕiɛ̃^{31}jõ^{55}thi^{33},
要说　您 有 白族　的亲戚　　兄弟
nion sua nil zex Baip ho nox qiljiaint–yonltix,
要是您有白族乡下的亲朋好友，

097.te^{31}li^{33}ɕiu^{55}jɯ^{33}xɯ^{31}“ɕia^{44}te^{42}khɛ^{44}thã^{35}tshɯ^{55}mio^{33},
大理乡村 里　的　杀猪宴 漏　掉　别
Deitli xiulye het “xia deip kain” taf cel miox,
大理乡村的“杀猪宴”，可别错过哦，

098.mɯ^{55}ta^{44}jɯ^{44}tɯ^{33}tã^{42}xu^{33}xɛ̃^{55}pe^{21}jɔ^{33}.
那里吃 得到 上好的生皮哟
Melda ye dex danp hux hainlbeid yaox.
到那儿准能吃到上好的生皮哟。

本文稿的撰稿、转写和翻译人为李素琴，基于洱源乡村生活体验。

2021 年 2 月

10. 传统节日的介绍

节日之一：火把节

白族人民遵照中国文化传统，有中华民族共同的节日，也有民族特色的节日。民族节日包含火把节、绕三灵、三月街（观音节）和耍海会等。

001.tui^{55}xui^{33}tsui^{31}jɛ̃^{33}pɛ̃^{35}tshu^{35}li^{55}ji^{31}tshu^{35}kuo^{42}no^{33}tɕiɑ^{44}ne^{21}.

竖火把　是 白族　及彝族过 的 节日 个

Duilhuixzuit yainx Baifcuf lil Yitcuf guop nox jia neid.

火把节是白族和彝族都有的节日。

002.ke^{42}sua^{44}no^{33}fv^{44}ŋuɑ^{44}ni^{31}ŋv^{33}lɯ^{31}jĩ^{44},

每一年的　六月　二十五 这天

Geipsua nox fvngua nitngvx letyin,

每年农历六月二十五日这一天，

003.jɛ̃^{33}pɛ̃^{35}tshu^{35}xã^{31}ŋui^{55}yĩ^{44}no^{33}tui^{55}xui^{33}tsui^{31}tɕiɑ^{44}.

是白族　最 热闹　的 竖 火把　节

yainx Baifcuf hant nguilyin nox Duilhuixzuit jia.

是白族人民盛大的“火把节”。

第十章

004.lɯ^{31}jĩ^{44}tsɿ^{55}jɯ^{44}ɣɯ^{31}ke^{42}ho^{31}niõ^{44}mɛ^{31}se^{31}xui^{33}tsui^{3},
这 天 是　村里　每 家 要　买　小 火把个
Let yin zil ye het geip hot nion mait seit huixzuit,
这天晚上，乡村人家都要买个小火把，

005.ke^{42}jɯ^{44}ɣɯ^{31}niõ^{44}tui^{55}to^{42}xui^{33}tsui^{31}ã^{31}ne^{21},
每 村 里　要 竖 大 火 把 一 个
geip ye het nion duil dop huixzuit ant neid,
每村村口要竖集体的大火把一个，

006.xui^{33}tsui^{31}ko^{55}tshv^{31}ŋv^{33}tsã^{31},
火把　高　度　五 丈
huixzuit golcvt ngvx zant,
火把高达五丈，

007.mɯ^{55}to^{33}tshã^{33}tɯ^{33}tshɛ^{44}tɕi^{21}li^{55}lv^{44}tɕi^{21},
它 上　插 着 红　旗及 绿 旗
mel donx canx dex cai jid lil lv jid,
上面插红、绿彩旗，

008.vɛ^{42}tɯ^{33}“wu^{31}ko^{35}fɯ̃^{33}tɯ̃^{33}”“zɯ^{31}ɕu^{35}phiɯ̃^{31}ã^{33}”li^{55}tɕhi^{31}no^{33}tɕi^{55}li^{33}to^{31},
写 着　五 谷 丰 收　人 畜　平　安　等　的　吉利语
Vaip dex “wut gof fenx denx”　“sset xuf pient anx” lilqit nox jillixdot,
写着“五谷丰收”　“人畜平安”等吉利大字，

009.tse^{33}kua^{44}mɯ^{55}no^{33}li^{31}tɕĩ^{31}li^{55}to^{55}li^{55}kɑ^{35}tshuɛ̃^{33}tsɿ^{33}.
还　挂 它（助词）花红 和海棠 几　串　子
zei gua mel nox litjit lil dollil gaf cuainx zix.
还挂上花红和海棠果等穿成的水果串。

010.pe^{33}kɛ^{42}kɑ^{44}xui^{33}tsui^{31}tɕhui^{33}hɯ^{33}tsɿ^{55},
傍晚　把 火把　点燃 起 以后
Beixgaip ga huixzuit quix hex zil,
傍晚把火把点燃后，

011.ke^{42}jɯ^{33}ke^{42}jɯ^{44}tso^{42}tsɿ^{55}mɛ^{21}mɛ^{21}suɛ̃^{55}suɛ̃^{55}tɕi^{31},
每村　　每村 照亮至 明明　亮亮　　样
geip ye geip ye zonp zil maidmaid–suainlsuainl jit,
照得村村寨寨一片光亮，

012.kɛ^{42}ɕu^{31}pɛ̃^{42}tsõ^{42}jĩ^{44}.
犹如　白天
gaipxuit bainpzonpyin.
犹如白昼。

013.jɯ^{44}hɯ^{31}no^{33}tɕiɛ^{55}mo^{33}xo^{44}tsɯ^{33}xui^{33}tsui^{31}ɣɛ^{33}zv^{31}tɕiɛ^{55} ,
村里　的　经母　们 在火把下　　　　诵经
Ye het nox jiailmox ho zex huixzuit hhaix ssvt jiail,
村里的经母绕着火把就坐，诵经，

014.tõ^{55}tɕiɯ^{33}xui^{55}ku^{33}jĩ^{33}kv^{31}phɯ^{55}phɯ^{55}tshɛ̃^{33}tshɛ̃^{33},
洞经会　老人　群 吹　吹　拉 拉
donljienx huix guxyind gvd pelpel–cainxcainx,
洞经会的老人们吹拉弹唱，

015.ã^{31}sua^{44}sua^{44}tsɿ^{55}jṽ^{33}jĩ^{21}xo^{44}tshã^{55}no^{33}tshã^{55}thio^{33}no^{33}thio^{33}.
一年　年 是 女人 们 唱　 的 唱　跳 的 跳
ant sua sua zil yvnxyind ho canl nox canl tiox nox tiox.
有时候妇女们在火把旁边载歌载舞。

016.lɑ^{35}sɯ^{33}hɯ^{31}ne^{44}tɯ^{33}se^{31}xui^{33}tsui^{31}tsui^{31},
而且 手里　拿 着 小　火把　个
Laf sex het nei dex seit huixzuit zuit,
手持小火把，

017.jɯ^{44}hɯ^{31}no^{33}pɛ^{44}ɕiɛ̃^{42}xo^{44}ã^{31}phou^{55}ã^{31}phou^{55}no^{33}
村里　的　百姓 们 一伙　一伙　　地
ye het nox bai,xianp ho ant poul ant poul nox
各村寨的百姓，一群一群地

018.ja^{35}jɯ^{44}xɯ^{31}no^{33}tshv^{55}kɑ^{42}xɯ^{31}jɯ^{55}phia^{44}tɕi^{31}xɯ^{31},
从 村里 的 巷子 里 走 到 田野 里
Yaf ye het nox cvlgap het yel pia zil jit het,
穿过村庄小巷，到田间穿行，

019.ji^{35}lu^{55}no^{33}ã^{31}jĩ^{21}sɑ^{42}jĩ^{21}mɯ^{55}xui^{33}tsui^{31}no^{33}ɕio^{55}mi^{42},
一路上 一个 撒 一个 火把上 松香面
yif lul nox ant yind sap yind mel huixzuit nox xiolmip,
一路上互相撒松香到火把上，

020.niɯ^{33}khɯ^{33}ã^{31}khui^{55}ã^{31}khui^{55}no^{33}xui^{33}.
燃起 一团 一团 的 火
nienx kex antkuil antkuil nox huix.
燃起一团团的火焰。

021.tsã^{55}kɛ^{21}tsɿ^{33}ɕĩ^{31}ɕĩ^{31}xuã^{55}xuã^{55}.
所有人 喜喜 欢欢
zanlgaidzix xitxit–huanlhuanl.
大家喜气洋洋地。

022.xui^{33}ka^{44}tsv^{31}liã^{42}xo^{55}xa^{44},
火焰把 虫 类 烧死
Huix ga zvt lianp hol ha,
火焰烧灭害虫，

023.tsuã^{55}tɕiã^{55}liã^{31}fɛ̃^{33}ɕiõ^{31}.
庄稼 些 发 好
zuanljianl liant fainx xiont.
以求庄稼丰收。

024.kɛ^{44}lo^{31}ɣɯ^{33}tsɿ^{55}
最后
Gai'lothhex zil
最后

025.tse^{44}tsẽ^{42}xo^{55}lã^{42}thɯ^{55}no^{33}ɕĩ^{55}ã^{31}kuã^{33}tsɿ^{33},

还要捡拾烧 掉下 的 柴火一根 子

zei zainp hol lanp tel nox xinl ant guanx zix,

还要捡拾火把上烧落下的一小根柴火，

026.ne^{44}jɑ^{33}xã^{31}tṽ^{55},tsõ^{55}ke^{21}me^{21}to^{31}ɣɯ^{33},

拿回 家 里 藏 在 门 个 后面

nei yax hantdvnl, zonl geid meiddot hhex,

带回家藏在大门后面，

027.ji^{42}sɯ̃^{31}tsɿ^{55}“pɯ^{33}tsɛ^{21}jɑ^{44}fv^{21}”.

意思 是 抱 财 回家

yipsent zil “bex zaind ya fvd”.

大概寓意“抱财回家”吧。

028.jɯ^{44}ɣɯ^{31}tsɯ^{33}tɯ^{33}kui^{55}tɕui^{31}ne^{21},

村里 有 得 规矩 个

Ye het zex dex guiljuit neid,

在乡村里有一个传统，

029.tsi^{31}niõ^{44}na^{55}sua^{44}xɯ^{31}ɕi^{31}sɯ^{44}no^{33}tsɿ^{3}jĩ^{21}xo^{44},

凡是 当年度 结婚的 男子们

zitnion nalsua het xitse nox zixyind ho,

凡是当年度结婚的男子们，

030.kõ^{33}lo^{55}jĩ^{21}tɕhiɛ̃^{55}niõ^{44}ŋɛ^{31}tui^{55}xui^{33}tsui^{31},

各人 全部 要 去 竖 火把

goxlolyind qiainl nion ngaid duil huixzuit,

都要亲自出力竖火把，

031.tou^{21}kou^{44}xu^{33}sɿ^{55}xao^{44}.

祷告 好 势头

doudgou hux silhao.

祈求祝福。

032.niõ^{44}suɑ^{44}lɯ^{31}suɑ^{44}xɯ^{31}xɑ^{31}tṽ^{55}tsɯ^{33}sɿ^{55}tsɿ^{33}jṽ^{33}tɕi^{42}xɛ̃^{55},

要是说 这 年 里 家里 有 小孩子女 出生

nion sua letsua het hantdvnl zex silzixyvnx jiphainl,

若是当年度添丁加口的人家呢，

033.tse^{44}niõ^{44}tshv^{44}tsẽ^{31}tui^{55}xui^{33}tsui^{31}.

还 要 出 钱财 竖 火把

zei nion cv zeint duil huixzuit.

也有义务出资参与竖大火把。

034.xã^{31}tṽ^{55}tse^{44}niõ^{44}ɣao^{21}tɯ^{21}、tsɯ̃^{55}mã^{55}thṽ^{31}.

家里 还 要 炒 豆子 蒸 馒 头

Hantdvnl zei nion hhaod ded, zenl manltvnt.

家里要炒蚕豆、蒸花状馒头①。

035.mã^{55}thṽ^{31}khui^{55}no^{33}thua^{44}tshɛ^{44}xo^{55}thṽ^{33}.

馒头 个（助词）戳 红 花 朵

manltvnt kuil nox tua cai hol dvnx.

馒头上戳上红花印。

036.ɣao^{21}tɯ^{21}tsɿ^{33}li^{55}pɛ^{42}mã^{55}thṽ^{31}tsõ^{55}jĩ^{44}tiɯ̃^{55}ne^{21}xɯ^{31},

炒豆 子 及 白 馒头 放进 竹箩 个 里

Hhaoddet zix lil baip manltvnt zonl yin dienlneid het,

炒豆和白馒头用一个大背箩盛放，

037.tsɿ^{55}ke^{21}to^{42}me^{21}ŋv^{55}.

放在 大 门 口

Zil geid dop meid ngvl.

摆在大门口。

---

① 白族的“manltvnt”，一种花式馒头，形似花朵，中间有一个花蕊，外面五个花瓣，花蕊和花瓣都要盖上食用红颜料印戳，是建房子、葬礼和火把节等仪式贡品。

038.pe^{44}kuo^{42}xo^{44}ɣɯ^{35}niõ^{44}ɣao^{21}tɯ^{21}tsɿ^{33}tshuã^{44},

路过 的人们 来 要 炒豆 子 把

Beiguop ho hhef nion hhaodded zix cuan,

路过家门的人们来要一把炒豆，

039.mã^{55}thṽ^{31}pa^{21}thɑo^{44}tsɯ^{21}xui^{33}zuit^{31}ŋv^{55}kɑ^{44}kou^{33},

馒头 盘 端到 火把 那里 把 供

manltvnt bad tao zed huixzuit ngvl ga goux,

馒头要端到火把下面供着，

040.lɑ^{42}tsɿ^{55}"piɛ̃^{55}mã^{55}thṽ^{31}".

然后 丢 馒头

lapzil "biainl manltvnt" .

然后“撒馒头”①。

041.lɯ̃^{31}ne^{21}tsɯ^{33}ku^{33}jĩ^{31}sɯ^{33}xɯ^{31}ɕiɯ̃^{55}thɯ^{55}no^{33}kui^{55}tɕui^{31}.

这个 是 老辈人 手里 兴起 的 规矩

Let neid zex guxyind sexhet xienltel nox guiljuit.

这是祖祖辈辈流传下来的传统。

042.la^{35}tui^{55}xui^{33}tsui^{31}lɯ^{31}jĩ^{44},

于是 是竖火把 这天

Laf Duilhuixzuit letyin,

所以呢，火把节这天，

043.sɛ^{55}tsɿ^{33}jṽ^{33}xo^{44}ɕi^{31}xuã^{55},

小孩子 们 喜欢

sailzixyvnx ho xithuanl,

小孩子很开心，

---

① “biainl manltvnt 撒馒头”是一个白族的仪式，多数用于新房子竖起屋架的庆典仪式，由盖房子木匠里的大师傅爬到屋架顶上，念着吉利语，向着东南西北和天地抛撒蒸馒头，祈求平安好运，下面围观的群众抢到馒头表达抢到好运。火把节 biail manltvnt 大概是与众人分享好运的意思。

044.ma^{55}ji^{55}ti^{55}kɛ^{42}ŋv^{55}kuã^{33}tɯ^{33}to^{21}li^{55}tsɿ^{33}li^{55}li^{31}tɕĩ^{31}

他们的胸前 挂着海棠果和花红果

mal yildilgaip ngvl guanx dex dodlilzix lil litjint

他们胸前挂着用海棠和花红果

045.tshv^{55}tɯ^{33}no^{33}tshue^{33}tshue^{33}.

穿的串串

cvl dex nox cueixcueix.

穿的“项链”。

046.tse^{44}tsã^{55}jɯ^{44}xɯ^{31}ma^{33}ɕiã^{55},

还可以全村里 到处 逛

Zei zanlye het max xianl,

还可以在村里游逛，

047.ŋɛ^{21}niõ^{44}jɯ^{44}ɣɑo^{21}tɯ^{31}.

去 要 吃 炒豆

ngaid nion ye hhaoddet.

挨家挨户要炒豆。

048.jĩ^{44}sua^{44}se^{31}xo^{44}ɕi^{31}xuã^{55},

年岁 小的 们 喜欢

Yinsua seit ho xithuanl,

年轻人很开心，

049.ma^{55}sa^{42}ɕiu^{55}mi^{42}，ma^{33}kuɛ̃^{33}ɕiã^{55},

他们 撒 松香面 到处逛闲

mal sap xiulmip,max guainxxianl,

他们可以互撒松香、狂欢，

050.kɯ^{55}te^{31}tshu^{35}xo^{44}lɛ^{55}ɕui^{33}tsha^{55}mi^{55}ɕi^{55}.

与 傣族 人们 泼水 差不多

gel Deitcuf ho lailxuix calmilxil.

与傣族人的泼水所表达的祝福类似。

051.tui^{55}xui^{33}tsui^{31}lɯ^{31}jĩ^{44},

火把节　　这天

Duil huixzuit let yin,

火把节当天，

052.pɛ̃^{35}tshu^{35}“sa^{42}xui^{33}”sou^{33}xu^{33}jui^{44}tɕhi^{44}.

白族　撒 火　送　　好运

Baifcuf　“sap huix”soux hux yuiqi.

白族人“撒火球”以示送好运。

053.tɕia^{44}lɯ^{31}ne^{21}wĩ^{55}jĩ^{44}tsɿ^{31}mu^{33}?

节日 这个　热闹　是吧

Jia letneid winlyin zitmux?

这个节够日红火吧?

054.tui^{55}xui^{33}tsui^{31}tɕia^{44}lɯ^{31}ne^{21}mɯ^{55}no^{33}tsɯ^{33}ku^{31}xuɑ^{33}the^{55},

竖火把　节日　这个　　它（助词）有故事台

Duil huixzuit jia let neid mel nox zex guthuax teil,

关于火把节的有个传说，

055.tɕiã^{31}tɯ^{33}tshu^{55}miɯ^{55}no^{33}jṽ^{33}jĩ^{21}ã^{31}jĩ^{21}.

讲的　聪明　　　的　女人 一人

jiant dex culmiel nox yvnxyind antyind.

讲的是一位智慧女人的故事，

056.ku^{33}jĩ^{31}xo^{44}suɑ^{44}, ji^{35}tɕhiɛ^{33}sã^{33}pɯ^{35}niɛ^{42}tɕhiɛ^{42},

老辈人　说　一千　三百　年　前

guxyind ho sua, yif qiaix sanx bef niaip qiaip,

传说一千三百多年前，

057.te^{31}li^{44}ko^{21}no^{33}lu^{35}tso^{55}xɯ^{31}no^{33}nɑ^{42}tso^{55}wã^{42}jĩ^{21}

六诏洱海地区的 里 的 南诏王 人

Deitli god nox lufzol het nox Napzol wanp yind

洱海地区六诏之一的南诏王

058.niõ^{44}kɑ^{44}mɯ^{55}tɕiɑ^{42}ŋv^{33}tso^{55}pĩ^{31}ni^{44}mɯ^{55}ŋv^{55}.

要 把 其余　五诏　并入他手里

nion ga mel jiap ngvx zol bint ni mel ngvl.

为吞并其他五诏。

059.lɯ^{31}sua^{44}tsɿ^{55}mo^{31}khã^{31}tɯ^{33}ã^{31}jã^{42},

这年　是 他 谋划 了一样

letsua zil mot kant dex antyanp,

这一年他心生一计阴谋，

060.jõ^{42}zv^{21}pɛ̃^{33}tshv^{31}tɯ^{33}jĩ^{21}kɛ^{55},

用 松木　盖起　楼 栋

yonp ssvdbainx cvt dex yind gail,

用松木造了一栋楼，

061.xɯ^{33}no^{33}xo^{44}ɯ^{55}mɯ^{55}no^{33}"sõ^{33}miɯ^{42}lo^{42}".

后人叫它“松明①楼”

hexnox ho el mel nox “sonx mienp loup”.

后人叫它“松明楼”。

062.tsɯ^{33}mɯ^{55}xɯ^{31}tɕhiɛ̃^{44}khɛ̃^{44},

在 里面　请客

Zex mel het qiain kain,

在楼上宴请宾客，

063.tɕhiɛ̃^{33}tɯ^{33}mɯ^{55}tɕiɑ^{42}ŋv^{33}tsõ^{55}no^{33}tsõ^{55}tsv^{31}.

请了　其余的 五诏　的 王

qiainx dex meljiap ngvx zonl nox zonlzvt.

请了其余五诏的诏主。

---

① 松明，白族话的意思是引火柴，因为松木易燃。

第十章

064.jɯ^{44}jɯ^{44}tsɿ^{55}tɕhi^{31}tsɿ^{55}, sõ^{33}miɯ^{42}lo^{42}"sɛ̃^{44}xui^{33}",

吃 吃 时候 是 松明楼 “失火”

ye ye zil qit zil, Sonxmienp loup “sain huix”,

宴席中松明楼“失火”。

065.kɑ^{44}mɯ^{55}tɕiɑ^{42}no^{33}tsõ^{55}tsv^{31}tɕhiɛ̃^{55}xo^{55}xa^{44}tshɯ^{55}.

把 其余 的 诏主 全 烧死了

ga mel jiap nox zonlzvt qiainl hol ha cel.

烧死了其余五诏的诏主。

066.tɕiɑ^{31}tɑ^{42}jɑ^{44}kɯ^{55}tsɿ^{55}，ŋɛ^{21}tɯ^{21}ŋv^{55},

话说回来 则 那出发之前

Jiatdap yagel zil, ngaid ded ngvl,

话说他们出发之前，

067.mɑ^{55}ɣɯ^{31}no^{33}tɯ^{55}tã^{55}mɯ^{55}ŋv^{33}jĩ^{21}tsã^{42}tɯ^{33}jɑ^{35}xo^{55}.

他们之中的邓赕诏主他夫人觉得哪里不对

mal hhet nox Denldanl mel ngvxyind zanp dex yafhonl.

其中邓赕诏的诏主夫人觉得事有蹊跷。

068.lɑ^{35}mɯ^{55}po^{55}jĩ^{21}ŋɛ^{21}nɑ^{42}tsõ^{55}tsu^{55}khɛ^{44}tɯ^{21}ŋv^{55},

于是她的丈夫个去 南诏 做客 之前

Laf mel bolyind ngaid Napzonl zul kai dedngvl,

于是她在夫君出发去南诏赴宴之前，

069.ji^{31}fa^{42}vɑ^{55}ji^{35},mo^{31}te^{33}zɯ^{31}mɯ^{55}no^{33}the^{33}tɕi^{21}pho^{44}.

以防万一 她 戴 给 他（助词）铁镯 个

yitfap valyif, mot deix sset mel nox teixjid po.

为防不测，给丈夫戴上了一只铁手镯。

070.xui^{33}xo^{55}khɯ^{33}tsɿ^{55},mo^{31}o^{44}tɕhi^{44}tɕiɯ̃^{55}tua^{42},

火烧起来后 她 伤心 万分

Hui hol kex zil, mot ao qi jienlduap,

大火发生以后，她悲痛欲绝，

071.ɣɯ^{35}j̃i^{31}mɯ^{55}po^{55}j̃i^{21}.

来 寻她的丈夫

hhef yind mel bolyind.

来寻她的丈夫。

072.tɕi^{21}lɯ^{31}pho^{44}zɯ^{31}mo^{31}j̃i^{21}tɯ^{33}mɯ^{55}po^{55}j̃i^{21}!

镯子这 把 使 她 寻到 她的 丈夫

Jid letpo sset mot yind dex mel bolyind!

这把铁镯子使她认出了丈夫！

073.we^{33}to^{55}wa^{42}tɕhi^{44}mɯ^{55}tshɯ^{55}kɯ^{31}ne^{21},

为了 挖出 他 的 遗体

Weix dol wap qi mel celget neid,

为刨出丈夫尸骨，

074.mɯ^{55}sɯ^{33}tɯ^{21}kɑ^{35}thã^{31}li^{55}wa^{42}pho^{31}, sua^{44}tsɿ^{55}kɯ^{21}.

她的 手指 几只 也 挖破 鲜血直流

mel sexded gaftant lil wap pot, sua zil ged.

她十指磨破，鲜血直流。

075.mo^{31}tsɛ̃^{55}suɑ^{44}li^{55}jɑ^{35}tɕhiɛ̃^{55}nɑ^{42}tso^{55}wã^{42}to^{21},

她 无论什么说也不 听从 南诏王话

Mot zainlsua lil yaf qiainl Napzonl wanp dod,

她坚决不向南诏王屈服。

076.kɛ^{33}lo^{31}ɣɯ^{33}mo^{31}thiõ^{33}ni^{33}ko^{21}xɯ^{31}ŋṽ^{42}xã^{44}tsɯ^{55},

最后 她 跳进 海里 淹死 了

Gaixlothhex mot tionx nix god het ngvnp hanx cel,

最后跳海身亡，

077.sɑ^{55}mɯ^{55}no^{33}khɯ^{33}，ko^{42}tui^{55}xui^{33}tsui^{31}tɕia^{44}tsɿ^{55},

从那时候 开始 过 竖火把 节 那么

Sal mel nox kex, gop Duilhuixzuit jia zil,

从那以后，每逢火把节到来，

078.jĩ^{44}sua^{44}se^{31}no^{33}jṽ^{33}jĩ^{31}xo^{44}niõ^{44}zẽ^{33}sɯ^{33} tɯ^{21}kɛ̃^{33}.

年岁小　的 女人们 要 染 指头　甲

Yinsua seit nox yvnxyind ho nion sseinx sexdedgainx.

白族青年妇女有染指甲的传统。

079.ji^{35}pɛ^{33}jõ^{42}zẽ^{33}sɯ^{33}tɯ^{31}kɛ̃^{33}xo^{55},tɕhiɛ̃^{31}mo^{33}kuɛ̃^{55}

一般 是 用 染手指甲花　鲜木瓜

Yifbaix yonp sseinxsexdedgainx hol, qiaint moxguainl

一般用凤仙花瓣、青木瓜、

080.li^{55}tsi^{31}su^{55}se^{33}, kã^{44}sɯ^{33}tɯ^{31}kɛ̃^{33}ŋṽ^{33}tshɛ̃^{33},

及 紫苏 叶 把　手指甲　捂 红

lil zitsul seix, gax sexdedgainx ngvnx cain,

紫苏叶包裹住指甲，将它们染红，

081.ŋɯ^{35}tsɯ̃^{55}miɯ̃^{31}mɑ^{55}tɕiɯ̃^{44}tso^{44}pɯ^{35}tɕi^{35}fv^{33}zɯ^{42}.

来　证明　她们　敬重　　白洁夫人

ngef zenlmient mal jien'zon Befjif fvxssep.

以示对柏洁夫人的崇敬。

082.tɕĩ^{42}tshuĩ^{55}xo^{44}suɑ^{44}tɕia^{33}lɯ^{31}ne^{21}tsɯ^{33}

剑川　人　说 节日 这 个 是

Jinpcuinl ho sua jia letneid zex

剑川人归纳火把节的意义为

083.“tsv^{35}fv^{35}tɕi^{42}xɛ̃^{55}jĩ^{21}, pɛ^{44}tɕi^{44}ɕi^{33}tshɯ^{55}jĩ^{21}”.

祝福　　新生儿　拜祭 死 去 人

zvffvf jiphainlyind, baiji xixcelyind.

对“生的祝福、死的礼赞”。

第十章

节日之二：三月街

白族是中华民族大家庭的一员，有中华民族共同的节日，也有自己民族特色的节日，主要有火把节、绕三灵、三月街和耍海会等。白族三月街是一个沿袭千年的盛会，既是物资交流会，也是文体文化交流会，在东南亚国家和地区都有一定的影响。

001.“sã^{55}ŋuɑ^{44}tsɿ^{33}”tsɿ^{33}ke^{21}tã^{44}li^{31}tsɛ̃^{21}mɯ^{55}sẽ^{55}.

“三月街” 在 大理城 它的 西边

Sanlngua'zix zex geid Da'lit zaind mel seinl.

“三月街”盛会地点在大理城西面。

002.tɕĩ^{55}tsho^{55}sẽ^{55}ko^{44}no^{33}pa^{44}tsɿ^{31}xɯ^{31}tɕĩ^{42}tsɿ^{33}.

点苍山 脚下 坝子 赶街

Jincol seinl go'nox ba'zit het jinp zix.

苍山下坝子里举行。

003.xui^{44}lɯ^{31}ne^{21}tsɿ^{33}kẽ^{42}sua^{44}tɕĩ^{42}ã^{31}pɯ^{55}.

会 这个 是 每年 赶 一回

hui letneid zex geinpsua jinp antbel.

这个会是一年一次。

004.nõ^{42}li^{35}sã^{55}ŋuã^{44}tsɛ^{42}ŋv^{33}phia^{44}ni^{31}ɕɿ^{31}.

农历 三月 十五 到 二十

nonplif sanlngua zaipngvx pia nitxit.

时间为每年夏历三月十五日至二十日。

005.phia^{44}mɯ^{55}no^{33}tsɿ^{55}ã^{55}ta^{44}tɕĩ^{33}tsɿ^{55}zv^{42}zv^{42}sɯ^{33}.

到 它 的 是 这里 挤得 满满的

Pia mel nox zil anlda jinx zil ssvpssvp sex.

届时这里熙熙攘攘，人山人海。

006.lɯ^{31}thã^{55}tsɿ^{55}mo^{31}tsɯ^{33}tsã^{55}kɛ̃^{21}tsɿ^{33}mɛ^{42}mɛ^{42}to^{31}to^{31}no^{33}xui^{44}ne^{21}.

现在　则　它　是　全部人　买卖的会期

Lettanl zil mot zex zanlgaindzix maipmaip dotdot nox hui neid.

现在已经发展为各民族的物资交流会。

007.xui^{44}lɯ^{31}ne^{21}tɕĩ^{42}tshɯ^{55}ji^{35}tɕhiɛ̃^{33}niɛ^{42}ɕui^{42}lɑ^{42}.

会期这个　赶了　一千 年　多了

hui letneid jinp cel yif qiainx niaip lap.

相沿至今已有一千余年的历史。

008.jĩ^{21}kɛ̃^{55}tɕiã^{31}suɑ^{44}tso^{42}tsɯ^{33}.

人们 说　是

Yindgainl jiant sua zop zex.

人们这样说，

009."tɕhiɛ̃^{33}niɛ^{42}kã^{31}ji^{35}kẽ^{33},ji^{35}kẽ^{33}kã^{31}tɕhiɛ^{33}niɛ^{42}".

千年　赶 一街 一街 赶 千年

"Qiainx niaip gant yif geinx, yifgeinx gant qiainxniaip".

“千年赶一街，一街赶千年”。

010.kã^{31}xui^{44}tsɿ^{21}tɕiã^{33}sã^{55}ŋuɑ^{44}tsɿ^{33}ke^{42}tshṽ^{55}wĩ^{55}jĩ^{44}.

赶会　期间　三月街场 每个巷子 热闹

Gant hui zidjianx Sanlngua'zix geipcvnl winlyin.

会期的三月街几条巷子都热闹，

011.ko^{33}lo^{55}ɣɯ^{42}no^{33}xo^{33}v^{33}pɛ̃^{31}mã^{33}tshɯ^{55}.

各地　的 货物　摆满了

goxlolhhep nox hoxvx baint manx cel.

摆满了来自各地的各种货物。

012.lɯ^{31}ne^{21}tsɿ^{33}mɛ^{21}mɛ^{21}kɯ^{21}kɯ^{21}no^{33}xui^{44}ne^{21}.

这个 就是 买买 卖卖　的 集市

Letneid zex maipmaip–gedged nox hui neid.

这个聚会是个物资交流大会。

013.kɯ^{21}v^{33}tã^{42}no^{33}tsɿ^{33}tã^{44}li^{31}xo^{44}li^{55}ŋua^{44}fv^{33}no^{33}xo^{44},

卖货的　　是 大理的 及 外地　的

Ged vxdanp nox zex Da'lit ho lil ngua fvx nox ho,

商户来自本地和外地，

014.thu^{33}tuĩ^{33}xo^{44}tsɿ^{33}sa^{55}thɛ̃^{55}kuɛ^{35}li^{55}miɛ̃^{31}tiɛ̃^{55}ɣɯ^{35}.

路 远的人 是从 泰国　及 缅甸　来

tuxduinx ho zex sal Tainlguaif lil Miaintdiainl hhef.

路远的来自泰国和缅甸等国家。

015.jã^{55}sa^{55}sã^{55}ŋuɑ^{44}tsɿ^{33}xã^{31}kã^{55}tshṽ^{31}kuɛ̃^{33}khɯ^{33}ja^{33}？

咱们从三月街　最高处　逛起 好吗

Yanl sal Sanlngua'zix hant ganl cvt guainx kex yax?

咱们从三月街最高处开始逛好吗?

016.ji^{35}lu^{55}thu^{33}no^{33}kɑ^{44}xã^{55}kɯ^{21}ã^{55}sɛ̃^{31}ṽ^{33}tɕĩ^{31}.

一路上　看一看 卖 什么货物

Yif lub tux nox ga hanl ged anlseint vnxjint.

一路看看卖什么货物，

017.ji^{35}lɛ̃^{42}xã^{55}tɯ^{33}no^{33}tsɿ^{33}ɣo^{42}khɛ^{31}no^{33}tṽ^{21}xõ^{33},

首先 看见　的 是 鹤庆的　铜器

Yiflainp hanl dex nox zex Hhopkait nox dvndhonx,

首先见到的是鹤庆的铜器，

018.lu^{55}ku^{55}、xui^{33}ne^{21}pã^{21}、li^{55}tsã tshui^{55}ku^{55}kɯ^{21}tɕhiõ^{55}.

锣锅　火 个 盆　炊锅　卖 好

lulgul, huixneidband, lilzanx cuilgul ged qionl.

锣锅、铜火炉和炊锅是热销货。

019.tsv^{44},mi^{21},tshu^{33}pi^{55}no^{33}tɕiã^{55}sɯ^{44}ã^{31}tse^{33}tse^{33}.

竹 篾 草 编 的 家什　一堆堆

Zv, mid, cux bil nox jianlse antzeixzeix.

用竹、篾和草编成的家什摆得一堆又一堆。

020.jõ^{42}sɯ^{33}pho^{44}tsu^{55}no^{33}nv^{21}tɯ^{21}po^{21}ɕiɛ̃^{55}tsɿ^{33}

用 手工　做的　龙头　弦子

Yonp sexpo zul nox nvddedbod xianlzix

手工制作的龙头三弦琴

021.li^{55}tsã^{33}tsɿ^{55}mɯ^{55}tɕiɑ^{42}no^{33}jo^{35}tɕhi^{55}.

以及　其他　的　乐器

lilzanx zil meljiap nox yofqil.

以及其他的乐器。

022.xã^{31}tsɯ^{33}thɛ^{35}sɛ^{35}no^{33}xo^{44}jɛ̃^{33}jo^{44}jo^{44}tshu^{33}tshu^{33}.

最有　特色的　货物　是　药药　草草

Hant zex taifsaif nox ho yainx yoyo–cuxcux.

最大的特色货物之一是中草药材。

023.kɯ^{21}jo^{44}no^{33}pe^{31}tsɿ^{55}ka^{35}tsɿ^{33}ka^{35}tshṽ^{55},

卖药的　摆了　几条街 几条巷道

Gedyo nox beit zil gafzix–gafcvnl,

中草药材商贩摆了几条街道，

024.pɯ^{31}ti^{55}jo^{44}tsɿ^{33}sã^{33}tɕhi^{35}，thiɛ^{33}mɑ^{42}，tã^{55}kui^{55}.

本地的 药材有　三七　天麻　当归

betdil yo zex sanxqif, tiaixmap,danlguil.

本地特色药材有三七，天麻，当归。

025.kɯ^{21}ɕi^{44}tsã^{55}jo^{44}no^{33} tsɯ^{33}sɛ^{31}tsɯ^{44}tsɯ^{42}.

卖西藏　药材的　有　很多

Ged Xi'zanl yo nox zex sait zix zep.

销售藏药的商贩不少。

026.lɯ^{55}kɑ^{35}sua^{44}kv^{42}tshũ^{44}fã^{55}piɛ̃^{44},

这几年　坐　车　方便

Lel gafsua gvp cen fanlbiain,

这些年交通便利以后，

027.la^{35}to^{44}pɯ̃^{35}xo^{44}ma^{55}lu^{35}zõ^{42}、
东北的他们的 鹿茸
laf Do'benf ho mal lufssonp、
东北的鹿茸、

028.zɯ̃^{31}sɯ̃^{33}li^{55}mɯ^{55}tɕia^{42}no^{33}jo^{44}tshu^{44}tɕhiɛ̃^{55}mɛ̃^{42}tɯ^{33}ta^{42}.
人参 和其他药材买得到
ssentsenx lil meljiap nox yocux qiainl mainp dex dap.
人参和其他药材也买得到。

029.kuɛ̃^{33}tsɿ^{33}xo^{33}tshã^{55}mɯ^{55}ɕi^{55}tɕhiɛ̃^{55}ŋɯ^{35}ã^{44}jo^{44}tshu^{33},
逛街的 人们　差不多 全部 来 看药草
Guainx zix ho canlmelxil qiainl ngef an yaocux,
几乎每个赶街人都要光顾药材市场，

030.tsɛ̃^{55}kɛ^{21}li^{55}niõ^{44}mɛ^{31}mɯ^{55}no^{33}kã^{55}xõ^{55}tsõ^{21}ka^{35}lo^{42}.
无论如何要买 它　　干花　茶叶 几两
zainlgaind lil nion mait mel nox ganlholzond gaf lop.
至少到这里买几两干花茶。

031.kuɛ̃^{33}thɯ^{55}tsɯ^{21}ɣɛ̃^{33}fv^{33}no^{33}tsɿ^{55}tsɯ^{33}jɯ^{44}tsɯ^{21}ɯ̃^{33}sɯ^{33}.
逛 下去　 下面 的 则 是 吃的 喝的
Guainx tel zed hhainxfvx nox zil zex ye'zed–enxsex.
往下走呢就是食品饮品。

032.lo^{21}xo^{55}ɕi^{44}no^{33}mu^{33}kuɛ̃^{55}mi^{44}tɕiɯ̃^{44}，suã^{55}xɛ̃^{55},
洱源县的　木瓜蜜饯　酸醋
Lodholxi nox muxguainl mijien, suanlhainl,
洱源梅子木瓜果脯、果醋，

033.we^{44}se^{33}no^{33}tou^{55}sɿ^{55}phã^{44}tɕiõ^{42}，tṽ^{55}kuã^{55}mi^{44}tɕiɯ̃^{44},
巍山的 豆豉 酱菜　 冬瓜蜜饯
Weiseinx nox doulsil–panjionp, dvnlguanl mijien,
巍山的酱菜、咸菜、冬瓜蜜饯，

第十章

034.mi42tu55no33tɕuɛ̃31thi42，tɕiɯ̃42tshuĩ55no33jõ21pa42,

弥渡 的 卷蹄 剑川 的 羊乳

Mipdul nox juainttip, Jinpcuinl nox yondbap,

弥渡的卷蹄，剑川的羊乳饼，

035.ɣo42khɛ31no33te42kã55thou55，sṽ33me33sua44tso21,

鹤庆 的 猪肝酢 糯米 血 肠

Hhopkait nox deipganltoul, svnxmeix sua'zod,

鹤庆的猪肝酢，血灌糯米肠，

036.juĩ42nuo42no33ɛ44kɛ21,

云龙 的 腌肉

Yuinpnuop nox ngaigaid,

云龙诺邓的老火腿，

037.jõ31phiɯ̃42no33kṽ55la35tsɿ33li55kṽ55suã31,

永平 的 泡辣椒 及 泡 蒜

Yontpienp nox gvnllafzix lil gvnlsuant,

永平的泡大蒜和泡辣椒，

038.na42tɕɿɛ̃55vu42liã55sẽ33no33tsõ21se33,

南涧 无量山 的 茶叶

Napjiainl Vuplianlseinx nox zondseix,

南涧无量山的茶，

039.piɯ̃33tshuɛ̃33no33ɕui55li55tã21xɯ33tɕu35tsɿ33tshɯ̃42tsɿ33,

宾川 的 梨 桃 李 橘子 橙子

Bienxcuainx nox xuillil–dandhex jufzix cenpzix,

宾川县则售卖瓜瓜果果，橘子橙子等水果，

040.jui55ɕi44xo31tsɿ33ɣɯ35kɯ21tiɛ̃31ɕiɯ̃55li55pɛ42ou55,

玉溪的人家 则 来 卖 点心 和甜白酒

Yuilxi hot zil hhef ged diaintxienl lil baip'oul,

玉溪糕点、甜米酒，

041.kuã^{31}ɕi^{33}no^{33}juĩ^{42}juĩ^{33}，xɛ̃^{31}nɑ^{42}no^{33}je^{44}tsɿ^{33}，

广西　的　桂圆　海南　的 椰子

Guantxix nox yuinpyuinx, Haintnap nox yei'zix,

广西桂圆，海南椰子，

042.tɕhĩ^{55}jõ ^{21}v^{21}sɯ̃^{44}no^{33}sɛ̃^{33}fv^{31}tsu^{55}no^{33}ke^{55}tsv^{55}jɯ^{21}，

各种各样　的 菌子　做的鸡枞油

qinlyond vdsen nox sainxfvt zul nox geilzvnl yed,

以及各个品种野生菌做出来的油炸菌，

043.xã^{55}phia^{44}ã^{55}ta^{33}tsɿ^{55}ɕɿ^{55}mi^{42}kɛ̃^{42}lɑ^{42}ma^{35}?

看到 这里 是 口水 滴落了没

Hanl pia anldax zil xilmip gainp lap maf?

看到这里是不是垂涎欲滴?

044.jã^{55}kɑ^{44}suɑ^{44}pɯ^{31}ti^{55}xo^{44}kuɛ̃^{33}sã^{55}ŋuɑ^{44}tsɿ^{33}

我们说说　本地人　逛三月街

Yanl ga sua bentdil ho guainx Sanlngua'zix

那么我就说说本地人逛三月街

045.ji^{35}tiɯ̃^{55}tsu^{55}no^{33}sɛ̃^{31}vu^{33}thẽ^{55}jã^{33}.

一定做的事

yifdienl zul nox saintvux teinl yanx.

必须有的项目吧。

046.sã^{55}ŋuɑ^{44}tsɿ^{33}no^{33}jɯ^{44}jõ^{31}phiɯ̃^{42}xuã^{42}mɯ̃^{55}tɕi^{44}!

三月街　上　吃永平　黄焖鸡

Sanlngua'zix nox ye Yontpienp huanpmenlji!

上三月街吃永平黄焖鸡！

047.tɕĩ^{42}xui^{44}na^{55}kɑ^{35}ɕiɛ^{44} tsɯ^{33}tshã^{31}sɿ^{33}khu^{55}khɯ̃^{55}kuɛ̃^{31}tsɿ^{33},

赶 会 那几天　是 场地　块 开 饭馆

Jinp hui nal gafxiai zex cantzixkul kenl guaintzix,

赶会期间有专门的场地开设餐馆，

048. 了 mɑ^{55}thɯ^{31}kɯ^{21}tshɯ^{31}sã^{55}ɕi^{44}tou^{31},

他们仅　卖　菜　三　四　道

mal tet ged cet sanl xi dout,

餐馆里一般只卖三四道菜，

049.ɕiɛ̃^{55}thou^{44}tɕhi^{44}tshɛ^{44}ɕui^{55}ɕui^{55}no^{33}kṽ^{55}lɑ^{35}tsɿ^{33}kã^{35}pã^{42},

先 端　上　　红艳艳的　泡辣椒

xiainl tou qi cai'xuilxuil nox gvnllafzix ganf banp,

最先上桌的是红艳艳的泡辣椒，

050.mɯ^{55}tɕiã^{42}tsɯ^{33}pɛ^{42}xuã^{33}xuã^{33}no^{33}kṽ^{55}suã^{31}kɑ^{35}khõ^{33}.

它的伙伴　有 洁白　　的　　泡蒜　几粒

meljianp zex baiphuanxhuanx nox gvnlsuant gaf kox.

以及洁白的几粒泡大蒜。

051.la^{42}tsɿ^{55}to^{42}to^{42}no^{33}tshu^{33}ke^{55}phɛ̃^{42}ɕiu^{55}fv^{55}fv^{55}tɕi^{31}.

然后　大大 的　炒　鸡　盘 香喷喷 样子

Lapzil dopdop nox cux geil painp xiulfvlfvl jit.

二是大盘的色香味俱全的黄焖鸡。

052.tse^{44}ɣɯ^{33}no^{33}tsɿ^{55}tɕhiɛ̃^{31}tshɯ^{31}xɛ̃^{55}ã^{31}to^{42}pã^{21}.

再后来　的　是　青菜汤　一大盆

Zei hhex nox zil qiaintcethainl ant dopband.

三是绿茵茵的大碗青菜汤。

053.kuɛ̃^{33}wa^{42}jɯ^{44}no^{33}tsɿ^{55}jã^{55}ŋɛ^{21}xã^{55}jõ^{42}no^{33}.

逛完　　吃　的 则　咱们　看看用的

Guainx wap ye nox zil yanl ngaid hanl yonp nox.

逛完了好吃的，来看看实用的货品吧。

054.ɣɯ^{35}thɯ^{55}tsɿ^{55}xã^{55}tɯ^{33}wɛ^{55}kuɛ^{35}sũ^{42}xo^{44}mɑ^{55}thã^{44}tsɿ^{33},

下来　以后　见到　　外国人　　他们的摊位

Hhgef tel zil hanl dex wailguaifssenp ho mal tan'zix,

你会看到外国人的摊位，

055.miɛ̃^{31}tiɛ̃^{44}xo^{44}kɯ^{21}jui^{44},

缅甸人　卖 玉

Miaintdiain ho ged yui,

缅甸人卖玉石，

056.thɛ̃^{55}kuɛ̃^{35}xõ^{33}kɯ^{31}jĩ^{55}tsɿ^{55}pɛ^{42}fv^{44},

泰国人　卖胭脂水粉

Tainlguainf ho ged yinlzix baipfv,

泰国人卖化妆品，

057.juɛ^{35}nɑ^{42}xo^{44}kɯ^{21}tho^{44}xɛ̃^{42}，liã^{44}xɛ̃^{42},

越南人　卖　拖鞋　凉鞋

Yuaifnap ho ged tohainp, lianhainp,

有卖越南拖鞋和乳胶凉鞋的，

058.sɯ^{55}ji^{44}tiɯ̃^{31}kɑ^{44}tɕhiõ^{55}.

生意　扎实　好

selyi dientga qionl.

生意都不错。

059.phẽ^{55}fã^{55}pe^{44}tsɯ^{21}na^{21}tsɯ^{33}se^{31}tsɿ^{33}ne^{21},

牌坊　走向　南边有小　街道

Peinlfanl bei zet nad zex seitzix neid,

出了牌坊往南走是一条小巷，

060.ã^{55}ta^{33}kɯ^{21}tsu^{55}tɕi^{31}jõ^{42}no^{33}tɕiã^{55}sɯ^{44},

这里 卖 种田　用的 家什

anlda ged zuljit yonp nox jianlse,

里主要卖农耕用品，

061.xɑ^{44}ji^{21}phi^{31}, phã^{55}tsɿ^{33}, su^{55}tshɯ^{31}tsv^{21}，tṽ^{33}tɕɿ^{31}tsv^{21},

镰刀　耙子　薅菜锄　挖地锄

hayid pit, panlzix, sulcet zvd, dvnxjit zvd,

镰刀、草耙、薅菜锄、挖地锄等等。

062.tɯ^{21}kɑ^{35}suɑ^{44}ã^{33}ta^{44}tsɯ^{33}ku^{33}po^{55}ku^{33}jo^{42}khɛ̃^{33},

前几年 这里 有 老 汉 老妇人（一）对

Ded gaf sua anxda zex guxbol guxyop kainx,

前几年这附近有一对老夫妇。

063.mɑ^{55}pi^{55}kɯ^{21}no^{33}mɑ^{44}tɯ^{55}tsɿ^{33}liɑ^{42}xã^{31}kẽ^{55}.

他们 编卖 的 草 墩子 些 最牢实

mal bil ged nox ma'delzix liap hant geinl.

他们卖的手工草墩特别牢实耐用。

064.mɯ^{55}tɕiɑ^{42}tsɿ^{55}ji^{55}tɯ^{21}kuo^{55}se^{44}sɛ^{31}tsɯ^{44}tsɯ^{42},

其余 是 衣服 裤子 很多

Meljiap zil yilded-guanlsein sait zix zep,

其他的货品，例如衣服鞋帽等等少不了，

065.sã^{55}ŋuɑ^{44}tsɿ^{33}pɯ^{44}tshṽ^{55}ji^{35}lu^{55}tu^{33}no^{33}jɛ̃^{33}phu^{31}tsɿ^{33},

三月街 北街道 沿路 的 是 商铺

Sanlngua'zix becvnl yif lul tux nox yainx putzix,

三月街主街道一直往上都是店铺，

066.tɕi^{42}xui^{44}tsɿ^{31}tɕiã^{33}khou^{33}zɯ^{31}kɯ^{21}ji^{55}pe^{42}xo^{44}.

赶会 时间 出租 给 卖衣服 人们

jinp hui zitjianx koux sset ged yilbeip ho.

月街期间出租给卖衣服鞋袜的商人们。

067.sã^{55}ŋuɑ^{44}tsɿ^{33}no^{33}mɛ^{42}mɛ^{42}kɯ^{21}kɯ^{21}ɛ^{42}wɛ^{55},

三月街 的 买买 卖卖 而外

Sanlngua'zix nox maipmaip-gedged aipwail,

三月街除了物资交流功能以外，

068.mo^{31}jɛ̃^{33}ɕiã^{55}tɕhiõ^{55}wɛ^{42}se^{31}tɕhiõ^{55}no^{33}tsɿ^{21}tɕhiã^{33}.

它 是 闲 好 玩乐 好 的 时机

mot yainx xianlqionl waipseint qionl nox zidjianx.

还是滇西各族休闲娱乐的盛会。

069.ke^{42}suɑ^{44}no^{33}wã^{21}mɛ^{33}jɛ̃^{33}xã^{31}wĩ^{55}jĩ^{44}no^{33}jã^{42},

每年的　骑马　最 热闹 的 项目

Geipsua nox wandmaix yainx hant winlyin nox yanp,

首先，“赛马”是一年一度的最热闹的项目，

070.ji^{35}pɛ̃^{33}tsɿ^{55}tsɿ^{33}sã^{55}ŋuɑ^{44}tsɿ^{33}khe^{55}tsã^{55}lɯ^{31}jĩ^{44},

一般 是 在三月街　开张 这天

yifbainx zil zex Sanlngua'zix keilzanl let yin,

一般在三月街开幕式当天举行，

071.ko^{33}lo^{55}miɯ^{42}tshu^{35}no^{33}jĩ^{44}sua^{44}se^{31}xo^{44}pi^{31}sɛ^{55}.

各个 民族　的 年龄 小 人们 比赛

goxlol miepcuf nox yinsua seit ho bitsail.

来自滇西各民族的年轻骑手们竞技。

072.tshã^{55}tshã^{55}thiõ^{33}thiõ^{33}phɯ^{55}phɯ^{55}tshẽ^{33}tshẽ^{33}ɕu^{33} tshɯ^{55}tuo^{42},

唱唱跳跳　吹吹　拉拉　少不了

Canlcanl–tionxtionx pelpel–ceinxceinx xux cel duop,

此外文艺演出也是一个不可少的部分，

073.lɯ^{31}kɯ^{55}tui^{42}khv^{44}no^{33}thɛ̃^{55}tsɿ^{33}ne^{21}li^{55}tse^{44}tsɯ^{33} mɯ^{55}ta^{44}.

现在 对曲　台 个 还 在那里

let gel duipkv nox tainlzix neid lil zei zex melda.

至今那儿还有一个对歌台。

074.ɛ^{44}tui^{42}khv^{44}no^{33}jṽ^{33}jĩ^{21}tsɿ^{33}jĩ^{21}ɣɯ^{35}ta^{44}sã^{55}ã^{33}.

喜爱 对曲 的 女人 男人 来到这 相会

ai duipkv nox yvnxyind zixyind hhef da sanl anx.

爱唱白曲的年轻白族男女聚集在这里。

075.mɑ^{55}tã^{21}khɯ^{33}nv^{21}tɯ^{21}po^{21}ɕiɛ̃^{55}tsɿ^{33}tɕiã^{33},

他们弹着　龙头三　弦琴　架

mal dand kex nvddedbod xiainlzix jianx,

他们弹着龙头三弦琴，

076.ji^{35}miɛ̃^{55}tshã^{55}tsɿ^{55}ji^{35}miɛ̃^{55}mi^{33},

一面　唱曲　一面 想

yifmiainl canl zil yifmiainl mix,

边唱边想，即兴编词，

077.tɕhĩ^{55}tɕhĩ^{55}kõ^{21}kõ^{21}ɣɯ^{35}tui^{42}khv^{44},

亲亲热热　来 对 白曲

qinlqinl–gondgond hhef duipkv,

亲亲热热来对歌，

078.no^{31}tshã^{55}lɑ^{35}ŋo^{31}tshã^{55}，wĩ^{55}jĩ^{44}sẽ^{42}kɛ̃^{42}.

你 唱完 我 唱　热闹 世界

not canl laf ngot canl, winlyin seinpgainp.

你唱我和，很是热闹。

079.lɯ^{31}v^{55}lo^{55}tsɯ^{33}ɕi^{44}the^{55}ne^{21},

这里　有 戏台 个

Let vl lol zex xi'teil neid,

看，这儿还有个戏台，

080.mɯ^{55}no^{33}pɛ̃^{44}ko^{42}tõ^{55}tɕiɯ̃^{33}pi^{31}sɛ̃^{55}to^{42}no^{33}kɑ^{35}sua^{44},

这里 办过　洞经　比赛 大 的 好多年

mel nox bain gop donljienx bitsainl dop nox gafsua,

在此举办了多届洞经古乐比赛，

081.lo^{21}xo^{55}ɕi^{44}no^{33},we^{44}sẽ^{44}no^{33}，tã^{44}li^{31}no^{33}ku^{33}jĩ^{21}xo^{44},

洱源县的，巍山的，大理市的老人们

Lodholxi nox, Weisein nox, Da'lit nox guxyind ho,

来自洱源的、巍山县的和大理市等地的古乐队，

082.ŋɯ^{35}ã^{55}ta^{44}piõ^{31}jɛ̃^{31}jĩ^{33}lo^{35}.

来这里　表演 音乐

hhef anlda biontyaint yinxlof.

在这里演出和传承仪式音乐。

083.xui^{44}ne^{21}ã^{31}tɕĩ^{42}tɕĩ^{42}phia^{44}tɕhi^{44}piɑ^{44}ɕiɛ^{44},

会 个 一赶 赶 到 七八天

Hui neid ant jinp jinp pia qi、bia xiai,

这个会期持续七八天，

084.mo^{31}ne^{35}pɛ^{44}ɕiɛ^{42}xo^{44}mɛ^{31}mɛ^{42}kɯ^{21}kɯ^{21}no^{33}tɕiã^{33}thẽ^{55},

它是 百姓 们 买卖的 节日

Mot neif bai'xiaip ho maitmait–gedged nox jianxteinl,

它真是一个盛大的民间物资的集会，

085.wo^{42}tsɿ^{55}tse^{44}ne^{35}ṽ^{42}xuɑ^{55}tɕiõ^{33}liu^{42}no^{33}xu^{33}tsɿ^{21}tɕiã^{33}.

同时 还是 文化 交流 的 好时节

Wapzil zei neif vnphual jionxliup nox hux zidjianx.

也是文化交流的好时机。

本长篇介绍属白语剑川方言，由李素琴撰稿、转写和翻译。

11. 茈碧花传说

茈碧花，睡莲的一个品种，曾经普遍生长在大理州洱源县茈碧湖里，故而得名茈碧湖。

001.ke^{55}jĩ^{44}jã^{55}tsɯ^{33}çi^{31}mu^{55}tsɛ̃^{21}xɯ^{31}.

今天 我们 在 洱源 城 里

Geilyin yanl zex Xitmul zaind het.

今天我们在洱源县城里。

002.çi^{31}mu^{55}tsɛ̃^{21}mɯ^{55}pɯ^{44}kv^{33}no^{33}

洱源 城 它的 北 角 的

Xitmul zaind mel begvx nox

洱源县县城北呢

003.mɛ^{33}tsɯ^{33}tɯ^{33}tshɿ^{35}pi^{35}xu^{42}ɑ^{31}ã^{31} thã^{55}.

那么 有 个 茈碧 湖 一 塘

maix zex dex Cifbif hup ant tanl.

有个茈碧湖。

004.tshi^{35}pi^{35}xu^{42}xɯ^{31}tsɯ^{33}tɯ^{33}tsɯ^{33}thɯ^{35}sɛ̃^{35}no^{33}xo^{55}ã^{31}tsuã^{55},

茈碧 湖 里 有 得有 特色的 花卉 一 种

Cifbif hup het zex dex zex tefsainf nox hol antzuanl,

茈碧湖里有种特别的花卉，

005.mɯ̃^{55}miɛ̃^{55}ɯ^{55}tshɿ^{35}pi^{35}xuã^{33}.

它的 名 叫 茈 碧 花

mel mienl el Cifbifhuanx.

它的名字叫茈碧花。

006.tsu^{33}ŋɯ^{55}sɯ^{33}xɯ^{31}ne^{44}tɯ^{33}no^{33}lɯ^{31}tṽ^{33}tsɿ^{33},

就是我的手 里 拿 着 的 这 朵 子

zux ngel sex het nei dex nox let dvnx zix,

就是我手里捧着的这小朵儿，

007.nɑ^{55}kɑ^{44}ã^{33}.

你们一下看

nal ga anx.

大家请看看吧。

008.mɯ^{55}tɔ^{42}se^{31}niõ^{44}pi^{31}luɛ^{21}xo^{55}tṽ^{33}se^{31}tɕiɛ̃^{33}.

它的大小 要 比 莲花 朵 小 点儿

Mel daopseit nion bit luaidholdvnx seit jiainx.

它的花朵比莲花稍小。

009.tsɿ^{55}xo^{55}lɯ^{31}tsuɑ̃^{55}tsɯ^{33}mo^{31}sɯ̃^{33}tsã^{31}no^{33}xuɛ^{42}tɕiɯ^{31}li^{55}thɯ^{35}piɛ^{35},

那么花 这种 是 它 生长 的环境 也 特别

Zil hol letzuanl zex mot sen'zant nox huaipjiet lil tefbiaif,

但这种花卉对生长环境要求特别，

010.mɛ^{33}mɯ^{55}no^{33}tshuɛ^{42}suo^{35}ku^{55}sɿ^{55}li^{55}tɕi^{55}.

那么 它 的 传 说 故事 也 多

maix mel nox cuaipsuof gubsib lil jil.

而且有关它的传说故事多种多样。

011.ke^{55}jĩ^{44}jã^{55}tɕhiɛ̃^{33}ɕu^{55}li^{55}suɑ^{55}xɯ^{31}no^{33}ɑ^{33}ta^{55}ko^{33}

今天 我们 请 梨 树林 里 阿 大哥

Geilyin yanl qiainx Xullilsual het nox Ax dalgox

今天我们有幸邀请梨园村的阿大哥

012.kɯ^{55}jã^{55}ke^{55}so^{55}kɛ^{21}.

给 我们 介绍 一下

gel yanl geibsob gaid.

给我们介绍一下。

013.ɑ^{33}ta^{55}ko^{33}, ni^{55}kɯ^{55}ŋɑ^{55}kɑ^{44}tɕiã^{31}jã^{33}

阿大哥　您 给 我们 把 讲

Ax dalgox, nil gel ngal ga jiant yanx

阿大哥，请您给我们讲讲

014.xo^{55}lɯ^{31}tv^{33}no^{33}ku^{31}xuɑ^{44}ka^{35}the^{55} ?

花 这 朵 的 古 话 几 台

hol letdvnx nox guthua gaf teil?

这朵花的传说故事?

015.ã^{31}ã^{31}me^{55}jã^{55}tɕhiɛ̃^{55}ni^{55}lɔ^{42}kɑ^{44}tɕiã^{31},

阿妹　咱　听　你的 爷 把　讲

Atmeil, yanl qiainl nil laop ga jiant,

阿小妹，咱们听你的爷爷讲一讲，

016.niõ^{44}tsi^{31}mu^{33}?

要　或者不要

nion zit mux?

要不要啊?

017.jã^{55}tɕhiɛ̃^{55}ku^{31}xuɑ^{44}jɑ^{33} ?

我们听　故事　好吗

Yanl qiainl guthua yax?

听你爷讲故事，要不要?

018. 阿村长：niõ^{44}lɯ^{33}!

要 的

Nion lex!

要得！

019.ŋɑ^{55}se^{31}mɯ^{31}tɕhi^{55}jã^{55}ko^{21}ne^{21}xɯ^{31}ɕiã^{33}tã^{33}tɕi^{55}.

我们小 那 时候咱们的湖片里 相当多

Ngal seit met qil yanl god neid het xianxdanx jil.

我们小时候茈碧湖里的茈碧花非常多。

020.ku^{33}jĩ^{21}tɕiã^{31}tsɯ^{33},

老人 讲 是

Guxyind jiant zex,

据老人们说，

021.jã^{55}nv^{21}wɑ^{42}po^{55}mɯ^{55}se^{31}jṽ^{33}jĩ^{21}

咱们龙王 公 他的 小女儿 个

yanl nvdwapbol mel seit yvnxyind

咱们龙王的小女儿

022.niõ^{44}tɛ^{44}fɛ^{44}tsɯ^{21}te^{31}li^{33}ko^{21}.

要 出嫁 至 大理海

nion dai'fai zed Deitlix god.

准备出嫁到洱海。

023.tsɿ^{55}mo^{31}tɛ^{44}fɛ^{44}lɯ^{31}jĩ^{44}, tsɿ^{55}niõ^{44}ko^{42}ji^{21},

那 她 出嫁 这天 需要坐船

Zil mot dai'fai let yin, zil nion guopyid,

出嫁的日子她乘着船，

024.niõ^{44}mɑ^{55}ji^{21}, mɯ^{31}thã^{55}jã^{55}thu^{33}liã^{31}thv^{55}mu^{33}.

要 划 船 那时候 我们的路 些 通 不

nion mal yid, met tanl yanl tux liat tvl mux.

从前还没有修路，得划船去（大理）。

025.tsɿ^{55}mo^{31}mɛ^{44}tso^{33}ji^{21}no^{33}tsɿ^{55},

当她 登上 船 时

Zil mot mai zoux yid nox zil,

当她登上船只的时候，

026.tsu^{33}mi^{33}ɣɯ^{33}suɑ^{44}lɯ^{31}xui^{55}tsɿ^{55},

就 想 起 说 这次 然后

cux mix hex sua let huil zil,

想到从今往后，

027.ko^{55}ti^{33}mo^{33}xo^{44}kv^{42}kɑ^{44}no^{33}sɿ^{42}tɕiɛ̃^{33}ɕu^{33},

跟 爹妈 们 在一起 的 时间

gol dixmox ho gvp ga nox sipjiainx xux,

将很少有时间和父母一起生活，

028.ko^{55}jo^{55}thi^{33}xo^{44}kv^{42}kɑ^{44}no^{33}si^{42}tɕiɛ̃^{33}ɕu^{33}lɑ^{42}.

和 兄弟 们 在一起 的 时间 少了

gol yonltix ho gvp ga nox sipjiainx xux lap.

将很少有时间和兄弟姊妹共度了。

029.tsɿ^{55}mɯ^{55}ŋv^{55}nã^{21}ku^{42},

于是她心里 难受

Zil mel ngvl nand gup,

她伤心难过，

030.tsɿ^{55}mɯ^{55}mi^{42}ji^{42}jã^{31}tiɔ^{42}thɯ^{55}.

那 她的 眼泪 些 落 下

zil mel mipyip yant diaop tel.

她泪如雨下。

031.mi^{42}ji^{42}tiɔ^{42}jĩ^{44}tsɿ^{55}jã^{55}ko^{21}ne^{21}xɯ^{31},

泪珠 掉落 到 到我们的湖 片 里

Mipyip diaop yin zil yanl god neid het,

泪珠掉落到这片湖水里，

032.lɑ^{35}tsu^{33}ɣɛ̃^{55}tɕhi^{44}tsɿ^{55}se^{31}tv^{33}se^{31}tv^{33}no^{33}xo^{55}lɯ^{31}tsuã^{55}.

于是 长 出 至 小朵 小朵 的 花 这 种

laf cux hhainl qi zil seitdvnx seitdvnx nox hol let zuanl.

于是水中长出了这种花朵小巧的植物。

033.tsɿ^{55}xo^{55}lɯ^{31}tṽ^{33}no^{33}mɯ^{55}no^{33},
那 花 这朵 的 它的
Zil hol let dvnx nox mel nox,
那么有关这朵花的，

034.ku^{33}xo^{44}tɕiã^{31}thɯ^{55}tsɿ^{55}
老人们 讲 下 是
gux ho jiant tel zil
据流传，老人们说

035.mɯ^{55}no^{33}tɕiã^{31}tɯ^{33}no^{33}tsu^{33}tɕi^{55}lɑ^{42}.
它 的 讲 得 的 就 多了
melnox jiant dex nox cux jil lap.
传说就很多了。

036.ji^{35}tsɯ^{33}jã^{55}se^{33}xɛ^{31}tɕiɯ^{33}xɯ^{31}li^{55}vɛ^{42}tɯ^{33}.
一 是 我们的 山海经 里 也 写 着
Yif zex yanl Seixhait Jiex het lil vaip dex.
一是《山海经》有记载。

037.kho^{31}ji^{31}zv^{31}mo^{31}tsu^{55}jo^{33}.
可以 用它 做药
Kotyit ssvt mot zul yaox.
可以入药。

038.mɯ^{55}tɕiɑ^{42}tsɿ^{55}
它的伙伴 是
Mel jianp zil
此外

第十一章

039.jã^{55}miɯ̃^{42}tɛ^{55}ɕu^{42}ɕiɑ^{42}khɯ^{35}li^{55}vɛ^{42}tɯ^{33},
我们 明代 徐霞客 也写 了
yanl Mienpdail Xup Xiapkef lil vaip dex,
明代徐霞客的游记里这样写着，

040.mo^{31}ɯ^{55}mɯ^{55}no^{33}tsɿ^{31}wu^{31}xuɑ^{33}.

他　称 它　上　子 午 花

mot el mel nox “Zitwut huax”.

他称其为“子午花”。

041.tsɿ^{31}wu^{31}

子　午

“Zitwut”

所谓“子午”

042.tsɿ^{31}sɿ^{42}jiɛ̃^{33}jã^{55}pe^{33}kɛ^{42}no^{33}tsɿ^{31}sɿ^{42}

子时　是 咱们夜间　的　子时

“zit sip”　yainx yanl beixgaip nox zitsip

“子时”是傍晚子时

043.phia^{44}ɣɯ^{33}pɑ^{42}jou^{42}no^{33}ji^{35}tiɛ̃^{31}.

到　后半　夜 的 一点

pia hhexbapyoup nox yif diaint.

到后半夜一点”。

044.wu^{31}si^{42}tsɯ^{33}jã^{55}jĩ^{44}ɣɯ^{31}no^{33}sɿ^{35}ji^{35}tiɛ̃^{31},

午时　指咱白日里 的　十一点钟

“Wutsip” zex yanl yin het nox sifyif diaint,

“午时”指上午十一点钟，

045.lã^{31}tsɿ^{55}mɯ^{55}tɕiã^{42}phi^{44}tshɑ^{55}jɯ^{44}ko^{42}no^{33}ji^{35}tiɛ̃^{31}

以及 它的 伙伴　到　早饭 吃　过 的 一点钟

latzil meljianp pia cal ye guop nox yif diaint.

以及到午饭后一点钟。

046.wu^{31}sɿ^{42}, tsɿ^{55}sɿ^{35}ji^{35}tiɛ̃^{31}kɛ^{33}sɿ^{31}.

午时 是 11 点钟　开始

Wutsip zil sif yif diant kaixsit.

午时是十一点左右。

047.sɿ^{55}mɯ^{55}xo^{55}kuo^{31}lu^{55}kho^{33}sã^{55}ɕui^{33}mi^{42}tsɯ^{21}ɣɛ^{33}pɔ^{21}tɯ̃^{42}tsõ^{33}tsɿ^{55}lɑ^{42}.

那它的 花骨朵儿　从 水面　 下边 冒出　至　了

Zil mel holguotlul kox sanl xuixmipzed hhaixbaod denp zonx zil lap.

它的花骨朵儿升上来，露出湖面。

048.lɑ^{35}mɔ^{31}tshɯ^{31}lɯ^{33}tshɯ^{31}lɯ^{33},

然后它　 慢慢地　　 慢慢地

Laf mot cetlex–cetlex,

慢慢地、慢慢地，

049.phia^{44}sɿ^{35}ɛ^{55}tiɛ̃^{31}tsɿ^{55}khɯ^{55}ke^{55}tɯ^{33}ã^{31}tɕiɛ̃^{33}tsɿ^{33}.

到　十二点　 则 开花　开　得　一　点　子

pia sif'ail diaint zil kel keil dex atjiainx zix lap.

到十二点的时候，它逐渐绽开。

050.phia^{44}ji^{35}tiɛ̃^{31}tsɿ^{55},

到 一点钟 则

Pia yifdiaint zil,

到了一点钟，

051.mo^{31}tsu^{33}tɕhuɛ^{42}pu^{55}khɯ^{55}lɑ^{42}.

它　 就 全部　 开放　了

mot cux quaipbub kel lap.

它就全部开放了。

052.tsɿ^{55}lɯ^{31}ne^{21}tsu^{33}wu^{31}sɿ^{42}.

则　这个　 是　午时

Zil let neid cux “wutsip” .

这就是“午时”。

053.sɿ^{55}wu^{31}tiɛ̃^{31}khɛ^{44}si^{31}tsɿ^{55},

四、五 点钟 开始 则

Sib、wut diaint kaisit zil,

到了四五点钟，

054.mo^{31}lu^{55}su^{44}lɛ^{31}pi^{42}tsɿ^{55}xo^{55}kuo^{31}lu^{55}tsɿ^{33}khu^{33}.

它 陆续 地 变成花 骨朵儿 朵

mot lulsu lait bip zil holguotlulzix kux.

它慢慢收起来，又恢复成骨朵样。

055.lɑ^{55}phia^{44}pe^{33}kɛ^{42}no^{33}si^{35}ji^{35}tiɛ̃^{31},

然后到 夜间 的 十一点

Lal pia beixgaip nox sifyif diaint,

然后到夜晚十一点钟，

056.tsɿ^{55}mo^{31}lɛ^{31}ke^{44}thɯ^{55}tsɿ^{55}ɕui^{33}pe^{21}ɣɛ^{33}.

那 它 又 钻下 到 水皮 下

zil mot lait gei tel zil xuixbeid hhaix.

花苞沉没到水下。

057.phiã^{33}ɣɯ^{33}pɑ^{42}jo^{31}no^{33}tsi^{21}tɕiã^{33},

到 后 半夜 的时间

Pia hhexbapyot nox zidjianx,

到后半夜时分，

058.mo^{31}tsu^{33}tɕhuɛ^{42}pɯ^{55}ke^{44}jĩ^{44}ɕui^{33}tɕĩ^{33}ne^{21}xɯ^{31}lɑ^{42}.

它 就 全部 钻入 水底了

mot cux quaipbub gei yin xuix jinx neid het lap.

花苞完全钻到湖底。

059.lɯ^{31}ne^{21}tsɯ^{33}tsɿ^{31}sɿ^{42}.

这就是”子时”

Let neid zex “zitsip”.

这就是“子时”。

60.lɑ^{35}phia^{44}jã^{55}tɕhĩ^{44}tshou^{42},

那 到了 我国 清朝

Laf pia yanl Qincoup,

清朝的时候，

061.tsɿ^{55}tsɯ^{33}ɕui^{33}jui^{42}lo^{31}fɑ^{35}sɿ^{33}lɛ^{31}tɑ^{42}zɯ^{31}mo^{31}jo^{44}lĩ^{42}xuɑ^{44}.

则 有 虚云 法师　取 给 它 幽灵花

zil zex Xuixyuip lotfafsix lait dap sset mot “yo'linp hua”.

虚云老法师把它称为“幽灵花”。

062.lɑ^{35}mo^{31}tshɯ̃^{42}tɕiɯ^{33}tse^{44}kɑ^{44}mo^{31}ta^{44}tsɿ^{55}ko^{55} Phiɯ^{31},

那　他　曾经　还 将 它 当作　贡品

Laf mot cenpjinx zei ga mot da zil golpiet,

还曾经把此花当贡品，

063.kɑ^{44}mo^{31}ko^{55}zɯ^{31}tshi^{42}ɕi^{31}tɛ^{55}ho^{55}.

把　它　贡 给 慈禧 太后

ga mot gol sset Cipxit Taihol.

把它贡给慈禧太后。

064.jã^{55}pe^{35}tɕiɯ^{33}ji^{55}xo^{42}juɛ^{42}xɯ^{31}li^{55}tsṽ^{42}tɯ^{33}ã^{31}suɛ^{31},

咱北京 颐和园　里 也 种 得 许多

Laf yanl Beifjiex Yibhopyuaip het lil zvnp dex atsuait,

北京颐和园里曾经栽种过多株，

066.tsɿ^{55}tɕhiɛ̃^{55}tɯ^{33}lɯ^{31}kɯ^{55}thã^{55}tsɿ^{55}mu^{33}lɔ^{42}.

但是 听说 现在　是　没　了

zil qiainl dex letgeltanl zil mux laop.

但是听说现在已经绝迹。

067.tsɿ^{55}mo^{31}tɑ^{42}zɯ^{31}mo^{31}“jo^{44}lĩ^{42}xuɑ^{44}”no^{33}ji^{42}sɯ̃^{31}

那么他 取给　它　幽灵 花　的 意思

Zil mot dap sset mot "yo'linp hua" nox yipsent

那么虚云大师命名它为“幽灵花”的原因

068.tsɯ^{33}mo^{31}ã^{31}tɕhi^{55}tsɿ^{55}khɯ^{55}xo^{55},

是它　一会儿　是 开花

zex mot antqil zil kel hol,

是它一会儿盛开，

069.ã^{31}tɕhi^{55}tsɿ^{55}khɯ^{55}mu^{33},

一会儿 是 开 不

antqil zil kel mux,

一会儿收拢，

070.ã^{31}tɕhi^{55}tsɿ^{55}ke^{44}jĩ^{44}ɕui^{33}fv^{33}ɣɯ^{31},

一会儿 是 钻进 水 腹 里

antqil zil gei yin xuix fvx het,

一会儿钻进湖底，

071.ã^{31}tɕhi^{55}tsɿ^{55}mo^{31}lɛ^{31}ke^{44}tɑ^{42}tɕhi^{44}tsɿ^{55}.

一会儿 就 它 又 钻 到 出 至

antqil zil mot lait gei dap qi zil.

时而钻入湖底，时而又钻出水面。

072.ɣɯ^{33}pɔ^{21}no^{33}tsɿ^{55},

后来 的 是

Hhexbaod nox zil,

后来，

073.jã^{55}tsɿ^{55}tɕi^{31}li^{55}niõ^{44}tɑ^{42}mo^{31}miɯ̃^{55}tsɿ^{33}tshɯ^{55}.

我们自己也要 取给 它 名 子 称

yanl zibjit lil nion dap mot mienlzix cel.

我们本地人也想给它取个名。

074.lɯ^{31}ne^{21}khuo^{31}nɯ̃^{42}tsu^{33}jã^{55}lɯ^{31}pɔ^{21}tsɯ^{33}lɑ^{42}.

这 个 可能 就 我们 这边 有 了

Let neid kuotnenp cux yanl letbaod zex lap.

这种花也许只生长在茈碧湖这一带了，

075.lɑ^{35}tsu^{33}ã^{55}tsɔ^{55}jã^{55}tshɯ̃^{42}pɯ^{35}no^{33}ti^{55}miɯ̃^{42} tshɿ^{35}pi^{35},

于是就按照 咱 城北 的 地名 茈碧

laf cux anbzaob yanl Cenpbef nox dibmienp "Cifbif",

于是按照我们城北地区的地名“茈碧”，

第十一章

076.lɑ^{35}tsu^{33}kɑ^{44}mo^{31}kɛ^{31}tsɿ^{55}tsu^{33}tshɿ^{35}pi^{35}xuɑ^{44}.

于是就 把 它 改 成 就是 茈碧 花

laf cux ga mot gait zil cux “Cifbif Hua”.

于是将其改名为“茈碧花”。

077.lɑ^{35}jã^{55}ko^{21}ne^{21}tsɯ^{33}

我们 湖 个 是

Laf yanl god neid zex

我们这片湖水是

078.ji^{31}tɕhiɛ̃^{42}mɯ^{55}miɯ̃^{55}tsɯ^{33}niɯ̃^{42}xu^{42},

以前 它的 名字 是 宁 湖

yitqiainp mel mienl zex Nienphup,

从前它的名字叫“宁湖”，

079.lɑ^{35}lɯ^{31}pɛ^{21}tsɿ^{55}tsu^{33}kɑ^{44}mo^{31}ɯ^{55}tsɿ^{55}tɯ^{33}tshɿ^{35}pi^{35}xu^{42}.

于是现在 是 就 把 它 叫 作 茈碧 湖

laf letbaid zil cux ga mot el zil dex “Cifbif Hup”.

于是现在就把它叫作“茈碧湖”。

080.lɑ^{35}jã^{55}tshɿ^{35}pi^{35}xu^{42}lɯ^{31}ne^{21}

于是我们的茈碧湖 这 个

Laf yanl “Cifbif Hup” let neid

于是我们的这个茈碧湖

081.li^{55}tsu^{33}jĩ^{33}lɯ^{31}khuo^{33}xuɑ^{44}tɯ^{35}miɯ̃^{42}.

也就 因 这 棵 花 得名

lil cux yinx let kuox hua def mienp.

于是茈碧湖因花而得名。

082.tsɿ^{55}mo^{31}jo^{33}tɕhiõ^{42}no^{33}sui^{31}tsɿ^{35}ɕiã^{33}tã^{33}kɑ^{55}.

但是它 要求 的 水质 相当 高

Zil mot yaoxqionp nox suitzif xianxdanx ganl.

但是茈碧花对水质要求相当高。

083.mo^{31}xo^{31}to^{33}ti^{55}fɑ^{33},

它 好多 地方

Mot hotdox dibfax,

在好多地方，

084.ŋo^{31}li^{55}sɿ^{55}jɯ^{55}ɕiɯ^{55}no^{33}tsṽ^{42}lɑ^{42},

我 也 实验性 地 种过

ngot lil sibyeb xieb nox zvnp lap,

我也曾经试种过，

085.tsɿ^{55}mo^{31}tsv^{42}ɣɛ̃^{55}khɯ^{33}tuɑ^{42}.

但是 它 种 活 起 不行

zil mot zvnp hhainl kex duap.

但是它种不活。

086.mo^{31}tsɯ^{33}jã^{55}lɯ^{31}pɔ^{21}tsɯ^{33},

它 在 我们这 地方 则

Mot zex yanl let baod zex,

在我们这地方才有。

087.tshɿ^{35}pi^{35}xu^{42}no^{33}sui^{31}tsi^{35}li^{55}tɕhi^{31}

茈碧 湖 的 水质 之类

Cifbif Hup nox suitzif lilqit

茈碧湖的水质等等

088.ɕiã^{33}tã^{33}sɿ^{35}jɯ^{55}mɯ^{55}no^{33} .

相当 适宜 它（助词）

xianxdanx sifyel mel nox.

非常适宜茈碧花的生长。

089.jã^{55}pɔ^{31}pi^{55}pɔ^{31}kh^{33}lɯ^{31}jɑ^{42}xɯ^{31}tsu^{33}

我们 周围 周围 这些 里 就

Yanl baotbil–baotkvx letyap het cux

我们身边周围这些水面上

090.tɕhuɛ^{31}pu^{55}khɯ^{55}tsɿ^{55}tɯ^{33}pɑ^{33}pɑ^{33}sɯ^{33}.

全部　开　到　得　茂盛的样子

quaitbub kel zil dex baxbaxsex.

铺满竞相绽放的茈碧花，热闹得很。

091.ɛ^{42}tɕhiɛ^{31}mo^{31}tse^{44}niõ^{44}ɕiõ^{55},

而且　它　还　又　香

aipqiait mot zei nion xionl,

而且茈碧花沁人心脾，

092.mɯ^{55}no^{33}tshu^{55}tɯ^{33}fv^{55}mi^{44}pɑ^{31}.

它　上　闻　到　蜂蜜　香气

Mel nox cul dex fvlmi bat.

花香像蜂蜜香。

093.lɑ^{35}xo^{55}lɯ^{31}tsɯ^{31}tsɿ^{55}tsɿ^{55}tɕi^{31}li^{55}ɕi^{44}tɕhi^{42}lɑ^{35}!

所以花　这　株　真　真地　也　稀奇　呀

Laf hol let zent zilziljit lil xiqip laf!

这真正是一种稀奇的花卉啊！

本传说属白语洱源方言（接近中部方言），由阿村长讲述，洱源县融媒体中心段正孝摄录，李素琴记录转写，基于李素琴出镜采访制作的白族民间神话故事《茈碧花的传说》，曾于 2020 年在大理广播电视台和洱源县融媒体中心播出，通过微信公众号“我是洱源呢”等渠道可以观看。

12. 笑话一则 找驴人和哭夫女

剑川白族有很多由谐音字词得来的民谣和笑话。本笑话讲的是某天路边有一个哭亡夫的女子，遇到一个找驴的男子。男子问她见没见到一头驴？女子边哭边答话，但是白族话里的“丈夫”是 yindhotbox yind，听起来与“到处找”音近，寻驴的男子误会了，逃之夭夭。

001.tsɿ^{55}ŋo^{31}tɕiã^{31}sɯ^{31}nɑ^{55}ɕio^{44}xuɑ^{44}ji^{35}thɛ^{55},

那么我 讲 给 你们 到 笑话 一台

Zil ngot jiant sset nal xiohua yif tail,

那么我给你们讲一台笑话，

002.tsu^{33}suɑ^{44}tso^{42}tsɯ^{33}:

就 说 说 是

cux sua zop zex:

故事是这样：

003.ã^{31}jĩ^{21}tsɯ^{33}tsɿ^{33}jĩ^{21},

一个人 是 男人

antyind zex zixyind,

有一个男人，

第十二章

004.mɯ^{31}jĩ^{44}mɯ^{55}li^{55}tsɿ^{33}tɯ^{21}lɑ^{42}so^{33}thɯ^{55}.
那天 他的　驴　个　丢　失　了
metyin，mel lilzixded lap sox tel.
有一天他的驴丢了。

005.ã^{31}jĩ^{21}tsɯ^{33}jṽ^{33}jĩ^{21},
一个人 是 女人
Antyind zex yvnxyind,
有一个女人，

006.tsɿ^{55}mo^{31}kho^{33}mɯ^{55}po^{55}jĩ^{21}.
那么 她 哭　她的 丈夫
zil mot kox mel bolyind.
她在哭她的丈夫。

007.“po^{55}jĩ^{21}”tsɯ^{33}jã^{55}ɯ^{55}“sou^{42}jĩ^{21}”.
丈夫　是 我们 叫 “soupyind”
“Bolyind” zex yanl el “soupyind”.
“bolyind” 我们也叫“soupyind”。

008.“sou^{42}jĩ^{21}” jã^{55}ɯ^{55}jĩ^{21}ɣo^{21}po^{33}jĩ^{21},
“丈夫” 咱们 叫 人家 男 人，
“Soupyind” yanl el “yindhodbox yind ”，
“丈夫”咱叫“当家男人[1]”，

009.v^{33}jĩ^{21}tsɿ^{55}ɯ^{55}jĩ^{21}ɣo^{21}mo^{33}jĩ^{21}.
妻子 那么 叫 人 家 妈 个
vuxyind zil el “yindhodmoxyind”.
妻子呢我们叫 “当家女人”[2]。

① 在剑川白族话里 yindhodbox 与“到处找啊找”音近。

② 在剑川白族话里 yindhodmox 谐音“到处找啊找不见”。

010.mo^{31}kho^{33}tsɑ^{35}suɑ^{44}"jĩ^{21}ɣo^{21}po^{33}......

她 哭 着 说 人 家 男

Mot kox zaf sua "yindhodbox ……

她哭丈夫，"夫啊夫（谐音：到处找啊找）。

011.jĩ^{21}ɣo^{21}po^{33}lɑ^{35}，jĩ^{21}ɣo^{21}po^{33}，ɑ^{35}、ɑ^{35}、ɑ^{35}ɣɯ^{42}."

人家男 啊 人家男 啊 啊 啊 呵

yindhodbox laf，yindhodbox，af、af、af hhep."

夫啊夫，啊，啊，啊。"

012.khɛ^{55} tsɿ^{55}tsɿ^{33}jĩ^{21}ɣɯ^{35}ko^{42}, tsu^{33}suɑ^{44}:

这时 男子 来 过 就 说

Kailzil zixyind hhef gop, cux sua:

这时男子经过她身边，就说：

013."tɑ^{55}tɕi^{33}, ã^{31}mia^{33}khou^{33}lɑ^{42}.

大姐 别 哭 了

"Daljix, antmiax kox lap.

大姐，别哭了。

014.ke^{42}tɯ^{33}ŋɯ^{55}li^{55}tsɿ^{33}tɯ^{21}li^{55}mu^{33}?"

见 过 我的 驴 个或没有

Geip dex ngel lilzixded lil mux?"

有没有见到我的驴？"

015.tsɿ^{55}mo^{31}miɯ^{42}ɕiɛ̃^{55}kho^{33}mɯ^{55}po^{55}jĩ^{21}suɑ^{44}:

于是她 一边 哭 她的丈夫 说

Zil mot miepxiainl kox mel bolyind, sua:

于是，她一边哭丈夫，边回答：

016."jĩ^{21}ɣo^{21}po^{33}, ji^{55}ɛ̃^{33}ji^{55}ɛ̃^{33}, mɛ^{21}tsɯ^{21}nɑ^{21},

人家 男 （ 驴叫声 ） 叫往 南

"Yindhodbox，yil'ainx-yil'ainx maid zed nad,

夫啊夫，（驴叫声），它叫着往南去，

017.ji^{55}ã^{33}ji^{55}ã^{33}mɛ^{21}tsɯ^{21}pɯ^{44}ɣɯ^{35},

（驴叫声）叫 往 北 来

yil'anx–yil'anx......maid zed be hhef,

（驴叫声），它叫着往北来，

018.jĩ^{21}ɣo^{21}po^{33}lɑ^{35}, jĩ^{21}ho^{31}po^{33},

人 家 男 啦 人 家 男

yindhodbox laf, yindhodbox,

夫啊夫，夫啊夫。

019.tɕui^{55}v^{42}tɕui^{55}so^{33}tɕi^{33}mɯ^{55}ɣɯ^{33}lɑ^{35}jĩ^{21}ɣo^{21}po^{33}."

缰索 缰绳 拖曳 它的后面 拉 人家 男

juil'vp–juilsox jix mel hhex laf yindhodbox."

缰绳拖拖曳曳在身后 ...... 夫啊夫。

020.lɑ^{35}ji^{35}miɛ̃^{55}kho^{33}tsɿ^{55}miɯ^{42}ɕiɛ̃^{55}suɑ^{44}.

于是一 面 哭 但是 一面 说

Laf yifmiainl kox zil miepxiainl sua.

她就这么一边哭、一边回话。

021.lɑ^{35}tsɿ^{55}ts^{33}jĩ^{21}ɕi^{55}suɑ^{44},

于是 男 人 心 说

Laf zil, zixyind xil sua,

于是，男人心想，

022."ɑ^{35},ŋɯ^{55}li^{55}tsɿ^{33}tɯ^{21}mɯ^{55}ɕiɛ̃^{55}suo^{35}tɕiɛ̃^{33}tsɯ^{33}lo^{31}."

啊我的 驴 子 头 它的 线索 点 有 咯

"Af, ngel lilzix ded mel xiainbsuof jiainx zex lot."

啊，我的驴有点下落咯。

023.tɑ^{55}tɕi^{33} tsɿ^{55} ã^{31}mia^{33} kho^{33} lɑ^{42}.

大姐 那么 别 哭 了

"Daljix，zil antmiax kox lap.

大姐，别哭了。

024.ŋɯ^{55}li^{55}tsɿ^{33}tɯ^{21}sɯ^{55}sɯ^{55}ŋɛ^{21}tsɯ^{21}nɑ^{21}tsõ^{42}ŋɛ^{21}tsɯ^{21}pɯ^{44}?"

我的 驴子 个 究竟 去 往 南 或 去 往 北

Ngel lilzix ded selsel ngaid zed nad zonp ngaid zed be?"

我的驴究竟是往南去了，还是往北去了？”

025.tsɿ^{55}mo^{31}tv^{55}tv^{55}ni^{55}fɛ^{33}khɯ^{33}mɯ^{55}no^{33},

那 她 斜 地 翻眼睛 他 上

Zil mot dvldvl nil faix kex mel nox,

她瞟了这男人一眼，

026.tsu^{33}suɑ^{44}: “jĩ^{21}ɣo^{21}po^{33}......

就 说人 家 男

cux sua "Yindhotbox......

就说：夫啊夫 ......

027.suɑ^{44}nɯ^{55}ŋv^{55}tsɿ^{55}no^{31}tɕhiɛ̃^{55}khɯ^{33}tsɿ^{55}......

说 你 的 那 你 听 起 然后

sua nel ngvl zil not qiainl kex zil......

告诉你，你听好 ......

028.ji^{55}ɛ̃^{33}ji^{55}ɛ̃^{33}mɛ^{21}tsɯ^{21}nɑ^{21}......

（驴叫声） 叫着 往 南

yil'ainx–yil'ainx① maid zed nad……

（驴叫声）它叫着往南去 ....

029.ji^{55}ɛ̃^{33}ji^{55}ã^{33}mɛ^{21}tsɯ^{21}pɯ^{44}.......

（驴叫声）叫着 往 北

yil'ainx–yil'ainx maid zed be......

yil ainx yil ainx 它叫着往北去 ....

---

① yil ainx yil ainx：驴叫声。

030.ɯ^{55}.......ji^{55}ɛ̃^{33}ji^{55}ɛ̃^{33}......jĩ^{21}ɣo^{21}po^{33}.....

哎 yil ainx yil ainx 夫啊夫

el.......yil'ainx–yil'ainx......yindhodbox......

哎 ....yil'ainx–yil'ainx ...... 夫啊夫 ....

031.jĩ^{21}ɣo^{21}po^{33}lɑ^{35}.....ji^{55}ã^{33}ji^{55}ã^{33}

夫啊夫 （驴叫声）

Yindhodbox laf.....yil ainx yil ainx

夫啊夫 .....(驴叫声)......

032.tɕui^{55}v^{31}tɕui^{55}so^{33}tɕĩ^{33}mɯ^{55}ɣɯ^{33}lɑ^{35}jĩ^{21}ɣo^{21}po^{33}......”

马缰 马绳 拖曳 它的 后面啦人户男

Juil'vt–juilsox jinx mel hhex laf, yindhodbox.....”

马缰马绳拖拖曳曳在身后，夫啊夫 ......”

033.lɑ^{35}mo^{31}ŋɛ^{21}tɕi^{33}khɯ^{33}mɯ^{55}no^{33}.

于是 她 上前拉住这个男人

Laf mot ngaid jix kex mel nox.

她上前拉住这个男人。

034.lɑ^{35}mo^{31}suɑ^{44}tso^{42}:

于是 他 说 道

Laf mot sua zop:

于是 他 说 道:

035.“ã^{55}nɑ^{33}jĩ^{21}tsɯ^{33}ni^{55}jĩ^{21}ɣo^{21}po^{33}?

哪个 人 是 你的 人 家 男

“Anlnaxyind zex nil yindhodbox?

谁是你夫君?

036.ŋɯ^{55}li^{55}tsɿ^{33}tɯ^{21}no^{33}ŋo^{31}ɑ^{35}ã^{33}lɑ^{42}!”

我的 驴子 头 上 我 不 寻找 啦

Ngel lilzix ded nox ngot af anx lap!”

我的驴，我不找了！”

037.lɑ^{35}mɯ^{21}tshɯ^{55}.

然后逃了

Laf med cel.

说完逃跑了。

038.lɯ^{31}ne^{21}tsɯ̃^{55}miɯ̃^{42}suɑ^{44}mo^{31}miɛ^{33}ɕiɛ̃^{55}kho^{33}tsɿ^{55}

这 个 证明 说 她 一面 哭 然后

Let neid zenlmienp sua, mot miaixxiainl kox zil

这个说明，她边哭亡夫

039.mo^{31}miɛ^{33}ɕiɛ̃^{55}ŋɛ^{21}tɑ^{42}jɯ^{33}mo^{31}tsɿ^{55}ɑ^{35}ɕiõ^{55}ɕiɛ^{42}

她 一面 去 答应 他 那么 不 贤 惠

mot miaixxiainl ngaid dapyex mot zil af xionlxiaip.

边应答男人的问话，不贤惠。

040.lɯ^{31}ne^{21}tsɯ^{33}ɕio^{44}hua^{44}tsɿ^{33}thɛ^{55}jɑ^{33}.

这 个 是 笑话 子 台 呀

Let neid zex xiohuazix tail yax.

这就是个笑话呢。

讲述人：杨兴伍（剑川）

转写整理人：李素琴

记录时间：2018 年 9 月

13. 十二生肖歌

白族十二生肖歌描述了农家百姓十二生肖的形象，与农村日常生活和生产息息相关，描述了动物与人类的关系，言语嬉笑怒骂，妙趣横生。

001.ŋɯ^{55}miɛ̃^{55}jɛ̃^{33}ɯ^{55}sɿ^{33}tɕiɛ^{55}xui^{44}.

我的 名 是 叫 施鉴辉

Ngel mienl yainx el Six Jiailhui.

我的名字叫施鉴辉。

002.ŋo^{31}kɑ^{44}tsɛ̃^{42}ne^{33}tsṽ^{31}no^{33}pɛ^{42}v^{42}kou^{44}sɯ^{33}

我 把 十二生肖的白语歌

Ngot ga zainpneixzvnt nox baipvp gox sex

我把白语歌《十二生肖》

003.lu^{21}zɯ^{21}tsã^{55}kɛ^{21}tsɿ^{33}kɑ^{44}tɕhiɛ̃^{55}.

朗诵给大家 把听

lud ssed zanlgaidzix ga qiainl.

朗诵给大家听一听。

004.tsɛ^{42}ne^{33}tsṽ^{31}tsɿ^{55}tsu^{33}sv^{33}、ŋɯ^{21}、lo^{21}、thõ^{55}lo^{44}、nv^{21}、

十二生肖 就是 鼠 牛 虎 兔 龙

Zainpneixzvnt zil zvx svx, nged, lod, tonllo, nvd,

十二生肖就是鼠、牛、虎、兔、龙、

005.kv^{33}、mɛ^{33}、jõ^{21}、ɣo^{21}suã^{55}、ke^{55}、khuã^{33}、te^{42},

蛇、马、羊、猴、鸡、狗、猪

kvx, maix, yond, hhodsuanl, geil, kuanx, deip,

蛇、马、羊、猴、鸡、狗和猪，

006.tsu^{33}lɯ^{55}tsɛ̃^{42}ne^{33}tsv^{31}.

就 这 十二 属相

cux lel zainpneixzvnt.

就是这十二属相。

007.tsɿ^{55}tsu^{33}sv^{33}tɯ^{21}jɛ̃^{33}tɕiã^{31}tsɯ^{21}kɛ^{44}tɑ^{55}tɯ^{21}.

就是 老鼠个是 讲为最 前面

Zil zux svxded yainx jiant zed gai'dalded.

那么老鼠是十二生肖之首。

008.sv^{33}tɯ^{21}tsɿ^{55}tsu^{33}:

老鼠 就是

Svxded zil zux:

老鼠是:

009.thu^{33}khu^{55}tɕi^{31}，thu^{33}khu^{55}tɕi^{31}no^{33}thu^{33}khu^{55}sv^{33},

路口 田 路口田 的路口鼠

tuxkul jit, tuxkul jit nox tuxkul svx,

路口田、路口田、路口鼠，

010.tɕiɑ^{44}tɯ^{21}tɕiɑ^{44}khv^{44}no^{31}tɛ̃^{44}tɕiã^{44}.

犄角 旮旯 你 整理

jia'ded–jiakvx not daijian.

犄角旮旯你整理。

011.tɕi^{21}ɕiɛ̃^{44}ã^{55}mi^{55}xɑ^{31}tṽ^{55}mu^{33},

昨夜 猫 家里 不在

jidxiain anlmil hatdvnl mux,

昨夜猫儿不在家，

012.no^{31}tɑ^{31}jɯ^{44}ŋɑ^{55}sv^{44}.

你 偷 吃 我们的谷子

Not dat ye ngal sv.

你偷吃谷子。

013.thu^{33}khu^{55}tɕi^{31},thu^{33}khu^{55}tɕi^{31}no^{33}thu^{33}khu^{55}ŋɯ^{21},

路口田　　路口田　　的　路口　牛

Tuxkul jit, tuxkul jit nox tuxkul nged,

路口田，路口田的路口牛，

014.tɯ^{21}po^{21}to^{42}tɯ^{33}fv^{55}lɛ^{31}tsɯ^{42},

头颅　大得　箩 萝　样

dedbod dop dex fvllait zenp,

头颅大得像箩萝。

015.zɯ^{31}no^{31}tsɔ^{44}tɕ^{31}no^{31}tsɔ^{44}tɕhuɛ̃^{55},

让　你　犁田　你　犁 不愿意

sset not zo jit not zo quainl,

让你犁田你不愿犁，

16.sa^{55}tɕiɛ^{44}tɯ̃^{42}ɑ^{31}tɯ̃^{42}.

互撞　　顶一顶

salqiai denp at denp.

打架又顶角。

017.thu^{33}khu^{55}tɕi^{31}，thu^{33}khu^{55}tɕi^{31}no^{33}thu^{33}khu^{55}lo^{21},

路口田　　　路口田　　的　路口虎

Tuxkul jit, tuxkul jit nox tuxkul lod,

路口田，路口田的路口虎，

018.ã^{31}jĩ^{44}no^{31}tse^{42}tɕiɯ^{33}se^{55}li^{55}tɕiɯ^{33}sv^{42},

一日你 翻越　九　峰 及九　山

antyin not zeip jiex seil lil jienx svp,

你一日翻越九座山，

019.ã^{31}jĩ^{44}no^{31}tsẽ^{42} tɕiɯ^{33}ko^{42}li^{55}tɕiɯ^{33}sv^{42},

你　行　九　山谷 及 九　山

antyin not zeinp jiex gop lil jiex svp,

你一日跨越九座谷。

020.ni^{55}tɕiã^{42}jɛ^{31}vẽ^{44}jɛ̃^{33}tɕhiɛ̃^{55}kɛ̃^{55}no^{31}.

你的伙伴　野兽 是 都　怕　你

niljianp yaitvein yainx qiainl gainl not.

百兽都怕你。

021.thu^{33}khu^{55}tɕi^{31}，thu^{33}khu^{55}tɕi^{31}no^{33}thu^{33}thõ^{55}lo^{44},

路口　　田 路口田　　的　路口 兔

Tuxkul jit, tuxkul jit nox tux tonllo,

路口田，路口田的路口兔。

022.tɯ^{21}ko^{33}jɛ̃^{33}tshɯ^{55}ɣɯ^{33}ko^{33}tsɔ^{31},

前腿　是　短 后腿　　长

dedgox yainx cel hhexgox zaot,

前腿短来后腿长。

023.thɯ^{55}po^{21}no^{31}tsɿ^{55}kui^{31}，tsõ^{33}po^{21}no^{31}tsɿ^{55}tsu^{33}.

下坡　你　是　滚　上坡你是跳

telbod not zil guit, zonxbod not zil zux.

下坡打滚上坡跳。

024.thu^{33}khu^{55}tɕi^{31}，thu^{33}khu^{55}tɕi^{31}no^{33}thu^{33}khu^{55}nv^{21},

路口田　　路口田　的　路口 龙

Tuxkul jit, tuxkul jit nox tuxkul nvd,

路口田，路口田的路口龙，

025.tɕhɿ^{55}pɛ^{44}tɕhɿ^{55}ɛ̃^{44}jɛ̃^{33}no^{31}kv^{42}tshv^{31},

洼地湿地　　是　你的住所

qilbaip–qil'ai yainx not gvp cvt,

洼地湿地你住所。

026.te^{42}tɯ^{21}po^{21}li^{55}pɛ^{42}ke^{55}po^{55}，kã^{55}lã^{55}jɯ̃^{33}sẽ^{42}ko^{33}ni^{55}ŋv^{55}，

猪头　和 白 公 鸡　炸米片 乳扇　贡给 你

deipdedbod lil baipgeilbol, ganllanl yenxseinp gox nilngvl,

好吃好喝贡给您，

027.ŋɑ^{55}kɑ^{44}ni^{55}no^{33}khao^{44}.

我们把你（助词）依靠

ngal ga nil nox kao.

我们依靠你。

028.thu^{33}khu^{55}tɕi^{31}，thu^{33}khu^{55}tɕi^{31}no^{33}thu^{33}khu^{55}kv^{33}，

路口　　田　路口田　　的　路口　蛇

Tuxkul jit, tuxkul jit nox tuxkul kvx,

路口田，路口田的路口蛇，

029.tɕhi^{31}tɯ^{21}tɕhi^{31}khv^{44}no^{31}mɛ^{44}tɕhiã^{33}.

田　头　地脚　你　爬　遍

jitded–jitkv not mai jianx.

田头地脚你爬个遍。

030.sɿ^{33}tshu^{33}kõ^{33}jĩ^{21}tou^{55}ni^{55}no^{33}，

割 草　两人 遇上 你（助词）

sixcux gonxyind doul nil nox,

割草的两人遇上你，

031.kɑ^{44}mɑ^{55}hɛ̃^{55}kɛ̃^{55}xɑ^{44}.

把他们活生生吓死

ga mal hainl gainl ha.

把人活吓死。

032.thu^{33}khu^{55}tɕi^{31}，thu^{33}khu^{55}tɕi^{31}no^{33}thu^{33}khu^{55}mɛ^{33}，

路口田　　路口田　的　路口　马

Tuxkul jit, tuxkul jit nox tuxkul maix,

路口田，路口田的路口马，

033.nv^{21}mɛ^{33}tsɿ^{33}tɯ^{21}jɛ̃^{33}sɿ^{33}we^{42}fɛ^{44},

龙驹 子 匹 是 真 喂肥

nvdmaixzixded yainx six weip fai,

小龙驹喂养真肥壮。

034.kɑ^{44}ni^{55}tɕĩ^{55}ã^{55}pɛ^{31}zɯ^{31}no^{31},

把 你的金鞍 披 给 你

ga nil jinl'anl bait sset not,

把你的金鞍披给你，

035.ko^{55}no^{31}thɯ^{55}jɯ^{44}kuɛ̃^{33}.

和 你 进村逛

gol not tel ye guainx.

和你下去村里逛。

036.thu^{33}khu^{55}tɕi^{31},thu^{33}khu^{55}tɕi^{31}no^{33}thu^{33}khu^{55}jõ^{21},

路口田 路口田 的 路口 羊

Tuxkul jit, tuxkul jit nox tuxkul yond,

路口田呀路口田，有那路口羊。

037.ã^{31}sua^{44}kɛ̃^{42}ni^{55}wu^{21}sã^{55}wu^{21},

一年 剪你的 胡须 三 茬

antsua gainp nil wud sanlwud,

一年剪你毛三回。

038.khõ^{55}tsɿ^{31}lo^{31}po^{31}jɛ̃^{33}tɯ^{33}ni^{55}ŋv^{55},

垫子 被子 是 等 你来

konlzit–lotbot yainx dex nilngvl,

床垫被窝全等你。

039.ŋɑ^{55}kɑ^{44}ni^{55}no^{33}khao^{44}.

我们把 你（助词）依靠

ngal ga nil nox kao.

我们依靠你。

040.thu^{33}khu^{55}tɕi^{31}，thu^{33}khu^{55}tɕi^{31}no^{33}thu^{33}ɣo^{21}suã^{55}.

路口 田 路 口 田 的 路口 猢狲

Tuxkul jit, tuxkul jit nox tuxkul hhodsuanl.

路口田呀路口田，有那路口猢狲。

041.ɣo^{21}suã^{55}tɕui^{33}ŋui^{33}sɿ^{44}nã^{21}xã^{55}.

猢狲 嘴 眼 真 难看

hhotsuanl juixnguix si nand hanl.

猢狲嘴脸虽难看。

042.ka^{44}sɿ^{44}kõ^{33}jĩ^{21}tou^{55}ni^{55}no^{33},

落魄 两人 遇 你 上

gasi gonxyind doul nil nox,

两个乞丐遇到你，

043. no^{31}ŋɛ^{21}thu^{55}wẽ^{42}ma^{55}.

你 把 他们挣钱喂养

not ngaid tul nguip mal.

你去把他们养活。

044.thu^{33}khu^{55}tɕi^{31}，thu^{33}khu^{55}tɕi^{31}no^{33}thu^{33}khu^{55}ke^{55}.

路口田 路 口 田 的 路 口 鸡

Tuxkul jit, tuxkul jit nox tuxkul geil.

路口田呀路口田，有那路口鸡。

45.a^{31}jĩ^{33}jɛ̃^{44}no^{31}sẽ^{42}kõ^{33}sã^{55}khui^{55},

一天 是 你 下 两三个

Atyin yainx not seinp gonx sanl kuil,

每天你下两三个蛋，

046.no^{31}li^{55}ŋo^{31}ŋɛ^{21}sɯ^{55}ke^{55}sẽ^{42},

你 和 我 去 收 鸡蛋

not lil ngot ngaid sel geilseinp,

你和我去收鸡蛋，

047.sɯ^{55}tɯ^{33}tsɛ^{42}ne^{33}khui^{55}.

收 到 十二个

sel dex zainpneix kuil.

收到十二个。

048.thu^{33}khu^{55}tɕi^{31}，thu^{33}khu^{55}tɕi^{31}no^{33}thu^{33}khu^{55}khuã^{33},

路口田 路 口 田 的 路 口 狗

Tuxkul jit, tuxkul jit nox tuxkul kuanx,

路口田呀路口田，有那路口狗，

049.tɯ^{21}tɛ^{33}thou^{55}lou^{55}ɣɯ^{33}kã^{42}kõ^{33},

前打鼓来后敲锣

ded daix toulloul hhex ganp gonx,

前打鼓来后敲锣，

050.tsho^{33}tsɿ^{55} tso^{33}li^{55}piɛ̃^{42}ke^{42}pa^{44},

扫扫桌子 和搬小碗大碗

cox zilzox lil biainp geipba,

扫完桌子端碗筷，

051.mɑ^{55}ɯ^{55}ni^{55}no^{33}ta^{55}ku^{33}niã^{33}.

他们叫你（助词）大姑娘

mal el nil nox dalguxnianx.

他们管你叫姑娘。

052.thu^{33}khu^{55}tɕi^{31}，thu^{33}khu^{55}tɕi^{31}no^{33}thu^{33}khu^{55}te^{42}.

路口田 路 口 田 的 路 口 猪

Tuxkul jit, tuxkul jit nox tuxkul deip.

路口田呀路口田，有那路口猪。

053.tɕhiõ^{55}pi^{35}te^{42}mo^{33}ku^{31}wu^{31}me^{21}.

翘鼻 母猪 拱 圈门

qionlbif deipmox gut wutmeid.

翘鼻母猪拱圈门。

054.tɕhĩ⁵⁵tsɯ²¹ni⁵⁵ŋv⁵⁵xua⁴⁴tsɯ⁴⁴phiõ⁵⁵,

浇 给 你 烫猪食 瓢

Qinl zed nil ngvl hua'ze pionl,

喂你一勺烫猪食，

055.lui³³ni⁵⁵pi⁴²kuɑ⁴⁴ne²¹.

烫到你 鼻梁 个

luix nil bipgua neid.

烫到你的猪鼻梁。

056.tsɛ̃⁴²ne³³tsṽ³¹tsu³³tɕiã³³kɛ̃²¹.

十二生肖 就是 这样

Zainpneixzvnt zux jianxgaind.

这样就是《十二生肖》歌谣。

本歌谣是洱源县牛街乡洞经会施鉴辉讲述，李素琴记录、转写和翻译。

白族文字方案（草案）

云南省少数民族语言文字指导工作委员会

1993 年 6 月 18 日

第一条　白族文字方案（简称白文方案）遵照国务院批准的关于少数民族文字方案中设计字母的五项原则制订。字母形式采用拉丁字母，白语中与汉语相同或相近的音，用与汉语拼音方案相同的字母表示。

第二条　采用同一方案拼写两个方言。南部方言以大理喜洲的语音为代表：中部方言以剑川金华的语音为代表；以下简称“南部”“中部”方言。

第三条　白文字母共有 26 个。

（1）白文字母表的印刷体如下：

大写	A B C D E F G H I
小写	a b c d e f g h i
大写	J K L M N O P Q R
小写	j k l m n o p q r
大写	S T U V W X Y Z
小写	s t u v w x y z

（2）　字母名称（读法与汉语拼音字母名称相同）

a	b	c	d	e	f	g
（a）	(bei)	(cei)	(dei)	(e)	(eif)	(gei)
h	i	j	k	l	m	n
(ha)	(yi)	(jei)	(kei)	(eil)	(eim)	(nei)
o	p	q	r	s	t	
(o)	(pei)	(qiu)	(ar)	(eis)	(tei)	
u	v	w	x	w	z	
(u)	(vei)	(wa)	(xi)	(ya)	(zei)	

附录

第四条 白文声母共有 23 个，其形体及读音列表如下：

声 母	国际音标	例 词	
		白 文	汉 义
b	p	ba	大碗
p	ph	pa	踢
m	m	ma	稻草
f	f	fv	六
v	v	va	袜
d	t	da	与、和
t	th	ta	盖（被）
n	n	na	纳（鞋底）
l	l	la	腊（肉）
g	k	ga	仓库
k	kh	ka	渴
ng	ŋ	nga	咬
h	x	ha	扒（吃饭）
hh	ɣ	hhep	学
j	tɕ	ja	接
q	tɕh	qa	贴
ni	ȵ	nia	亮
x	ɕ	xa	杀
y	j	ya	回
z	ts	za	砸
c	tsh	ca	叉
s	s	sa	撒
ss	z	ssit	二（二月）

说明：为拼写其他方言土语及汉语普通话借词，另设 zh[tʂ]、ch [tʂh]、sh[ʂ]、r[ʐ]4 个声母。因为现代汉语普通话借词中卷舌音声母被借入白语，尤其是在被借入南、中二方言后，卷舌音声母均变成相应的平舌音声母。即使在被借入其他方言土语时，卷舌音声母也常常变为平舌音声母。所以，归纳及制订 23 个白文声母时，没有把这 4 个声母列入。一般来说，这 4 个声母很少使用。

第五条　白文韵母共有 37 个，其形体及读音列表如下：

韵　母		国际音标	例　词	
			白　文	汉　义
单韵母	i	i	bix	低、矮
	ei	e	bei	去、走
	ai	ɛ	taip	台
	a	a	bax	泡沫
	o	o	box	簸
	u	u	kux	善于
	e	ɯ	bex	水塘
	v	v	kvx	蛇
复韵母	iai	iɛ	biai	边、问
	ia	ia	bia	端（动）
	iao	iau	miaofgeif	阉鸡
	io	io	biox	不是
	iou	iou	miouz	直
	ie	iɯ	miex	束
	ui	ui	huix	火
	uai	uɛ	guaiz	坏了
	ua	ua	gua	蕨菜
	uo	uo	guof	各
	ao	au	gaox	高
	ou	ou	ou	浇

说明：①南部方言有三个儿化音韵母：er[eɹ]、ier[ieɹ]、uer[ueɹ]，分别与中部方言 ai[ɛ] 、ain[ɛ̃]、iai[iɛ]、iain[iɛ̃]，uai[uɛ]、uain[uɛ̃] 对应。例如：

汉　义	南部方言读音	中部方言读音
淡（味淡）	bierp	biaip
偏、斜	pierl	piail
命	mierz	miaip
瓦	werz	wainp
歪	kuerl	kuail
逛	guerx	guainx
寡	guerx	guaix

②中部方言有一套鼻化韵母，以加 n 表示（m、n、ŋ 作声母的音节不加）。它与南部方言的口元音韵母对应。中部方言的鼻化韵母分鼻化单韵母和鼻化复韵母。两种鼻化韵母列表如下：

白文		例词汉义	中部方言读音	南部方言读音
鼻化单韵母	in	梅子	jinx	jeix
	ein	晚饭	beinx	beix
	ain	掰	bainl	beif
	an	丈	zant	zaz
	on	美好	qonl	qoul
	en	次	benl	bef
	vn	东	dvnl	dvf
鼻化复韵母	iain	扁	biainx	bierx
	ian	猪大口吞吃	bianp	biap
	ion	面貌	pionl	pioul
	ien	冰	bienl	bie
	uin	远	duinx	duix
	uain	游逛	guainx	guerx
		裤	guanl	guaf

③韵母 v 有两用：在音节开头时为声母 [v]，在音节中间时为韵母 [v]。例如：valzix“袜子”、vaip“写”，是声母；baipkv“白曲”、dvf“东”、tvl“通”，是韵母。

④韵母 ui 亦有两用：在声母 j、q、x、y 后时，读元音 [y]，例如：juix“嘴”、quit“烙”、xuix“水”，在其他情况下读复元音 [ui]。

⑤为了避免词儿连写的混淆，凡 u 开头的音节，要把 u 改为 w。例如：uap → wap“核”、uerp → werp“写”、uix → wix“眼”。

⑥韵母 i 有变体 [ɿ]，它只与声母 z、c、s、ss 结合。例如：zilfvl“棕树”、cil“遗失”、six“麻”、ssitkuil“饵块”、zil cal“做错”。

⑦韵母 ao、uo、ou 主要存在于南部方言，与中部方言 o[o] 对应。拼写汉语借词时两个方言统一用这一组韵母。

第六条　白文声调。白语南、中两个方言各有 8 个声调，相同的有 7 个，不同的有 1 个。白文表示法列表如下：

<table>
<tr><th rowspan="2">调名</th><th colspan="2">调　号</th><th colspan="2">调　值</th><th colspan="2">松紧情况</th><th colspan="2">例　词</th></tr>
<tr><th>南</th><th>中</th><th>南</th><th>中</th><th>南</th><th>中</th><th>南</th><th>中</th></tr>
<tr><td>l 调</td><td>l</td><td>l</td><td>55</td><td>55</td><td colspan="2">松</td><td colspan="2">jilguil 犁头</td></tr>
<tr><td>b 调</td><td></td><td>b</td><td></td><td>55</td><td></td><td>紧</td><td></td><td>jib 继</td></tr>
<tr><td>f 调</td><td colspan="2">f</td><td colspan="2">35</td><td colspan="2">松</td><td colspan="2">jifjif 积极</td></tr>
<tr><td>x 调</td><td colspan="2">x</td><td colspan="2">33</td><td colspan="2">松</td><td colspan="2">jix 拉</td></tr>
<tr><td>省标调</td><td colspan="2"></td><td colspan="2">44</td><td colspan="2">紧</td><td colspan="2">ji 水蛭</td></tr>
<tr><td>z 调</td><td>z</td><td></td><td>32</td><td></td><td>松</td><td></td><td>jiz 渗出</td><td></td></tr>
<tr><td>t 调</td><td colspan="2">t</td><td colspan="2">31</td><td colspan="2">松</td><td colspan="2">jit 田</td></tr>
<tr><td>p 调</td><td colspan="2">p</td><td colspan="2">42</td><td colspan="2">紧</td><td colspan="2">jip 侄</td></tr>
<tr><td>d 调</td><td colspan="2">d</td><td colspan="2">21</td><td colspan="2">紧</td><td colspan="2">jid 旗</td></tr>
</table>

说明：

①调名读音按字母读音加“调”。调名字母与调号相同。

②调的松、紧由韵母的松喉元音和紧喉元音而来。除 d 调无对立的松喉调外，中部方言有对立的三对松、紧喉调，即 l 调对 b 调，x 调对省标调，t 调对 p 调。南部方言有对立的两对松、紧喉调，即 x 调对省标调，t 调对 p 调。紧喉调的标志是调号字母都带有圆形圈，即 b、p、d。

③中部方言的 b 调多为汉语借词声调。南部方言无此调，汉语去声调借词仍读 l 调。

④南部方言有 z 调，中部方言无此调。

第七条　拼写规则。

（1）词的连写和分写

多音节单纯词连写，复合词一般分写。例如：golleizi“蝴蝶”（单纯词），golleizi ded“一只蝴蝶”（有定指单位的复合词），yeifcilkvl“翅膀”（单纯词），yeifcilkvl zad“一双翅膀”（有定指单位的复合词）。

（2）四音格词不论何种结构形式，均以两个音节为连写单位，中间加短横“—”。

例如：

heilmerd—daotter　雷鸣电闪（南）

hainllod—hainlbanp　生龙活虎（中）

geildeip—ngedmaix　鸡猪牛马（中）

yeye—gaga　快吃状

（3）大写字母用法

人名、地名、专有名词的姓氏、专名、通名的第一个字母大写。

地名、专有名词例词看附录“白文样品”，人名的具体写法如下：

Zaol Zilhuap（南）赵志华　Atkuaxzi 阿狗子

Litsvxjib（中）李书记　Laotwanp（中）老王

Litsvjil（南）李书记　Laozwap（南）老王

句子、诗行的第一个字母大写，例子参看后面“白文样品”。

专有名词缩写按词的第一个字母大写。例如：

D.B.Z.Z　大理白族自治州

D.Z　大理州　B.Z　白州

D.B.Z.Z.SS.D.D　大理白族自治州人民代表大会

SS.D 人大　　Z.X 政协

D.S 大理市　　E.X 洱源县　H.X 鹤庆县

J.X 剑川县　　Y.X 云龙县

（4）移行符号

移行按音节移，后加横短“—”。例如：

cil–get·································

（5）为了有利于形成共同语，对以下几个专有名词或出现频率极高的词形，有必要进行初步规范，南、中两大方言在调的读法上稍有差异，但词形书写可以保持一致。

①“白族”的白语词形为“Baipho”，汉字白读的词形为“Baifcuf”。

②“大理”词形为“Dallit”。

③“自治州”词形为“zilzilzou”。

④“不”词形为“mux”。

⑤后缀“子”的词形为“zi”，如 Baipzi“白子”、geifzi ded“一只小鸡”。

⑥“的”的词形为“no”。

第八条　标点符号、隔音符号、阿拉伯数字、计量单位、引文、专业名词符号的用法与汉语文的有关规定相同。

附录：白文样品（一）

Berp Milwa Kv

（南部方言）

Berp milwa zil berp jix jix,
Gou no zou de berp ngeid jix.
Cil no yeiz de berp yif koul,
Berp zifyoudbeid sei.

Berpherl—berpssit ye fv het,
Berpdoud—berpsoul niou sua qi.
Berpzoupni het nidgerf jif,
Berp milwa salhui.

Baip Milngua Kv

（中部方言）

Baip milngua zi baip jix jix,
Go no zo de baip ngeid jinx.
Cainl no yip de baip yil konl,
Baip zailyondbeid sei.

Baiphail—baipsit ye fv het,
Baipdond—baipsonl mia sua qi.
Baipzopyon zi yindgainl jil,
Baip milngua sanlhui.

月亮调

白姐白妹白月亮，漂白衣裳穿身上，

背后披张白羊皮，白鞋白晃晃。

大白米饭腹中藏，白言白语不声张。

白天人多不好见，相会月光下。

白文样品（二）
Celhuf Baipsif

（南部方言）

Baipho nidgerf zex 159 ngvt xuiz dier，zvtyaol gvz hel Ngvdnalset no Dallit Baifcuf zilzilzou lil Nulja Lifsufcuf zilzilzou. Beldedmef Baipngvzzi no sif mux, xif mel zafsif nadguoz. Zex Baipngvzzi sif hel zil,ngal ssvt baot saotmap、ji sit'vx、werp xel、ji Baipkv、hhep hazngvzzi sif ,duil tipgao ngal Baipho no vephual sulzif bel hux cvt zafsif jif.

Cenlzan Baipngvpzisvl

（中部方言）

Baipho yindgainl zex 159 ngvp noljai，zvtyaob gvpgaid zil Ngvdnalsent no Dallit Baifcuf zilzilzou yinl Nuljanx Lipsuxcuf zilzilzou het. Dedgeltanl，Baipngvpzi no svl yaf mux，zafsil no yinlgud. Baipngvpzi svl zex lap hhex zil，ngal yonp mot saotmap、ze sait'vx、vaip xen、ze Baipkv、hhep Hanpngvpzix svl，duib tipgaox ngal Baipho mal venphuab subzif zopgua zex mel xot cvt.

白文赞

白族有 159 万多人，主要居住在云南省大理白族自治州和怒江傈僳族自治州。从前，白族没有表达本民族语言的文字，深深感受到没有文字的痛苦。现在有了白族文字，我们用它扫盲、记事、写信、记录白曲、学习汉语文，对提高白族的文化素质很有好处。

"十三五"国家重点图书、音像、电子出版物出版规划项目

民族文字出版专项资金资助项目

白族语言文化释义丛书

谚语熟语

王锋 著

云南出版集团

云南美术出版社

图书在版编目（C I P）数据

白族语言文化释义丛书 . 2, 谚语熟语 / 王锋著 . --
昆明 : 云南美术出版社 , 2022.6
ISBN 978-7-5489-4707-3

Ⅰ . ①白… Ⅱ . ①王… Ⅲ . ①白语—谚语—文化语言学—研究②白语—熟语—文化语言学—研究 Ⅳ .
① H252

中国版本图书馆 CIP 数据核字 (2021) 第 192208 号

出 版 人：刘大伟
图书策划：张文璞 韩 洁
责任编辑：韩 洁 郑涵匀 方 帆
责任校对：师 俊 赵异宝 杨 哲
装帧设计：范 晓

白族语言文化释义丛书　谚语熟语

王 锋 著

出版发行：云南出版集团
云南美术出版社（昆明市环城西路 609 号）
印　　装：云南金伦云印实业股份有限公司
开　　本：787mm × 1092mm　1/16
印　　张：36.25
版　　次：2022 年 6 月第 1 版
印　　次：2022 年 6 月第 1 次印刷
ISBN 978-7-5489-4707-3
定　　价：399.00 元（全 3 册）

前言

白语（berpngvz）是白族的民族共同语。

白族主要聚居在云南省大理白族自治州境内，云南省怒江州、丽江市、保山市、昆明市、玉溪市、文山州等其他地州以及贵州省毕节市、六盘水市和湖南省桑植县、湖北省鹤峰县也有白族分布，据 2010 年第六次人口普查数据，白族人口共有 193 万。

白语的使用人口主要是大理州、怒江州、丽江市的白族，此外在保山隆阳、楚雄南华、文山丘北、玉溪元江、昆明沙朗等地也有零星分布。传统上将白语分为三大方言：大理（南部）方言、剑川（中部）方言、怒江（北部）方言。其中，大理和剑川方言比较接近，两者可以相互通话，怒江方言同其他两个方言差别较大，通话比较困难。一般认为，怒江方言受其他语言（主要是汉语）的影响相对较少，语言系统较为古朴。根据抽样调查数据估计，大理方言的使用人口约 60 万人，剑川方言的使用人口约 50 万人，怒江方言的使用人口约 10 万人。

白语兼有汉语和藏缅语的语言特点，因此，其语言系属问题一直存在争议，傅懋勣、徐琳、赵衍荪等学者认为白语属于汉藏语系藏缅语族彝语支，戴庆厦、杨应新等认为应单列白语支。此外，郑张尚芳等认为白语和汉语构成“汉白语族”，罗常培、李绍尼等认为白语是一种混合语。

白语大理、剑川两个方言的语音系统比较简明，怒江方言相对复杂，塞音和塞擦音分清、浊，并有舌尖后和小舌两组辅音。三个方言的元音都分松紧。剑川方言和怒江方言有鼻化韵母，而

大理方言都为元音韵母。三个方言都有大量的汉语借词。语法方面，白语属话题凸显型语言，基本语序和汉语一致，都为主谓宾（SVO）的语序。白语量词发达，量词的位置在名词之后。白语的肯定和否定形式有语音屈折对应现象，比如 geiz（见）和 guiz（不见）、dap（行）和 duap（不行）等。

白族人民在日常生活中以白语为交际工具，在各民族交流融合的过程中，白语和汉语互相影响，你中有我，我中有你，白语中有大量汉语借词，而大理的汉语方言，也借用了不少白语词汇。由于受白语影响，大理州境内的一些汉族人也兼通白语，居住在大理市、洱源县境内的部分回族也以白语为主要交际用语。怒江州的兰坪县境内，由于多民族杂居，而白语影响又比较大，白语因此成为当地各民族的共同交际语之一。从分布地区看，居住在平坝地区以及城镇附近的白族居民一般兼通汉语。而边远山区，如洱源西山、剑川象图、云龙高明等白族村寨的白族群众大部分只通白语。

白族有两种民族文字，一种是老白文，历史上又叫“白文”“僰文”，形成于南诏中后期（公元 9–10 世纪），是汉字系文字的一种，属于典型的南方仿汉型文字，其书写系统由假借汉字和自造字符构成，以假借汉字为主。自造字符白族民间称为“白字”，主要是通过汉字及其偏旁重新组合的形式造成，包括意义合体字、音义合体字、形声字、“口旁字”等类型，意义合体字如：“嫑”，白语读 mia，意为“不要”；“昆”，白语读 cal，意为“早饭”。音义合体字如：“䞇”，白语读 gex，意义为“厚”；“腈”，白语读 wa，意义为“月”。形声字如：“倷”，白语读 nel，意为“你的”；“呌”，白语读 doud，意为“话”。“口旁字”如：“哂”，白语读 ngerd，意为“去”；“咊”，白语读 bel，意为“他的”。也有个别的变体字和省略字，如“丬”，白语读 liat 或 liax（jiax），意为“这样”等。

另一种文字是新白文，也叫拼音白文，是中华人民共和国成立以后在党和国家的关心支持下创制的拼音文字。1957 年，中国科学院少数民族语言调查第三工作队白语组深入各个白族聚居区开展语言文字调查，设计完成以南部方言为基础方言、下关白语为标准音的《白族文字方案》（草案），并于 1958 年在第二次全国少数民族语文科学讨论会上通过。1982 年初，大理州成立了“大理白族自治州白文研究组”，对 1958 年《白文方案》进行第一次修订，以中部方言为基础方言，以剑川金华白语为标准音，并进行推广试验，取得积极成效。1993 年 6 月，在云南省委、省人民政府和大理州委、州人民政府的关心支持下，由云南省少数民族语文指导工作委员会牵头在昆明召开了“白族语言文字问题科学讨论会”，对《白族文字方案》进行了再次补充和完善，以“一套方案兼顾两大方言（大理和剑川）”为出发点，制订了以大理方言和剑川方言为基础方言、以剑川金华镇和大理喜洲镇为标准音点

的新方案，修订后的《白族文字方案（草案）》规范了拼写，适应了白语文工作的实际，白语文的工作得到了白族群众的认可和欢迎，白语文也得到了积极的推广。

语言是重要的文化资源，作为中华民族语言大家庭中的一员，白语不仅丰富着中华民族的语言资源，同时也生动地体现了白族的社会、历史和文化。在今后很长的时间内，白语仍将作为白族最为重要的交际工具和民族特征而存在。

又记：2020 年 5 月，承蒙云南美术出版社和段然老师支持编撰白族语言文化释义丛书，包括日常用语、谚语熟语和话语材料三卷。丛书的撰写以 1993 年修订《白族文字方案（草案）》为标准，大理大学文学院副教授张锡梅负责日常用语卷的撰写，中国社会科学院民族学与人类学研究所研究员王锋牵头负责谚语熟语卷撰写，大理大学外国语学院副教授李素琴负责话语材料卷撰写。其中，日常用语卷主要使用大理方言，话语材料卷使用剑川方言，谚语熟语卷涵盖了大理、剑川两大方言。丛书采用统一的译释格式，即第一行为国际音标，第二行为汉语直译，第三行为拼音白文，第四行为汉语意译。

云南美术出版社十分重视云南省多样性民族语言文化的保护和传承，我们对此表示高度赞赏。段然老师一直以弘扬民族文化为己任，积极探索通过民族语言文化助力云南省民族团结进步边疆繁荣稳定示范区建设，韩洁老师在丛书编撰过程中耐心细致沟通，认真释疑解惑，确保了本套丛书顺利完成编撰，在此一并致谢。是为记。

目录

1. 自然经验篇

001. ʝĩ^{21} ku^{33}suɑ^{44}, k^{h}uɑ̃^{33}ku^{33}ŋuɑ^{44}.
人 老 岁　狗　老 月
yind gux sua,kuanx gux ngua.

汉语意译：
人变老（需要）一年，狗变老（只需）一月。

阐释：
人一年变老，狗一月变老。这既是自然经验，也是生活经验。在不同的语境下，可以表达两种意义：一是狗的寿命比人的寿命短，只需一个月就会老去；二是事物的发展既是一个长期的过程，但也会在短时间内有本质的体现，反映了白族人对量变和质变的朴素哲学认知。本句谚语属白语剑川方言，由赵春旺提供，李春晓阐释。

002. mo^{31}tɑ̃^{31}no^{44}uɑ^{42}tsɿ^{55}kɛ^{44}mo^{31}tɑ̃^{31} no^{44}tso^{44}.
它 地域 的 鹰 就 抓 它 地域 的 雀
mot dant no wap zil gai mot dant no zo.

汉语意译：
哪儿的鹰捉哪儿的鸟。

阐释：
阐释了白族的自然经验，认为自然现象具有地域性。也是社会经验的总结指做人做事要守规矩、不逾越。本句谚语属白语剑川方言，由张进忠提供，李春晓阐释。

003. te^{42}pɛ^{31}k^{h}o^{55}k^{h}uã^{33}no^{44}.
猪 病 效益 狗 受事
deip bait kol kuanx no.

汉语意译：
猪病狗得利。

阐释：
猪生病了，对狗有利。阐释了白族的生活经验，猪生病没有胃口，狗就有更多的东西可以吃，寓意对某一方不好的事情，对另一方却成了好事。也体现了白族人朴素的辩证观念，认为事物是相互联系的。本句谚语属白语剑川方言，由赵春旺提供，李春晓阐释。

004. sẽ^{55}mi^{42}tsɯ^{33}kã^{55}ko^{44},
西 面 有 彩 虹
seinl mip zex ganlgo,

tou^{42}y̩^{33}tsɯ^{33}ɣɯ^{33}no^{44} .
大 雨 在 后 头
dop vux zex hhexno.

汉语意译：
西边出彩虹，大雨在后头。

阐释：
白族的自然经验，认为西边出现彩虹，之后会下大雨。本句谚语属白语剑川方言，摘自《大理丛书・白语篇》，由李春晓阐释。

005.sã^{55}uã^{44}kɯ^{21}tshɛ^{44}ɕy^{33},
三 月 流 赤 水
sanlwan ged cai'xuix,

ŋy̩^{33}uã^{44}tɕi^{31}pɛ^{21}tsɿ^{55}xo^{31}kɛ^{44}.
五 月 地 坪 做 晒 裂
ngvxwan jitbaid zil hot gai.

汉语意译：

三月大发洪水，五月晒裂土地。

阐释：

总结了白族的自然经验，认为农历二三月雨水不断、洪水不绝，五六月则无雨干旱，甚至土地都会干裂。本句谚语属白语剑川方言，摘自《大理丛书·白语篇》，由李春晓阐释。

006. tỵ̃^{55}uã^{44}ke^{55}mɛ^{21}ŋỵ^{33}uã^{44}jo^{42}.

冬 月 鸡 鸣 五 月 夜

dvnlwan geil maid ngvxwan yop.

汉语意译：

冬月鸡鸣五月的夜。

阐释：

冬季夜长、夏季夜短。根据长期经验总结，白族人认为夏天的一夜只是相当于冬天公鸡打鸣的时候。本句谚语属白语剑川方言，摘自《大理丛书·白语篇》，由李春晓阐释。

007. ke^{ɹ44}sỵ^{32} ne^{ɹ55} ou^{42}, ke^{ɹ44}kɔ^{21}na^{21}.

隔 山 话题 容易 隔 海 难

Ger svz nerl oup, ger gaod nad.

汉语意译：

隔山容易，隔海难。

阐释：

大理地区四周环山，洱海将大理坝子切分为海东、海西两个区域。过去由于交通不便，海西和海东之间的来往需要坐船横渡洱海才能实现，造成海西和海东两地在经济、社会和文化发展方面的一些差异，同时因为洱海风高浪大，常常导致船毁人亡，这句谚语就是对海东、海西交通状况的真实反映。同时这句谚语也经常被引用到白族调中，表达情侣因海子或大江的阻隔而无法相见的愁苦之情。本句谚语属白语大理方言，由杨绍钦提供，杨哲阐释。

008. pe^{33}ke˞^{32}xe^{55}ty̩^{35}ʦhe˞^{44},
晚 间 天 东 赤
Beixgerz heildvf cer，

la^{35}tɕhi^{44}tɕi^{31}pe˞^{35}the˞^{44};
晴 出 地 裂 缺口
la qi jit berf ter；

me˞^{21}pe˞^{42}xe^{55}ty̩^{35}ʦhe˞^{44},
明白 天 东 赤
merdberp heildvf cer，

ka^{44}tɕi^{31}khu^{55}tɕi^{31}me^{21}le^{55}phɯ^{33}the˞^{44}.
把 田 口 田 门 也 冲 缺口
ga jitkul–jitmeid leil pex ter.

汉语意译：
晚上有晚霞，第二天晴到地干裂；白天有朝霞，一整天下雨，水把田口也冲烂。

阐释：
本句谚语与汉语“朝霞不出门，晚霞行千里”表达类似的意义，但更加形象生动。这是白族人民根据对自然现象的观察得出的经验总结。白族居住的地区大多属于高原山地气候，“一山有四季，十里不同天”，较大地理范围的天气规律较难总结，这句谚语反映的是洱海东岸挖色坝子的天气特征。本句谚语属白语大理方言，由尹秀葵提供，杨哲阐释。

009. ʦu^{33}ʦhɯ^{33}me^{33}ʦhɯ^{33}, xɔ^{31}xa^{44}ʦhu^{33}sɯ^{33}.
早 阴 晚 阴 晒 死 草 类
zux cex meix cex, haot ha cux sex.

汉语意译：
早晚天阴，晒死小草。

阐释：
此句谚语极具滇西地区的地方特色。早晚都天阴的话，白天反而不会下雨，太阳非常毒辣，能把草都晒死，提醒人们要注意庄稼作物的生长。本句谚语属白语大理方言，引用自《大理丛书・白语篇》，杨哲阐释。

010. ŋv̩^{33}ua^{44}na^{21}pi^{35}ka^{35}kɔ^{21}tɕi^{33},

五 月 南 风 干 海 底

Ngvxwa nadbif gaf gaod jix,

tsɿ^{42}ua^{44}na^{21}pi^{35}tɔ^{31} v̩^{33} ɕi^{44}.

十 月 南 风 大 雨 水

Zipwa nadbif daot vuxxi.

汉语意译：

五月南风海底干，十月南风大雨下。

阐释：

此句谚语为白族人民对洱海地区气象情况的自然经验总结，认为即便是同样的气象，但发生在不同的季节，就会引起截然不同的结果。五月吹南风，将会有干旱天气；十月吹南风，会下大雨。本句谚语属白语大理方言，由赵芍丹提供，杨静阐释。

011.tseɹ^{35}ua^{44}tsɿ^{42}ŋv̩^{33}, tv̩^{44}ɕia^{44}ke^{35}tsɿ^{44}te^{42}ȵiv̩^{33}.

正 月 十 五 冻 杀 鸡 子 猪 女

Zerfwa–zipngvx, dv xia geifzi–deipnivx.

汉语意译：

正月十五，冻死小鸡小猪。

阐释：

此句为白族人民对立春时节气候特点的总结。立春时节，洱海地区昼夜温差大，冷空气频繁活动，家畜家禽容易生病，存活率不高。本句谚语属白语大理方言，由赵芍丹提供，杨静阐释。

012.ta^{55}xa^{42}ɕiɔ^{32}xa^{42}, tv̩^{44}ɕia^{44}lɔ^{32}ȵia^{42}.

大 寒 小 寒 冻 死 老 娘

Dalhap xiaozhap,dv xia laozniap.

汉语意译：

大寒小寒，冻死老娘。

阐释：

此句为白族人民对大寒小寒气候的总结，极言大寒小寒节气天气之冷。大寒、小寒都属于二十四节气，因天气寒冷而命名。在我国大部分地区小寒和大寒期间为一般都是一年当中最冷的时期。本句谚语属白语大理方言，由赵芍丹提供，杨静阐释。

013.ta^{55}ɕue^{ɹ35}ɕiɔ^{32}ɕue^{ɹ35}, sɔ^{44}xuo^{32}pu^{35}ɕie^{ɹ35}.

大 雪　小　雪　　烧 火 不 斜

Dalxuerf xiaozxuerf，sao huoz buf xierf.

汉语意译：

大雪小雪，烧火不斜。

阐释：

此句为大理白族人民对大雪小雪节气气候特点的总结，指出洱海地区大雪小雪节气的时候气候虽然寒冷，但是没有风。这是与北方地区迥异的气候特征。本句谚语的语言特点是用白语音读汉语，以便押韵和读起来朗朗上口。由赵芍丹提供，杨静阐释。

014.ɕie^{ɹ55}tsɿ^{44}ɕie^{ɹ55}mɔ^{33}je^{ɹ21}je^{ɹ21}sɯ^{33}.

星 子 星　母　闪 闪　的

Xierlzi–xierlmaox yerdyerd sex.

汉语意译：

天上星星亮闪闪。

阐释：

此句谚语为白族人民对气候观察的总结。天上星星多，是因为空气中含有的小水滴少，对光的散射相对较弱，第二天天气会比较好。本句谚语属白语大理方言，由杨静提供，杨静阐释。

015. tou^{33}kue^{ɹ35}xuo^{35}, e^{ɹ33}kue^{ɹ35}pi^{35},
上 关 花 下 关 风
Douxguerf huof, Erxguerf bif,

e^{ɹ33}kue^{ɹ35}pi^{35}phɯ^{55}tou^{33}kue^{ɹ35}xuo^{35};
下 关 风 吹 上 关 花
Erxguerf bif pel Douxguerf huof;

tiɯ^{31}tshɔ^{55}sue^{44}, kɔ^{21}mi^{35}ua^{44},
点 苍 雪 海 明 月
Dietcaol sui, gaod mifwa,

kɔ^{21}mi^{35}ua^{44}tsou^{32}tiɯ^{31}tshɔ^{55}sue^{44}.
海 明 月 照 点 苍 雪
gaod mifwa zouz Dietcaol sui.

汉译：
上关花，下关风，下关风吹上关花；
苍山雪，洱海月，洱海月照苍山雪。

阐释：
本句谚语是对大理著名自然风景名胜形象生动的概括总结，描绘了一个令人神往的人间胜景。其汉语版在大理地区可谓家喻户晓，但白语版还少为人知。“风花雪月”四景现在已经成了大理美丽风景的代称，来自白族人民对自然经验的诗意总结。本句谚语属白语大理方言，由王锋阐释。

2. 生产经验篇

001.ŋɯ^{21}kv̩^{42} ɛ̃^{44} ɣɛ^{33}ɕiã^{55}.

牛 在 犁杆 下 闲

nged gvp ain hhaix xianl.

汉语意译：

牛在犁杆下闲。

阐释：

耕牛本应辛勤工作，却在出工时躲在犁杆下休息。讽刺有的人干活喜欢偷懒，出工不出力，认为这种行为是不可取的。本句谚语属白语剑川方言，由施茂松提供，李春晓阐释。

002.xẽ^{55}kã^{55}tv̩^{44}kã^{55}tɕi^{31}, v̩^{33}ɣo^{42}tv̩^{44}tsɛ̃^{21}tɕi^{31}.

天 干 锄 干 田 雨 下 锄 秧 田

heinlganl dv ganl jit, vuxhhop dv zaindjit.

汉语意译：

天晴锄旱地，下雨挖秧田。

阐释：

天晴的时候去开垦旱地，下雨的时候就去挖秧田。阐释了白族的生产经验，认为农业生产一方面需要不违农时，另外也要讲求实际，具体情况具体分析，什么样的天气就做什么样的农活，体现了白族人民的辩证法思想。本句谚语属白语剑川方言，由赵春旺提供，李春晓阐释。

003.fɛ̃^{33}ji^{42}lo^{55}ɕy^{21}, tuẽ^{55}sɯ^{44} ɛ̃^{44}.

反 扭 犁 绳　正 放置 犁

fainx yip lolxuid, duinl se ain.

汉语意译：

反牵犁绳，正装犁。

阐释：

阐释了白族的生产经验，耕田的工具需要正确使用，犁绳要反扭，犁则需要正着放置。本句谚语属白语剑川方言，由赵春旺提供，李春晓阐释。

004.ʦṽ̩^{33}ŋɯ^{21}ʦṽ̩^{33}mɛ^{33}sã^{55} tɕi^{55} ku^{31}.

重 牛 重　马 伤 犁 量词

zvnx nged zvnx maix sanl jil gut.

汉语意译：

重（笨）牛重（笨）马伤犁。

阐释：

这里的“重”不是指重量，而是指笨重的意思。重牛重马特指身体笨重且不听指挥的牛马，耕田的时候对犁的伤害大。这是白族生产经验和生活经验的总结，大多数时候用来讽刺人笨手笨脚，不仅做不好事情，而且还损害工具以及其他事物，可以理解为成事不足败事有余的意思。本句谚语属白语剑川方言，由赵春旺提供，李春晓阐释。

005.to^{42} lo^{55}ku^{55} li^{55} ma^{44} ʨiɛ^{21},

大　公牛　也 稻草 量词

dop lolgul lil ma jiaid,

se^{31}lo^{55}ku^{55}li^{55} ma^{44} tɕiɛ^{21}.
小 公牛 也 稻草 量词
seit lolgul lil ma jiaid.

汉语意译：
大公牛一捆稻草，小公牛也是一捆稻草。

阐释：
本句谚语是白族生产经验的总结，认为公牛不论大小，食量都差不多。引申到生活经验，则指不论做大事小事，都需要同样的程序或花费。本句谚语属白语剑川方言，由邱旭清提供，李春晓阐释。

006.sɯ^{31}tshɯ^{44}ju^{55}, fe^{44}kã^{33}v̩^{42}
省 空心草 费 稻绳
sent ceyul, fei ganxvup.

汉语意译：
（捆秧苗时）省空心草，（收获时）费捆稻绳。

阐释：
本句谚语阐释了白族的生产经验。水稻种植是一个复杂的系统工程，每一个环节都不能马虎，否则就会影响到收成。tshɯ^{44}ju^{55}“空心草”是洱海地区白族专门用来捆秧苗的一种植物，kã^{33}vu^{42}“捆稻绳”是收割水稻时用稻草扭成的专用于捆水稻的绳子。“省空心草”指秧苗精选过，“费捆稻绳”则代表水稻丰收。意思是想要水稻丰收，就需要精选秧苗。本句谚语属白语剑川方言，由邱旭清提供，李春晓阐释。

007.tshu^{33}v̩^{33} tɯ^{21}no^{44}jĩ^{21} phĩ^{31} a^{35} tsṽ̩^{33}.
草 量词 头 上 镰 量词 不 重
cux vux ded no yind pint af zvnx.

汉语意译：
草（背）上的镰刀，重不到哪里。

阐释：

白族妇女上山割草，在背着草捆往回走时，因镰刀不好放，经常把镰刀砍进草捆里背回家，一来安全，二来稳当。基于这样的生活实践，本句谚语认为放在草垛上的镰刀不重，一方面意指干活带工具是理所当然，如同去割草就带把镰刀而已；另一方面也指相对于主要工作而言，小事情只是附带而为，举手之劳，不足挂齿。其中 vu^{33}“（一）背（草）”、phĩ^{31}“（一）把（镰刀）”都是量词。本句谚语属白语剑川方言，摘自《大理丛书·白语篇》，由李春晓阐释。

008.to^{21} ti^{55}tɛ^{44}sv̩^{42}tɕi^{55}, phɯ^{55}ti^{55}tɛ^{44}sv̩^{42}ɕu^{33}.

弄 唢呐 数 多 吹 唢呐 数 少

dod dildai svp jil, pel dildai svp xux.

汉语意译：

修唢呐的次数多，吹唢呐的次数少。

阐释：

唢呐本身是用来吹的，但是修唢呐的次数却比吹唢呐的次数多。阐释了白族的生产经验，认为干活、出工、办事时工具不利索，常常会耽误事情或工活的进展。因此，工欲善其事，必先利其器，磨刀不误砍柴工。本句谚语属白语剑川方言，摘自《大理丛书·白语篇》，由李春晓阐释。

009.ʦu^{55}khɛ^{44}li^{55}jõ^{44}ne^{44}sou^{31}tɕĩ^{55} fv̩^{55}.

做客 也 要 拿 手 巾 量词

zulkai lil yon nei sotjinl fvl.

汉语意译：

做客也要带手帕。

阐释：

此句谚语内涵较为丰富。作为生产经验，认为做事还得带工具，不能空着手就去。作为生活经验，是白族特色风俗的反映。白族地区宴客，要设“土八碗”。白族妇女小孩，参加宴席时不把自己分到的肉都吃光，而是要留一点带回家，与家人分享。带肉回家，需要用袋子或手帕等工具。因此，不论是生产生活，白族人认为都需要事先做好必要的准备。本句谚语属白语剑川方言，摘自《大理丛书·白语篇》，由李春晓阐释。

010.mɛ^{33}jɯ^{44}tshu^{33}tsɿ^{55}xã^{55}mɛ^{33}ɣɯ^{33}sɿ^{33}.

马 吃 草 则 看 马 后 屎

maix ye cux zil hanl maix hhex six.

汉语意译：

给马吃草的同时，也要收集马粪。

阐释：

阐释了白族的生产经验，农家养牲口，要收集牲口的粪便做肥料，因此一边给马吃草，也要注意收集马粪。另也指做事情要统筹考虑，既要看投入也要看结果。本句谚语属白语剑川方言，摘自《大理丛书·白语篇》，由李春晓阐释。

011.tɕiɯ^{33}uã^{44}ko^{44} tɯ^{31}tɕiɯ^{33}tsɿ^{31}mɯ^{33}.

九 月 播种 豆 九 子 母

jiexwan go det jiex zitmex.

汉语意译：

九月种豆，来年丰收。

阐释：

九月及时种蚕豆，来年可得“九母子”。阐释了白族的生产经验，认为农业生产要按农时，才能有好收成。蚕豆要在九月及时播种，来年可望丰收。本句谚语属白语剑川方言，摘自《大理丛书·白语篇》，由李春晓阐释。

012.tshã^{55}pẽ^{33}mo^{31}tɕhiɛ̃^{55}ko^{44}pu^{33}tshɛ̃^{55}.

粮食　它　听　布谷鸟 声音

canlbeinx mot qiainl go'bux cainl.

汉语意译：

粮食（的丰收）听从布谷鸟的鸣叫声音。

阐释：

以形象的说法，阐释了白族的生产经验，认为生产要按节令，不违农时。只要布谷鸟一鸣叫，就到了栽秧插苗的时节。只有及时栽种，才有机会让粮食大丰收，因此农事必须遵照时节来进行。类似的谚语有“你误庄稼一时，庄稼误你一季”。tshã^{55}pẽ^{33} 大理白语意为“早晚餐”，泛指饭食，此处剑川白语也指粮食。本句谚语属白语剑川方言，摘自《大理丛书·白语篇》，由李春晓阐释。

013.jã^{42}y^{55}tɕhiɛ̃^{55}tsỹ̩^{21}tshɛ̃^{55}, jɯ̃^{55}mɯ^{55}ɛ^{44}tso^{55}so^{44}.

洋芋 听　锄 声　玉米　爱 装扮

yanpyuil qiainl zvnd cainl, yeinlmel ai zolso.

汉语意译：

洋芋听锄声，苞谷爱打扮。

阐释：

阐释了白族的生产经验，指不同的农作物生产工序有很大的区别，收土豆只需要用锄头挖就可以了，而收玉米需要做的工序却有很多。本句谚语属白语剑川方言，摘自《大理丛书·白语篇》，由李春晓阐释。

014.sua^{35}tɕia^{44}ja^{44}tɯ^{31}, li^{35}ty̩^{35}kou^{44}mɯ^{44}.

霜　降 点 豆 立 冬 播种 麦

suafjia ya det, lidvf gou me.

汉语意译：

霜降点豆，立冬种麦。

阐释：

二十四节气被誉为“中国的第五大发明”，在白族地区也同样适用。洱海地区农作物一年两熟，霜降节气适合点种蚕豆，立冬时适合播种小麦，将节气和农事相结合，能够在农业生产生活中指导实践，以取得生产丰收。本句谚语属白语大理方言，由赵万喜提供，杨哲阐释。

015.te˞^{44}tɕi^{31}ke˞^{35}, tsue^{32}sa^{55}tsue^{32}.

打 连枷 转 三 转

der jitgerf, zuiz sal zuiz.

汉语意译：

打连枷，转三转。

阐释：

根据连枷的结构和使用方法，提示人们操作农具的正确方式，是生产活动中对于农具用法的概括总结。本句谚语属白语大理方言，引用自《大理丛书·白语篇》，杨哲阐释。

016.li^{44}tɕhɯ^{55}sua^{35}tɕa^{44}kuo^{32},

立 秋 霜 降 过

li'qiel suafjia guoz,

ta^{35}tsv̩^{21}ua^{42}tɕi^{31}khɔ^{31}.

抬 锄 挖 田 沟

daf zvd wap jit kaot.

汉语意译：

过了立秋和霜降，要拿锄头挖田沟。

阐释：

这是将生活常识与节气气候特点相结合的生产经验总结，意思是到了冬天，白族地区逐渐进入干季，也是农闲季节，这是兴修水利、蓄水保土的好机会，通过挖沟保水，才能让小春作物有个好收成，也为来年的大春生产做好准备。本句谚语属白语大理方言，引用自《大理丛书・白语篇》，杨哲阐释。

017.ŋv̩^{33} ua^{44} a^{33}na^{21}, ʦɿ^{42}ua^{44}a^{33}pɯ^{44}.

五 月 看 南 十 月 看 北

Ngvxwa ax nad, zipwa ax be.

汉语意译：

五月看南，十月看北。

阐释：

此句为白族人民对水稻种植与收获时节气候的总结。农历五月为插秧时节，大理的风向多偏南风，而农历十月为稻谷秋收季节，风向则多偏北风。不同的风向会对气候产生不同的影响。本句谚语属白语大理方言，由杨汉如提供，杨静阐释。

018.ʦɿ^{55}ŋɯ^{21}ʦou^{44}pa^{44}ʨi^{31}ʦɿ^{33}pɔ^{33}.

做 牛 犁 塌 田埂

Zil nged zou ba jitzixbaox.

汉语意译：

做牛把田埂犁翻。

阐释：

耕牛犁田，犁翻田埂。形容一个人笨到不行，成事不足败事有余。本句谚语属白语大理方言，由杨茸茸提供，杨静阐释。

019.ʦe˞^{35}ua^{44}tha^{44}sue^{44}, khua^{33}jɯ^{44}pe˞^{42}me^{33}.

正 月 盖 雪　狗 吃 白 米

Zerfwa ta sui, kuax ye berpmeix.

汉语意译：

正月盖雪，狗吃白米。

阐释：

此句谚语以形象而夸张的表达，对洱海地区的气候特点和生产实践进行了概括。正月下雪，一是可以给春小麦提供水分，二来可以灭除虫害，对农业生产有百利无一害。特别是正月点苍山上积雪，可以为来年的农业生产提供丰富的灌溉水源，为丰收提供保证。类似的汉语谚语如“冬天麦盖三层被，来年枕着馒头睡”。本句谚语属白语大理方言，由杨坤映提供，杨静阐释。

020.zɿ^{31} sa^{55}ua^{44} ʦɿ^{55} tɯ^{33}tɯ^{44}ʦɯ^{42},

二 三 月 话题 等 着 贼

Ssitsalwa zil dex de zep,

fy̩^{44}ʨhi^{44}ua^{44} ʦɿ^{55} tɯ^{33}tɯ^{44}y̩^{33}.

六 七 月 话题 等 着 雨

Fvqixwa zil dex de vux.

汉语意译：

二三月呢等来贼，六七月呢等来雨。

阐释：

庄稼不等人，节气不饶人。说明农业活动一旦误了农时，就必然会受到损失。本句谚语属白语大理方言云龙话，摘自《大理丛书·白语篇》，杨静阐释。

021.tseʴ^{21}tɕi^{31}ȵiou^{44}ta^{42}mɯ^{55}ti^{21}tɕhiou^{55},

秧 田 要 踩 才 好

Zerdjit niou dap meldid qioul,

kɔ^{21}tɕi^{31}ȵiou^{44}khu^{55}mɯ^{55}ti^{21}feʴ^{44}.

稻 田 要 薅 才 发

Gaodjit niou kul meldid fer.

汉语意译：

秧田要踩苗才好，稻田要薅谷才发。

阐释：

种庄稼要精耕细作，特别是水稻种植，生产工序尤为繁杂。白族地区过去秧田有泡水和旱秧两种。水秧田在育秧前要用脚踩，一方面是把泥巴踩细，另一方面是把绿肥等肥料踩到土壤下面，这样秧苗才发得好。水稻则要多薅几道，一是拔掉稗子等杂草，另外也避免禾苗过密，影响产量。本句谚语属白语剑川方言鹤庆土语，摘自《大理丛书·白语篇》，杨静阐释。

022.ma^{42}tsu^{55}pɯ^{31}tsv̩^{42}, pu^{35}ti^{35}ȵiou^{44}tsv̩^{42}.

芒 种 不 种 不 及 不要 种

Mapzul bet zvp, buf dif niou zvp.

汉语意译：

芒种不种，不如不种。

阐释：

芒种不种，再种无用。这是白族人根据当地的气候特点的生产经验总结，认为芒种时节，能播种的一定要播种，若是过了这个时节再种的话，存活率就会低很多。特别是鹤庆一带，气温本来就比洱海周边要低，大春收获比洱海地区要晚，更不能耽误农时。本句谚语属白语剑川方言鹤庆土语，摘自《大理丛书·白语篇》，杨静阐释。

3. 生活经验篇

001.ma^{44} pã^{42}ko^{44}li^{55}pa^{44}.

稻草 绊 脚 也 倒

ma banp gou lil ba.

汉语意译：

（人倒霉的时候）稻草绊脚也摔跤。

阐释：

本句谚语用白族农村的生活经验，阐释了生活中的哲理，认为生活中有顺境逆境，在人倒霉的时候，所有的事情都会变糟糕，连走路都会被一根稻草绊倒。汉语里也有“放屁砸脚后跟，喝水塞牙缝”等类似意义的谚语。本句谚语属白语剑川方言，由赵春旺提供，李春晓阐释。

002.te^{42}li^{55} jo^{33}tsɿ^{55}pe^{55} li^{55} tɕi^{55}.

猪 也 弱 则 蜱虫也 多

deip lil youx zil beil lil jil.

汉语意译：

猪瘦蜱虫多。

阐释：

猪瘦的时候身上的蜱虫也多。这句谚语是白族生活经验的总结，类似于汉语的“马瘦毛长”。另一方面，也引申出“祸不单行”之意，寓意人运气不好的时候，常常会一霉到底，坏事连连。本句谚语属白语剑川方言，由赵春旺提供，李春晓阐释。

003.ã^{55}ni^{55}tã^{55}lo^{21}no^{44}sy̩^{55}po^{55}.

猫　当 虎 的 师 公

anlnil danl lod no svlbol.

汉语意译：

猫给老虎当师傅。

阐释：

猫在老虎面前卖弄本领，不自量力。阐释了白族的生活经验，认为人贵有自知之明，不要班门弄斧、不自量力。本句谚语属白语剑川方言，由赵春旺提供，李春晓阐释。

004.xɛ̃^{55}lo^{21}pĩ^{42}jou^{33}khuã^{33}.

生 虎 变 弱 狗

hainl lod binp yox kuanx.

汉语意译：

猛老虎变成弱小狗。

阐释：

字面意义是从生猛威武的老虎变成了夹着尾巴的懦弱的小狗。阐释了白族的生活经验，认为人不可能永远强健，永远独占鳌头，一个人随着时势变化和岁数的增大，都难免要走向衰弱，就好比从猛虎变成了小狗，从前的威风和勇敢已不再。本句谚语属白语剑川方言，由赵春旺提供，李春晓阐释。

005.uẽ^{33}xã^{55}xẽ^{55}ko^{44}ta^{42}tɕi^{31}.

眼 看 天 脚 踩 地

weinx hanl heinl go dap jit.

汉语意译：

眼望天，脚踩地。

阐释：

仰望星空，脚踏实地。阐释了白族的生活经验，认为人生在世除了要有远大的理想，也要有踏实的本分。内心既要有崇高的追求，也要学会从小事做起，戒骄戒躁。本句谚语属白语剑川方言，由赵春旺提供，李春晓阐释。

006.tõ^{21}sua^{44}pia^{44}xẽ^{55}ŋv̩^{55},

话 说 到 天 处所

dond sua pia heinl ngvl,

tshã^{55}pẽ^{33}jɯ^{44}tsa^{35}ŋɛ^{33}xɯ^{31}.

餐 饭 吃 在 碗 里

canlbeinx ye zaf ngaix het.

汉语意译：

说话说到天上，吃饭还在碗里。

阐释：

字面意义是讽刺有的人喜欢说大话，吹牛漫无边际，但能力又一般。本句谚语用非常生活化的形象对比，阐释了白族的生活经验，认为做人须踏实低调，不应只会说大话，而不注重个人能力的提升。本句谚语属白语剑川方言，由赵春旺提供，李春晓阐释。

007.jĩ^{21} xo^{31}li^{55} tia^{55} sv̩^{44} li^{55} ɕio^{31}.

人 家 也 能 干谷 也 好

yindhot lil dial sv lil xiot.

汉语意译：

媳妇贤惠粮食好。

阐释：

字面意义是家里主事的女主人（媳妇）聪明、贤惠，家里的粮食也才会好。阐释了白族的生活经验，认为女性在生产生活中占有重要的地位，当家的媳妇贤惠、聪明，家里生产生活各方面才会好。白族地区普遍有“无父犹可，无母不能”的说法。本句谚语属白语剑川方言，由赵春旺提供，李春晓阐释。

008.ku^{33}khuã^{33}ja^{35} kɛ̃^{55}pã^{42}tɯ^{21} no^{44}.

老 狗 不 怕 豹 量词 受事

gux kuanx yaf gainl banp ded no.

汉语意译：

老狗不怕豹子。

阐释：

老狗因为年纪大了，就算是被豹子吃掉也无所谓了，表示到了一定年纪，就把生死看淡了。也指人倚老卖老、耍无赖。本句谚语属白语剑川方言，由赵春旺提供，李春晓阐释。

009.jṽ̩^{33}jĩ^{21} sv̩^{42} jĩ^{55} sv̩^{42} a^{31} xo^{31},

女人 伺候 人 伺候 一 家

yvnxyind svpyinl svp at hot,

tsɿ³³jĩ²¹sɣ̩⁴² jĩ⁵⁵sɣ̩⁴² a³¹ jɯ⁴⁴.
男人 伺候 人 伺候 一 邑
zixyind svpyinl svp at ye.

汉语意译：
女人嫁人伺候一家，男人入赘伺候一村。

阐释：
白语的动词 sɣ̩⁴²（svp）是一个汉语中很难翻译的概念，通常指儿媳妇在婆家看人脸色、百般小心地服侍公公婆婆的煎熬生活。白族地区有男人上门的习俗，但男人上门，通常都被人看不起，更受歧视。本句谚语，就是对这种心酸生活的概括。女人嫁人只看婆家一家人的脸色，男人上门则要被全村人看不起。本句谚语属白语剑川方言，由赵春旺提供，李春晓阐释。

010.tɕiã³¹jĩ²¹tɕiã³¹, sua⁴⁴jĩ²¹sua⁴⁴,
讲 人 讲 说 人 说
jiant yind jiant, sua yind sua,

tɕhiɛ̃⁵⁵jĩ²¹tɕhiɛ̃⁵⁵, phɯ⁵⁵ti⁵⁵tɛ⁴⁴ jĩ²¹tsuɛ⁴⁴fɛ̃³³khɛ⁵⁵.
听 人 听 吹 唢呐 人 跌 翻 量词
qiainl yind qiainl, pel dildai yind zuai’fainx kail.

汉语意译：
讲者讲，说者说，听者听，吹唢呐的摔一跤。

阐释：
本句谚语内涵丰富，充分体现了白族的生活智慧。有时也作 sua⁴⁴jĩ²¹sua⁴⁴, tɕhiɛ̃⁵⁵jĩ²¹tɕhiɛ̃⁵⁵（说者说，听者听），表达的是同样的意思，即认为这个社会上七嘴八舌的说法很多，但不一定是事实，不要都当真，把很多口舌都当作耳旁风即可。人没有必要过分理会身边的人说什么，只要做好自己就可以了，不要受舆论是非干扰。本句谚语属白语剑川方言，由段四梅提供，李春晓阐释。

011.suã^{55}ɕy^{21}ɕy^{33}ŋɯ^{21}fv^{44}tɕhi^{55}tsɛ^{44}, ɯ̃^{33}ja^{35}ko^{42}sɯ^{33}sɯ^{33}.

好 像 水 牛 吸 粪 汁　饮 不 过 似 的

suanlxuid xuixnged fv qilzai,enx yaf gop sexsex.

汉语意译：

水牛喝粪水，没喝过似的。

阐释：

水牛喝粪水，大口猛吸。用生活化的语言，讽刺有的人举止粗鲁，吃饭、喝茶、喝水大口吞咽，令人生厌。本句谚语属白语剑川方言，由段四梅提供，李春晓阐释。

012.na^{55}jĩ^{21}　tsɿ^{55}　ke^{55}tɯ^{21}　mɯ^{55}tsue^{44}li^{55}ja^{35}tɯ^{44}.

那 人 话题 鸡 量词 它的 罪 也 不 得

nal yind zil geil ded mel zui lil yaf de.

汉语意译：

连只鸡也不得罪。

阐释：

极言一个人胆小怕事，连只鸡也不得罪，更不用说得罪人。本句谚语属白语剑川方言，由段四梅提供，李春晓阐释。

013.tɕỹ^{33}ŋuẽ^{33}tshɛ^{44}jĩ^{21} ɕĩ^{55}pɛ^{42},

嘴　眼　赤　人 心 白

juinxnguix cai yind xinl baip,

mu^{33}ȵa^{55}ɕiɯ̃^{55}jĩ^{21}tsɛ̃^{21}pɛ̃^{31}.

无　良　心　人 成　病

mux nialxienl yind zaind baint.

汉语意译：

脸红心地好，无良心得病。

阐释：

白族人崇尚白色，认为“心白”就是“心好”，脸红的人良心好。而没有良心的人，因为老做亏心事，心理不健康，容易生病。本句谚语属白语剑川方言，由段四梅提供，李春晓阐释。

014.ku^{31}tso^{42}khue^{55}ɕia^{44}ko^{44}.

搬 石 头 砸 脚

gut zopkuil xia go.

汉语意译：

搬起石头砸自己的脚。

阐释：

讽刺自作自受、自食其果。汉语中也有类似的谚语。本句谚语属白语剑川方言，由段四梅提供，李春晓阐释。

015.kẽ^{31}ɕiõ^{55}pu^{55}tɕiɛ^{55}tsho^{44}tɕi^{31}uɛ̃^{55},

点 香 不 如 扫 地 院

geint xionl buljiail co jitwainl,

jɯ^{44}tshɯ^{31}pu^{55}tɕiɛ^{55}sua^{44}tsɛ̃^{55}tõ^{21}.

吃 菜 不 如 说 真 话

ye cet buljiail sua zainl dond.

汉语意译：

烧香拜佛不如扫地，吃斋不如说实话。

阐释：

jɯ^{44}tshɯ^{31} 直译为“吃菜”，与“吃荤”相对，意译是“吃斋”的意思。本句谚语极具现实针对性，认为人生在世，做事须务实，做人须诚实，与其吃斋念佛，不如说实话、做实事。本句谚语属白语剑川方言，由段四梅提供，李春晓阐释。

016.tɕiã^{31}tɕhiõ^{55}sua^{44}tɕhiõ^{55}no^{44}tsɿ^{55}　tɕi^{55},

讲　好　　说　好　　的　话题　多

jiant qionl sua qionl no zil jil,

tsu^{55}tɕhiõ^{55}ue^{42}tɕhiõ^{55}no^{44} tã^{55}jĩ^{21}?

做　好　　为　好　　的　几　人

zul qionl weip qionl no danlyind?

汉语意译：

说话说得好的人很多，做事做得好的人很少。

阐释：

阐释了白族的生活经验，有丰富的内涵。一个意义是认为社会上很多都是言过其实的人，嘴上夸夸其谈，但是没有什么真本事，真正能够言行一致甚至不说话只干活的人很少；还有另外一个意义是指很多事情最后都只停留于口头，没有真正实现。白族的价值观就是做人做事不要口惠而实不至，踏实本分地把事做好才最重要。本句谚语属白语剑川方言，由段四梅提供，李春晓阐释。

017.jɯ^{44}se^{44}tɕy^{33}kɛ^{55}pe^{44}se^{44}ko^{44}.

吃　习惯　嘴巴　走习惯　脚

ye sei juixgail bei sei go.

汉语意译：

吃惯了嘴巴走惯了脚。

阐释：

指习惯性占便宜。认为贪小便宜的人容易让占便宜成为自己的习惯性行为。也有习惯成自然的意思。本句谚语属白语剑川方言，由段四梅提供，李春晓阐释。

018.pe^{44}thu^{33}sã^{55}pu^{31}mi^{33}tɕhi^{44}tio^{44}.

走 路 三 步 想 七 调

bei'tux sanl but mix qi dio.

汉语意译：

才走三步路，想了七个调。

阐释：

本句谚语极富白族文化特色。白族人喜欢唱白族调，剑川县更有闻名遐迩的国家级非物质文化遗产“剑川白曲”和“石宝山歌会”。在白族调对唱时，歌手需要在很短的时间内综合考虑唱词、音韵、格律，才能接上对方的调子，否则就要认输。这里谚语用“（曲）调”来指代人的想法，“七个调子”表示想法多，形容那些想法很多、变脸很快的人，含贬义。另外，tɕhi^{44} 可以理解为“出”，全句意为“走路三步想出一个调子”，则表示才思敏捷，含褒义。本句谚语属白语剑川方言，由段四梅提供，李春晓阐释。

019.tɕĩ^{55}tshɛ̃^{55}tsha^{44}jou^{31}tsa^{35}kua^{44}tshua^{33}.

金 身 瘦 成 骨 量词

jinlcainl cayot zaf gua cuax.

汉语意译：

金身瘦成一把骨头。

阐释：

尊贵的身体瘦得只剩一把骨头，形容一个人非常瘦。tshua^{33} 是量词，意为“把”。本句谚语属白语剑川方言，由段四梅提供，李春晓阐释。

020.po^{55} li^{55} tia^{55} tsɿ^{55}y̩^{33} li^{55} kɛ^{42}.

夫 也 能干 则 妇 也 价

bol lil dial zil vux lil gaip.

汉语意译：

丈夫能干，妻子有价。

阐释：

丈夫能干、优秀，妻子也因此更有价值，类似汉语的“夫贵妻荣”。阐释了白族极具辩证法的生活哲理，认为在家庭生活中，丈夫和妻子是互相成就、相辅相成的，一方优秀了，也会让另一方更好。本句谚语属白语剑川方言，由段四梅提供，李春晓阐释。

021.pi^{21}thỹ^{55}se^{44}no^{44}liɛ^{44}ɕy^{33}xu^{55}.

芋头 叶 上 洒 水 量词

bidtvnl sei no liai xuix hul.

汉语意译：

芋头叶子上洒点水。

阐释：

这句谚语有类似歇后语的性质，芋头叶子上洒点水——有没有都一样。阐释了白族的生活经验，认为有些事做了也未必有作用，做与不做、有和没有没什么区别，只是白费功夫，徒劳一场。本句谚语属白语剑川方言，由段四梅提供，李春晓阐释。大理白语有类似的谚语 bidtvl sei jiaofxuix“芋头叶浇水”。

022.pɛ̃^{31}sa^{35}tɕy^{33}xɯ^{31}jɯ^{44}jĩ^{44},

病 从 嘴 里 吃 进

baint saf juix het ye yin,

xu^{44}sa^{35}tɕy^{33}xɯ^{31}sua^{44}tɕhi^{44}.
祸 从 嘴 里 说 出
hu saf juix het sua qi.

汉语意译：
病从口入，祸从口出。

阐释：
阐释了白族的生活经验，认为不能随便乱吃东西，否则会带来疾病，也不能随便乱说话，否则会招来祸患。所以人要想平平安安地过日子，就一定要管住自己的嘴。汉语中有类似意义的谚语。本句谚语属白语剑川方言，由段四梅提供，李春晓阐释。

生活经验篇

023.lɛ^{35} tɕiã^{31}lɛ^{35} tɕiã^{31}tɕiã^{31}tsɛ̃^{21}sɛ^{31},
随便 讲 随便 讲 讲 成 事情
laif jiant laif jiant jiant zaind sait,

lɛ^{35} jɯ^{44}lɛ^{35} jɯ^{44}jɯ^{44}tsɛ̃^{21}pɛ̃^{31}.
随便 吃 随便 吃 吃 成 病
laif ye laif ye ye zaind baint.

汉语意译：
随口乱说说成事，随意乱吃吃出病。

阐释：
胡言乱语会惹是非，胡吃海喝会染疾病。阐释了白族的生活经验和社会伦理，认为吃东西要小心，防止病从口入；做人做事须谨言慎行、不要随便乱说话，引起口舌是非。本句谚语属白语剑川方言，由段四梅提供，李春晓阐释。

024.tuẽ^{33}tɕhĩ^{55}tɕiɛ^{21}pu^{55}tɕiɛ^{55}tɕĩ^{33}kɛ^{44}piɛ^{44}.
远 亲戚 不如 近 隔壁
duinx qinljiaid buljiail jinx gai'biai.

汉语意译：

远亲不如近邻。

阐释：

汉语中也有同样的谚语。指平常邻里之间的交往、互帮互助要比远亲更多，遇有紧急情况的时候，远方的亲戚也不能像近旁的邻居那样能及时给予帮助。因此，要重视邻里关系，和睦相处。本句谚语属白语剑川方言，由段四梅提供，李春晓阐释。

025.$tɯ^{21}no^{44}ʦɯ^{33}sõ^{55}ɣɛ^{33}ʦɯ^{33}sue^{44}$.

头 上 有 霜 下 有 雪

ded no zex sonl hhaix zex sui.

汉语意译：

头上有霜脚底雪。

阐释：

头上有霜，脚下有雪，形容情况很困难。此外，白语中还有一个特指的寓意，即家庭中上有老下有小的状况，比喻人到中年，责任大、负担重，用形象的比喻揭示了人生经验和哲理。本句谚语属白语剑川方言，由段四梅提供，李春晓阐释。

026.$sõ^{55}li^{55}$ $ja^{35}sã^{42}ɣo^{42}thɯ^{55}sue^{44}$.

霜 也 不 散 落 下 雪

sonl lil yaf sanp hhop tel sui.

汉语意译：

霜还没化又下雪。

阐释：

意义同汉语“雪上加霜”。既是对一种自然气象的描绘，也是生活经验的反映，表示祸不单行，屋漏偏逢连夜雨，让人处于多重艰难困苦的境地。本句谚语属白语剑川方言，由段四梅提供，李春晓阐释。

027.jo^{44} ja^{42}　ɯ̃^{33} thɯ^{55} kho^{55} pɛ̃^{31} no^{44}.

药 量词 饮 下　益于 病 受事

yo yap enx tel kol baint no.

汉语意译：

良药（苦口）利于病。

阐释：

汉语的“良药苦口利于病”指对症的药虽然苦口，但也应该喝，因为这是治病的必要措施。本句白语谚语也有相同的含义。此外也可以引申为抓住事物矛盾的关键就会事半功倍。本句谚语属白语剑川方言，由段四梅提供，李春晓阐释。大理白语有类似的谚语，jɯ^{44}tsha^{55}khuo^{55}pe^{33}mɯ^{55}（ye cal kuol beix mel），直译是“吃午饭有益于晚饭”，意为吃了午饭，肚子就不会太饿，晚饭就不用吃那么多。引申为做一件事，会有益于另一件事，反映了白族人朴素的辩证法观点，即认为事物不是孤立的，而是普遍联系的。

028.ko^{21}thɯ^{55}no^{44}tsɿ^{55}　tɕi^{55}, ko^{21}tsõ^{33}no^{44}tsɿ^{55}　ɕu^{33}.

宠 下 的 话题 多 宠 上 的 话题 少

god tel no zil jil, god zonx no zil xux.

汉语意译：

宠往下的多，宠往上的少。

阐释：

长辈疼晚辈，远多于晚辈疼长辈。阐释了十分普遍而深刻的生活经验，认为长辈疼爱小辈是普遍现象，但小辈孝顺长辈的少。本句谚语属白语剑川方言，由段四梅提供，李春晓阐释。

029.te^{42}pɛ̃^{31}mia^{44}kuɛ^{44}ŋv̩^{33}pɛ^{44}xẽ^{55},

猪 病 不要 怪 五 百 天

deip baint mia guai ngvxbaiheinl,

ke^{55}pɛ̃^{31}mia^{44}kuɛ^{44}kuã^{55}jĩ^{55}mo^{33}.

鸡 病 不要 怪 观音 母

geil baint mia guai Guanlyinlmox.

汉语意译：

猪病莫怪众神灵，鸡病莫怨观世音。

阐释：

猪生病了不要去责怪众神灵，鸡生病了不要去抱怨观世音菩萨。认为做人不能总是怨天尤人，明明自己做错了还要找他人的原因。xẽ^{55}（heinl）直译是“天”，这里指“天神”，ŋv̩^{33}pɛ^{44}xẽ^{55}（ngvxbaiheinl）即“五百天神”，一说是释迦牟尼的护法金刚力士，或可能来源于道教的“五百灵官”。本句谚语属白语剑川方言，由段四梅提供，李春晓阐释。

030.uɛ^{55}tue^{42}phe^{44}uɛ^{55}ŋue^{42},

歪 碓 配 歪 磨

wail duip pei wail nguip,

pɛ^{42}tɕhi^{55}khv̩^{55}phe^{44}la^{44}tɕia^{44}tsɿ^{33}.

粪箕 配 耙子

baipqilkvl pei lajia'zix.

汉语意译：

歪碓配歪磨，粪箕配耙子。

阐释：

一物配一物。阐释了白族的哲学观念，认为万事万物皆有与之相匹配的东西。本句谚语属白语剑川方言，由段四梅提供，李春晓阐释。

031. sy̩^{33}tɯ^{21} ŋy̩^{42} li^{55}tsɯ^{33}sɯ^{33}tɯ^{21}mo^{33}kõ^{33}kho^{33}

鼠 量词 领有 也 有 大拇指 两 量词

svx ded ngvp lil zex sexdedmox gonx kox ,

汉语意译：

老鼠都有两个大拇指。

阐释：

连老鼠这样卑贱的物种都有两个大拇指。在特定的语境下，可以表达两种意义，一是再微不足道的人或事物也有自己的长处和条件；二是如果连老鼠都不如，那就真的是一无所有了。本句谚语属白语剑川方言，由段四梅提供，李春晓阐释。

032. tsuã^{55}tɕia^{55}li^{55}ɕiou^{31}tsɿ^{55} jĩ^{21}xo^{31}mo^{33}li^{55} tia^{55}.

庄 稼 也 好 的话 人家 母 也 能干

zuanljial lil xiot zil yindhotmox lil dial.

汉语意译：

庄稼长得好，当家母能干。

阐释：

从庄稼长得好，就可以看出当家的女人能干。这是基于白族地区生产生活特点总结出的经验。大理白族地区特别是剑川一带，过去白族男子有“走夷方”务工的传统，经常长时间不能回家，因此，白族女性不仅要操持家务，上山砍柴，下田种地，还要到集市上做小买卖，在经济社会生活中发挥着重要作用，白族地区也因此有“无父犹可，无母不能”的说法。本句谚语属白语剑川方言，由张进忠提供，李春晓阐释。

033.ʨi^{55}kua^{55}kho^{33}no^{44}ou^{44}ɕy^{55}phio^{55}.

南 瓜 量词 上 浇 水 量词

jilgual kox no o xuix piol.

汉语意译：

南瓜上浇瓢水。

阐释：

本句谚语兼有歇后语的特色，浇水在南瓜上，白忙活一场。认为有些事做了没什么用，还不如不做。也可以理解为做事没有弄清楚对象。本句谚语属白语剑川方言，由张进忠提供，李春晓阐释。

034.pi^{55}sɿ^{55}ʦho^{44}ʦhy̩^{31}ou^{55}jɯ^{44}ue^{21}.

风 吹 处 喂 吃 炒面

bilsil co cvt ol ye weid.

汉语意译：

风口吃炒面。

阐释：

本句谚语同样有歇后语的性质。在风口吃炒面，炒面都被风吹跑了，意为选错了地方。阐释了白族的生活观念，即说话做事都要选对地方。本句谚语属白语剑川方言，由张进忠提供，李春晓阐释。

035.jỹ̩^{33}jĩ^{21} ɕĩ^{55} ja^{35}mɛ^{21}ŋɛ^{21}sv̩^{42} jĩ^{55},

女 人 心 不 明 去 侍奉 人家

yvnxyind xinl yafmaid ngaid svpyinl,

tsɿ^{33}jĩ^{21} ɕĩ^{55} ja^{35}mɛ^{21}ŋɛ^{21}tã^{55}kỹ̩^{55}.

男 人 心 不 明 去 当 兵

zixyind xinl yafmaid ngaid danl gvnl.

汉语意译：

女子不懂事，就去嫁人；男子不懂事，就去当兵。

阐释：

不懂事的女孩子，需要成家以后操持家庭磨炼心性；不懂事的男孩子，需要通过军旅生活吃苦见生死来磨炼心性。阐释了白族的生活观念和人生哲理。本句谚语属白语剑川方言，由张进忠提供，李春晓阐释。

036.tsõ^{33}po^{21} jɯ^{21}ja^{35} ɣɯ^{35}.

上 坡 油 不 来

Zonxbod yed yaf hhef.

汉语意译：

上坡不来油。

阐释：

关键时刻掉链子。比喻一个人在关键的时候不能发挥作用，或一件事在关键节点出现问题。本句谚语属白语剑川方言，由段四梅提供，李春晓阐释。

037.tsɯ̃^{55}ŋɯ^{21}tso^{44}tɕi^{31}pu^{55}tɕiɛ^{55}ɕy^{33}ŋɯ^{21} ta^{42}ko^{44}.

黄牛 犁 田 不如 水 牛 踩 量词

zenlnged zojit buljiail xuixnged dap go.

汉语意译：

黄牛犁一下，不及水牛踩一脚。

阐释：

阐释了白族的生产和生活经验，认为水牛的力气比黄牛大，黄牛耕半天，不如水牛简单踩一脚。常用来比喻人和人之间、事物之间由于禀赋、特点不同，能力、作用也有悬殊之处。本句谚语属白语剑川方言，由张进忠提供，李春晓阐释。

038.khu^{33}ku^{21}phia^{44}ka^{44}xɯ^{31}li^{55}pĩ^{42},

苦　荞 到　仓 里 也 变

kuxgud pia ga het lil binp,

jã^{42}jy^{44}phia^{44}nɯ^{21}no^{44}li^{55}çiou^{42}.

洋芋 到　楼 上 也 烂

yanpyuil pia ned no lil xiop.

汉语意译：

苦荞收回仓里也会变质，土豆放到楼上也会腐烂。

阐释：

事情出乎意料，常用来比喻事情的发展不在掌控当中。阐释了白族的生活经验，认为生活中经常会发生意料不到的事情。本句谚语属白语剑川方言，由张进忠提供，李春晓阐释。

039.lɛ^{42}　sɛ̃^{21}lɛ^{42}　tsuɛ^{44}li^{55}mo^{31}tsɛ̃^{21},

随意 扔 随意 丢　也 它 成

laif saind laif zuai lil mot zaind,

a^{55} çĩ^{55}a^{55} kã^{55}mo^{31}lɛ^{31} çi^{33}.

熬 心 熬 肝 它　又 死

al xinl al ganl mot lait xix.

汉语意译：

乱丢乱甩却成（活），用心用力倒死了。

阐释：

和汉语谚语“有心栽花花不开，无心插柳柳成荫”异曲同工。想做一件事情，花了很大的精力，做了很多努力，结果不能如愿；而不经意的事情，反而很顺利地得到好结果。阐释了白族的生活经验，认为凡事要顺其自然，不要强求。本句谚语属白语剑川方言，由张进忠提供，李春晓阐释。

040.jõ^{21}xã^{55}su^{33}tsɿ^{55}tsu^{55}khua^{33}tsɛ^{31}.

羊 看 丢 则 做 狗 责任

yond hanl sux zil zul kuanx zait.

汉语意译：

羊放丢了责怪狗。

阐释：

羊放丢了就责怪狗，讽刺在生活中缺乏担当，爱推卸责任的人。本句谚语属白语剑川方言，由张进忠提供，李春晓阐释。

041.te^{42}khuã^{31}tɕhi^{55} tsɯ^{33} te^{42}ta^{42}tsɛ̃^{21}.

猪 圈 潮湿 是 猪 踩 成

deipkuant qil zex deip dap zaind.

汉语意译：

猪圈潮湿是猪自己踩出来的。

阐释：

猪圈潮湿住不了是猪自己的原因。常用于形容人自己做了蠢事或坏事后带来的不良后果，是自作自受。本句谚语属白语剑川方言，由张进忠提供，李春晓阐释。

042.thu^{33}mɯ^{21}kho^{33} no^{44}kua^{44}xo^{55}to^{33}.

土陶锅 量词 上 挂 花 量词

tuxmed kox no gua hol dox.

汉语意译：

土陶锅上挂朵花。

阐释：

这句谚语也有歇后语的特点。黑黢黢的土陶锅上挂朵花，显得不般配、格格不入。讽刺生活中有些人和事就好比土陶锅上挂朵花，不相匹配，只能贻笑大方。本句谚语属白语剑川方言，由张进忠提供，李春晓阐释。

043.ko^{55}li^{31} me^{21}pã^{42}so^{33}tɯ̃^{55}ŋv̩^{55} tsɿ^{55}khua^{33}li^{55} tshu^{42}.

长 到 门扣 门栓 处所 则 狗 也 讨厌

gol lit meidbanp sox denl ngvl zil kuanx lil cup.

汉语意译：

长到和门扣门拴一般高时狗也讨厌。

阐释：

阐释了白族的生活经验，认为长到和门闩、门锁一样高的孩子，因为调皮、不听话，连狗都会嫌弃。这和汉语“七岁八岁狗都嫌”异曲同工。本句谚语属白语剑川方言，由邱旭清提供，李春晓阐释。

044.tshe^{55}fv̩^{55} tshɯ^{33}tsɯ^{33}ŋv̩^{42}tɯ^{33}phɯ^{31}.

裁 缝 差 有 熨斗 覆盖

ceilfvl cex zex ngvpdex pet.

汉语意译：

裁缝手艺差，熨斗来遮丑。

阐释：

裁缝水平不好，熨斗来帮他遮盖缺点。白族民间常用这一谚语来形容婆媳关系，认为即便儿媳妇能力不足，但只要婆婆多包容、多帮衬，家里就能过得去。充分体现了白族的伦理观念和生活智慧，认为婆媳相处之道就是互相宽容、互相帮衬。本句谚语属白语剑川方言，由邱旭清提供，李春晓阐释。

045.ke^{55}mo^{33} y̩^{44}a^{44}pɯ^{55}pa^{31}.

鸡 母 孵 鸭 白 弄

geilmox vu a bel bat.

汉语意译：

母鸡孵鸭白辛苦。

阐释：

母鸡孵小鸭，白辛苦一场。阐释了白族的生活经验，认为有的事情若是从一开始就是错的，过程再辛苦终究也只是徒劳一场。告诫人们成功做成一件事，除了有努力之外，还需要找对方向。本句谚语属白语剑川方言，由邱旭清提供，李春晓阐释。

046.khuã^{33} tɕhi^{31}jɯ^{44}tsɿ^{55}tsɯ^{33} tɕi^{42}kɛ^{44}.

狗 装 吃 则 主人 小心

kuanx qit ye zil zex jipgai.

汉语意译：

狗偷食，主人小心。

阐释：

贪嘴偷食是狗的本性，因此狗偷食不怪狗，只能怪主人没收好东西。另一个意思是指，如果发现狗偷食，主人就要小心防范，否则会造成更大的损失。本句谚语属白语剑川方言，由施茂松提供，李春晓阐释。

047.ɕi^{55}ɣo^{42}lɯ^{44}lɯ^{44}sua^{44}tsɿ^{55}lɯ^{44}lɯ^{44}tɕi^{55},

话语　越　说 则 越　多

Xilhhop le’ le sua zil le’ le jil,

tse^{21}xue^{33}lɯ^{44}lɯ^{44}sɯ^{55}tsɿ^{55}lɯ^{44}lɯ^{44}ɕu^{33}.

钱财　越　数 则 越　少

zeidhuix le'le sel zil le'le xux.

汉语意译：

话越说越多，钱越数越少。

阐释：

这是白族人对人性的深刻揭示，也就是人心永远是贪得无厌的，钱财再多也不满足，因此才会觉得越数越少。本句谚语属白语剑川方言，由施茂松提供，李春晓阐释。

048.sɿ^{33}tɕi^{44}mɯ^{55}tɯ^{21}ua^{42}mu^{55}su^{55}.

屎 急　才　挖 茅厕

six ji melded wap mulsul.

汉语意译：

屎急才挖茅厕。

阐释：

形容一个人遇事平时无准备而事急时仓促张罗，临时抱佛脚。告诫人们凡事要提前做好准备，不要遇到紧急状况时不知道如何是好。本句谚语属白语剑川方言，由段剑平提供，李春晓阐释。

049.fỹ^{55}mi^{44}tɕy^{33}kɛ^{55}pi^{21}su^{55}ɕĩ^{55}.

蜂 蜜　嘴巴 毛虫 心

fvnlmi juixgail bidsul xinl.

汉语意译：

抹了蜜似的嘴，有着毛毛虫似的心。

阐释：意义类似汉语“口蜜腹剑”，但具有鲜明的白族农村生活特色，用“毛毛虫”令人生畏的形象来比喻人心的可怕。本句谚语属白语剑川方言，摘自《大理丛书·白语篇》，由李春晓阐释。

050.tɕhi^{31}jɯ^{44}pa^{42}mɯ^{55} fv̩^{44}pu^{33}tua^{42}.

馋鬼　　　他的 腹 饱 不得

qitye'bap mel fv bux duap.

汉语意译：

馋鬼的肚子饱不了。

阐释：

tɕhi^{31}jɯ^{44}pa^{42} 表示好吃懒做的人，此句谚语的字面意思为好吃者的肚子饱不了。阐释了白族的生活经验，认为欲望永远难以得到满足。本句谚语属白语剑川方言，摘自《大理丛书·白语篇》，由李春晓阐释。

051.jõ^{55}tsɿ^{55}jõ^{55}tɯ^{44}miɛ̃^{21}sɯ^{33}phĩ^{31},

柔 则 柔 得 篾 比拟 量词

yonl zil yonl de miaind sex pint,

ku^{33}tsɿ^{55}ku^{33}tɯ^{44}tɕhi^{31}sɯ^{33} te^{44}.

硬 则 硬 得 刺 比拟 量词

gux zil gux de qit sex dei.

汉语意译：

柔软好似篾片，硬朗如同刺丛。

阐释：

温柔的时候像篾片一样柔可绕指，刚烈的时候就像刺团一样不可接近。这是白族人对部分女性的形象描绘，认为有的女子刚柔并济，既有温柔的一面，又有泼辣的一面。本句谚语属白语剑川方言，摘自《大理丛书·白语篇》，由李春晓阐释。

052.jɯ^{44}fɛ^{44}kɛ^{21}jĩ^{21} li^{55} ja^{35}pɛ^{42},

吃 肥 肉 人 也 不 白

ye faigaid yind lil yaf baip,

jɯ^{44}tɕhiɛ̃^{31}tshɯ^{31}jĩ^{21}li^{55} ja^{35}tɕhiɛ̃^{31}.

吃 青 菜 人 也 不 青

ye qiaintcet yind lil yaf qiaint.

汉语意译：

吃肥肉的人不见得白里透红，吃青菜的人不见得面如菜色。

阐释：

阐释了白族的生活经验和人生哲理，认为人的幸福和健康不在于饮食好坏或贫穷与否。本句谚语属白语剑川方言，摘自《大理丛书·白语篇》，由李春晓阐释。

053.me^{55} ko^{21}tsɿ^{55}a^{31}sɿ^{55}li^{55} lu^{55},

松明 肥 则 一 丝 也 够

meil god zil at sil lil lul,

tsɿ^{33}ko^{21} tsɿ^{55}a^{31} jĩ^{21} li^{55} sɯ̃^{31}.

子 疼爱 则 一 人 也 剩

zix god zil at yind lil sent.

汉语意译：

松明肥，一丝就够；儿女孝，一个也多。

阐释：

松明肥的话，点燃一小丝就足够明亮；儿女孝顺的话，一个就能把父母照顾好。阐释了白族的生活经验，认为只要儿女有孝心，有一个就够了，反之，有一大堆子女也是白搭。本句谚语属白语剑川方言，摘自《大理丛书・白语篇》，由李春晓阐释。

054.ke^{55}sã^{55}tv̩^{44}, pẽ^{33}　jɯ^{44}la^{42}tsɿ^{55}tshe^{55}tsɿ^{55}khv̩^{44}.

鸡 相 啄　晚饭 吃 了　则　栖　作 角落

geil sanl dv, beinx ye lap zil ceil zil kv.

汉语意译：

白天互啄的鸡，晚饭后还是栖在一起。

阐释：

阐释了白族的生活经验，此句谚语以鸡的习性比喻夫妻关系，认为夫妻争吵只是一时，过后还是长久的恩爱夫妻。本句谚语属白语剑川方言，摘自《大理丛书・白语篇》，由李春晓阐释。

055.tsẽ^{21}khõ^{55}ɣo^{42}, pu^{33}khõ^{55}na^{21}.

缝 量词 易　补 量词 难

zeind konl hhop, bux konl nad.

汉语意译：

缝制新衣容易，缝补旧衣困难。

阐释：

阐释了白族的生活经验和人生哲理，认为创业好比缝制新衣服，守业好比缝补旧衣服，用缝补旧衣比缝制新衣困难比喻创业容易守业难。本句谚语属白语剑川方言，摘自《大理丛书・白语篇》，由李春晓阐释。

056.ʦɛ̃^{55}ne^{21} kõ^{33}thu^{55}ji^{31}no^{44}mo^{33}.

针 量词 两 端 利 的 无

zainl neid gonx tul yit no mox.

汉语意译：

针无两头尖。

阐释：

没有两头尖的针。比喻凡事不能两头都好，无论做什么事都不能顾及太多，考虑太周全，要学会有所取舍。本句谚语属白语剑川方言，摘自《大理丛书·白语篇》，由李春晓阐释。

057.sỵ^{33}tɯ^{21} ta^{35}tɯ^{44}ʨhy^{55}tɔ^{21} teɹ^{42}.

鼠 量词 抬 得 秤砣 量词

svx ded daf de quildaod derp.

汉语意译：

老鼠抬秤砣。

阐释：

老鼠抬秤砣，会将自己的洞口堵住。这句谚语生动形象，常用于教育他人，做人做事要放开眼界，不要为了蝇头小利而自闭门路。也有另外一层意思是秤砣很重，而且对老鼠无用，比喻一个人干了超出自己能力且毫无意义的事情。本句谚语属白语大理方言，由尹秀葵提供，杨哲阐释。

058.ku^{33}ȵi^{21} tou^{21}pɯ^{31}ʨhieɹ^{55},

老 人 话 不 听

guxnid doud bet qierl,

te^{42}mɔ^{33}keɹ^{21}ȵiɔ^{32}pɯ^{31}pheɹ^{55}.
猪 母 肉 炖 不 软
deipmaoxgerd niaoz bet perl.

汉语意译：
不听老人言，老母猪肉炖不软。

阐释：
不听老人言，吃亏在眼前，就像是怎么煮也煮不软的老母猪肉一样。老人生活经验丰富，在面对事情时往往能有很好的指导意见。同时也在告诫年轻人做任何事都要三思而后行，学会吸取别人的经验教训，不要一意孤行盲目做事。本句谚语属白语大理方言，由赵万喜提供，杨哲阐释。

059.kɔ^{21}ȵi^{55}pɔ^{35}sa^{55}ɕieɹ^{44}, phe^{33}mu^{21}ka^{44}seɹ^{44} tua^{32}.
富人 三 天 忘 记 乞 丐 受事
gaodnilbaof salxier, peixmud gaser duaz.

汉语意译：
做富人三天，忘记苦日子。

阐释：
古时秀才考取功名，一飞冲天；或是今人升官发财，大富大贵之后却忘记了之前的穷苦生活。告诫人们由俭入奢易，由奢入俭难。做人不能忘本，要不忘初心，怀揣着最初的信念。本句谚语属白语大理方言，由杨绍钦提供，杨哲阐释。

060.ke^{35} meɹ^{21}jɯ^{44}tsha^{55}, sv̩^{33}meɹ^{21}jɯ^{44} pe^{33}.
鸡 鸣 吃 早饭 鼠 鸣 吃 晚饭
geif merd ye cal, svx merd ye beix.

汉语意译：

鸡叫吃早饭，鼠叫吃晚饭。

阐释：

鸡叫时天还未亮就吃早饭准备开始一天的工作，鼠叫时已经到了深夜才吃晚饭。形容一个人早出晚归，不辞辛劳地工作，展现的是一种勤劳奋斗，艰苦卓绝的白族人民的生活作风。本句谚语属白语大理方言，由尹秀葵提供，杨哲阐释。

061.ji^{35}khou^{55} nɔ^{44}ɕie^{44}tɯ^{21} keɹ^{44}ke^{35}kua^{35} jou^{35} nɔ^{44}.

衣 量词 的 虱 量词 捉 在 裤子 量词 上

yif koul no xiei ded ger geif guaf youf no.

汉语意译：

衣服上有虱子，把它抓到裤子上。

阐释：

拆了东墙补西墙，没有从全局的角度看问题，并不能从根源上解决问题，只是做了无用功。本句谚语属白语大理方言，由尹秀葵提供，杨哲阐释。

062.mou^{44}tsɿ^{44}ŋa^{44}ku^{33}phi^{42}sue^{44}.

蚊 子 咬 老 皮 靴

mou'zi nga gux pipsui.

汉语意译：

蚊子咬老皮靴。

阐释：

蚊子用细小的口器试图去扎破坚硬的老皮靴，比喻不切实际的行动，没有预先评判自身的实力，导致无功而返。本句谚语属白语大理方言，由尹秀葵提供，杨哲阐释。

063.kɔ^{21}ȵi^{55}pɔ^{35}tsɿ^{55} sa^{55} tɕie^{35}tseɹ^{21}.

富人 话题 相互 节 成

Gaodnilbaof zil saljieif zerd.

汉语意译：

富人是精打细算节俭而成的。

阐释：

节俭是一种美德，也是财富积累的重要一步。想要完成财富的积累，就要从身边的一点一滴做起，节约一分一厘，不挥霍，不浪费。本句谚语属白语大理方言，由尹秀葵提供，杨哲阐释。

064.ɕiɯ^{35}xu^{33}ȵi^{21}tɯ^{44}xu^{33}.

行 好 人 得 好

xief hux nid de hux.

汉语意译：

行善者得善。

阐释：

意义同汉语“善有善报”。行善积德，生活中处处都有需要帮助的人，帮助正处在困难中的人们，同样的，在自己需要帮助的时候，他人也会毫不犹豫地帮助你。本句谚语属白语大理方言，由尹秀葵提供，杨哲阐释。

065.tshy̩^{44}me^{21}a^{33}xe^{55}tɕi^{31}, ȵi^{44}me^{21}a^{33}tɕy^{33}ue^{33}.

出 门 看 天 地 入 门 看 嘴 眼

cv meid ax heiljit, ni meid ax juixweix.

汉语意译：

出门看天气，进门看脸色。

阐释：

出门需要看天气是否好，回家了要看家人的脸色是否好。本句将自然现象和家庭关系相结合，道出了在生活中要学会观察，避免吃亏和惹麻烦。同时后半句也引申出了丈夫在家怕老婆、看媳妇脸色行事的逗趣之意。本句谚语属白语大理方言，引用自《大理丛书·白语篇》，杨哲阐释。

066.tsɿ^{55}tɕi^{35}ȵou^{44}ɕa^{35}thɯ^{31}, jɯ^{44}tɕi^{35}ȵou^{44}tsou^{42}mu^{32}.

做 多 要　闲 透　　吃　多　要　嚼　细

zil jif niou xiaf tet, ye jif niou zoup muz.

汉语意译：

事情做多要休息好，东西吃多要仔细嚼。

阐释：

做事情要有计划，不能一味地埋头苦干，努力的同时也要懂得休息，不要不顾一切地硬拼。本句谚语属白语大理方言，引用自《大理丛书·白语篇》，杨哲阐释。

067.meɹ^{33}ku^{33}a^{31}ua^{44}, ȵi^{21}ku^{33}a^{31}sua^{44}.

马　老 一 月　人 老 一 年

merx gux at wa, nid gux at sua.

汉语意译：

马一个月一个月地变老，人一年一年地变老。

阐释：

马的寿命只有二三十年，用寿命较短的马当作例子，提醒人们时间不等人，人的衰老是必然的，所以不要浪费时光，要珍惜美好年华。与前文剑川方言的 jĩ^{21}ku^{33}sua^{44}, khuã^{33}ku^{33}ŋua^{44}（人老一岁，狗老一月）意义类似。本句谚语属白语大理方言，引用自《大理丛书·白语篇》，杨哲阐释。

068.xa^{55}pi^{35}nɔ^{44} ŋe^{ɹ21}je^{21}, xa^{55}pe^{ɹ31}nɔ^{44} tɕa^{44}jou^{44}.

看 风受事 行 船　看 病 受事 抓　药

hal bif no ngerdyeid, hal bert no jiayou.

汉语意译：

看风行船，看病抓药。

阐释：

看风的大小和风向决定怎么行船，看病理和病症决定抓何种药。意思是做事不能盲目，要从实际情况出发，这样才能有条理地把事情做好。本句谚语属白语大理方言，引用自《大理丛书·白语篇》，杨哲阐释。

069.jɯ^{44}tɕi^{35}ne^{ɹ55}tse^{ɹ21}pe^{ɹ31}, jɯ^{44}ɕou^{33}ne^{ɹ55} tɕa^{44}mie^{ɹ32}.

吃 多 话题 成 病　吃 少　话题 接　命

ye jif nerl zerd bert, ye xioux nerl jia mierz.

汉语意译：

吃多生病，吃少长寿。

阐释：

饮食要节制，不能暴饮暴食，有一个良好的饮食习惯能够让自己更长寿，也教育人们不仅是饮食方面，其他方面也要节制且有计划。本句谚语属白语大理方言，引用自《大理丛书·白语篇》，杨哲阐释。

070.ue^{33}sɿ^{31}jɯ^{44}kou^{35}, tɕɯ^{31}ŋe^{ɹ21}pɯ^{55}nɔ^{44} tou^{35}.

眼 疼 吃 姜　紧　往 它　受事 逗

weix sit ye gouf, jiet ngerd bel no douf.

汉语意译：

眼痛吃姜，还要更逗它。

阐释：

眼痛吃姜，愈加上火。比喻解决问题的方法不得当或是直接起了反作用，南辕北辙，行动与目的背道而驰，不仅没有解决问题，反而进一步激化了矛盾。本句谚语属白语大理方言，引用自《大理丛书·白语篇》，杨哲阐释。

071.ʦɿ^{55} ʦua^{35}jɯ^{44}ʨa^{35}, ʦɿ^{42}ne^{44}ua^{44}pɯ^{31}ɕa^{35}.

做 庄　吃 稼　十 二　月 不 闲

zil zuaf ye jiaf, zipneiwa bet xiaf.

汉语意译：

盘田种庄稼，十二个月不休息。

阐释：

依靠庄稼的收成而生活，就要日日勤奋，一年到头不能休息，否则就不能淘生活。道出了农民生活的艰辛。本句谚语属白语大理方言，引用自《大理丛书·白语篇》，杨哲阐释。

072.tɔ^{31}je^{21}nɔ^{44}　zv̩^{31}tɔ^{31}pi^{35}phɯ^{55},

大船 受事 用 大风 吹

Daotyeid no ssvt daotbif pel,

se^{31}xuo^{35}nɔ^{44}zv̩^{31}se^{31}ʦɿ^{35}ʨhe˞^{44}.

小 花 受事用 小 针　绣

Seithuof no ssvt seitzif qier.

汉语意译：

大船要靠大风吹，小花要用小针绣。

阐释：

比喻做事要用合适的工具和方法，不要大题小做或是小题大做，适合的就是最好的。本句谚语属白语大理方言，引用自《大理丛书·白语篇》，杨哲阐释。

073.kɯ^{21}tɕhiɯ^{55}tɯ^{21}tshɿ^{31}kɯ^{21}ŋv̩^{35}tɯ^{21}.

卖 螺蛳 量词 恨 卖 鱼 量词

Ged qiel ded cit ged ngvf ded.

汉语意译：

卖螺蛳的讨厌卖鱼的。

阐释：

卖螺蛳的和卖鱼的在市场中存在着竞争的关系，相互敌视也在所难免。阐释了白族的生活经验和哲理，认为在社会生活中，矛盾是客观存在的，是难以避免的。也指出矛盾都有其特定的原因，不是无缘无故的。本句谚语属白语大理方言，由杨胜祥提供，杨静阐释。

074.tshɯ^{55}tɕia^{31} lue^{21} xɯ^{55} seɹ^{44}jɯ^{44}ma^{44}.

称 赞 过头 了 割 吃 稻草

Cel jiat luid hel ser ya ma.

汉语意译：

称赞过了头，只能割吃稻草。

阐释：

基于生产经验，形象地阐释了白族的人生经验和教育观念。水稻如果施肥过多，就会不灌浆、不结谷子。认为对人过度的赞美不仅起不到鼓励的效果，还会把人毁掉。汉族故事“伤仲永”也阐明了同样的道理。告诫人们凡事都需要掌握一个度，过犹不及。本句谚语属白语大理方言，由杨胜祥提供，杨静阐释。

075.ku^{33}lɔ^{32}ɣɯ^{42}le^{44}kou^{44}, le^{44}tɕhi^{44}jou^{21}kou^{44}phu^{44}.

老 了 学 勒脚 勒 出 羊 脚 量词

Gux laoz hhep lei gou, lei qi youd gou pu.

汉语意译：

老了学裹脚，裹成老羊脚。

阐释：

比喻在不合适的时候做不合适的事，必然会造成糟糕的结果。此谚语意在教育人们要实事求是，根据特定的条件做事。本句谚语属白语大理方言，由张萍提供，杨静阐释。

076.ueʴ^{35}kuo^{35}phe^{55}ueʴ^{35}tsuo^{32}, na^{31}phiɔ^{55}kɯ^{35}te^{42}tsɿ^{44}.

歪 锅 配 歪 灶　　烂 瓢 舀 猪 汁

Werfguof peil werfzuoz, natpiaol gef deipzi.

汉语意译：

歪锅配歪灶，烂瓢舀猪食。

阐释：

本句谚语与大理汉语谚语“烂木头滚一箐”表达类似的意义，表达“物以类聚，人以群分”的意义，认为同类的东西常聚在一起。也引申出男婚女嫁常是按品貌好坏自然相配的意义。本句谚语属白语大理方言，由张萍提供，杨静阐释。

077.a^{55}mi^{55}xua^{44}lɔ^{21}xua^{44}tɕy^{44}ue^{33},

猫咪 画 虎 画 嘴 眼

Almil hua laod hua juixweix,

tsha^{55}pe^{33} jɯ^{44}xɯ^{55}se^{33}tɕy^{33}ue^{33}.

饭食　吃 了 洗 嘴 眼

calbeix ye hel seix juixweix.

汉语意译：

猫画老虎只画脸，吃了饭后才洗脸。

阐释：

猫画老虎只画了个脸，要先吃完饭才去洗脸。形容一个人好吃懒做的样子。本句谚语属白语大理方言，由张萍提供，杨静阐释。

078.fv^{31}tɔ^{31}ti^{55}fv^{31}lue^{35}kua^{35}.

放　屁　脱 裤子

Fvt daotdilfvt luif guaf.

汉语意译：

脱裤子放屁。

阐释：

比喻多此一举，做多余的、没有必要的事情。通常用来讥讽别人说话做事画蛇添足、多此一举。本句谚语属白语大理方言，由张萍提供，杨静阐释。

079.tɯ^{31}fv^{44}jɯ^{44}tɕhi^{44}keɹ^{21}keɹ^{32}.

豆腐 吃 出 肉 价

Detfv ye qi gerd gerz.

汉语意译：

豆腐吃成肉价钱。

阐释：

此谚语比喻由于某种原因，本来不值钱的东西成本提高，价格大幅提升。引申意义指做事成本过高，事倍功半，很不值得。本句谚语属白语大理方言，由张萍提供，杨静阐释。

080.ɣɯ^{33}tou^{21}a^{31}tɕhiou^{44}sɯ^{33}zɯ^{33}tɯ^{44}ji^{33} xa^{31}ja^{44}sɿ^{33}.

后臀　一翘　就 认 得 拉 什么 屎

Hhexdoud at qiou sex ssexde yix hatya six.

汉语意译：

屁股一撅就知道要拉什么屎。

阐释：

形容对某人或某事了如指掌。本句谚语属白语大理方言，由张萍提供，杨静阐释。

081.la^{31}ȵi^{21}tshʮ̩^{44}me^{21}tɔ^{31}ʮ̩^{33}çi^{44}.

懒 人 出　门 大 雨水

Latnid cv meid daot vux'xi.

汉语意译：

懒人出门下大雨。

阐释：

通过夸张来形容及其懒惰的人，或在遇雨时自嘲。本句谚语属白语大理方言，由张萍提供，杨静阐释。

082.kɯ^{21}tɕhiɯ^{55}tɯ^{21}ȵiou^{44}pɯ^{31}sua^{44}kɯ^{21}ŋv^{35}tɯ^{21} çieɹ^{35}.

卖 螺蛳 量词 要 不 说 卖 鱼 量词 腥

Ged qiel ded niou bet sua ged ngvf ded xierf.

汉语意译：

卖螺蛳的莫嫌卖鱼的腥。

阐释：

此谚语极具地方特色，大理地区的白族居民常围绕洱海而生活，很多绕海而居的居民靠打鱼为生。这句谚语通过生活化的语言，用“卖螺人”和“卖鱼人”来比喻两个脾性、能力或现状差不多的人，都有同样的问题，就不要“五十步笑百步”了。本句谚语属白语大理方言，由杨汉如提供，杨静阐释。

083.ɣɯ^{33}jou^{44}tɕi^{44}tɕy^{33}mu^{33},
喝 药 忌 嘴 不
Hhexyou ji juix mux,

jou^{44}seɹ^{35}tɕie^{32}mi^{32}nɯ^{55} nɔ^{44} tuo^{33}.
医生 赶 上 你的 受事 不能
youserf jieiz miz nel no duox.

汉语意译：

吃药不忌嘴，医生赶不上你。

阐释：

阐释了白族的生活经验，认为要按规律办事，不要乱来，否则会引起不好的后果。本句谚语属白语大理方言，由杨汉如提供，杨静阐释。

084.xa^{35}tsɿ^{44}jɯ^{44}suo^{35}fɯ^{31}, xa^{35}ɳiv^{33}jɯ^{44}peɹ^{42}tɯ^{31}.
憨 子 吃 粉丝 憨 女 吃 白 豆
Hafzi ye suoffet, hafnivx ye berp det.

汉语意译：

憨小子吃粉丝，憨姑娘吃白豆。

阐释：

此句谚语用生活化的语言，劝导人们做人做事要机灵一点，如果太憨就会吃亏。白族办宴席有“八大碗”，各种好的肉菜都有，如果只吃粉丝和大白豆，不知道吃别的，宴席就白吃了。本句谚语属白语大理方言，由赵芍丹提供，杨静阐释。

085.tsɯ^{31}tɕieɹ^{35}fv̩^{35}lɯ^{44}fv̩^{35}, tsɯ^{31}te^{44}tsɯ^{33}xɔ^{31}tv̩^{35}.

树 尖 飞 了 飞 树 根 在 家 里

Zet jierf fvf le fvf, zet dei zex haotdvf.

汉语意译：

树梢往外飞，树根在家里。

阐释：

用树梢比喻男性，用树根比喻女性或一个家庭，形容男性在外漂泊求生，始终离不开家这一根基，就算出门在外，和家庭始终是紧密相连的。本句谚语属白语大理方言，由杨茸茸提供，杨静阐释。

086.v̩^{33}tɯ^{21} pɯ^{31}tɕhiou^{55}xe^{44}sa^{55}te^{31}.

妇 量词 不 好 害 三 代

Vux ded bet qioul hei sal deit.

汉语意译：

媳妇不好毁三代。

阐释：

娶妻当取贤妻，娶妻不贤毁三代。在白族人的家庭生活中，妻子承担着十分重要的角色。一个贤惠的妻子，能够相夫教子、孝敬老人，家庭必然会和睦；而一个斤斤计较、品行不端、好吃懒做的妻子，会导致家庭矛盾百出，不仅影响当下生活，还会连累几代人。本句谚语属白语大理方言，由杨锡差提供，杨静阐释。

087.sɯ^{33}le^{55}ɕia^{35}sɯ^{33}ɣ̩^{42} le^{55}n̩ia^{35},

手 也 闲 就 胃 也 瘪

Sex leil xiaf sex vup leil niaf,

sɯ^{33}tsɿ^{55}tse^{44}sɯ^{33}ɣ̩^{42} tsa^{44}lɯ^{44}.

手 做 断 就 胃 胀 勒

sex zil zei sex vup za le.

汉语意译：

手闲肚子瘪，手忙肚子撑。

阐释：

若是辛勤劳作，则会衣食无忧；若是好吃懒做，则会食不果腹。勤劳是生活的根本，一勤则天下无难事，要想生存，要想致富，就必须勤劳。本句谚语属白语大理方言，由杨坤映提供，杨静阐释。

088.u^{31} le^{55}ma^{33}sɯ^{33}ka^{35}le^{55}ma^{33}.

圈 也 满 就 缸 也 满

Wut leil max sex gaf leil max.

汉语意译：

圈满粮食多。

阐释：

圈满肥料多，收成也就好。这句谚语阐释了白族人民的生产经验。认为想要好的收成，就需要充足的肥料。同时也反映了白族人民勤劳务实的生活作风。本句谚语属白语大理方言，由杨坤映提供，杨静阐释。

089.sa^{55}ua^{44}tɕhiɯ^{55}miɯ^{35}pɯ^{55} li^{44} le^{21},

三 月 清 明 其 历 量词

Salwa qielmief bel li leid,

tseʴ^{35}ua^{44}peʴ^{32}mu^{32}jieʴ^{32} pɯ^{55}nɔ^{44}.
正 月 拜 墓 浪费 其 受事
zerfwa berzmuz yierz bel no.

汉语意译：
三月清明好扫墓，正月上坟多折腾。

阐释：
清明扫墓，符合时令节气，正月上坟就多此一举。认为做事合适就好，没有必要在不合适的条件下做多余的事情。本句谚语属白语大理方言，由杨坤映提供，杨静阐释。

090.kɔ^{21}ȵi^{55}pɔ^{35}ȵi^{21}ɣɯ^{35}sɿ^{35},
富人 量词 学 书
Gaodnilbaof nid hhepsif,

mu^{33}tɕhie^{55}ȵi^{21}ue^{32}te^{42}.
无 钱 人 喂 猪
mux qieil nid weiz deip.

汉语意译：
富人（要）读书，穷人（要）喂猪。

阐释：
富人要想继续保持富裕的生活，就要多读书；穷人要想摆脱贫穷的日子，就要勤养猪。此句谚语既阐释了白族勤劳务实的生活作风，也展现了白族耕读传家的优良家风。另一方面的意义，则是说明不同的人由于自身条件的差异，人生的道路各有不同。本句谚语属白语大理方言，由杨坤映提供，杨静阐释。

091.jɯ^{44}tɕi^{35}fv̩^{44}xua^{44}, ʦheɹ^{33}tɕi^{35}ue^{33}tua^{32}.

吃 多腹饿　睡　多眼困

Ye jif fv hua, cerx jif weix duaz.

汉语意译：

吃饭越吃越饿，睡觉越睡越困。

阐释：

当事情做过头时，就会跟做不够一样，都是不合适的。就像吃饭会越吃越饿，睡觉会越睡越困一般。说话做事要学会适可而止，否则会过犹不及。本句谚语属白语大理方言，由董八五提供，杨静阐释。

092.ʦɿ^{55}ʦua^{35}tɕia^{35}a^{33}tɕi^{31}tou^{33}tɕi^{31}eɹ^{33},

做 庄 稼 看 田 上 田 下

zil zuafjiaf ax jitdoux–jit’erx,

ʦɿ^{55} ȵi^{21}xeɹ^{55}a^{33}ȵi^{21}tɕia^{42}ȵi^{21}u^{31}.

做 人 生 看 伙 伴 人 家

zil nidherl ax nidjiap–nidwut.

汉语意译：

种庄稼看周边田地，做人看伙伴邻居。

阐释：

这句谚语旨在告诫人们无论做什么事都要多观察他人，学习他人的长处，学会取其精华、去其糟粕。本句谚语属白语大理方言洱源土语，由李文彧提供，杨静阐释。

093.me^{33}ʦheɹ^{33}sa^{35} ji^{35} kua^{35},

晚　睡　伤 衣 裤

Meix cerx saf yif guaf,

tsɔ^{33}tsheɹ^{33}sa^{35}lɔ^{31}pɔ^{31}.

早 睡 伤 被子

zaox cerx saf laotbaot.

汉语意译：

晚睡伤衣裤，早睡伤被子。

阐释：

顾得了这个，却顾不了那个。形容思绪、事务繁多，无法全面兼顾。这句谚语告诫人们要从全局着眼，不可顾此失彼。也有另外一层意思，就是任何事情都有两面性，从不同的角度看各有利弊。本句谚语属白语大理方言洱源土语，由李文或提供，杨静阐释。

094.kuo^{21}xu^{33}ue^{32}tɯ^{44}fv̩^{44} tuo^{33},

谷 好 喂 得 腹 不行

Guod fv weiz de fv duox,

tsɿ^{44}xu^{33}ue^{32}tɯ^{44}mɔ^{33}tuo^{33}.

子 好 喂 得 母 不行

zi hux weiz de maox duox.

汉语意译：

水稻长势太好谷粒反而不饱满，儿子才能出众反而赡养不了父母。

阐释：

水稻由于长势太好，导致禾苗过于肥壮，而谷粒干瘪，导致收成不好；能干的儿子在外事务繁忙甚至到外地工作，很难回家赡养父母。这句谚语以生产经验和生活经验相对照，道出了父母养儿女的辛酸。本句谚语属白语大理方言洱源土语，由李文或提供，杨静阐释。

095.sv^{32}nɔ^{44}teɹ^{44}tɕiɯ^{33}, xɔ^{31}tv^{35}tshɿ^{55}ke^{35}.

山 上 打　锦鸡 家 里 丢 鸡

Svz no der jiex, haotdvf cil geif.

汉语意译：

山上打锦鸡，家里丢了鸡。

阐释：

这句谚语和“捡了西瓜丢了芝麻”表达类似的意思，告诫人们要学会取舍，不能因为一些小事而耽误了大事。比喻做事因小失大，得不偿失，最后亏的是自己。本句谚语属白语大理方言洱源土语，由李文彧提供，杨静阐释。

096.tsv̩^{44}tse^{44}tsɯ^{33}tou^{33}tse^{44}eɹ^{33}tse^{44},

竹 节 有 上　节 下 节

Zv zei zex doux zei erx zei,

n̠i^{21}keɹ^{35}tsɯ^{33}tou^{33}pe^{32}eɹ^{33}pe^{32}.

人 家 有　上　辈 下 辈

nidgerf zex doux beiz erx beiz.

汉语意译：

竹有上下节，人有上下辈。

阐释：

用竹节来比喻人的上下辈之分。告诫人们要讲究伦理规范，讲礼貌、懂礼节，学会尊敬长辈。本句谚语属白语大理方言洱源土语，摘自《大理丛书·白语篇》，杨静阐释。

097.se^{31}khua^{33}tsɿ^{44}nɔ^{44}n̠iou^{44}pɯ^{31}se^{44},

小 狗　子 受事 要　不 惯

Seit kuax zi no nio pet sei,

tɔ^{31}tsɿ^{55}pɔ^{31}ŋa^{44}nɯ^{55}kou^{44}tse^{44}.

大 则 它 咬 你的 脚　节

daot zil baot nga nel gou'zei.

汉语意译：

莫溺爱小狗，长大反咬你。

阐释：

以被宠溺的小狗比喻娇惯的小孩，告诫人们爱孩子要采取正确的方式方法，不要溺爱纵容，否则过度的爱会毁了孩子的一生，甚至会养出一个白眼狼。本句谚语属白语大理方言洱源土语，摘自《大理丛书・白语篇》，杨静阐释。

098. na^{21}na^{21}kɔ^{21}, xua^{35}ȵi^{55}ɕi^{55};

难 难 富　欢　您 心

Nad nad gaod, huaf nil xil;

kɔ^{21}kɔ^{21}na^{21}, tɕhi^{44}ɕia^{44}ȵi^{55}.

富 富 难　气　杀 您

gaod gaod nad, qi xia nil.

汉语意译：

由穷变富好欢喜，由富变穷气死人。

阐释：

阐释了白族的生活经验和人生哲理，类似于汉语的“由俭入奢易，由奢入俭难”。由穷变富的过程让人欣喜，由富变穷则难以接受。本句谚语属白语大理方言洱源土语，摘自《大理丛书・白语篇》，杨静阐释。

099.tɕhi^{44}tou^{55}sɿ^{44} tsɿ^{55} ka^{44} feɹ^{33}feɹ^{33},

掏 豆豉 话题 体貌 翻 翻

Qi doulsi zil ga ferx ferx,

tɕhi^{44}kv̩^{55}tshɯ^{31} tsɿ^{55} ka^{44} ja^{44}ja^{44}.

掏 腌 菜 话题 体貌 压 压

qi gvlcet zil ga ya ya.

汉语意译：

掏了豆豉要翻动，掏了酸菜要压紧。

阐释：

用“掏豆豉”“掏酸菜”等生活化的比喻，阐释了白族的生活经验，认为即便是同一类事情，也要根据不同的对象、性质和条件，采取不同的做事方法，讲求实事求是和针对性，不能乱来。本句谚语属白语大理方言洱源土语，摘自《大理丛书·白语篇》，杨静阐释。

100.ti^{33}mɔ^{33}kɔ^{21}se^{31}tsɿ^{44}, se^{31}tsɿ^{44}u^{21} tɔ^{31}xɔ^{31}.

爹 妈 爱 小 儿 小 儿 护 大 房

Dix maox gaod seit zi, seit zi wud daot haot.

汉语意译：

父母宠小儿，小儿分大房。

阐释：

“天下老，只想小”。凡是做父母的，都偏爱最小的儿子。本句谚语属白语大理方言洱源土语，摘自《大理丛书·白语篇》，杨静阐释。

101.thu^{33}a^{31}sɯ^{33}keɹ^{35}ȵiou^{44}, ʦhu^{33} keɹ^{35}a^{35}pieɹ^{44}thu^{33}.

路 不识 怕不要 就 怕 不问 路

Tux at sex gerf niou, cux gerf af bier tux.

汉语意译：

不怕不识路，就怕不问路。

阐释：

不懂就要问。每个人掌握的知识是有限的，不论在生活中还是在学习上，面对自己不了解或不擅长的事情，要大胆向别人请教，虚心向别人学习，养成不懂就问的良好习惯。本句谚语属白语剑川方言鹤庆土语，摘自《大理丛书·白语篇》，杨静阐释。

102.ɣɯ^{35}xe^{55}xe^{55}ka^{35}, ɣɯ^{35}ʨi^{31}ʨi^{31}kɯ^{33}.

叫 天天 高 叫 地地 厚

Hhef heil heil gaf, hhef jit jit gex.

汉语意译：

叫天天高，叫地地厚。

阐释：

叫天天不应，叫地地不灵。形容一个人陷入困境，冤仇无处申诉，有理无处去讲，有难无人帮助，表示一种无可奈何的状态。本句谚语属白语大理方言云龙土语，由杨正贤提供，杨伟妹、杨静阐释。

103.ʦhɿ^{55}nɔ^{44}ji^{35}theɹ^{33}pu^{33}pu^{33}ji^{32},

身 上 衣 烂 补 补 穿

Cil no yif terx bux bux yiz,

kou^{44}nɔ^{44}ŋe^{21}phɔ^{31}pu^{33}pu^{33}ʦou^{44}.

脚　上 鞋 破　补 补 穿

gou no ngeid paot bux bux zou.

汉语意译：

身上衣坏补补穿，脚上鞋破补补穿。

阐释：

告诫人们要磨砺勤俭节约的作风，将勤俭节约品质内化于心、外化于行，固化为生活习惯。本句谚语属白语大理方言云龙土语，摘自《大理丛书·白语篇》，杨静阐释。

104.tue^{35}xɔ^{31}a^{31}ȵi^{44}, ʦɯ^{44}xɔ^{31}sa^{55}ȵi^{44}.

竖 房 一 天　正 房 三 日

Duif haot at ni, ze haot sal ni.

汉语意译：

竖房一日，正房三天。

阐释：

扶正房子，工序比建造房子更复杂，耗时也更多。此谚语比喻创业难，守业更难。本句谚语属白语大理方言云龙土语，摘自《大理丛书·白语篇》，杨静阐释。

105.pɯ^{31}sa^{55}ɣɯ^{44}sa^{55}teɹ^{44}nɔ^{44}mu^{33},

不 相 骂　相 打　的 无

Bet sal hhe sal der no mux,

ke^{32}ʦɯ^{33}tɯ^{35}xɯ^{31}ȵi^{55}sa^{55}ʦua^{44}.

碗 在　箩 里 也 相 撞

geiz zex def het nil sal zua.

汉语意译：

吵架打架难避免，箩里的碗难免碰撞。

阐释：

一家人生活在一起，难免有矛盾摩擦，要客观看待。本句谚语属白语大理方言云龙土语，摘自《大理丛书·白语篇》，杨静阐释。

106.khua^{33}mi^{33}tu^{35}nɔ^{44}zɯ^{21} sa^{55}tɯ^{21}.

狗 尾巴 上 苍蝇 三 量词

Kuax mixduf no ssed sal ded .

汉语意译：

狗尾巴上也有三只苍蝇。

阐释：

哪怕是条狗，尾巴上也有三只苍蝇。指无论何人都还是有几个亲友的。本句谚语属白语大理方言云龙土语，由杨正贤提供，杨伟妹阐释。

107.sɯ^{33}tsɿ̩^{33}tsɯ^{31}khɯ^{55}xuo^{35}, a^{31} tɕia^{44}feɹ^{44}a^{31}tɕia^{44}.

芝麻 树 开 花 一 节 发 一 节

Sexzvx zet kel huof, at jia fer at jia.

汉语意译：

芝麻开花节节高。

阐释：

芝麻树开花，花开了一节又长出一节，人们常用此谚语来比喻日子一天比一天好。本句谚语属白语大理方言云龙土语，由杨剑雄提供，杨伟妹阐释。

生活经验篇

108.se^{35}u^{31}nɔ^{44}zɿ^{21}ue^{42}, tɔ^{31}se^{31}ȵi^{55}a^{31}tshe˞^{55}.

寺庙 的 神像　大 小 也 一 尊

Seifwut no ssidweip, daotseit nil at cerl.

汉语意译：

寺庙里的神像，大小也是一尊。

阐释：

寺庙里的神像，无论大小也是一尊。形容不论官位大小，好歹也是在职有权。本句谚语属白语大理方言云龙土语，由杨剑雄提供，杨伟妹阐释。

生活经验篇

109.ka^{21}xe˞^{55}ka^{21}zɿ^{31}ue^{35}ue^{35}tse^{42}.

寒 饭 寒 饭 热 热 缩减

Gadherl–gadssit weif weif zeip,

ka^{21}tou^{21}ka^{21}sou^{55}sua^{44}sua^{44}tɕi^{35}.

寒 言 寒 语 说 说 多

gaddoud–gadsoul sua sua jif.

汉语意译：

冷菜冷饭越热越少，闲言碎语越说越多。

阐释：

冷菜冷饭越热越少，闲言碎语却越说越多。用对比的艺术手法深刻地阐明了白族的生活经验和人生哲理，谁人背后无人说，谁人背后不说人，这是中国社会文化传统中令人无奈的现象。本句谚语属白语大理方言云龙土语，由杨剑雄提供，杨伟妹阐释。

110.mi^{55}ua^{44}khy̩^{44}xɯ^{31}tsɿ^{42}pa^{55}pa^{55},

月 亮 间隙 里 捡 粑 粑

Milwa kv het zip balbal,

tɯ^{35}xue^{33}ke^{ɹ33}ɣe^{ɹ33}ke^{ɹ42}kɔ^{21}ke^{ɹ21}.
灯 火 影 下 夹 肥 肉
defhuix gerx hherx gerp gaodgerd.

汉语意译：

月光下捡粑粑，灯影下夹肥肉。

阐释：

pa^{55}pa^{55}（balbal），意为“粑粑”，指馒头、面饼一类的面食。在月亮下捡粑粑、在灯影下夹肥肉，因为月色和粑粑的颜色差不多，灯火的影子和肥肉也很接近，都是模模糊糊、看不清楚。指事物看不明白，弄不清楚。本句谚语属白语大理方言云龙土语，由杨剑雄提供，杨伟妹阐释。

111.tɕi^{55}kue^{55}fe^{ɹ33}tse^{35}tɕi^{31}fe^{ɹ33}tsou^{44},
犁 头 反 装 地 反 犁
Jilguil ferx zeif jit ferx zou,

ȵi^{21}xe^{ɹ55}fe^{ɹ33}tsɿ^{55}ŋe^{ɹ21}fe^{ɹ33}thu^{33}.
人 生 反 做 行 反 路
nidherl ferx zil ngerd ferx tux.

汉语意译：

犁头反着装，地反着犁；事情反着做，路反着走。

阐释：

有的人为人处世违背客观规律，不按常理来。此谚语告诫人们说话办事要遵循规律，刻意倒行逆施没有好结果。本句谚语属白语大理方言云龙土语，由杨剑雄提供，杨伟妹阐释。

112.tɯ^{21}pɔ^{35}mɯ^{55}tɕie^{ɹ44}sy̩^{35}, n̥i^{35}ku^{35}mɯ^{55}thu^{55}y̩^{33}.

和 尚 受事 借 梳子 尼 姑 受事 讨 媳妇

Dedbaof mel jier svf, nifguf mel tul vux.

汉语意译：

跟和尚借梳子，问尼姑讨媳妇。

阐释：

形容做事不看对象，南辕北辙，缘木求鱼，不仅达不到目的，甚至还会造成不良的后果。也指故意哪壶不开提哪壶。本句谚语属白语大理方言云龙土语，由杨剑雄提供，杨伟妹阐释。

113.tɕhie^{ɹ55}thi^{55}li^{55}mie^{ɹ21}tɕhie^{ɹ44}tv^{21}je^{ɹ21},

听 毛驴 踢 铜 铃

Qierl tillilmerd qier dvdyerd,

thu^{55}pɯ^{55}nɔ^{44} sɔ^{31}xuo^{35}.

讨 其 受事 笑 量词

tul bel no saot huof.

汉语意译：

赶毛驴，挂铜铃，讨个欢喜落个笑。

阐释：

这句谚语告诉人们不管生活境遇如何，都要乐观生活，哪怕只是赶毛驴，也要挂个铜铃，图个快乐。形容穷开心也是好事。本句谚语属白语大理方言云龙土语，由杨剑雄提供，杨伟妹阐释。

114.xe^{55}nɔ^{44}y̩^{33}ɣou^{42}pɯ^{31}y̩^{33}ɣou^{42},

天 上 雨 落 不 雨 落

Heil no vux hhoup bet vux hhoup,

tɕhieʴ^{31}ɔ^{21}meʴ^{35}tsɿ^{44}tɕy^{33}mɯ^{35}mu^{33}.

青　蛤蟆　子　嘴　处所不

Qiert aodmerf zi juix mef mux.

汉语意译：

雨下不下，不在于青蛙叫不叫。

阐释：

这句谚语比喻有的事情自己说了不算数，也无法左右。当遇到无法左右的事情时，人们常用这句话来安慰别人、劝慰自己。另一个方面的意思是，告诫人不能自夸自大，把跟自己无关的事情也揽为自己的功劳。本句谚语属白语大理方言云龙土语，由杨剑雄提供，杨伟妹阐释。

生活经验篇

115.li^{44}tɕhiɯ^{55}kuo^{32}nɔ^{44}tha^{42}la^{44}ke^{35},

立 秋　过　的　　蚂蚱

Li'qiel guoz no taplageif,

ty̩^{35}ty̩^{35}tse^{32}nɔ^{44}tɔ^{31}feʴ^{44}te^{42}.

冬至节　的 大 肥 猪

dvfdvfzeiz no daot fer'deip.

汉语意译：

立秋后的蚂蚱，冬至节的肥猪。

阐释：

立秋过后天气转冷，蚂蚱蹦跶不了多久了，而且白族地区有吃蚂蚱的习惯；冬至节到了，白族农村开始宰杀年猪。用白族地区生活化的民俗事象，比喻离死期不远了。本句谚语属白语大理方言云龙土语，由杨剑雄提供，杨伟妹阐释。

116.jɯ^{44}e^{ɹ31}tse^{ɹ21}pe^{ɹ31}, jɯ^{44}pi^{35}tɕie^{33}tɕia^{44}mie^{ɹ32},

吃 杏 成 病　吃　盐 梅 接　命

Ye ert zerd bert, ye bifjieix jia mierz,

jɯ^{44}ɕy^{55}li^{55}, khe^{ɹ55}y̩^{32}me^{21}mɯ^{35}phɯ^{55}ɕy^{55}ɕy^{55}

吃　雪梨　屁 股 门　处所 吹　嘘 嘘

ye xuillil, kerlvux meidmef pel xuilxuil.

汉语意译：

吃杏生病，吃梅接命。吃梨子，肛门那里吹口哨。

阐释：

阐释了白族的生活经验。白族民间认为杏子吃多了会使人生病，梅子则是一个宝，有接命救命之功效。梨子则性寒，吃多了以后容易拉肚子。“肛门吹口哨”是十分形象生动的比喻，指泻肚拉稀。本句谚语属白语大理方言，流传在大理挖色一带，王锋提供并阐释。

117.ŋɯ^{21}tou^{44}tshe^{ɹ55}, me^{ɹ33}tou^{44}tsy̩^{33},

牛　跌　轻　　马　跌　重

Nged dou cerl, merx dou zvx,

thɔ^{55}li^{55}me^{ɹ21}tou^{44}tɕhi^{44}ky̩^{33}.

毛 驴　　跌　出　鬼

taollilmerd dou qi gvx.

阐释：

阐释了白族的生活经验。白族民间认为从几种不同的牲畜身上跌下来，跌的轻重不一样。骑牛跌得轻，骑马跌得重，毛驴虽然个子小，但骑毛驴是跌得最重的，“跌出鬼”即“跌得看见鬼”，也就是跌得晕死过去的意思。本句谚语属白语大理方言，流传在大理挖色一带，王锋提供并阐释。

4. 社会经验篇

001.khuã^{33}no^{44} ta^{42}jĩ^{21}miɛ^{55}, jĩ^{21} no^{44} kua^{44}ɕyɛ̃^{55}nɛ^{55}.

狗 受事 取 人 名 人 受事 挂 铃铛

Kuanx no dap yind miail, yind no gua xuainlnail.

汉语意译：

狗起人名字，人挂狗铃铛。

阐释：

比喻为人做事没有规矩，不三不四，张冠李戴，不干正经事。本句谚语属白语剑川方言，由赵春旺提供，李春晓阐释。

社会经验篇

002.tsɛ̃^{55}ɕĩ^{55}tsɛ̃^{55}ɣo^{42}tsṽ̩^{33}tɕy^{44}tɕhi^{44},

真 心 真 话 酒 醉 出

Zainlxinl–zainlhhop zvnx jui qi,

tɕi^{55}kɯ^{55}vu^{42}tsou^{44}khuã^{33}tɕi^{42}tɕhi^{44}.

斑 鸠 麂子 雀 狗 赶 出

jilgel–vupzo kuanx jip qi.

汉语意译：

酒醉催出真心话，狗把野物赶出来。

阐释：

真心话在酒精的作用下才会说出来，就像狗从草丛树林中赶出野鸡野雀一样。

本句谚语属白语剑川方言，由赵春旺提供，李春晓阐释。

003.khuã^{33}tɕy^{33}kɛ^{55}ŋy̩^{55} ja^{35}tsɿ^{55},

狗 嘴 巴 处所 不 作

Kuanx juixgail ngvl yaf zil ,

khuã^{33}nɯ^{55}no^{44} ja^{35}ŋa^{44}.

狗 你 受事 不 咬

kuanx nel no yaf nga.

汉语意译：

不近狗嘴，不受狗咬。

阐释：

不靠近狗嘴去挑逗，就不会被咬。阐释了白族的社会生活经验，认为为人处世特别是在人与人的交往中，要追求和谐自然，不要挑逗滋事，才能不生祸端。

本句谚语属白语剑川方言，由赵春旺提供，李春晓阐释。

004.tsɯ^{42}ta^{31}ko^{21}jĩ^{21}po^{55}, khuã^{33}ŋa^{44}pe^{42}pi^{31}jĩ^{21}.

贼 偷 富 人 公 狗 咬 披 蓑 人

Zep dat godyindbol, kuanx nga beip bit yind.

汉语意译：

贼偷富裕户，狗咬披蓑人。

阐释：

小偷只会盗窃富裕人家，而狗只会咬穿蓑衣的穷苦人。阐释了白族的社会经验，富裕的人家总是被贼惦记，而势利的人狗眼看人低，总是欺负穷苦人。本句谚语属白语剑川方言，由赵春旺提供，李春晓阐释。

005.ʦu^{55}ʦɯ^{33}ke^{55}pɛ^{21}ma^{44},

做 话题 鸡 扒 稻草

Zul zex geil baid ma,

jɯ^{44}ʦɯ^{33}tã^{55}to^{42}pa^{44}.

吃 话题 抬 大 钵

ye zex danl dop ba.

汉语意译：

干活如鸡刨，吃饭抬大碗。

阐释：

做事的时候随便应付了事，吃饭的时候却拿大碗吃。用非常形象生动的语言，讽刺了好吃懒做的人。本句谚语属白语剑川方言，由赵春旺提供，李春晓阐释。

006.khuã^{33}ta^{44}pã^{42}no^{44} ʦu^{55}sɯ̃^{55}ji^{44}.

狗 搭 豹 受事 做 生 意

Kuanx da banp no zul senlyi.

汉语意译：

狗跟豹子做生意。

阐释：

狗和豹子打交道，必然会被更凶猛的豹子欺负，甚至会被吃掉。阐释了白族的社会经验，认为弱者和强者在一起合作共事或竞争，缺乏平等的前提条件，弱者肯定要吃大亏。比喻没有必要前提的事情，必然不会有好结果。本句谚语属白语剑川方言，由赵春旺提供，李春晓阐释。

007.khɛ^{55}tɯ^{21}tsɿ̃^{42}ke^{55}, pẽ^{33}kɛ^{42}tsɿ̃^{42}a^{44}.

早　晨 属 鸡　晚 间 属 鸭

Kailded zvnp geil, beinxgaip zvnp a.

汉语意译：

早上属鸡，晚上属鸭。

阐释：

早上说的事，晚上就变了样。展现了人情世态，讽刺有的人很善变，过一会儿想一出，或是见人说人话，见鬼说鬼话。本句谚语属白语剑川方言，由赵春旺提供，李春晓阐释。

008.kɛ^{42} pĩ^{21}ɕĩ^{21}tɯ^{21}　xã^{55}tso^{55}ɛ^{44}uẽ^{33} tɯ^{21}　no^{44} tua^{42}.

流 鼻涕 量词 嫌弃　有眼屎 量词 受事 不能

Gaip bindxinp ded hanlzol aiweinx ded no duap.

汉语意译：

流鼻涕的人不能嫌弃有眼屎的人。

阐释：

讽刺“五十步笑百步”的行为。本句谚语属白语剑川方言，由赵春旺提供，李春晓阐释。

009.kou^{21}jĩ^{21}po^{55} tsɯ^{33}kɛ^{42}, ka^{44}sɛ^{44}tsɿ^{33}mo^{33}tɕiɛ^{21}.

富人 公 有 价 乞 丐 子 无 情

Godyinlbol zex gaip, gasai'zix mox jiaid.

汉语意译：

富人有价，乞丐无义。

阐释：

有钱有势的人就有价值，再怎么样别人也会让你三分，穷困潦倒的人就被人看作无情无义。揭示了旧社会的身份歧视，也讽刺了现实生活中一些人喜欢攀高踩低、嫌贫爱富。本句谚语属白语剑川方言，由赵春旺提供，李春晓阐释。

010.tɯ^{55} li^{55} xã^{55}ta^{44}fṽ̩^{55} no^{44} kuẽ^{31}.

提篮也 看 搭 斗箩 受事 滚

Del lil hanl da fvnl no guint.

汉语意译：

提篮也想跟斗箩滚。

阐释：

满瓶不摇半瓶摇，不自量力。小小的提篮还想像大大的斗箩一样滚。认为做人做事要依据自己的客观条件，不能眼高手低。本句谚语属白语剑川方言，由赵春旺提供，李春晓阐释。

011.pã^{55}xɯ^{31}kɛ^{42}to^{42}ŋue^{21} xɯ^{31}phi^{55}ji^{44}.

升 里 价大 蒸笼 里 便 宜

Banl het gaipdop nguid het pilyi.

汉语意译：

升里贵蒸笼里便宜。

阐释：

在升里装着售卖时觉得价格昂贵，买到家中在蒸笼里蒸熟以后就“便宜”了，可以随便拿、随便吃。这句谚语阐释了白族的处事原则和待客之道，认为再怎么昂贵的东西买回家中，家人和客人都可以尽情食用，就不再考虑贵不贵了。另外一个意义是指买和用的时候有不同的心理感受。本句谚语属白语剑川方言，由赵春旺提供，李春晓阐释。

012.khuã^{33}sɿ^{33}tʂhõ^{55}ji^{31}ɕiõ^{55}.

狗　屎 充　麝香

Kuanx six conl yitxionl.

汉语意译：

狗屎充麝香。

阐释：

用便宜货、次货充当昂贵货、好货，以次充好。本句谚语属白语剑川方言，由赵春旺提供，李春晓阐释。

013.kõ^{42}mɛ^{33}mo^{33}tʂhõ^{55}lo^{55}.

衰 马 母 充　骡子

Gonpmaixmox conl lol.

汉语意译：

没本事的母马假装自己是骡子。

阐释：

没本事、懦弱的母马假装是骡子。讽刺生活中没有本事但却夸夸其谈、滥竽充数的人。本句谚语属白语剑川方言，由赵春旺提供，李春晓阐释。

014.ɕy^{33}ŋɯ^{21}po^{55}ŋẏ^{55} ta^{21}pɛ^{21}ɕi^{31}.

水 牛 公 受事 弹 口弦

Xuixnged bol ngvl dad baidxit.

汉语意译：

水牛面前弹口弦。

阐释：

这句谚语有歇后语的性质。和汉语成语“对牛弹琴”意义相同，表示做事情不看对象，没有任何效果。本句谚语属白语剑川方言，由赵春旺提供，李春晓阐释。

015.ã^{55}ȵi^{55}ɕiã^{55}ɕiã^{55}jɯ^{44}kɛ^{21},

猫 咪 闲 闲 吃 肉

Anlnil xianl xianl ye gaid,

ŋɯ^{21}po^{55}tso^{44}tɕi^{31}jɯ^{44}ma^{44}.

牛 公 耕 田 吃 稻草

nged bol zojit ye ma.

汉语意译：

闲猫有肉吃，勤牛吃稻草。

阐释：

猫什么事也不做还有肉吃，勤劳的牛天天耕田却只能吃草。认为社会生活中存在很多不公平的现象，闲者高枕无忧，劳者所获甚少。本句谚语属白语剑川方言，由赵春旺提供，李春晓阐释。

016.tsuɛ^{44}fɛ̃^{33}khɛ^{55} li^{55} jõ^{44}jõ^{21}su^{55}tshua^{33}.

跌 翻 量词 也 要 抓 沙 量词

Zuai’ fainx kail lil yon yond sul cuax.

汉语意译：

跌倒还要抓把沙子。

阐释：

跌倒了都不忘记在地上抓把沙子，形容人极度爱占小便宜。本句谚语属白语剑川方言，由赵春旺提供，李春晓阐释。

017.tɛ̃^{44}piɛ^{44} phiɛ^{55} pio^{33} kɯ̃^{33}sɛ̃^{21}ne^{21}.

打 板壁 量词 不是 震 罐 量词

Dain biai'piail biox genx saind neid.

汉语意译：

打板壁是假，震土罐是真。

阐释：

piɛ^{44}phiɛ^{55}（biai'piail）“板壁”是指木制的墙壁，白族一些地方喜欢用木头建房子，连墙壁也都是由几块木板拼接而成的。这句谚语的字面意义是，表面上是打木板墙壁，其实真实目的是为了让旁边的土罐摇起来。用白族的生活经验形象地比喻含沙射影、指桑骂槐。本句谚语属白语剑川方言，由赵春旺提供，李春晓阐释。

018.pã^{55}tsɯ^{33}mɯ^{55}pã^{55}to^{42},

升 是 他的 升 大

Banl zex mel banl dop,

me^{33}tsɯ^{33}mɯ^{55}me^{33}xu^{33}.

米 是 他的 米 好

meix zex mel meix hux.

汉语意译：

升是他的大，米也是他的好。

阐释：

讽刺万事强占理的人，什么时候都要占便宜。本句谚语属白语剑川方言，由段四梅提供，李春晓阐释。

019.tsɯ³³la⁴²tɯ²¹po²¹, ja³⁵tɕhy⁵⁵lo⁵⁵wa⁴².

有 了 头　　不 缺　斗 笠

Zex lap dedbod, yaf quil lolwap.

汉语意译：

有了脑袋，不缺斗笠。

阐释：

牵牛要牵牛鼻子，做事要抓主要矛盾。有了头就不怕缺斗笠了。教导人们要学会找准问题的关键。本句谚语属白语剑川方言，由段四梅提供，李春晓阐释。

020.tsɯ³³no⁴⁴tɕiã³¹mo³³no⁴⁴sua⁴⁴.

有　的　讲　没　的　说

Zex no jiant mox no sua.

汉语意译：

不管有无乱说一气。

阐释：

讽刺有的人不按事实说话，不论事实真假有无，都添油加醋、捕风捉影地乱说一通。本句谚语属白语剑川方言，由段四梅提供，李春晓阐释。

021.kɯ^{21}jĩ^{21} ɣa^{35}tsha^{55}mɛ^{42}jĩ^{21}tsha^{55}.

卖 人 不 错　买 人 错

Ged yind hhaf cal maip yind cal.

汉语意译：

只有买的差，没有卖的错。

阐释：

类似汉语“买的没有卖的精”。商家绝对不会做亏本的生意。阐释了白族的社会经验，认为在买卖中，只有买家会吃亏上当，卖家绝对不会受损。本句谚语属白语剑川方言，由段四梅提供，李春晓阐释。

022.pɛ^{44}jĩ^{21}ŋv̩^{55}pɛ^{44}ɕĩ^{55}.

百 人 的 百 心

Bai yind ngvl bai xinl.

汉语意译：

百人有百心。

阐释：

阐释了白族的生活哲理和社会经验，认为人心隔肚皮，每个人都有各自心思，难猜难测，很难让所有人都满意。本句谚语属白语剑川方言，由段四梅提供，李春晓阐释。

023.tsu^{55}tsɿ^{55} ã^{33} jĩ^{21}kɛ^{55}tɕi^{55}, jɯ^{44}tsɿ^{55} ã^{33} jĩ^{21}kɛ^{55}ɕu^{33}.

做 话题 看 人家 多　吃 话题 看 人 家 少

Zul zil anx yindgail jil, ye zil anx yindgainl xux.

汉语意译：

做时望人多，吃时盼人少。

阐释：

做事的时候希望有人来帮忙，吃的时候则希望人少。讽刺自私自利，时刻都想占便宜的人。本句谚语属白语剑川方言，由段四梅提供，李春晓阐释。

024.sua^{44}tõ^{21}tsɿ^{55} pĩ^{55}li^{55} ja^{35}tsõ^{55}.

说 话 话题 盐 也 不 放

Sua'dond zil binl lil yaf zonl.

汉语意译：

说话不放盐。

阐释：

用非常有特色的比喻，形容一个人心直口快，说话不过脑子，言语不加修饰。本句谚语属白语剑川方言，由段四梅提供，李春晓阐释。

025.a^{31} jĩ^{21}tsɿ^{55} thã^{55}mɯ^{55}tɕĩ^{55}, a^{31} jĩ^{21}tsɿ^{55} ua^{42}mɯ^{55} mi^{44}.

一 人 话题 够 它的 尖 一 人 话题 挖 它的 根

At yind zil tanl mel jinl, at yind zil wap mel mi.

汉语意译：

一个去够枝叶，一个刨根问底。

阐释：

描述了一种谈话双方在交流时鸡同鸭讲的情况，说话双方完全不在一个轨道上。本句谚语属白语剑川方言，由段四梅提供，李春晓阐释。

026.lɛ^{35} jɯ^{44} lɛ^{35} jɯ^{44} tsɿ^{55} ta^{42} le^{44},

随便 吃 随便 吃 话题 可以的

Laif ye laif ye zil dap le,

lɛ^{35} tɕiã^{31} lɛ^{35} sua^{44} tsɿ^{55} xo^{55} tua^{42}.

随便 讲 随便 说 话题 合 不得

Laif jiant laif sua zil hol duap.

汉语意译：

东西可以随便吃，话不能随便讲。

阐释：

祸从口出，乱吃东西最多只是伤害自己的身体，而乱说话，就有可能伤害到别人，引起争端，造成祸害。阐释了白族的社会经验，认为做人须谨言慎行，避免乱说话引起祸端。本句谚语属白语剑川方言，由段四梅提供，李春晓阐释。

027.khuã^{33}ja^{35} pia^{42}tɯ^{21} ŋa^{44}jĩ^{21}kɛ^{55},

狗 不 吠 量词 咬 人家

Kuanx yaf biap ded nga yindgail ,

tõ^{21}ja^{35}sua^{44}jĩ^{21}kɛ̃^{55} jĩ^{21}kɛ^{55}.

话 不 说 人 吓 人家

Dond yaf sua yind gainl yindgail.

汉语意译：

不吠之狗偷咬人，不语之人心机深。

阐释：

不吠的狗会偷咬人，不说话的人城府很深。阐释了白族的社会经验，认为日常交往中要注意那些不怎么说话的人，担心他们城府深，会落入他们的算计之中。本句谚语属白语剑川方言，由段四梅提供，李春晓阐释。

028.a^{31}tsɣ̩̃^{21}ua^{42}tɕhi^{44} tɕiɛ̃^{33}kho^{55}tua^{42}.

一 锄 挖 出 井 量词 不能

At zvnd wap qi jiainx kol duap.

汉语意译：

一锄头挖不出一口井。

阐释：

一锄头挖不出来一口井，汉语也有类似的谚语，如“一口吃不成一个胖子”。认为做人做事要踏踏实实一步步走，不要妄想一蹴而就。本句谚语属白语剑川方言，由段四梅提供，李春晓阐释。

029.fɣ̩^{44}tɕi^{55}kha^{44}li^{55} ka^{44}ŋɯ^{55} ji^{55}tsɿ^{33}tshɯ^{44},

肚 饥 渴 也 把 我的 衣带 勒

Fvjilka lil ga ngel yilzix ce，

jɯ^{44}ta^{42}tshɣ̩^{31}mɯ^{55}tɯ^{21}jɯ^{44}.

吃 能 处 方 才 吃

Ye dap cvt melded ye.

汉语意译：

饿时勒紧裤腰带，能吃的地方才吃。

阐释：

饿的时候要勒紧裤腰带，到吃饭的地方才能吃。指说话、做事要注意场合，在合适的场合、合适的时间做合适的事，不要做出不合时宜的行为。本句谚语属白语剑川方言，由段四梅提供，李春晓阐释。

030.khuã^{33}se^{44} sɛ̃^{21}tɯ^{21}ŋv̩^{55}, pã^{42} tɛ̃^{44} tã^{55}mo^{31}ʦuẽ^{44}.

狗 习惯 神 头 处所 豹 怎样 叼 它 量词

Kuanx sei saind ded ngvl, banp dain danl mot zuin.

汉语意译：

狗习惯呆在山神庙，迟早会被豹子叼走。

阐释：

本句谚语基于白族的社会生活，阐释了生活经验。白族地区的神庙（特别是山神庙）一般在村子外面的山林中，神庙里有人供奉贡品。村里的狗喜欢到庙里找吃贡品，有可能被山上的野兽叼走。告诫一个人如果老做一些带有风险性的事情，迟早会受到惩罚。本句谚语属白语剑川方言，由张进忠提供，李春晓阐释。

031.xɯ^{44}v̩^{55}tshu^{33}ʦɯ^{33}mɛ^{21}xa^{44}li^{55},

乌 鸦 就 是 鸣 死 也

Hevul cuxzex maid ha lil,

ua^{42}no^{44} ʦe^{44}ʦɯ^{33}ua^{42}ɕĩ^{55}phia^{44}.

鹰 处所 再 有 鹰 心 肺

wap no zei zex wap xinl pia.

汉语意译：

任凭乌鸦叫，老鹰心似铁。

阐释：

任凭乌鸦如何嘶叫、搬弄是非，但老鹰也有一颗判断是非的心。阐释了白族的社会经验，认为公道自在人心，不必理会恶人的闲言碎语，要相信邪不压正。本句谚语属白语剑川方言，由张进忠提供，李春晓阐释。

032.khuã^{33}pia^{42}ŋɯ^{21}ko^{44}tse^{44}.

狗 吠 牛 脚 节

Kuanx biap nged go'zei.

汉语意译：

狗吠牛蹄处，叫了也白叫。

阐释：

大理白语称为 khua^{33}pia^{42}ku^{33}ɕy^{33}ŋɯ^{21}（kuax biap gux xuixnged）“狗吠老水牛”，意义接近。狗在牛蹄旁汪汪狂吠也没有任何用处，水牛毫不理会。阐释了白族的社会经验，认为有些行为就是在做无用功，多此一举。另外还有一层意义指多管闲事。本句谚语属白语剑川方言，由张进忠提供，李春晓阐释。

033.tsɯ^{33}jĩ^{21}no^{44}tha^{44}tsɛ̃^{55}, mo^{33}jĩ^{21}no^{44}tha^{44}pi^{31}.

有 人 上 盖 毡 无 人 上 盖 蓑衣

Zex yind no ta zainl, mox yind no ta bit.

汉语意译：

有（钱）人身上披毡子，无（钱）人身上盖蓑衣。

阐释：

指过去人有贫富分别，生活条件不一样。富人能盖毡子，穷人没有被子，只能盖蓑衣。这是对旧社会黑暗社会的控诉。本句谚语属白语剑川方言，由张进忠提供，李春晓阐释。

034.mɛ^{33}ɕi^{33}tshy̩^{31}xɯ^{44}y̩^{55}.

马 死 处 乌 鸦

Maix xix cvt hevul.

汉语意译：

凑热闹，瞎起哄。

阐释：

阐释了白族的社会经验，马死后，尸体招来了许多乌鸦，讽刺有的人就像马尸体边的乌鸦，喜欢凑热闹、瞎起哄。本句谚语属白语剑川方言，由张进忠提供，李春晓阐释。

035.khuã^{33}fy̩^{31}　tɕi^{31}tã^{31}xɯ^{31}.

狗　放屁 田野 里

Kuanx fvt jitdant het.

汉语意译：

狗在田坝里放屁。

阐释：

形容有的人说的都是废话，没有什么价值。就像狗在野外放屁，放了就没了，毫无用处。本句谚语属白语剑川方言，由张进忠提供，李春晓阐释。

社会经验篇

036.lɛ^{35}　tɕiã^{31}lɛ^{35}　sua^{44}tʂhɯ^{55}jĩ^{55}ɕĩ^{55},

随便 讲 随便 说　堵 人 心

Laif jiant laif sua cel yinl xinl,

lɛ^{35}　jɯ^{44}lɛ^{35}　ɯ̃^{33}kho^{55}　jĩ^{55} no^{44}.

随便 吃 随便 喝 有益 人 受事

Laif ye laif enx kol yinl no.

汉语意译：

胡说八道惹人烦，有吃有喝悦人心。

阐释：

胡说八道会伤害他人。认为说话要注意考虑他人的感受，注意场合，不要不过脑子随意乱说一气。本句谚语属白语剑川方言，由张进忠提供，李春晓阐释。

037.õ^{21}mɛ^{55}tɕiɛ^{21}ɕy^{33}uẽ^{33}li^{55} kho^{55}.

青蛙 填 水眼 也 有效

Ondmail jiaid xuixweinx lil kol.

汉语意译：

青蛙也能填水洞。

阐释：

小小的青蛙也能用来填水洞，即不起眼的人和物也有其用处。本句谚语属白语剑川方言，由张进忠提供，李春晓阐释。

038.xã^{55}jõ^{21}khuã^{33}ŋɣ^{55} vɛ^{55}pa^{33}pa^{55}.

看羊 狗 受事 丢 粑粑

Hanlyondkuanx ngvl vail baxbal.

汉语意译：

给牧羊犬丢粑粑。

阐释：

阐释了白族的社会经验，认为人很容易被蝇头小利所诱惑而放弃原则。本句谚语属白语剑川方言，由张进忠提供，李春晓阐释。

039.kɯ^{42}õ^{21}mɛ^{55}pio^{33}ʦo^{42}ɕy^{33}pɛ̃^{31}.

救 青蛙 不是 着 水 病

Gep ondmail biox zop xuixbaint .

汉语意译：

青蛙没救成，反而得水病。

阐释：

指有的人因能力不足，本来想做好事，不仅事情没做成功，结果自己还吃了大亏。本句谚语属白语剑川方言，由张进忠提供，李春晓阐释。

040.ʦṽ̩^{21}sẽ^{42}ʦhuɛ^{44}ɣa^{35} tsɛ̃^{21}, lu^{33}tɯ^{44}ȵi^{21}uɛ^{55}pi^{55}.

锄 量词 漱 没 成 沾 得 泥 量词

Zvnd seinp cuai hhaf zaind, lux de nidwail bil.

汉语意译：

锄头没洗成，沾了一锄泥。

阐释：

本来想要清洗锄头，结果锄头没洗成，反倒沾染了好多泥巴。指有时事情并没有往期待的方向发展，反而因为一些意外情况而变得更糟了。本句谚语属白语剑川方言，由张进忠提供，李春晓阐释。

041.ʨĩ^{33}sv̩^{42}jĩ^{21}tsɯ^{33} xu^{55}xɛ̃^{55}ɕĩ^{55},

近 山 人 话题 烧 湿 柴

Jinx svp yind zex hul hainl xinl,

ʨĩ^{33}ne^{42} jĩ^{21}ʦɯ^{33} ta^{21}ɣã^{21}kɯ^{33}.

近 温泉 人 话题 沾 汗 垢

Jinx neip yind zex dad hhandgex.

汉语意译：

近山者烧湿柴火，近温泉者身上脏。

阐释：

明明柴火唾手可得，靠山居住的人却在烧湿柴火；明明温泉就在身边，在温泉附近居住的人身上却全是汗垢。用来比喻有的人总是做出一些反常理、反规律的行为。本句谚语属白语剑川方言，由张进忠提供，李春晓阐释。

042.jɯ^{44}jĩ^{55}ŋv̩^{42}　jĩ^{21}tsɯ^{33}　ka^{31}jĩ^{55}tsɿ^{31},

吃 您 领有 人 话题 讲 您 错

Ye yinl ngvp yind zex gat yinl zit,

tshɛ̃^{33}jĩ^{55}ŋv̩^{55}　jĩ^{21}tsɯ^{33}　sɿ^{55}jĩ^{55}　no^{44}.

睡　您 处所 人 话题 尿 您 受事

Cainx yinl ngvl yind zex sil yinl no.

汉语意译：

留饭反被说坏话，留宿竟尿主人身。

阐释：

吃人的饭还要说人的坏话，在人家家里睡觉还要往主人身上撒尿。比喻好心不得好报。也批评了社会生活中有这么一类人，吃饭砸锅，不知感恩，喜欢蹬鼻子上脸，品质败坏。本句谚语属白语剑川方言，由张进忠提供，李春晓阐释。

043.ɣɯ^{44}jĩ^{55}no^{44}　jĩ^{21} tsɯ^{33}　jõ^{44}jĩ^{55}xu^{33},

骂　您 受事 人 话题 要 您 好

Hhe yinl no yind zex yon yinl hux,

so^{31}jĩ^{55}no^{44}　jĩ^{21}ʦɯ^{33} xã^{55}jĩ^{55}no^{44}.

笑 您 受事 人 话题 看 你 受事

Sot yinl no yind zex hanl yinl no.

汉语意译：

骂您的人是为您好，和您嬉笑的人只是逢场作戏。

阐释：

骂您的人指出您的不足之处，是为了您好；和您整日嬉皮笑脸的人，只不过是逢场作戏罢了。阐释了白族的社会经验，认为忠言逆耳利于行，而一时的附和谈笑并非真心。劝诫人们要分得清好坏。本句谚语属白语剑川方言，由张进忠提供，李春晓阐释。

044.mɛ^{33}sɿ^{33}kho^{33}no^{44}mɛ^{33}ma^{21}jɯ̃^{42}.

马 屎 量词 上 马 毛 量词

Maix six kox no maix mad yenp.

汉语意译：

马屎上的马毛。

阐释：

马屎上的马毛，怎么说都是马身上的毛。阐释了白族的社会经验，认为一小点人际关系也有它的用处。和前文的“狗尾巴上有三只苍蝇”类似。本句谚语属白语剑川方言，由张进忠提供，李春晓阐释。

045.ʦo^{44}a^{55}na^{44}ʨi^{31}ʦɿ^{55}ta^{42}a^{55}na^{55}kho^{31}.

耕 哪里 田 就 踩 哪里 沟

Zo alna jit zil dap alna kot.

汉语意译：

耕哪里的田就踩哪里的沟。

阐释：

阐释了白族的社会经验，做人就像耕田种地，各人种好自己的地，踩自家的沟，不要越界，做人也须安分守己、不僭越。与前文的“哪里的鹰捉哪里的雀”类似。本句谚语属白语剑川方言，由张进忠提供，李春晓阐释。

046.ɣo^{21}suã^{55}tshɯ^{44}mɯ^{55} kỵ^{42}mi^{42} xɯ^{31}so^{44}jɯ̃^{42}.

猴 狲 拴 它的 脖子 里 绳 量词

Hhodsuanl ce mel gvpmip het so yenp.

汉语意译：

猴子往脖子上套绳索——自讨苦吃。

阐释：

本句谚语类似于歇后语。用猴子自己给自己下套索来比喻那些做事让自己受困，给自己找麻烦的人。本句谚语属白语剑川方言，由张进忠提供，李春晓阐释。

047.tshɛ^{44}tsỵ^{33}pia^{31}tɯ̃^{55}nɯ^{55}.

赤 纸 裱 灯 笼

Cai zvx biat denlnel

汉语意译：

红纸裱灯笼——装面儿。

阐释：

阐释了白族的社会经验，认为有的行为没什么实际的作用，只是想要装装面子而已。本句谚语带有歇后语性质，属白语剑川方言，由张进忠提供，李春晓阐释。

048.khuã^{33}kẽ^{42}ʦɯ^{33} ɣɯ^{42} to^{42}.

狗　见 主人 力气 大

Kuanx geinp zex hhep dop.

汉语意译：

狗见主人力气大。

阐释：

这句谚语有多重含义。一种意义指坏人依靠某种势力任意欺侮他人，指代某些狐假虎威、狗仗人势的行为。另一种意义是讽刺有些人逢场作戏，做表面文章，平时不出力，主人或上级在场就拼命表现。本句谚语属白语剑川方言，由邱旭清提供，李春晓阐释。

049.tse^{21}ɣa^{35}ʦhv̩^{44}no^{44}jɯ^{44}sɛ̃^{55},

财 不 出　地 吃 肉饼

Zeid hhaf cv no ye sainl,

fv̩^{44}suẽ^{42}li^{55}ɣa^{35}kɛ̃^{55}.

腹 泻 也 不 怕

Fvsuinp lil hhaf gainl.

汉语意译：

不出钱吃肉饼，拉肚子也不怕。

阐释：

讽刺有的人特别喜欢占小便宜，宁可自己受伤也要把便宜占够占足。本句谚语属白语剑川方言，由邱旭清提供，李春晓阐释。

050.ʦhɯ^{33}kɛ^{21}kɛ^{55}pio^{33}ʦhɯ^{33}ʨio^{21}pa^{42}.

羞　胫骨　不是 羞　腿肚子

Cex gaidgail biox cex jiodbap.

汉语意译：

羞不到胫骨而羞到了腿肚子。

阐释：

做了不好的事，影响的不只是个人的名声，还会影响整个家庭的名声。认为个人的行为代表了集体的形象，而集体的形象需要每一个人去维护。本句谚语属白语剑川方言，由邱旭清提供，李春晓阐释。

051.ɕiã^{55}tã^{55}ã^{55}ȵi^{55} jõ^{42}ɕi^{33}sv̩^{33}.

吓 唬 猫 咪 用 死 鼠

Xianldanl anlnil yonp xix svx.

汉语意译：

用死老鼠吓唬猫。

阐释：

用死老鼠去吓唬猫，无关痛痒，没有效果。阐释了白族的社会经验，认为做事要采取正确的方法，还要有针对性，否则努力了也是白费功夫。本句谚语属白语剑川方言，由邱旭清提供，李春晓阐释。

052.phɯ^{31}xo^{31} sa^{35}tõ^{33}phɯ^{31}thɯ^{55}.

盖　房 从 上 盖　下

Pet hot saf donx pet tel.

汉语意译：

盖房子要从上往下盖。

阐释：

盖屋面需要从上面盖下来，做事情也应该按规矩和规则来。指做事要遵守规律，按一定的程序，不能乱来。本句谚语属白语剑川方言，由邱旭清提供，李春晓阐释。

053.tɕia^{44}xɯ^{31}tã^{55}tsɿ^{55}　a^{31}mia^{44}, jõ^{44}khy̩^{55} xɯ^{31}ku^{31}.

轿　里　抬 话题 不要　　要 粪箕 里 端

Jia het danl zil atmia, yon kvl het gut.

汉语意译：

不要轿子抬，只要粪箕端。

阐释：

讽刺有的人不识好歹、不识抬举。该句谚语在汉语中也用十分经典的对应，即“敬酒不吃吃罚酒”。本句谚语属白语剑川方言，由施茂松提供，李春晓阐释。

054.pa^{33}ma^{21}khuã^{33}li^{55}xã^{55}ta^{44}sɛ̃^{55}　no^{44}thio^{44}.

卷 毛　狗　也像　　狮子 受事 跳

Baxmad kuanx lil hanl da sainl no tio.

汉语意译：

卷毛狗也要学雄狮跳。

阐释：

就算卷狗毛跳得再高，它也成不了真正的狮子，没有狮子的本事和能力。认为有的人常常做不自量力的事，没有自知之明，惹人耻笑。本句谚语属白语剑川方言，由施茂松提供，李春晓阐释。

055.khuã^{33}ʦɛ̃^{21}ɣo^{21}pio^{33}.

狗　成 狐 不是

Kuanx zaind hhod biox.

汉语意译：

狗不成，狐不是。

阐释：

不像狗也不像狐狸，讽刺有的人不三不四、不伦不类，没个人样。本句谚语同时也是一个四音格词语，属白语剑川方言，由施茂松提供，李春晓阐释。

056.sɿ^{55}khv̩^{31}　li^{55}jõ^{44} li^{44}mɯ^{55} pha^{44}.

尿 量词 也 要 滤 它的 渣

Silkvt lil yon li mel pa.

汉语意译：

撒尿也要滤渣。

阐释：

讽刺有的人十分财迷小气，吝啬程度好比撒个尿也想要过滤出对自己有用的东西。本句谚语属白语剑川方言，由施茂松提供，李春晓阐释。

057.a^{44}na^{44}sua^{44}ʦɿ^{55}a^{44}na^{44}phĩ^{55}.

哪里 说 则 哪里 消失

A'na sua zil a'na pinl.

汉语意译：

话在哪儿说在哪儿消。

阐释：

话在哪儿说完就让它在哪儿消失，不要传来传去，以免引发矛盾。阐释了白族的社会经验，认为祸从口出，不要多嘴多舌，搬弄口舌是非，以免造成不好的后果。本句谚语属白语剑川方言，由施茂松提供，李春晓阐释。

058.ʦɛ̃^{55}jĩ^{21}pe^{44}ʦɛ̃^{55} thu^{33},

真 人 走 真 路

Zainl yind bei zainl tux,

kuã^{55}ju^{55} mo^{33}li^{55}pe^{44}to^{42}thu^{33}.

裤 量词 无 也 走 大 路

Guanl yul mox lil bei dop tux.

汉语意译：

真心实意走正道，没裤子也走大路。

阐释：

真心实意的人走真心实意的路，就算没穿裤子也敢走大道。后半句指不怕他人怀疑，光明正大的人不畏惧冷眼，不怕别人说三道四。阐释了白族的社会经验，认为“真心”是最好的美德，只要说真话，干实事，做真人，那就能够顶天立地，无愧于天地之间。本句谚语属白语剑川方言，摘自《大理丛书•白语篇》，由李春晓阐释。

059.thu^{33}pe^{44}ʦha^{55}thɯ^{55}lɛ^{31}pe^{44}ta^{42},

路 走 差 体貌 又 走 回

Tux bei cal tel lait bei dap,

ɕĩ^{55}ɣo^{42}sua^{44} ʦha^{55}ne^{44}tã^{42}tua^{42}.

话 语 说 差 拿 回 不能

xilhhop sua cal nei danp duap.

汉语意译：

路走错了可回头，话说错了收不回。

阐释：

通过对比的手法，阐释了白族的社会经验，认为不同的错误造成的结果不同，有的错误可以纠正，但有的错误是难以挽回的。“说出去的话，泼出去的水”，告诫人们说话一定要谨慎，要考虑说话的后果。本句谚语属白语剑川方言，摘自《大理丛书・白语篇》，由李春晓阐释。

060.ɕo^{31}xo^{55}khɯ^{55}tsɿ^{55}pɛ̃^{21},

好 花 开　作 坪

Xiot hol kel zil baind,

tɕu^{55}ɕĩ^{55}kuẽ^{31}tsɿ^{55}tsẽ^{33}.

朽 柴 滚　作 堆

juil xinl guint zil zeinx.

汉语意译：

好花开成一片，朽木滚成一堆。

阐释：

好花成片绽放，烂木头滚作一堆堆，用形象的比喻，阐释了“物以类聚、人以群分”“近朱者赤，近墨者黑”的道理。大理当地汉语有“烂木头滚一箐”的说法，表达了同样的意义。本句谚语属白语剑川方言，摘自《大理丛书・白语篇》，由李春晓阐释。

061.thɛ^{44}tɕỹ^{55}thɛ^{44}ŋɣ̩^{42}mo^{31}jõ^{44}kẽ^{55},

破 罐 破 瓮 它 要 坚

Taijuinl–tai'ngvp mot yon geinl,

ŋv̩^{55}tsɯ^{33}mo^{21}thɯ^{55}mo^{31}tɯ^{21} to^{42}.
鱼 话题 逃 体貌 那 量词 大
ngvl zex mod tel mot ded dop.

汉语意译：
破罐破瓮它耐用，鱼是跑掉那个大。

阐释：看似破旧的东西实际上很经用；大鱼本来应该比小鱼更好抓，但是最终的结果经常是大鱼跑掉了，只抓住一些小鱼。认为表象和事实经常是相反的，很多事物的发生和结果往往出人意料。这一认识形象地阐释了现象和本质的关系，体现了辩证法思想。本句谚语属白语剑川方言，摘自《大理丛书·白语篇》，由李春晓阐释。

062.pi^{55}sɿ^{55}ɣa^{35}tsho^{44}tsɯ^{31}ɣa^{35}ju^{31},
风 不 吹 树 不 摇
Bilsil hhaf co zet hhaf yut,

v̩^{33} ɣa^{35}ɣo^{42}tsɿ^{55}thu^{33}ɣa^{35}tɕhi^{55}.
雨 不 下 则 路 不 泥泞
vux hhaf hhop zil tux hhaf qil.

汉语意译：
无风树不摇，无雨路好走。

阐释：
认为事出必有因，一件事情不会无缘无故地凭空发生。以生活中常见的现象，生动地阐明了事物普遍联系的辩证法观点，启示人们要了解事物之间的因果联系。本句谚语属白语剑川方言，摘自《大理丛书·白语篇》，由李春晓阐释。

063.pĩ^{21}põ^{21}tsɿ^{33}li^{55}fɛ̃^{33}uẽ^{42}kho^{55}.

蚂 蚁 子 也 翻 磨 量词

Bindbondzix lil fainx weinp kol.

汉语意译：

小蚂蚁翻磨盘。

阐释：

本句谚语可以根据特定的语境从不同的角度去理解。一个是正面意义，意思是单个的蚂蚁力量小，但是一大群蚂蚁就能有翻动磨盘的力量。比喻力量小的人若能团结努力，也能成就大事。从这个意义还引申出以下犯上、造反之意。另一个是反面的意义，意思是小小的蚂蚁还想翻动磨盘，讽刺一些不自量力的行为。本句谚语属白语剑川方言，摘自《大理丛书·白语篇》，由李春晓阐释。

064.me^{55} ko^{21}li^{55}tɕhy^{44}sɯ^{33}.

松明 肥 也 烫 手

Meil god lil qui sex.

汉语意译：

松明太好也烫手。

阐释：松明是松柏树上多油脂的木质部分，过去经常用于引火照明。用油脂很多的松明点火、照明，烧出的松香油多，容易烫手。用品质好的松明比喻能力强的人，像一把双刃剑，虽然能办成事，但是也不好驾驭，有时候还会伤及自己。本句谚语属白语剑川方言，摘自《大理丛书·白语篇》，由李春晓阐释。

065.fy̩^{55}khɯ^{33}tɯ^{21} li^{55}mɯ^{55}xɛ^{55}sɿ^{31}fy̩^{55}thɯ^{55}ko^{44}ŋy̩^{55} jɯ^{44}.

飞 起 量词 也它的 饭 飞 下 脚 处所 吃

Fvl kex ded lil mel hailsit fvl tel go’ngvl ye.

社会经验篇

汉语意译：

即使飞得再高，吃东西还是落回地上。

阐释：

即便就像鸟类能在天上展翅翱翔，但还是难免要落到地上，否则就无法生存。比喻就算理想再怎么高远，但也不能脱离实际，看不起实际工作。本句谚语属白语剑川方言，摘自《大理丛书·白语篇》，由李春晓阐释。

066.a^{55}mi^{55}xeɹ^{55}ɕia^{35}jɯ^{44}la^{44}keɹ^{21},

猫 咪 活 闲 吃 腊 肉

Almil herlxiaf ye lagerd,

ɕy^{33}ŋɯ^{21}tsou^{44}tɕi^{31} jɯ^{44}ka^{35}ma^{44}.

水 牛 犁 地 吃 干 稻草

xuixnged zoujit ye gafma.

tou^{33} tɕi^{31}tsou^{44}thɯ^{55}eɹ^{33}tɕi^{31}xɯ^{31},

上 田 犁 下 下 田 里

doux jit zou tel erx jit het,

pɯ^{55}ue^{33}xɯ^{31}kɯ^{21}sua^{44}.

它 眼 里 流 血

bel weix het ged sua.

汉语意译：

猫咪好闲吃腊肉，水牛犁地吃干草。上田犁完犁下田，眼里血泪流。

阐释：

猫可以不劳而获却仍然吃香喝辣；老水牛任劳任怨辛苦劳作，到头来却还是生活窘迫，只能吃干草充饥。这句谚语采用了对比的手法以及白族民歌“三七一五”的“山花体”形式，描绘了日常生活中经常出现的劳动和分配的不公平状况。在旧社会，这是劳动人民辛酸生活的反映，讽刺了那些安逸享乐，骑在人民头上的剥削阶级，并对底层劳动人民的艰难处境表示同情。本句谚语属白语大理方言，由杨绍钦提供，杨哲阐释。

067.nɔ^{31}mi^{33} ŋa^{55} tua^{32} ke^{35}v̩^{44}ke^{35},

你 想 我们 受事 鸡 孵 鸡

Naot mix ngal duaz geif v geif,

ŋa^{55} mi^{33}nɯ^{55}tua^{32}ke^{35} v̩^{44}a^{44}.

我们 想 你 受事 鸡 孵 鸭

ngal mix nel duaz geif v a.

a^{44}tsɿ^{44}pɯ^{21}n̠i^{44}ɕy^{33}sɿ^{55}tshv̩^{31},

鸭子 浮 入 水 深 处

a'zi bed ni xuix sil cvt,

phe^{33}mu^{21}ke^{35}mɔ^{33}tua^{32}.

忘 记 鸡 母 受事

peixmud geifmaox duaz.

汉语意译：

你（儿女）想我们（父母）鸡孵鸡，我们想你鸡孵鸭；鸭子潜进深水中，忘记鸡妈恩。

阐释：

鸡孵鸡是理所当然、合情合理的，但鸡孵鸭是没有结果的。代指子女需要父母关心支持时，觉得理所当然，父母也会无条件地给予帮助；但当父母思念、需要子女时，却很难得到回应。这句谚语用生活中的常识和“三七一五”的“山花体”白族调形式，揭示了上下两辈人之间的关系，往往用于父母告诫自己的子女要尽孝道，多关爱回馈父母。本句谚语属白语大理方言，由赵万喜提供，杨哲阐释。

068.tɕhiou^{31}pia^{44}ɕi^{44}tɯ^{21} tsɯ^{42}ɕi^{44}tɯ^{21},

玩　　钱　四 量词 贼 四 量词

Qiout bia xi ded zep xi ded,

teɹ^{44}theɹ^{55}pɯ^{31}tɯ^{21} tsɯ^{42}thou^{55}tɯ^{21}.

打 头　那　量词 贼　头　量词

der terl bet ded zeptoul ded.

汉语意译：

赌博四个贼四个，坐庄那个是贼头。

阐释：

赌博是一种流传甚广的恶习，在白族地区也有深远影响，白族民间还有 tɔ^{31}tseɹ^{35}ua^{44}xeɹ^{55}tshu^{31}pia^{44}kheɹ^{55}, pɯ^{31}tshu^{31}pɯ^{31}ȵi^{21}peɹ^{35}tɕi^{32}xeɹ^{55}（Daot zerfwa herl cutbia kerl, bet cut bet nid berf jizherl）“大正月里来赌钱，不赌白来世上走”的不健康谚语。沾染上赌博恶习，个人和家庭都会深受其害，甚至导致家破人亡。这句谚语把参与赌博的人称为贼人，把开盘坐庄的人称为贼头，体现了白族广大群众对赌博恶习的深恶痛绝。本句谚语属白语大理方言，由杨绍钦提供，杨哲阐释。

069.ŋɯ^{21}tɯ^{21} jɯ^{44} ma^{44} ŋɯ^{21}tɯ^{21} tsɯ^{32}.

牛 量词 吃 稻草 牛 量词 驮

Nged ded ye ma nged ded zez.

汉语意译：

牛儿吃草牛儿驮。

阐释：

牛要想吃草，就得努力劳动驮东西。比喻一分耕耘，一分收获，人也只有辛劳付出，才能有所回报。本句谚语属白语大理方言，由杨绍钦提供，杨哲阐释。

070.ke^{35}xa^{55}ou^{21}nɔ^{44}se^{32},

鸡 看 鹅 的 蛋

Geif hal oud no seiz,

tsou^{44}tɕi^{31}xa^{55}tɕia^{42} nɔ^{44}.

犁　地 看 伙伴 受事

zou jit hal jiap no.

汉语意译：

鸡替鹅看蛋，犁地朋友帮。

阐释：

在家靠父母，出门靠朋友。在社会中要与人和睦相处、互帮互助。很多事如农忙的农活、红白事的筹办等都不是一个人能够完成的，要依靠他人的帮助，同时也要在他人有困难时伸出援手。体现了白族社会中一种“人人为我，我为人人”的和睦风气。本句谚语属白语大理方言，由杨绍钦提供，杨哲阐释。

071.xuo^{35}tuo^{33}se^{35}tɯ^{44}a^{31}peʴ^{44}ɕieʴ^{44}tuo^{33}.

花 量词 鲜 得 一 百 天 不得

Huof duox seif de at ber xier duox.

汉语意译：

花无百日艳。

阐释：

花不能常开不败。比喻美好易逝，好景不长。同时也告诫人们要防患于未然，没有一马平川的人生，生活中处处需谨慎，不要自满于现状。汉语有类似的谚语“人无千日好，花无百日红”。本句谚语属白语大理方言，由杨绍钦提供，杨哲阐释。

072.fv̩^{31}khue^{55}fv̩^{31}ȵi^{44}kua^{35}tv̩^{42}tɕi^{31}xɯ^{31}

屁 量词 放 入 裤 档 里

Fvt kuil fvt ni guafdvpjit hel

le^{55}tshu^{31} tɕhi^{44}jɯ^{35}na^{35}.

也 臭 出 来 语气

leil cut qi yef naf.

汉语意译：

放屁放在裤裆里，臭味也会传出来。

阐释：

要想人不知，除非己莫为。做人做事要光明磊落，不能心存侥幸，耍小聪明。若是做了亏心事，将来迟早会暴露。本句谚语属白语大理方言，由赵万喜提供，杨哲阐释。

073.thiou^{44}kɔ^{21}ɕi^{33}jɔ^{35}tɕia^{42}.

跳 海 死 约 伙伴

Tiou gaod xix yaof jiap.

汉语意译：

跳海死也要约朋友。

阐释：

做什么事都要拉上别人，没有独自处事、自立自强的行为习惯，就连自杀都要拉上身边的人。一方面是告诫人们不要过度依赖身边的人，要学会独立自主的生活。另一个意义是告诫人们远离这样的人，他不管好事坏事都要拉上你，跟这样的做朋友会倒霉。本句谚语属白语大理方言，由杨绍钦提供，杨哲阐释。

074.ʦa^{42}ʦhʅ^{55}pi^{31}ɕi^{35}.

感 身 比 心

Zap cil bit xif.

汉语意译：

感身比心。

阐释：

类似于汉语“将心比心”，但又比汉语谚语意义丰富，既感身，也比心。用一个精炼的四字格词，深刻地阐释了做人的原则和道理，即要设身处地地为别人着想，推己及人。要想被人真心以待，首先你要先拿出真心待人；要想受人珍惜爱护，首先你要对人加倍珍惜。以心换心，将心比心，只有这样社会才能充满真情。本句谚语属白语大理方言，由杨绍钦提供，杨哲阐释。

075.sa^{55}te˞^{44}ȵi^{21}ke˞^{44}pie˞^{44}ʦɯ^{33}sa^{55}khɔ^{31}ȵi^{21}.

相 打 人 隔 壁 有 相 劝 人

Salder nid ger'bier zex salkaot nid.

汉语意译：

打架的旁边有劝架的。

阐释：

有人打架就有人劝。因为一些家长里短的矛盾和摩擦，人与人之间的争斗不可避免，但也总会有人来调解劝说。寓意问题和困难也总有解决的办法，问题和办法总是同时存在。也体现了白族的伦理价值观，就是看见有人吵架打架，不能躲着走，要积极调解劝和，维护社会和谐安定。本句谚语属白语大理方言，由杨绍钦提供，杨哲阐释。

076.pe^{44}tɕi^{31}xu^{33}ȵi^{21}ɣɯ^{42}tɯ^{44}xu^{33},

走 近 好 人 学 得 好

Bei jit hux nid hhep de hux,

pe^{44}tɕi^{31}tshɯ^{33}ȵi^{21}ɣɯ^{42}tɯ^{44}tshɯ^{33}.

走 近 丑 人 学 得 丑

bei jit cex nid hhep de cex.

汉语意译：

走近好人学到好，走进坏人学到坏。（近朱者赤，近墨者黑。）

阐释：

阐明了交友的重要性，教育孩子在社会上不能勾搭狐朋狗友，跟着坏人混日子，而要跟从好的人，学习他们的长处。本句谚语属白语大理方言，引用自《大理丛书 • 白语篇》，杨哲阐释。

077.tɕhou^{31}lɔ^{21}ɣɯ^{33}jɯ^{44}keɹ^{21},

玩 虎 后 吃 肉

Qiout laod hhex ye gerd,

tɕhou^{31}khua^{33}ɣɯ^{33}jɯ^{44}sɿ^{33}.

玩 狗 后 吃 屎

Qiout kuax hhex ye six.

汉语意译：

跟在虎后能吃肉，跟在狗后能吃屎。

阐释：

qiout 为“玩耍”义，此处可理解为跟随。这是一句用来教育孩子的话，强调了与不同层次的人交往，自己也会得到不同的收获，鼓励孩子要跟有能力的人在一起，才能学到真本事。本句谚语属白语大理方言，引用自《大理丛书•白语篇》，杨哲阐释。

078.me^{ɹ21}tɕi^{35}pɯ^{31}tɯ^{21} pɯ^{55} ke^{ɹ21}mu^{33},

鸣 多 那 量词 它的 肉 无

Merd jif bet ded bel gerd mux,

sua^{44}tɕi^{35}pɯ^{31}ȵi^{21} ȵi^{21}ke^{ɹ35}tshɿ^{31}.

说 多 那 量词 人 家 讨厌

sua jif bet nid nidgerf cit.

汉语意译：

叫得多的鸟不长肉，话多的人遭人嫌。

阐释：

阐释了白族人的社会生活经验和为人处世的智慧。意思是说，话多的人一般没有什么真本事，只会耍嘴皮子，行事并不牢靠，而且说话太多，容易祸从口出，招人嫌弃。告诫人们多做事，少张嘴，不要做语言上的巨人，行动上的矮子。本句谚语属白语大理方言，引用自《大理丛书•白语篇》，杨哲阐释。

079.tse^{ɹ32}kou^{44}pɯ^{31}ta^{42}phie^{ɹ55}, pi^{35}kou^{44}pɯ^{31}ta^{42}ue^{ɹ35}.

正 脚 不 踩 偏 边 脚 不 踩 歪

Zerz gou bet dap pierl, bif gou bet dap werf.

汉语意译：

右脚不踩偏，左脚不走歪。

阐释：

走路要身正步伐稳，右脚踏出的一步如果没有走偏的话，接下来左脚迈出的步子也就不会踏歪，用来比喻人生和工作的第一步很重要，第一步走对了，“扣好人生第一颗扣子”，后面的发展就不会走偏。也表示在协同合作时，前面做事的人不出错，后面的事情也能有序进行下去。本句谚语属白语大理方言，引用自《大理丛书·白语篇》，杨哲阐释。

080.sa^{55}tɕɯ^{44}sa^{55}tsv̩^{33}, sa^{55}kuo^{21}sa^{55}xu^{33}.

相 敬 相 重 相 爱 相 好

Sal jie sal zvx, sal guod sal hux.

汉语意译：

相敬才能互尊，相爱才能相好。

阐释：

和谐人际关系的形成需要大家都用心对待，相互尊敬才能做到彼此尊重，相互爱惜才能关系友好。体现了白族人重视人际关系的优秀品格。本句谚语属白语大理方言，引用自《大理丛书·白语篇》，杨哲阐释。

081.a^{31}tɕa^{21}pɯ^{31}tsɿ^{35}, tsɿ^{42}tɕa^{21}pɯ^{31}tsɿ^{35}.

一 次 不 真 十 次 不 真

At jiad bet zif, zip jiad bet zif.

汉语意译：

一次说假话，十次没人信。

阐释：

白族人讲究为人处世要“清清白白”，“清白传家久，诗书济世长”。这句谚语告诫人们在与人打交道时，只要有一次不诚实的行为，就将丧失他人的信任。教育人要严守做人底线，以诚待人，否则将会被看不起，声名狼藉。本句谚语属白语大理方言，引用自《大理丛书 • 白语篇》，杨哲阐释。

082.ke^{35}tshɿ^{31}te^{42}tshɿ^{31}pɯ^{55}tɯ^{21}mɯ^{35},

鸡 恨 猪 恨 其 头 处所

geif cit deip cit bel dedmef,

ȵi^{21}keɹ^{35}sa^{55}tshɿ^{31}pɯ^{55}ɣɯ^{33}nɔ^{44}.

人 家 相 恨 其 后 处所

nidgerf sal cit bel hhex no.

汉语意译：

牲畜不和在前头，人们不和在后面。

阐释：

本句谚语通过鲜活生动的生活经验总结了深刻的人生道理。牲畜一开始关在一起会打架，但时间一长就会相安无事。而人们在一起共事、生活，一开始往往还能和谐共处，但随着时间的推移，认识的加深，矛盾的积累，越往后就越相互嫌弃。还有另外一个意义是指，牲畜打架就打架，不会人前一套背后一套，而人则会当面和和气气，背后却咬牙切齿。通过对比揭示了人和社会生活的复杂性，人和人的相处是非常难的事情。本句谚语属白语大理方言，引用自《大理丛书 • 白语篇》，杨哲阐释。

083.a^{55}mi^{55}tɯ^{21} mɯ^{55} pɯ^{31} tsɿ^{35} tieɹ^{55}.

猫咪 量词 受事 托付 猪油 量词

Almil ded mel bet zif dierl.

汉语意译：

托付猪油给猫。

阐释：

与汉语“肉包子打狗”意义类似。把猪油托付给猫，最后的结果是猪油被猫吃掉。意为做事情要看清对象，否则不仅事情做不成，还要折本。本句谚语属白语大理方言，由杨胜祥提供，杨静阐释。

084.jɯ^{44}tsa^{42}tɕhɯ^{55}ȵi^{55}ȵou^{44}pɯ^{55} tɯ^{21}ȵi^{21}.

吃 煮 螺蛳 也 要 他的 头 人

Ye zap qiel nil niou bel ded nid.

汉语意译：

吃煮螺蛳也要有带头的人。

阐释：

蛇无头而不行，鸟无翅而不飞。形容无论做什么事都需要带头人，才能把事情做好。本句谚语属白语大理方言，由杨胜祥提供，杨静阐释。

085.tɕhiɯ^{55}tɕia^{44}jɯ^{44}la^{44}ke˞^{21}.

亲 家 吃 腊肉

Qieljia ye lagerd.

汉语意译：

亲家吃腊肉。

阐释：

这句谚语兼有歇后语的特点。招待亲家吃饭，腊肉切得很薄，隔着肉片都能看见人 。用生活化的场景和语言，讽刺一个人为人小气。本句谚语属白语大理方言，由杨立新提供，杨静阐释。

086.ka^{44}seɹ^{44}thu^{55}ue^{32}khua^{33}.

乞丐 讨 喂 狗

Ga'ser tulweiz kuax.

汉语意译：

乞丐讨喂狗。

阐释：

形容一个人自顾不暇，却过分高估自己的能力，或者为了要面子，明知力不能及还逞强为之。讽刺自不量力之人死要面子。本句谚语属白语大理方言，由杨立新提供，杨静阐释。

087.tsɿ^{55}tsɿ^{33}jy^{44}pɯ^{55} ku^{35}, tɕia^{35}tɕia^{35}xɔ^{35}xɔ^{35}.

赶 集 遇 他的 姑 将 将 合 合

Zilzix yui bel guf, jiafjiaf–haofhaof.

汉语意译：

赶集遇上孩子他姑，正好。

阐释：

赶集遇到姑姑，表示一举两得，也形容几件事都无巧不成书，正好都兼顾上。也引申为一个人说话做事恰到好处，能够把握好尺寸，拿捏好尺度。本句谚语兼有歇后语的性质，属白语大理方言，由杨立新提供，杨静阐释。

088.a^{55}mi^{55}pe^{44}xɯ^{55} sɿ̣^{33} tsɔ^{44}feɹ^{33}.

猫 咪 走 体貌 鼠 造 反

Almil bei hel svx zao'ferx.

汉语意译：

猫走以后鼠造反。

阐释：

棒丢狗咬人，猫走鼠伸腰。本谚语阐释了一种小人得志的现象，正如“山中无老虎，猴子称霸王”，比喻在没有更高一级层次的人压制时，层级较低的人因取得权势或获得利益而表现猖狂的现象，含有讽刺意味。本句谚语属白语大理方言，由杨立新提供，杨静阐释。

089.te˞^{44}khua^{33}li^{55}ȵiou^{44}a^{33}tsɯ^{33}ȵi^{21}.

打 狗　也 要 看 主　人

Der kuax lil niou ax zex nid.

汉语意译：

打狗也要看主人。

阐释：

这一谚语在很多民族中都有，是各民族人民对生活经验的总结。在实际生活中，碰到恶狗咬人，还要看看它的主人是谁，再决定打还是不打。引申为在对人进行惩罚或者报复前要考虑到其背景和人际关系，以免造成不利的后果。本句谚语属白语大理方言，由杜建鹏提供，杨静阐释。

090.khua^{33}tsuo^{35}te˞^{44}le^{55}ȵiou^{44}mu^{21}tɕi^{31}tsɯ^{33}ȵi^{21}.

狗　着　打 也 要　逃 近 主　人

Kuax zuof der leil niou mud jit zex nid.

汉语意译：

狗挨打也要跑拢主人。

阐释：

形容人和动物在危急关头都会选择亲近的人或熟悉的地方作为避风港。也用于讽刺在外面受了欺负，就回家对家里人抱怨撒气的生活现象。告诫人们要明辨是非、分清主次，切莫因为自己的任性而伤害了最亲近、最关心自己的人。本句谚语属白语大理方言，由杨锡差提供，杨静阐释。

091.ʦha^{55}nɔ^{44}pɯ^{31}ŋeʴ^{21}ɕi^{35}pɯ^{31}ɕi^{33},

差　的 不 去 心 不 死

Cal no bet ngerd xif bet xix,

ŋeʴ^{21}phia^{44}ʦha^{55}nɔ^{44}pieʴ^{42}ʦou^{21}ɕy^{33}.

去 到　差　的 淡　尝　水

ngerd pia cal no bierp zoud xuix.

汉语意译：

错处不去心不死，去到错处水无味。

阐释：

形容一个人一直执着于某事，不到黄河心不死。比喻不到实在无路可走的境地是不肯死心的，即不达目的不罢休。多用来指较为执拗的人。本句谚语属白语大理方言，由张萍提供，杨静阐释。

092.kɯ^{44}ʨieʴ^{31}xu^{33}ȵi^{21}ʦɿ^{55}xu^{33}ȵi^{21},

跟　着　好 人 做 好 人

Ge jiert hux nid zil huxnid,

jy^{44}tɯ^{44}ʦhɯ^{33}tɯ^{21}　ʦɿ^{55}thi^{55}pɔ^{35}.

遇 到　丑　量词 做 扒 手

Yui de cex ded zil tilbaof.

社会经验篇

汉语意译：

跟着好人做好人，遇到坏人学做贼。

阐释：

近朱者赤，近墨者黑。比喻物以类聚，人以群居。认为同类的东西常聚在一起，志同道合的人会相聚成群，反之就分开。也就是说一个人生活的环境会影响他的成长，接近什么样的人，便会走什么样的路。这是白族人家经常用来告诫孩子的谚语，提醒孩子注意分清好坏朋友。本句谚语属白语大理方言，由张萍提供，杨静阐释。

093.ue^{33}pe^{21}tʦe^{44}pi^{31}mɔ^{35}sɿ^{35}peɹ^{33}le^{55}kɯ^{33}.

眼 皮 还 比 茅 厕 板 也 厚

Weixbeid zei bit maofsif berx leil gex.

汉语意译：

脸皮比茅厕里用来踩着的板还厚。

阐释：

白族人用“眼皮”表示汉语的“脸皮”。形容一个人脸皮又臭又厚，不知羞耻，也形容一个人做错事死不悔改。带有讽刺意味。本句谚语属白语大理方言，由赵芍丹提供，杨静阐释。

094.tʦou^{42}khue^{55}feɹ^{33}khe^{55}pi^{21}pɯ^{21}tɕi^{35}.

石 头 翻 开 蚂 蚁 多

Zoupkuil ferx keil bidbed jif.

汉语意译：

石头抬开蚂蚁多。

阐释：

抬开石头，才发现底下全是蚂蚁。通过自然现象来比喻人与人之间的关系，认为人与人之间要保持一定的距离，给予一定的空间。靠得太近，或细细探究就会看到对方越来越多的缺点。也表示为人处世不要只看表面现象。本句谚语属白语大理方言，由杨汉如提供，杨静阐释。

095.tɔ^{31} kɔ^{21}y̩^{33} ɕi^{44}mia^{44}ke^{32}keɹ^{35},

大 海 雨 水 淋　见 怕

Daotgaod vuxxi mia geizgerf,

phɯ^{55}sua^{55}ɕy^{33}pe^{32}pi^{31}.

遇　酸　水 披 蓑衣

pel sualxuix beiz bit.

汉语意译：

大海的雨水淋怕了，遇见酸水也要披蓑衣。

阐释：

形容一个人受某件事情影响很大，以后总会习惯性做好预案，以防再次经历。另外一个意义和汉语“一朝被蛇咬，十年怕井绳”类似，表示经历过可怕的事，以致留下了心理阴影。本句谚语属白语大理方言，由杨茸茸提供，杨静阐释。

096.mu^{33}kua^{35} thiɔ^{44}tɔ^{31}khɔ^{31}.

没　裤子 跳　大 沟

Mux guaf tiao daot kaot.

汉语意译：

没穿裤子还要跳大沟。

阐释：

形容一个人已经自顾不暇闹了笑话，还要坚持做某事，只会闹出更大的笑话。本句谚语属白语大理方言，由杨茸茸提供，杨静阐释。

097.ji^{21} phi^{31} nv^{33} tɕi^{33}mu^{33}, je^{21}su^{55} tse^{21} le^{21} mu^{33}.

镰 量词 篮 底 无 船 量词 桨 量词 无

Yid pit nvx jix mux, yeid sul zeid leid mux.

汉语意译：

篮底无镰刀，船里没有桨。

阐释：

表示说话做事不靠谱，关键环节和重要工具都没有准备好，只能是无功而返。本句谚语属白语大理方言，由杨坤映提供，杨静阐释。

098.kɯ^{21}te^{42}ȵi^{21}meɹ^{32}te^{42}ta^{31}ti^{35}ta^{31}.

卖 猪 人 买 猪 原 来

Ged deip nid merz deip dat dif dat.

汉语意译：

卖猪的人买到自己的猪。

阐释：

通过该谐夸张的比喻来形容兜兜转转又回到原点。一方面的意思是指费了半天劲，但最后才发现做的都是无用功。另一方面是阐释了白族的人生哲理，认为人生很多时候就是兜兜转转，从终点又回到起点。本句谚语属白语大理方言，由杨坤映提供，杨静阐释。

099.ke^{35}tsɿ^{44}ue^{35} ke^{35}mɔ^{33}, tu^{35}ke^{35} tsɯ^{33}ka^{32} xɯ^{31}.

鸡 子　围 鸡 母　独 鸡 在 间隙 里

Geifzi weif geif maox, duf geif zex gaz het.

汉语意译：

小鸡围着母鸡，独鸡在中间。

阐释：

形容一个人孤零零、父不疼母不爱的状态。本句谚语属白语大理方言，由杨坤映提供，杨静阐释。

100.nɔ^{31}fy̩^{55}nɯ^{55} keɹ^{35}, ŋɔ^{31}ua^{42}ŋɯ^{55} tɕi^{31}.

你 插 你的 秧　我 挖 我的 田

Naot fvl nel gerf , ngaot wap ngel jit

汉语意译：

你插你的秧，我挖我的田。

阐释：

你走你的阳关道，我走我的独木桥。形容二者互不相干，各行其是。本句谚语属于白语大理方言，由杨坤映提供，杨静阐释。

101.tɯ^{21}khɔ^{55}keɹ^{31}keɹ^{35}, ɣɯ^{33}khɔ^{55}tɕia^{42}pa^{42}.

前 靠 胫骨　后 靠 腿肚

Ded kaol gertgerf, hhex kaol jiapbap.

汉语意译：

前靠胫骨，后靠腿肚子。

阐释：

人的小腿，朝前部分是胫骨，朝后是腿肚子。用身体部位做比喻，形容自力更生，不依赖任何人。阐释了白族的生活经验和人生哲理，靠谁都不如靠自己，自己努力奋斗才能克服困难，创造美好生活。本句谚语属白语大理方言，由杨坤映提供，杨静阐释。

102.tsɯ^{42}ȵiou^{44}pɯ^{31}tsɿ^{55}, jou^{44}ȵiou^{44}pɯ^{31}ɣɯ^{33}.

贼 要 不 做 药 要 不 饮

zep niou bet zil, you niou bet hhex

汉语意译：

小偷不要做，药也不要喝。

阐释：

这里的“药”，特指自杀用的毒药。这句谚语用直白的话语，阐释了白族人的价值观和人生观。要清清白白做人，不偷不抢；生活再苦再难，也不要轻易屈服，自找绝路。本句谚语属白语大理方言，由杨坤映提供，杨静阐释。

103.tɕɯ^{55}kua^{35}teɹ^{42} ja^{42}fy̩^{44}xɯ^{31}la^{31},

金 瓜 量词 从 腹 里 烂

Jiefguaf derp yap fv het lat,

ma^{44} sou^{44}seɹ^{55} jeɹ^{21}mu^{32}tshy̩^{31}tsue^{44}.

稻草 索 量词 从 细 处 绝

masou serl yerd muz cvt zui.

汉语意译：

南瓜从里烂到外，草绳偏从细处断。

阐释：

麻绳专挑细处断，厄运专找苦命人。表示事物都有各自的薄弱环节，问题也往往都是出在短板上。也可表示不同事物有各自的发展变化特点。启示人们要注重自身的缺点，努力学习，提升自己的短板，才能趋利避害。本句谚语属白语大理方言洱源土语，由李文彧提供，杨静阐释。

104.khua^{33}fy̩^{44}xɯ^{31}tsou^{35}tɯ^{44}tsɿ^{35}　tieɹ^{55} tua^{42}.

狗　腹 里 装　着　猪油 量词 不得

Kuax fv het zouf de zif dierl duap.

汉语意译：

狗肚子里装不了猪油。

阐释：

形容一个人说话做事比较单纯，没有城府，表里如一，不会表面粗糙，内里圆滑，当面一套，背地一套。也暗指缺乏基本的防人之心，只要别人对自己好，就会掏心掏肺对别人好。本句谚语属白语大理方言洱源土语，由李文彧提供，杨静阐释。

105.peɹ^{35}kɯ^{21}nɔ^{44}ɕy^{33}tsɿ^{55}　tsɯ^{33},

白　流　的　水 话题 有

berf ged no xuix zil zex,

peɹ^{35}kɯ^{21}nɔ^{44}ŋa^{21}tsɿ^{55}　mu^{33}.

白　流　的 汗　话题 无

berf ged no ngad zil mux.

汉语意译：

只有白流的水，没有白淌的汗。

阐释：

阐释了白族的人生观和价值观，人生在世就要辛勤劳作，没有白流的汗水，劳动一定会有回报。形象地描述了白族人民勤奋、积极向上的美好品质。本句谚语属白语大理方言洱源土语，摘自《大理丛书·白语篇》，杨静阐释。

106.pi^{35}tsɯ^{35}a^{55}na^{44}li^{55}tshou^{31},

盐 在　哪里 也 咸

Bif zef alna lil cout,

mɯ^{44}kueɹ^{35}tsɯ^{35}a^{55}na^{44}li^{55}sua^{55}.

木　瓜　　在　哪里 也　酸

meguerf zef alna lil sual.

汉语意译：

盐在哪里也咸，木瓜在哪里也酸。

阐释：

用盐和木瓜为例，比喻人和事物的本性很难改变。江山易改，本性难移。与人打交道，要充分了解人的本性，不要被表面现象所迷惑。本句谚语属白语大理方言洱源土语，摘自《大理丛书·白语篇》，杨静阐释。

107.ɕy^{33}tou^{44} tseɹ^{21}kɔ^{21}kɔ^{21}　tua^{42},

水 量词 成　海 量词 不得

Xuix dou zerd gaod gaod duap,

thu^{33}khue^{55} tseɹ^{21}sɿ̣^{32}khue^{55} tua^{42}.

土　量词　成　山　量词 不得

tux kuil zerd svz kuil duap.

汉语意译：

一滴水成不了海洋，一块土成不了山丘。

阐释：

告诫人们不能自私自利，搞个人主义，只有团结起来形成集体，众人拾柴火焰高，才能干成大事。也可用来形容没有一蹴而就的成功，只有久久为功，才会积少成多，集腋成裘，积流成海。本句谚语属白语大理方言洱源土语，摘自《大理丛书·白语篇》，杨静阐释。

108.jɯ^{44}meɹ^{35}pu^{35}ti^{35}ʦou^{42}mu^{32},

吃 多 不 如 嚼 细

Ye merf buf dif zoup muz,

ʦɿ^{55}meɹ^{35}pu^{35}ti^{35}ʦɿ^{55}mu^{32}.

做 多 不 如 做 细

zil merf buf dif zil muz.

汉语意译：

多吃不如细嚼，多做不如精做。

阐释：

形容慢工出细活，比喻做事不能随随便便，不能急于求成，敷衍了事不如不做，要有脚踏实地的态度和讲求质量的精神。本句谚语体现了白族的工匠精神。白族手工业发达，有众多的手工技艺非物质文化遗产，与这种工匠精神不无关系。本句谚语属白语大理方言洱源土语，摘自《大理丛书·白语篇》，杨静阐释。

109.ʦɿ^{55}tɕia^{42}mu^{33}, jɯ^{44}tɕia^{42}mu^{33},

做 伴 无 吃 伴 无

Zil jiap mux, ye jiap mux,

khua^{33}ue^{33}xɯ^{31}li^{55}mu^{33}.

狗　眼 里 也 无

Kuax weix het lil mux.

汉语意译：

干活没有伴，吃饭没有伴，狗也不把他放眼里。

阐释：

讽刺自私自利、蛮横无理、不知礼义廉耻，最后把自己弄成孤家寡人的人。告诫人们要自尊自爱自重自律，不要成为别人眼中的笑柄。本句谚语属白语大理方言洱源土语，摘自《大理丛书•白语篇》，杨静阐释。

110.tsɿ^{55}sɯ^{35}ji^{44}sɯ^{33} tɕia^{31}y̩^{33}tse^{21},

做 生 意 就是 讲 本 财

Zil sefyi sex jiat vuxzeid,

tsɿ^{55}tsɔ^{42}sɯ^{33}sɯ^{33} tɕia^{31}tɕhi^{44}khue^{55}.

做 活 计 就是 讲 气 量词

Zil zaopsex sex jiat qi kuil.

汉语意译：

做生意要讲本钱，做活要靠力气。

阐释：

一是指有舍才有得，正如做生意要投入本钱，做活要舍得用力气，只有付出才会有收获，若是一味的索取而不舍得付出是没有什么好结果的。二是指做事要有基础，做不同的事情需要不同的能力和积累，术业有专攻。本句谚语属白语大理方言洱源土语，摘自《大理丛书•白语篇》，杨静阐释。

111.jɯ^{44}pɯ^{31}lu^{35}nɔ^{44}tɯ^{31}pa^{42}tsɿ^{44},

吃 不 够 的 豆 角 儿

Ye bet luf no detbapzi,

tsɿ^{55}pɯ^{31}lu^{35}nɔ^{44}ȵiy̩^{33}na^{33}tsɿ^{44}.

做 不 够 的 女 孩 儿

Zil bet luf no nivxnaxzi.

汉语意译：

吃不够的青豆角，做不够的小姑娘。

阐释：

青豆角吃不腻，小姑娘做不够。少女时光是那样美好，女儿在父母的庇护下无忧无虑。但是一旦出嫁，为人妇为人母，就要辛苦操持，还要看婆家的脸色。这句谚语常用来表达出嫁离家的新娘子的心酸。本句谚语属白语大理方言洱源土语，摘自《大理丛书•白语篇》，杨静阐释。

112.ue^{42}tɕy^{35} tsɯ^{35}ɕiou^{35}ka^{35},

佛 量词 争 香 量词

Weip juif zef xiouf gaf,

ȵi^{21}keɹ^{35}tsɯ^{35}tɕhi^{44}tɕy^{33}.

人 家 争 气 量词

nidgerf zef qi juix.

汉语意译：

佛争一炷香，人争一口气。

阐释：

人活在世，一定要争一口气，自立自强，不能白活一辈子。即使有再多的困难，有太多的嘲讽和冷眼，也要努力上进，证明自己。本句谚语属白语大理方言鹤庆土语，摘自《大理丛书•白语篇》，杨静阐释。

113.ɕie^{42}tsɿ^{33}pɯ^{31}ta^{21}pɔ^{31}pɯ^{31}meɹ^{21},

弦 子 不 弹 它 不 鸣

Xieip zix bet dad baot bet merd,

tsv̩^{44}ȵiv̩^{33}pɯ^{31}ka^{35}pɔ^{31}pɯ^{31}thiɔ^{55}.

子 女 不 教 它 不 聪明

zv'nivx bet gaf baot bet tiaol.

汉语意译：

弦子不弹声不响，子女不教不聪明。

阐释：

弦子的声响是靠弹出来的，孩子的才智是靠教育培养出来的。阐释了孩童教育的重要性。告诫父母要注重孩童教育，正确引导孩子，因为孩子聪明才智的发挥，离不开父母的正确引导。白族人民有重视教育的传统，父母有教育子女的重要责任。本句谚语属白语大理方言鹤庆土语，摘自《大理丛书•白语篇》，杨静阐释。

114.ȵi^{21}ɕi^{55}ȵiou^{44}thv̩^{55}, xue^{33}ɕi^{55}ȵiou^{44}khv̩^{55}.

人 心 要 通　火 心 要 空

Nid xil niou tvl, huix xil niou kvl.

汉语意译：

人心要通，火心要空。

阐释：

火心要空，火才会烧得旺；人心要通，心情才会愉快。以烧火的经验比喻人要通情达理、思想活络才能心胸宽广，凡事要看开想开，不要自己跟自己过不去，徒生烦恼。本句谚语属白语大理方言鹤庆土语，摘自《大理丛书•白语篇》，杨静阐释。

115.ŋa^{44}sɯ^{33}ʦe^{44}li^{55}ʨie^{42}a^{31}mi^{42}.

咬 手 节 也 赶 不 及

Nga sexzei lil jieip at mip.

汉语意译：

咬手肘也来不及。

阐释：

早知今日，悔不当初。形容一个人做错事后追悔莫及。本句谚语属白语大理方言云龙土语，由何建公提供，杨静阐释。

116.tɯ^{21}pɔ^{21}jɯ^{44}ȵi^{44}fv̩^{44}xɯ^{31}.

头　　吃 进 腹 里

Dedbaod ye ni fv het.

汉语意译：

脑袋吃进肚子里。

阐释：

形容人和牲畜过分贪吃，脑袋埋到碗里或槽里大口吞吃，恨不得把自己的脑袋也吃掉。讽刺贪吃的丑态。本句谚语属白语大理方言云龙土语，由何建公提供，杨静阐释。

117.ʦɿ^{55}khɯ^{33}ʦɯ^{33}　ka^{44}lɯ^{44}ka^{44},

做 起　就是 马马虎虎

Zil kex zex ga'lega,

jɯ^{44}khɯ^{33}ʦɯ^{33}　ŋɯ^{21}ta^{35}ma^{44}.

吃 起　就是 牛　叼 稻草

ye kex zex nged daf ma.

汉语意译：

干活马马虎虎，吃饭像牛吃稻草。

阐释：

干活的时候像只病猫懒洋洋，敷衍了事，吃饭的时候像牛大口叼吃稻草，用形象的生活画面，形容好吃懒做或能吃不能做，带有强烈的讽刺意味。本句谚语属白语大理方言云龙土语，由何建公提供，杨静阐释。

118.ka^{35}meɹ^{33}fy̩^{31}nɔ^{44}　zy̩^{31}tɔ^{31}tɕhi^{44}.

干　马　屁　受事　用　大　气

Gafmerxfvt no ssvt daot qi.

汉语意译：

干马屁上用大力。

阐释：

形容小题大做，把小事当作大事来办，有明知道不值得这样做但却有意扩大事态的意思，带有讽刺意味。本句谚语属白语大理方言云龙土语，由杨正贤提供，杨伟妹、杨静阐释。

119.khua^{33}ŋa^{44}pa^{32}, pɯ^{55}　keɹ^{33}　xɯ^{31}a^{31}ky̩^{32}.

狗　咬　豹　他的　影子　里　不　坐

Kuax nga baz, bel gerx het at gvz.

汉语意译：

狗咬豹子不自量力。

阐释：

pɯ^{55} keɹ^{33}xɯ^{31}a^{31}kv̩^{32}(bel gerx het at gvz)，按字面意义翻译是“身子不在影子里”，引申为不自量力。狗去咬豹子，讽刺一个人自以为是、缺乏自知之明，正所谓“蚍蜉撼大树，可笑不自量。”其结果必然是受世人嘲笑，甚至遭受灭顶之灾。本句谚语属白语大理方言云龙土语，由杨正贤提供，杨静阐释。

120.khua^{33}tɕi^{33}jou^{21}tsou^{21}, jueɹ^{35}tɕi^{33}jueɹ^{35}tsou^{21}.

狗　拉 羊　肠　越　拉 越　长

Kuax jix youd zoud, yuerf jix yuerf zoud.

汉语意译：

狗拉羊肠，越拉越长。

阐释：

明日复明日，明日何其多；我生待明日，万事成蹉跎。用生活中的形象比喻，描述了说话做事拖泥带水的现象，告诫人们说话做事不要太过拖拉，应当珍惜时间。本句谚语属白语大理方言云龙土语，由杨正贤提供，杨伟妹、杨静阐释。

121.ȵi^{21}jɯ^{44}ɕi^{35}nɔ^{44}sɿ^{31}, khua^{33}jɯ^{44}xeɹ^{55}mieɹ^{35}su^{35}.

人 吃 心 上 疼　狗　吃　活 该

Nid ye xif no sit, kuax ye herl mierfsuf.

汉语意译：

人吃心疼，狗吃活该。

阐释：

给人吃舍不得，最后还是被狗吃了，实属活该。比喻钱、物等舍不得用到真正需要的地方，最后还是白白浪费。讽刺吝啬的人最后自作自受。本句谚语属白语大理方言云龙土语，由杨正贤提供，杨伟妹、杨静阐释。

122.xe^{55}nɔ^{44}jɯ^{35}, tɕi^{31}nɔ^{44}ŋe^{ɹ21}.

天 上 来 地 上 去

Heil no yef, jit no ngerd.

汉语意译：

天上来地上去。

阐释：

正所谓“车到山前必有路，船到桥头自然直。”阐释了白族人民面对困境的积极乐观的态度。兵来将挡，水来土掩，什么事情都有解决的办法。本句谚语属白语大理方言云龙土语，由杨正贤提供，杨伟妹、杨静阐释。

123.kɯ^{35}kou^{44}ta^{42}ȵi^{44}ue^{35}xɔ^{31}xɯ^{31}.

冷 脚 踏 入 温 房 里

Gef gou dap ni weif haot het.

汉语意译：

冷脚踩进暖房里。

阐释：

用形象的语言，形容一个人进入了不适合自己的地方和领域，显得格格不入。一般指穷人进了富家门，处处受气。寓意不要刻意迎合别人，适合自己的才是最好的。本句谚语属白语大理方言云龙土语，由杨正贤提供，杨静阐释。

124.thu^{55}xe^{ɹ55}zɿ^{31}ȵi^{21}ue^{42}ka^{44}se^{ɹ44}.

讨 饭 食 人 喂 乞 丐

Tul herlssit nid weip ga'ser.

汉语意译：

要饭之人喂乞丐。

阐释：

这句谚语在不同的语境里，有不同的意义。正常的意义是贬义，讽刺一个人泥菩萨过江，自身难保，还要干自己力所不及的事情，属于自不量力。另外一种褒义意义是指同病相怜，虽然自己很困难，但将心比心，还乐于帮助别人。本句谚语属白语大理方言云龙土语，由杨正贤提供，杨静阐释。

125.ta^{42}xɯ^{55}me^{21}a^{33} tsy̩^{44} nɔ^{44}sua^{44}tou^{21},

踩 在 门 槛 量词 上 说 话

Dap hel meidax zv no sua'doud,

khɯ^{31}ȵi^{55}sue^{44}, ua^{44}ȵi^{55}sue^{44}.

里 也 算 外 也 算

ket nil sui, wa nil sui.

汉语意译：

踩在门槛上说话，里外都算。

阐释：

正如“墙头草，两边倒，风往哪边吹，就往哪边倒”，形容一个人立场不坚定，做事模棱两可，做“骑墙派”。也形容做事缺乏主见，犹豫不决。本句谚语属白语大理方言云龙土语，由杨正贤提供，杨伟妹、杨静阐释。

126.khua^{33}ŋa^{44}jou^{21}, jou^{21}ŋa^{44}khua^{33}.

狗 咬 羊 羊 咬 狗

Kuax nga youd, youd nga kuax.

汉语意译：

狗咬羊，羊咬狗。

阐释：

本句谚语带有歇后语的特点，引出的核心表述是“究竟谁咬谁？”用形象的比喻，形容关系一团乱麻，相互之间拉扯不清，让人难以分辨。本句谚语属白语大理方言云龙土语，由杨正贤提供，杨伟妹、杨静阐释。

127.tɔ^{31}peɹ^{21}tɯ^{35}nɔ^{44}tou^{44}feɹ^{33}.

大 平 登 上 跌 翻

Daot berddef no dou ferx..

汉语意译：

大平地上摔跤。

阐释：

peɹ^{21}tɯ^{35}（berddef）是白语“平地”的意思。在大平地上走路也会跌倒，表示在顺境条件下，人往往会放松警惕，更容易犯错误，告诫人们无论做任何事都不能掉以轻心。本句谚语属白语大理方言云龙土语，由杨正贤提供，杨伟妹、杨静阐释。

128.a^{33} pɯ^{55} tɕy^{33}ue^{33}pe^{21}, pu^{35}ti^{35}a^{33} nɯ^{55} kou^{44}tɔ^{31}pe^{32}.

看 他的 嘴 眼 皮 不 及 看 你的 脚 背

Ax bel juixweixbeid, bufdif ax nel gou daotbeiz.

汉语意译：

看人家的嘴脸，不如看自己脚背。

阐释：

形容求人不如求己。告诫人们不要总想着依靠别人，与其低声下气看别人脸色，不如好好努力，踏踏实实靠自己。本句谚语属白语大理方言云龙土语，摘自《大理丛书·白语篇》，杨静阐释。

129.a^{33} kɔ^{21}ti^{33} kɔ^{21}mɔ^{33}, pu^{35}ti^{35}kueʴ^{33}xe^{55}kueʴ^{33}tɕi^{31}.

看 富 爹 富 妈　不 及 逛 天 逛　地

Ax gaoddix gaodmaox, buf dif guerxheil–guerxjit.

汉语意译：

靠爹靠妈，不如靠自己勤劳耕种。

阐释：

拼爹拼妈不如拼自己，家里再富裕，如果不劳作，也会坐吃山空；不必羡慕别人优越的家庭和出身，人穷志不短，要独立自强，靠自己的努力创造美好生活。本句谚语属白语大理方言云龙土语，摘自《大理丛书·白语篇》，杨静阐释。

130.xa^{55}ŋɯ^{21}xa^{55}meʴ^{33}pe^{44}a^{31}lu^{44},

看 牛 看 马　走 一 路

Hal nged hal merx bei at lu,

tsou^{44}ɕi^{55}seʴ^{44}tshu^{33}ma^{33}sɿ̩^{32}pe^{44}.

砍　柴 割 草　满 山 走

zou xil ser cux max svz bei.

汉语意译：

放牛放马走一路，砍柴割草满山跑。

阐释：

形容做人做事没有统一的标准，常常因人而异、因事而论，不能强求一律。本句谚语属白语大理方言云龙土语，摘自《大理丛书·白语篇》，杨静阐释。

131.mu^{21}ka^{44}sɯ^{33}mu^{21}ka^{44}, mu^{21}kɣ̩^{31}sɯ^{33}mu^{21}kɣ̩^{31}.

磨 仓 就 磨 仓 磨 柜 就 磨 柜

Mud ga sex mud ga, mud gvt sex mud gvt.

汉语意译：

磨粮仓就磨粮仓，磨柜子就磨柜子。

阐释：

ka^{44}（ga）“仓”和 kɣ̩^{31}（gvt）都是容器，木制，主要用来装粮食等。寓意做事要全神贯注，不能一心二用，或者猴子掰苞谷，朝三暮四，否则将一事无成。本句谚语属白语大理方言云龙土语，摘自《大理丛书·白语篇》，杨静阐释。

132.ʦou^{42}khue^{55}nɔ^{44}ʦɯ^{33}ʦou^{42}khue^{55}ʦɿ^{35},

石 头 上 有 石 头 脂

Zoupkuil no zex zoupkuil zif,

khua^{33}sɿ^{33} te^{42}sɿ^{33} tɔ^{31}nɯ^{55} ʨi^{31}.

狗 屎 猪屎 毒 你的 田

Kuax six deip six daot nel jit.

汉语意译：

石头也有石头油，狗屎猪屎毒你田。

社会经验篇

阐释：

比喻很多事情不能只看表面现象就简单地下结论。生产生活中的事物特别是社会现象很多时候都是错综复杂、难以分辨的，需要细心观察、深入了解，才能透过事物表面看到本质。本句谚语属白语大理方言云龙土语，摘自《大理丛书·白语篇》，杨静阐释。

133.tsou^{42}khue^{55}pie^{ɹ35}kẏ^{35}pɔ^{31}ja^{35}ŋe^{ɹ21},

石　头　扔　河　它不走

Zoupkuil bierf gvf baot yaf ngerd,

ɕy^{33}ke^{32}　te^{ɹ44}phɯ^{55}ja^{21}ja^{35}mi^{32}.

水 量词 打　泼　抓 不 及

xuix geiz der'pel yad yaf miz.

汉语意译：

扔进河里的石头不会动，碗里打泼的水收不回。

阐释：

用对比的方式，重点强调说出去的话、做出的事情就像泼出去的一碗水，无法挽回。告诫人们要谨言慎行，要认真考虑言行的后果。本句谚语属白语大理方言云龙土语，由杨剑雄提供，杨伟妹阐释。

134.fẏ^{44}xɯ^{31}xe^{ɹ55}ma^{21}tɕy^{33}nɔ^{44}sɔ^{31},

腹　里 生　毛　嘴　上 笑

Fvhet herl mad juix no saot,

ka^{35}mi^{44}tɕy^{33}tse^{42}pi^{21}su^{55}ɕi^{55}.

甘 蜜　嘴　舌 毛 虫 心

gafmi juixzeip bidsul xil.

汉语意译：

肚里长毛嘴上笑，甜言蜜语毛虫心。

阐释：

肚里长毛，表示一肚子坏水；毛虫心，表示心里很坏。指有的人表面慈善，内心却很毒辣；甜言蜜语，心里却打着害人的主意。意义同汉语“口蜜腹剑”。也可以用来形容做人做事表里不一，口是心非。本句谚语属白语大理方言云龙土语，由杨剑雄提供，杨伟妹阐释。

135.kv̩^{32}xɔ^{31}ȵiou^{44}kv̩^{32}ȵi^{44}ʦou^{44}pɔ^{21},

住 房 要　住 日 照　旁

Gvz haot niou gvz ni'zou baod,

ʦɿ^{55}ȵi^{21}ȵiou^{44}ʦɿ^{55}kɔ^{21}ȵi^{55}pɔ^{35}.

做 人 要　做 富 人 公

zil nid niou zil gaodnilbaof.

汉语意译：

房子要住朝阳方向，做人要做富裕人家。

阐释：

起房盖屋要选择向阳的地方，人活在世间要做一个富裕的人。比喻为人在世要努力向上，要有追求，往好的方向发展。表现了白族人民对于美好生活的追求和向往。本句谚语属白语大理方言云龙土语，由杨剑雄提供，杨伟妹阐释。

136.lɛ^{35}jɯ^{44}lɛ^{35}pha^{44}, lɛ^{35}ŋeʴ^{21}lɛ^{35}a^{33}.

边 吃 边 挑　　边 走 边 看

Laif ye laif pa, laif ngerd laif ax.

汉语意译：

边吃边挑，边走边看。

阐释：

指有的人生活、做事缺乏目标、计划和安排，喜欢走着瞧或随心所欲。本句谚语属白语大理方言云龙土语，由杨剑雄提供，杨伟妹阐释。

137.tsɿ^{55}ȵi^{21}tsɿ^{55}tɯ^{44}tɕhie^{55}, ɕia^{35}ȵi^{21}ɕia^{35}tseɹ^{21}peɹ^{31}.

做 人 做 得 钱　　闲 人 闲 成 病

Zil nid zil de qieil, xiaf nid xiaf zerd bert.

汉语意译：

做事的人挣到钱，闲晃的人闲成病。

阐释：

人和动物的根本区别就是人需要劳动。人生在世，要勤于劳作。努力工作的人看似辛苦，但总会收获劳动成果，而四体不勤的人看似清闲，但最后往往落得一身病痛，充分体现了白族人对于生活的深刻理解和辩证思维。本句谚语属白语大理方言，选自《白语大理方言基础教程》，王锋阐释。

138.pe^{44}thu^{33}ȵou^{44}pe^{44}ȵi^{21}keɹ^{35}tɯ^{21}

走 路 要　走 人 家 头

Bei tux niou bei nidgerf ded,

sua^{44}tou^{21}ȵou^{44}sua^{44}ȵi^{21}keɹ^{35}ɣɯ^{33}

说　话 要 说 人 家 后

sua'doud niou sua nidgerf hhex.

汉语意译：

路要走人前，说话莫争先。

阐释：

本句谚语深刻地阐释了白族的生活经验和为人处世的哲理，含义比较丰富。大体有三个意思：一是按礼仪来讲，走路可以走在别人的前面，但说话不能抢别人的话，否则会引人不快；第二个意思是要争先做，不要抢先说；三是多做事少说话，或先做后说。本句谚语属白语大理方言，选自《白语大理方言基础教程》，王锋阐释。

139.kɯ^{21}me^{33}ȵi^{21}jɯ^{44}sue^{44}me^{33}tsɿ^{44},

卖 米 人 吃 碎 米 子

Gedmeixnid ye sui'meixzi,

su^{55}ueɹ^{32}ȵi^{21}kʏ̩^{32}mɔ^{35}tshu^{33}xɔ^{31}.

烧 瓦 人 住 茅 草 房

sulwerznid gvz maofcuxhaot.

社会经验篇

汉语意译：

卖米人吃碎米粒，烧瓦人住茅草房。

阐释：

在旧社会，种庄稼的人自己吃不上好米，烧瓦的人住不上好房子。意思是世道不公，劳动成果被剥削阶级占有，劳动人民反而缺吃缺住。本句谚语属白语大理方言，选自《白语大理方言基础教程》，王锋阐释。

140.tsɯ^{33}tɕieɹ^{21}ɣɯ^{33}kɯ^{35}ɕy^{33}le^{55}ɕiou^{35},

有 情 喝 冷 水 也 香

Zex jierd hhex gef xuix leil xiouf,

mu^{33}tɕie^{ɹ21}jɯ^{44}sɔ^{35}tɔ^{21}le^{55}pie^{ɹ42}.

无 情 吃 砂 糖 也 淡

mux jierd ye saofdaod leil bierp.

汉语意译：

有情喝冷水也香甜，无情吃砂糖也无味。

阐释：

人生在世，贵在真情。有情的生活即使再难再苦，也是甜蜜的，有吃有喝，但人和人之间没有感情，生活也没有意思。本句谚语属白语大理方言，选自《白语大理方言基础教程》，王锋阐释。

141.ke^{35}mɔ^{33}se^{32} khue^{55}, kɣ̩^{32}phia^{44}xe^{55}tɯ^{21}tɕi^{31}tɯ^{21};

鸡 母 下蛋 量词 叫 到 天 头 地 头

Geifmaox seiz kuil, gvf pia heilded–jitded;

me^{ɹ33}mɔ^{33}tsɿ^{31}lɔ^{35}, le^{55}ti^{21}tshe^{ɹ55}mu^{33}tɕhi^{44}mu^{33}.

马 母 生 骡 也 只 声 无 气 无

merx maox zit laof, leil did cerlmux–qi'mux.

汉语意译：

母鸡下个蛋，叫天叫地；母马生骡子，不声不响。

阐释：

有的做了一丁点事，就到处宣扬，唯恐别人不知道；真正做大事的人，总是做得多，说得少。启示人们要慧眼识人，不要光听嘴上吹牛，要认真考察做了什么实际工作。本句谚语属白语大理方言，选自《白语大理方言基础教程》，王锋阐释。

142.sɔ^{31} ɕi^{31}sɔ^{31}ɕi^{31}ȵi^{21} kue^{32}nɯ^{55} sɿ^{31},

笑 眯 笑 眯 人 坏　你的 事

Saotxit–saotxit nid guiz nel sit,

tɕhi^{55}ɣɯ^{44}peɹ^{44}ɣɯ^{44}ȵi^{21}ȵiou^{44}nɔ^{31}xu^{33}.

千　骂　百　骂　人　要　你 好

qilhhe–berhhe nid niou naot hux.

汉语意译：

笑眯眯的人会坏你的事，批评你的人是为了你好。

阐释：

揭示了白族人对社会生活和人情世故的深刻理解。一团和气害人心，忠言逆耳利于行。表面一团和气的人，常常有坏心思；而经常提批评的才是苦口婆心对你好的人。警示人们要善于分辨好坏是非，远离小人。本句谚语属白语大理方言，选自《白语大理方言基础教程》，王锋阐释。

5. 学习文化篇

001.õ^{21}mɛ^{55}tɕhiɛ̃^{55}ve^{42}fɛ^{33}.

青 蛙 听 佛 法

Ondmail qiainl veipfaix.

汉语意译：

癞蛤蟆听佛法。

阐释：

此句谚语有两种解释。一是癞蛤蟆听佛法，完全听不懂，讽刺不懂装懂，滥竽充数。二是说话者不考虑听者，净说些对方听不懂的话，相当于对牛弹琴。本句谚语属白语剑川方言，由赵春旺提供，李春晓阐释。

002.ŋɛ^{21}ʦhɯ^{33}ta^{44}ʦhɯ^{33}, ŋɛ^{21}xu^{33}ta^{44}xu^{33}.

去 丑 变 丑 去 好 变 好

Ngaid cex da cex, ngaid hux da hux.

汉语意译：

去坏处变坏，去好处变好。

阐释：

近朱者赤，近墨者黑。接近好人可以使人变好，接近坏人可以使人变坏。阐释了白族的学习观，启示学习、成长过程中，要多和优秀的人交往，自己才会变得更优秀。因为客观环境对人的影响很大。本句谚语属白语剑川方言，由段四梅提供，李春晓阐释。

003.xẽ^{55}no^{44}na^{42}tshɯ^{55}ja^{42} li^{55},

天 上 掉 下 量词也

Heinl no nap cel yap lil ,

ja^{35}tsu^{33}fɛ̃^{33}khɯ^{33}tsɿ^{55}tɕia^{42} xo^{33} tsɛ^{42}tsɯ^{21}.

不 早 翻 起 则 伙伴 量词 捡 去

yaf zux fainxkex zil jiaphox zaip zed.

汉语意译：

就算天上掉东西，不早起床也会被别人捡走。

阐释：

天道酬勤。如若天上掉馅饼，不早起也捡不到。认为一个人要努力勤奋，早起的鸟儿才有虫吃。本句谚语属白语剑川方言，由段四梅提供，李春晓阐释。

004.sɿ^{55}tsɯ^{31} fv̩^{44}xɯ^{31}tsɯ^{33}tɕĩ^{55} jĩ^{21}.

字 量词 腹 里 有 金 银

Svl zet fvhet zex jinlyind.

汉语意译：

字里有金银。

阐释：

书中自有黄金屋，书中自有颜如玉，字里行间有金银。阐释了白族的学习观念，认为读书学习有前途。白族世代有耕读之风，教育孩子要努力读书。本句谚语属白语剑川方言，摘自《大理丛书·白语篇》，由李春晓阐释。

005.tsɿ^{55}ȵi^{21}tse^{44}pi^{31}ɕia^{35}ȵi^{21}ɔ^{21}.

做 人 再 比 闲 人 赢

Zilnid zei'bit xiafnid aod.

汉语意译：

做事人胜过闲人。

阐释：

形容辛勤劳动，努力拼搏的人，一定会有收获；懒惰、无所事事的人，最终将一无所成。短期看懒人很享受，但最后成功的是勤劳的人。本句谚语属白语大理方言，由杨绍钦提供，杨哲阐释。

006.ɣɯ^{42}sɿ^{35}tsɿ^{44}ȵi^{21}　ɕiɯ^{35}kue^{35}tɕy^{31}.

学 书 子 量词 兴 规 矩

Hhepsifzi nid xief guifjuit.

汉语意译：

读书人行为举止要讲规矩。

阐释：

在白族人眼中，读书是一件神圣的事。读圣贤书，立君子品，做有德人。读书之人应该规范自己的行为，学为人师，行为世范。本句谚语属白语大理方言，由尹秀葵提供，杨哲阐释。

007.tshɿ^{55}xɯ^{55}　tɕia^{21}, ɣɯ^{42}tɯ^{44}tɕia^{21}.

丢 体貌 量词 学 得 量词

Cil hel jiad, hhep de jiad.

汉语意译：

丢了一次，就学到一次。

阐释：

阐释了白族人的学习经验，失败是成功之母，最重要的是从失败中学习。学习和生活中不可能处处一帆风顺，失败和碰壁是难免的，但失败和碰壁了不一定是坏事，只要能够从中学到东西，就是进步。本句谚语属白语大理方言，引用自《大理丛书·白语篇》，杨哲阐释。

008.ji^{55}ta^{55}pɯ^{31}mu^{21}tua^{31}ɕi^{31}ɕi^{31},

刀 子 不 磨 钝 拙 拙

Yildal bet maod duat xitxit,

tɕhiou^{55}lɯ^{44}ɣɯ^{42}tu^{44}tse^{ɹ21}le^{33}te^{33}.

好 地 学 不 成 憨包

Qioul le hhep du zerd leixdeix.

汉语意译：

刀子不磨不锋利，不好好学会变憨。

阐释：

本句谚语是白族人用生活经验来映照人生哲理。正如汉语诗句“宝剑锋从磨砺出”，人就好比刀子，要经常学习用脑，如果不好好学习就会变得愚钝。以此告诫人民要勤动好学，不能懒惰。本句谚语属白语大理方言云龙话，由杨剑雄提供，杨伟妹阐释。

009.tsou^{44}me^{ɹ21}tɕi^{35}tɯ^{21} pɯ^{55} ke^{ɹ21}ɕiou^{33}.

鸟 鸣 多 量词 它的 肉 少

Zou merd jif ded bel gerd xioux.

汉语意译：

叫多的鸟肉少。

阐释：

整天啼叫的鸟儿身上没什么肉。这句谚语与汉语“一瓶不响，半瓶晃荡”异曲同工。比喻不学无术的人喜欢夸夸其谈，招摇撞骗。有真才实学的人反而谦虚寡言，而浅薄的人偏偏喜爱显示和夸耀自己。本句谚语属白语大理方言云龙话，由杨剑雄提供，杨伟妹阐释。

010.seʴ^{33}seʴ^{33}ʦhy̩^{31}ʨhieʴ^{55}, a^{31} xua^{44}ʦhu^{33}pheʴ^{55}.

使 唤 处 听 一 涨 就 软

Serxserx cvt qierl, at hua cux perl.

汉语意译：

听（人）使唤，一涨就粑。

阐释：

和汉语“不听老人言，吃亏在眼前”异曲同工。这是白族长辈经常用作教诲晚辈的话语，告诉小孩儿要乖乖听话，长辈让你做的事就赶快去做，如此一来就可以少走弯路，顺利地取得成功。像煮饭一样，一涨就熟软了。也常比喻只要大家齐心 就容易把事做成。本句谚语属白语大理方言云龙话，由杨剑雄提供，杨伟妹阐释。

011.ʦua^{35}ʨia^{35}ʦɯ^{31} nɔ^{44} tuo^{35}khu^{55}tɔ^{32},

庄 稼 量词 受事 多 薅 量词

Zuafjiaf zet no duof kul daoz,

ɣɯ^{42}sɿ^{35}ʦɿ^{55} ȵiou^{44}tuo^{35}ɣɯ^{42}tɔ^{32}.

学 书 话题 要 多 学 量词

hhepsif zil niou duof hhep daoz.

汉语意译：

庄稼要多锄一次，读书要多读一遍。

阐释：

书读百遍，其义自见。反复阅读一本书，自然就能逐渐了解它的含义。白族人讲究“耕读传家”，耕读具有共通的道理，本句谚语就是以生产经验来阐释学习经验，庄稼种植需要精耕细作，学习也要反复复习。本句谚语属白语大理方言云龙话，摘自《大理丛书·白语篇》，杨静阐释。

012.mɯ^{44}mi^{32}ȵiou^{44}ȵiɯ^{35}thɯ^{31},

麦　面　要　揉　透

Me'miz niou nief tet,

tsy̩^{44}ȵiy̩^{33}ȵiou^{44}ka^{35}tɕhiou^{55}.

子　女　要　教　好

zv'nivx niou gaf qioul.

汉语意译：

和面要揉透，子女要教好。

阐释：

此句谚语把通俗易懂的生活常识延伸到抽象的人生哲理。和面的时候要把面揉透揉匀，教育孩子更是不能草率，要渗透到生活中的一点一滴之中，要与孩子多交流沟通，引导孩子积极健康地全方面发展。本句谚语属白语中部方言鹤庆土语，摘自《大理丛书·白语篇》，杨静阐释。

013.meɹ^{21}peɹ^{42}ȵi^{21} mɯ^{55} a^{31}ʦheɹ^{55}li^{55} lu^{35},

明　白　人　受事一　声　也　够

Merdperp nid mel at cerl lil luf,

xue^{33}tu^{33}ȵi^{21}mɯ^{55}peɹ^{44}ʦheɹ^{55}li^{55}tua^{42}.

糊　涂　人　受事　百　声　也　不得

huixdux nid mel ber cerl lil duap.

汉语意译：

与聪明人说话一声就够，与糊涂人说话白费口舌。

阐释：

聪明人悟性高，有慧根，能够看到问题的本质和精髓，只要稍微提示，就能知道怎么做，而糊涂的人悟性不高，不能看到事物的本质规律，就算花费更多时间也毫无进益，只会徒增烦恼。告诫人要学会举一反三，做懂事理的聪明人。本句谚语属白语大理方言云龙话，摘自《大理丛书·白语篇》，杨静阐释。

014.tshu^{33}tshɯ^{31}ȵou^{44}zy̩^{31}tsɿ^{35}，ɣɯ^{42}sɿ^{35}ȵou^{44}zy̩^{31}ɕi^{35}.

炒　菜　要　用猪油　学　书　要　用　心

Cuxcet niou ssvt zif, hhepsif niou ssvt xif.

汉语意译：

炒菜要用猪油，读书要用心。

阐释：

炒菜要用猪油才香，读书要用心才能读好。用生活中的经验作比照，教育人们读书要用心思。体现了白族人在教育过程中的谆谆诱导。本句谚语属白语大理方言，选自《白语大理方言基础教程》，王锋阐释。

015.tsou^{21}thu^{33}tsɿ^{55}pe^{44}tɕhi^{44}, tshu^{55}miɯ^{35}tsɿ^{55}ɣɯ^{42}tɕhi^{44}.

长　路　做　走　出　聪　明　做　学　出

Zoudtux zil bei qi, culmief zil hhep qi.

汉语意译：

长路是走出来的，聪明是学出来的。

阐释：

千里之行，始于足下，要踏踏实实地走好每一步，才能达到长远的目标。勤奋即天才，功到茅塞开。学习不能投机取巧，只有努力学习，才是真正的聪明。本句谚语属白语大理方言，选自《白语大理方言基础教程》，王锋阐释。

016.ji^{35}ta^{35}tsɿ^{33}lɯ^{44}lɯ^{44}mɔ^{21}tsɿ^{55}lɯ^{44}lɯ^{44}ji^{21}

刀 子量词 越 磨 则 越 利

Yifdaf zix lele maod zil lele yit,

ȵi^{21}keɹ^{35}xuo^{33}lɯ^{44}lɯ^{44}ɣɯ^{42}tsɿ^{55}lɯ^{44}lɯ^{44}liɯ^{21}

人 家 量词 越 学 则 越 灵

nidgerf huox lele hhep zil lele lied.

汉语意译：

刀越磨越快，人越学越灵。

阐释：

以生活中的磨刀子为例，阐释白族人的学习观，即认为人的才智不是天生，而是来自于后天的学习，只有不断地学习，才能保证自己的聪明才智并不断进步。本句谚语属白语大理方言，选自《白语大理方言基础教程》，王锋阐释。

017.tsɿ^{55}tsha^{55}xɯ^{55} tsɿ^{55} ɣɯ^{42}tɯ^{44}tsɿ^{55},

做 差 体貌 话题 学 得 做

Zil cal hel zil hhep de zil,

tsɿ^{55} tɕhiou^{55}xɯ^{55} tsɿ^{55} tɯ^{44}tɯ^{44}tsɿ^{55}.

做 好 体貌 话题 得 着 做

zil qioul hel zil de de zil.

汉语意译：

做错学到做，做好干成事。

阐释：

阐释了白族人的生活经验和学习观。失败是成功之母，事情（即使）做错了，也会学到经验；事情（要是）做好了，那就做出成绩。意思是只要做，都会有收获，不做则一事无成。本句谚语属白语大理方言，选自《白语大理方言基础教程》，王锋阐释。

018.tsɿ^{55}kua^{35}pu^{35}tɕi^{35}leɹ^{44}peɹ^{44}ta^{31},

做 官 不 及 瞥 百 甸

zilguaf bufjif ler ber dat,

sɯ^{33}xɔ^{31}pu^{35}tɕi^{35}tshy̩^{44}tue^{33}me^{21}.

守 家 不 及 出 远 门

Sex haot buf jif cv'duixmeid.

汉语意译：

做官不如游四方，守家不如出远门。

阐释：

阐释了白族人的教育观，认为读万卷书不如行千里路，人只有走到外面，才能开阔眼界，增长见识，窝在家里没有出息。过去家里大人常用这句谚语来教育孩子，让孩子到外面长历练、学手艺，这也是白族地区过去盛行“走夷方”的思想基础。本句谚语属白语大理方言，选自《白语大理方言基础教程》，王锋阐释。

6. 其他

001.tã^{55}tsɿ^{33}y̩^{33}mo^{33}.

担 子 背 母

Danl zix vux mox.

汉语意译：

上有老下有小。

阐释：

挑着儿子，还要背着母亲，形容中年人的一种生活状态，上有老下有小，生活负担很重，日子过得很苦。本句谚语属白语剑川方言，也是一个四音格词语，由赵春旺提供，李春晓阐释。

002.tshã^{55} li^{55}tɕi^{42}mi^{42}pẽ^{33} no^{44} tua^{42}.

午饭也 追 及 晚饭 受事 不能

Canl lil jipmip beinx no duap.

汉语意译：

早餐追不上晚餐。

阐释：

吃了上顿没下顿。刻画了一种穷苦的状态，做了一顿早饭，然而已经到吃晚饭的时间了。本句谚语属白语剑川方言，由赵春旺提供，李春晓阐释。

003.tsou^{42}pɛ̃^{33}tɕiɛ^{21} no^{44}sɯ^{55}ke^{55}tsṽ̩^{55}.

石 板 量词 上 收 鸡 纵

Zopbainx jiaid no sel geilzvnl

汉语意译：

石板上收鸡纵菌。

阐释：

这句谚语有歇后语的特点。石板上不可能长出鸡纵菌，指不可能发生的事。本句谚语属白语剑川方言，由段四梅提供，李春晓阐释。

004.xo^{55}ɣɯ^{33}ta^{44}tsɿ^{55}sou^{55}lou^{44}phiɛ^{55},

花 柳 当 作 霜 凌 片

Holhhex da zil sollo'piail,

sã^{42}tshɯ^{55}tsɿ^{55}ja^{35}mo^{33}.

散 体貌 则 没有

sanp cel zil yafmox.

汉语意译：

花柳好似冰，融化无影踪。

阐释：

xo^{55}ɣɯ^{33}（holhhex）直译为“花柳”，是白族民间因传统歌会、节庆等活动形成的一种类似情人的关系，他们往往通过在一年一度的“绕三灵”、石宝山歌会等活动上对歌保持 xo^{55}ɣɯ^{33} 关系。白族人认为这种关系就像冰一样容易融化，不能长久。本句谚语属白语剑川方言，由段四梅提供，李春晓阐释。

其他

005.sɯ̃^{21} tɯ^{21} tshe^{55}khɯ^{33}tɕy^{33}ŋue^{33}no^{44}li^{55}xɛ^{44}a^{31} sɿ^{55}.

苍蝇 量词 栖 起 嘴 眼 上 也 赶 不 思

Send ded ceil kex juixnguix no lil hai at svl.

汉语意译：

苍蝇栖在脸上都懒得赶。

阐释：

苍蝇栖在脸上也懒得把它赶走，形容一个人极其懒惰。本句谚语属白语剑川方言，由段四梅提供，李春晓阐释。

006.sɯ^{33}ja^{35}pɛ̃^{33} li^{55}mo^{44}tɯ^{44}nɯ^{55} mɛ^{44}.

手 不 把 也 摸 得 你的 脉

Sex yaf bainx lil mo de nel mai.

汉语意译：

不把你的手都能摸到你的脉。

阐释：

形容对一个人的性格、行为等了如指掌。本句谚语属白语剑川方言，由段四梅提供，李春晓阐释。

007.pɛ^{42}tɯ^{21} ma^{55}sõ^{33}xɯ^{44} tɯ^{21}ma^{55}.

白 头 发 送 黑 头 发

Baip dedmal sonx he dedmal.

汉语意译：

白发人送黑发人。

阐释：

本句与汉语谚语“白发人送黑发人”相同。描述了儿女早逝的凄惨体验。本句谚语属白语剑川方言，由段四梅提供，李春晓阐释。

008.sã^{55}sua^{44}sv̩^{55}tsɿ^{33}jṽ̩^{33}li^{55} xã^{55}jĩ^{21}kɛ^{55} no^{44} sua^{44}tõ^{21}.

三 岁 小孩子 也 看 人 家 受事 说 话

Sanl sua svlzixyvnx lil hanl yindgail no sua'dond.

汉语意译：

三岁娃娃也会看人说话。

阐释：

三岁娃娃也会察言观色、看人说话。这句谚语在不同的语境下，可以有两层意义。一方面是阐释了生活经验，认为三岁的小孩已经会察言观色，懂得看人说话了，因此要给予必要的引导。另一方面是认为连三岁的孩子也懂得看人说话，大人在说话时更要注意说话的场合和分寸，不要说不合适的话。本句谚语属白语剑川方言，由段四梅提供，李春晓阐释。

009.ke^{55}no^{44} li^{55} tsɯ^{33}ke^{55}ɕĩ^{55}kã^{55},

鸡 领有 也 有 鸡 心 肝

Geil no lil zex geil xinl ganl,

ua^{42}no^{44} li^{55} tsɯ^{33}ua^{42}ɕĩ^{55}phia^{44}.

鹰 领有 也 有 鹰 心 肺

wap no lil zex wap xinl pia.

汉语意译：

鸡有鸡心肝，鹰有鹰心肺。

阐释：

分别用鸡和老鹰指代弱势和强势的一方，阐释了白族的道义观，不论强者和弱者，人人都有心，都有敏感、脆弱的部分，都会用心去感受人情冷暖。也有另外一个寓意是指人各有心，不同的人想法都不一样。本句谚语属白语剑川方言，由段四梅提供，李春晓阐释。

010.xo^{31}ɣɯ^{31}jy^{44}tɕiɛ^{42}y̩^{33}tɕi^{55}no^{44}.

屋 漏 遇见雨 多受事

Hot hhet yuijiaip vux jil no.

汉语意译：

屋漏偏逢连夜雨。

阐释：

屋顶漏了的时候偏偏遇上狂风暴雨。比喻本来已经够倒霉了，结果还遇到了雪上加霜的事情，也就是常说的祸不单行。本句谚语属白语剑川方言，由张进忠提供，李春晓阐释。

011.jõ^{21}tsɿ^{33}ɯ̃^{33}pa^{42}ky̩^{31}mo^{33}ŋy̩^{55},

羊 子 喝 奶 跪 母 受事

Yondzix enx bap gvt mox ngvl,

xɯ^{44}y̩^{55}tã^{55}kɛ^{21}ue^{42}mo^{33}jɯ^{44}.

黑 乌 叼 肉 喂 母 吃

hevul danl gaid weip mox ye.

汉语意译：

羊羔喝奶跪母前，乌鸦叼肉喂母亲。

阐释：

羊羔跪乳，乌鸦反哺。阐释了白族的孝道思想，百善孝为先，动物都知道感恩尽孝回报父母，人更应该懂得这个道理。本句谚语属白语剑川方言，由张进忠提供，李春晓阐释。

012.ta^{42}ã^{55}n̥i^{55}ŋv̩^{42} kɛ^{44}sv̩^{33}tsɿ^{55}xo^{55},

帮 猫咪 受事 捉 鼠 就 合

Dap anlnil ngvp gai svx zil hol,

to^{55}to^{55}ta^{42}sv̩^{33}ŋv̩^{42} mo^{21} fṽ̩^{55}.

反而 帮 鼠 受事 磨 斗箩

doldol dap svx ngvp mod fvnl.

汉语意译：

不帮猫抓老鼠，反帮老鼠啃斗箩。

阐释：

体现了白族人民深刻的现实主义思维，讽刺了很普遍的社会现象，有的人不仅不帮好人做好事，反而帮坏人的忙，甚至做坏人的保护伞。本句谚语属白语剑川方言，由张进忠提供，李春晓阐释。

013.khuã^{33}ɛ^{44} ŋue^{55}jĩ^{44}tshv̩^{31}.

狗 挤 热 闹 处

kuanx ai nguilyin cvt.

汉语意译：

狗挤热闹处。

阐释：

讽刺了一种社会现象，认为人的本性便是容易受好奇心的驱使，喜欢去人多的地方、喜欢凑热闹。本句谚语属白语剑川方言，由邱旭清提供，李春晓阐释。

014.y̩^{44} jõ^{21}mo^{33}ɕy^{33}a^{31} tĩ^{33}kɯ̃^{55}tĩ^{33}ɣɯ^{33}to^{44}thɯ^{55}.

屋 檐 母　水 一 滴 跟 滴 后 滴 下

Vuyondmox xuix at dinx genl dinx hhex dou tel.

汉语意译：

屋檐水一滴跟着一滴落下。

阐释：

屋檐上的水一滴跟着一滴落下来，形容子女的品行和父母息息相关。阐释了白族的教育观，认为父母在教育的过程中发挥着巨大的示范作用，品行的好坏都是言传身教的。因此想要子女优秀、品行端正，父母首先要做好榜样作用。本句谚语属白语剑川方言，由邱旭清提供，李春晓阐释。

015.ke^{55} tɯ^{21} sẽ^{42} jĩ^{44} a^{44} tɯ^{21} ŋy̩^{55}.

鸡 量词 下蛋 入 鸭 量词 处所

Geil ded seinp yin a ded ngvl.

汉语意译：

鸡在鸭窝里下蛋。

阐释：

鸡跑到鸭窝里下蛋，比喻行事方法不当或不合时宜。也指说话时有人插嘴，打乱了说话者的思路。本句谚语属白语剑川方言，由施茂松提供，李春晓阐释。

016.the^{44}tsɿ^{55} tɕhy^{44}tsɛ̃^{21}tɛ̃^{44}, tsɿ^{33}tsɿ^{55} se^{31}tsɛ̃^{21}kã^{55}.

铁 话题 烫 时 打 子 话题 小 时 教

Tei zil qui zaind dain, zix zil seit zaind ganl.

汉语意译：

铁要趁热打，儿要趁小教。

阐释：

此句谚语用生产经验比喻生活道理，阐释了白族的教育观，认为教导儿女要趁早，长大了才管教就来不及了。本句谚语属白语剑川方言，摘自《大理丛书•白语篇》，由李春晓阐释。

017.khu^{33} tsu^{55}tsɿ^{55} õ^{21}mɛ^{55}, khu^{33} jɯ^{44}tsɿ^{55} sɿ̩^{33} tɯ^{21}.

善于 做 就是 青蛙 善于 吃 就是 老鼠 量词

Kux zul zil ondmail, kux ye zil svx ded.

汉语意译：

勤劳是青蛙，贪吃是老鼠。

阐释：

阐释了白族的做人准则，认为要向青蛙学习，做人要勤劳工作，不要像老鼠那样好吃懒做。本句谚语属白语剑川方言，摘自《大理丛书•白语篇》，由李春晓阐释。

018.pɛ^{44}sa^{35}ji^{44}no^{44}khɯ^{33}, to^{42}sa^{35}se^{31}no^{44}ko^{55}.

百 从 一 上 起 大 从 小 上 长大

Bai saf yi no kex, dop saf seit no gol.

汉语意译：

百始于一，大生于小。

阐释：

“百”是从“一”开始积累的，“大”也是从“小”长成的。阐释了白族的人生哲理，认为做人做事须从点滴小事做起。任何成功的开始，必定都是不起眼的点滴。本句谚语属白语剑川方言，摘自《大理丛书•白语篇》，由李春晓阐释。

019.su^{55}çiou^{35}ma^{35} pa^{44}ue^{42}.

烧 香　推 倒 佛

Sulxiouf maf ba weip.

汉语意译：

烧香推倒佛。

阐释：

烧香推倒佛，比喻好心帮倒忙，虽怀好意但酿成大错。也用来形容那些做事粗枝大叶、马马虎虎的人。本句谚语属白语大理方言，由杨绍钦提供，杨哲阐释。

020.thɔ^{55}li^{55}meɹ^{21}fa^{31}khue^{55}.

毛　驴 打滚量词

Taollilmerd fat kuil.

汉语意译：

毛驴打滚（左耳进，右耳出）。

阐释：

毛驴是白族民间重要的运输工具，它们秉性倔强，时常在驮运东西时停下打滚。此处形容那些做事情不长记性，或不把别人说的话当回事，左耳进右耳出的人。本句谚语属白语大理方言，由杨绍钦提供，杨哲阐释。

021.ŋɯ^{21} fy̩^{31} meɹ^{33}ji^{33}.

牛 放屁 马 拉屎

Nged fvt merx yix.

汉语意译：

牛放屁，马拉屎。

阐释：

不切实际说大话。牛放屁声音大，马拉屎拉得多，但都没有什么用。比喻那些空口说大话，不付出实际行动的人。本句谚语属白语大理方言，由杨绍钦提供，杨哲阐释。

022.ȵi^{44}xɯ^{31}sua^{44}mɯ^{32}tou^{21}.

白 天 说 梦 话

Ni het sua mezdoud.

汉语意译：

白日做梦。

阐释：

白日做梦，不合时宜。讽刺有的人不付诸实践却怀有不切实际的幻想。体现了白族人务本、求实的精神。本句谚语属白语大理方言，由杨绍钦提供，杨哲阐释。

023.ke^{35} tsɿ^{44}ta^{42}ȵi^{44}tɕi^{31}xɯ^{31}.

鸡 子 踩 入 田 里

Geifzi dap ni jit.

汉语意译：

小鸡踩进田。

阐释：

小鸡踩进田里，因脚陷进泥中，只得拍翅扑腾，左跳右窜。形容一个人惊慌失措、无所适从的样子。本句谚语属白语大理方言，由杨绍钦提供，杨哲阐释。

024.te^{42}mɔ^{33}kha^{55}tshou^{55}kha^{55}.

猪 母 啃 糠 啃

Deipmaox kal coul kal.

汉语意译：

老母猪吃糠。

阐释：

kha^{55}（kal），特指牲畜、动物等张开嘴大口吞吃食物的样子。猪吃糠时总是大口吞吃，也不咀嚼，糠水四溅。以此来讽刺有的人吃相过于难看，也形容做事时手忙脚乱，慌里慌张。本句谚语属白语大理方言，由杨绍钦提供，杨哲阐释。

025.ku^{33}la^{44} keɹ^{21}se^{35}tshu^{33}pɔ^{31}.

老 腊 肉 鲜 炒 它

Gux lagerd seif cux baot.

汉语意译：

老腊肉当作鲜肉炒。

阐释：

常用于调侃一些第二次或第三次做一件事情，甚至比第一次做时还要隆重，例如有的人再婚的排场比第一次还大。本句谚语属白语大理方言，由尹秀葵提供，杨哲阐释。

026.ou^{42}kɔ^{21}phe^{33}mu^{21}ʦe^{35}sɯ^{35}tua^{32}.

落 海 忘 记 游 泳 受事

Oupgaod peixmud zeifsef duaz.

汉语意译：

落海时忘记自己会游泳。

阐释：

在面对一些紧急情况时，由于太过紧张和慌张导致忘记自己应该做什么，形容一个人的心态不好，在面对紧急情况时无法保持冷静，没有“大心脏”。本句谚语属白语大理方言，由尹秀葵提供，杨哲阐释。

027.ʦou^{42}khue^{55}ke^{ɹ31} mɯ^{55} tou^{44}tɯ^{21}pɔ^{21}.

石 头 量词 受事 磕 头

Zoupkuil gert mel dou dedbaod.

汉语意译：

石头面前磕头。

阐释：

用夸张的手法，比喻“叫天天不应，叫地地不灵”的万般焦急无奈的状况，连块石头都想磕头求帮助。本句谚语属白语大理方言，由尹秀葵提供，杨哲阐释。

028.ʦou^{42}khue^{55}pɔ^{35}mɯ^{55} tou^{44}tɯ^{21}pɔ^{21},

石 头 公 受事 磕 头

Zoupkuil baof mel dou dedbaod,

tɕhi^{31} u^{31} e^{ɹ33} mɯ^{55} ke^{31}ɕiou^{35}xue^{33}.

刺蓬 量词 下 受事 点 香 火

qitwut erx mel geit xiouf miz.

汉语意译：

石头前磕头，刺蓬下烧香。

阐释：

本句谚语意义较为丰富。一种意义同前，指四处求告、万般焦虑的状态；另一种意义指视世间一切皆有灵性，处处小心敬奉，不敢有所得罪。此外也衍生出了信仰盲目，平时不努力，遇到急事时病急乱投医的贬义意思。本句谚语属白语大理方言，引用自《大理丛书・白语篇》，杨哲阐释。

029.sy̩^{55}tsy̩^{44}ȵy̩^{33}tɕy^{33}xɯ^{31}sua^{44}tsɿ^{35}tou^{21}.

小孩子　嘴 里 说　真 话

Svlzv’ nivx juix het sua zifdoud.

汉语意译：

小孩子嘴里出真话。

阐释：

正如故事《皇帝的新衣》一样，小孩子天真无邪，不会像大人一样察言观色，看到什么就说什么。形容童言无忌，也可用来讽刺信口雌黄、弄虚作假的成人。本句谚语属白语大理方言，引用自《大理丛书・白语篇》，杨哲阐释。

030.ky̩^{35} sɿ^{55} mu^{33}ȵi^{21} ty̩^{31}, kɛ^{32}ka^{35}mu^{33}ȵi^{21}pieɹ^{44}.

江 深 无　人 渡 价 高　无 人 问

Gvf sil mux nid dvt, gerz gaf mux nid bier.

汉语意译：

江深无人涉，价贵无人问。

阐释：

这是做生意的行业用语，体现出白族人的商业理念，指卖东西定价要合理，一味地抬高价格只能获得短期利益，价格合适才会有更多的人前来购买。本句谚语属白语大理方言，引用自《大理丛书·白语篇》，杨哲阐释。

031.mɛ^{33}kɛ^{32}tsheʴ^{55}, a^{35}keʴ^{32}tsv̩^{33}.

马 价 轻　　鞍 价 重

Merx gerz cerl, af gerz zvx.

汉语意译：

马便宜，马鞍贵。

阐释：

马鞍本是马匹的配件，但价格却比马本身更贵，显得十分离谱。讽刺了主次颠倒、不能抓住事物主要矛盾的现象。类似汉语“买椟还珠”。本句谚语属白语大理方言，引用自《大理丛书·白语篇》，杨哲阐释。

032.tsɿ^{55}ȵi^{21}mu^{33}ɕi^{35}tsha^{55}, ɣɯ^{33}je^{44}xue^{33}pɯ^{31}ȵɯ^{33}.

做 人 无 心 肠　　吸 烟 火 不 燃

Zil nid mux xifcal, hhex yei huix bet niex.

汉语意译：

生活没盼头，吸烟火不燃。

阐释：

此处的“做人”应解释为“生活、持家”之意，总体句意是形容一个人如果对生活失去了希望，便会连火也点不燃，吸烟都没有味道。本句谚语属白语大理方言，引用自《大理丛书·白语篇》，杨哲阐释。

033.ʦɯ^{33}ʨhie^{55}ȵi^{21}jɯ^{44}tɔ^{31}ʨie^{35}ta^{21},

有 钱 人 吃 大 金 桃

Zexqieilnid ye daot jieif dad,

mu^{33}ʨhie^{55}ȵi^{21}jɯ^{44}sua^{55}ɕye^{55}li^{55}.

无 钱 人 吃 酸 雪 梨

muxqieil nid ye sual xuillil.

汉语意译：

富人吃金桃，穷人吃酸梨。

阐释：

用金桃来讽刺富人滋润、甜蜜的生活，用酸梨来表达穷人艰辛、酸苦的生活，对比强烈，发人深思。也有另外一个寓意是指，不管穷富，各人过各人的生活，两不相干。本句谚语属白语大理方言，引用自《大理丛书•白语篇》，杨哲阐释。

034.sua^{44}kuo^{32}nɔ^{44}tou^{21}, ʦv̩^{32}kuo^{32}nɔ^{44}ɕiou^{21}.

说 过 的 话 种 过 的 松

Sua guoz no doud, zvz guoz no xioud.

汉语意译：

说过的话，种下的松。

阐释：

说出的话就像种下的松树，四季常青，岁月久远。用生命力顽强的松树来比喻自己说出的话，认为人要为自己的言行负责任，说过就不能反悔。体现了白族人诚实守信的良好价值观。汉语也有“一言既出，驷马难追”“一诺千金”等类似的表达。本句谚语属白语大理方言，引用自《大理丛书•白语篇》，杨哲阐释。

035.kɔ^{21}ȵi^{55}pɔ^{35}ɣɯ^{42}sɿ^{35}, khue^{33}tsou^{21}ȵi^{21}ue^{32}te^{42}.

富 人 公 学 书　贫 穷 人 养 猪

Gaodnilbaof hhepsif, kuixzoudnid weizdeip.

汉语意译：

富人读书，穷人养猪。

阐释：

深刻地阐释了贫富差距带来的生活方式的根本差别，富人家的孩子能够无忧地学习，获得更多的发展机会；穷人家的孩子从小就得种地养猪，为生活奔波。比喻世道不公，贫富殊途。本句谚语属白语大理方言，引用自《大理丛书·白语篇》，杨哲阐释。

036.ŋv̩^{44}tɕiou^{32}mu^{33}pa^{32}tɯ^{55}, tsou^{42}tɕiou^{32}mu^{33}pi^{35}kɯ^{33}.

木 匠　无 板 凳 石　匠　无 盐 臼

Ngvjiouz mux bazdel, zoupjiouz mux bifgex.

汉语意译：

木匠没板凳，石匠无盐臼。

阐释：

pi^{35}kɯ^{33}（bifgex）“盐臼”是白族地区用来舂捣食物的厨具，多用大理石制成，是白族人最重要的石制工具之一。此句采用对比和夸张的手法，深刻揭示了旧社会劳动人民生活十分困苦，即便是有技在身的手艺人，也只能为他人作嫁衣裳，不能改善自己的生活。类似的谚语还有“农夫饿肚子，木匠遭雨淋”。比喻世道不公，劳动者不能享受到劳动带来的便利。本句谚语属白语大理方言，引用自《大理丛书·白语篇》，杨哲阐释。

037.lɔ^{35}teɹ^{35}a^{55}mi^{55}mɯ^{35}jɯ^{44}ɕi^{33}sʅ̩^{33},

瞎 眼 猫 咪 撞见 吃 死 鼠

Laofderf almil mef ye xixsvx,

lɔ^{35}teɹ^{35}te^{42}mɔ^{33}mɯ^{35}jɯ^{44}pi^{21}thʅ̩^{55}.

瞎 眼 猪 母　撞见 吃 芋　头

laofderf deipmaox mef ye bidtvl.

汉语意译：

瞎猫撞吃死耗子，瞎母猪撞吃芋头。

阐释：

瞎猫碰上死耗子——好运气。用来形容偶然凑巧的事件，也可指代一个人本没有办某件事的能力，却意外办成了。本句谚语属白语大理方言，由杨立新提供，杨静阐释。

038.tɔ^{31}ue^{33}nʅ̩^{33}jieɹ^{32}ɕy^{33}.

大 眼 篮　背　水

Daotweixnvx yerz xuix.

汉语意译：

大眼篮子背水。

阐释：

此句谚语有歇后语的特点，与汉语“竹篮打水一场空”相对应，比喻白费力气，徒劳无功，也可用来形容做事方法不当。生活中任何事都要讲究方法，正确的方法是成功的一半，教导人们要学会摸索正确的方法。本句谚语属白语大理方言，由杨立新提供，杨静阐释。

039.mu^{44}ke^{35}se^{32}tsɔ^{42}tɕhieɹ^{44}, tsɿ^{33}pheɹ^{55}zɿ^{42}ŋa^{35}kuo^{35}.

摸 鸡蛋 被 刺　　煮 稀　饭 沾 锅

Mu geifseiz zaop qier, zvx perlssvp ngaf guof.

汉语意译：

摸鸡蛋被刺，煮稀饭粘锅。

阐释：

比喻人在不顺的情况下做什么事都会不顺，连接遭到挫折和打击。本句谚语属白语大理方言，由杨立新提供，杨静阐释。

040.ka^{44}seɹ^{44}tɕie^{42}ue^{35}ȵi^{44}.

乞 丐 赶　热 闹

Gaser jieip weifni.

汉语意译：

乞丐凑热闹。

阐释：

本句谚语具有较为丰富的内涵，可以有不同的理解。一种理解是讽刺一个人自顾不暇，泥菩萨自身难保，但还到处凑热闹；另一种理解是形容爱凑热闹，消磨时间，无事找事做；还有一种理解体现了白族的社会生活，白族人善良好客，在办喜事时，来者都是客，即便就是乞丐来，也会给他好吃好喝。因此，乞丐也会打听哪里热闹，哪家办喜事。本句谚语属白语大理方言，由杨立新提供，杨静阐释。

041.pa^{55}　jɯ^{44}tsha^{55}nɔ^{31}ɣɯ^{35}ke^{35},

他们 吃　饭　你　喊　鸡

Bal ye cal naot hhef geif,

pa^{55} ue^{32}thɔ^{55}lɔ^{55}nɔ^{31}teɹ^{44}te^{42}.

他们 喂　兔子 你 打 猪

bal weiz taollao naot der deip.

汉语意译：

别人吃饭你叫鸡，别人喂兔你打猪。

阐释：

用生活中的事件做比喻，形容一个人为人做事与他人格格不入，也表示一个人故意捣乱唱反调。本句谚语属白语大理方言，由张萍提供，杨静阐释。

042.xa^{32}tɯ^{21}pɔ^{21} peɹ^{42}kheɹ^{55}v̩^{33}.

汉　头　　白 屁股

Haz dedbaod berp kerlvux.

汉语意译：

汉头白屁股。

阐释：

讽刺一个人说话做事首尾不一致，互相抵触，多用来讽刺说话做事前后不一的人。在当前的大多数语境下，主要用来形容一个人白语不地道，说白语时掺杂汉语。本句谚语属白语大理方言，由张萍提供，杨静阐释。

043.ʦɔ^{33}su^{55}ɕiou^{35}pu^{35}ti^{35}me^{33}jɯ^{44}ʦhɯ^{31}.

早 烧　香 不　及 晚 吃　菜

Zaox sulxiouf bufdif meix ye cet.

汉语意译：

早烧香拜佛，不如晚吃素。

阐释：

烧香烧得早，不如后来吃素。本句谚语包含两层含义，一是指出做事不能只是停留在口头上，要付出实际行动，不能言行不一。特别讽刺了民间既要烧香拜佛，但又吃鱼吃肉的人。二是表明行事要从一而终，不能虎头蛇尾，否则将一无所获。本句谚语属白语洱源方言，由李文或提供，杨静阐释。

044.ʦou^{42}te^{42}phia^{44}mɯ^{55}pɯ^{35}ky̩^{35}tɕi^{32},

野　猪 到　才　搠　弓　箭

Zoupdeip pia mel bef gvfjiz,

sɿ^{31}phia^{44}pɯ^{55}tsɿ^{21}mɯ^{55}su^{55}ɕiou^{35}.

事 到　其 时 才　烧 香

sit pia bel zid mel sulxiouf.

汉语意译：

野猪到了才拉弓，事到临头才烧香。

阐释：

形容有的人平时不努力、不做准备，临时抱佛脚，来事才应付，往往会措手不及。本句谚语属白语大理方言云龙话，由杨剑雄提供，杨伟妹阐释。

045.eɹ^{33}tsɿ^{44}jɯ^{44}khu^{33}kɯ^{32}, tɕy^{33}nɔ^{44}ka^{31}tɕhi^{44}tuo^{33}.

哑 子 吃 黄　连　嘴 上 讲 出 不得

Erxzi ye kuxgez, juix no gat qi duox.

汉语意译：

哑巴吃黄连，有苦说不出。

阐释：

心中有苦处，但是没有办法说出来。常用来形容人有难言之隐，没有办法倾诉或是没有人可以倾诉。本句谚语属白语大理方言云龙话，由杨剑雄提供，杨伟妹阐释。

白族文字方案（草案）

云南省少数民族语言文字指导工作委员会

1993 年 6 月 18 日

第一条　白族文字方案（简称白文方案）遵照国务院批准的关于少数民族文字方案中设计字母的五项原则制订。字母形式采用拉丁字母，白语中与汉语相同或相近的音，用与汉语拼音方案相同的字母表示。

第二条　采用同一方案拼写两个方言。南部方言以大理喜洲的语音为代表：中部方言以剑川金华的语音为代表；以下简称“南部”“中部”方言。

第三条　白文字母共有 26 个。

（1）白文字母表的印刷体如下：

大写	A B C D E F G H I
小写	a b c d e f g h i
大写	J K L M N O P Q R
小写	j k l m n o p q r
大写	S T U V W X Y Z
小写	s t u v w x y z

（2）　字母名称（读法与汉语拼音字母名称相同）

a	b	c	d	e	f	g
（a）	(bei)	(cei)	(dei)	(e)	(eif)	(gei)
h	i	j	k	l	m	n
(ha)	(yi)	(jei)	(kei)	(eil)	(eim)	(nei)
o	p	q	r	s	t	
(o)	(pei)	(qiu)	(ar)	(eis)	(tei)	
u	v	w	x	w	z	
(u)	(vei)	(wa)	(xi)	(ya)	(zei)	

第四条 白文声母共有 23 个，其形体及读音列表如下：

声 母	国际音标	例 词	
		白 文	汉 义
b	p	ba	大碗
p	ph	pa	踢
m	m	ma	稻草
f	f	fv	六
v	v	va	袜
d	t	da	与、和
t	th	ta	盖（被）
n	n	na	纳（鞋底）
l	l	la	腊（肉）
g	k	ga	仓库
k	kh	ka	渴
ng	ŋ	nga	咬
h	x	ha	扒（吃饭）
hh	ɣ	hhep	学
j	tɕ	ja	接
q	tɕh	qa	贴
ni	ȵ	nia	亮
x	ɕ	xa	杀
y	j	ya	回
z	ts	za	砸
c	tsh	ca	叉
s	s	sa	撒
ss	z	ssit	二（二月）

说明：为拼写其他方言土语及汉语普通话借词，另设 zh[tʂ]、ch [tʂh]、sh[ʂ]、r[ʐ]4 个声母。因为现代汉语普通话借词中卷舌音声母被借入白语，尤其是在被借入南、中二方言后，卷舌音声母均变成相应的平舌音声母。即使在被借入其他方言土语时，卷舌音声母也常常变为平舌音声母。所以，归纳及制订 23 个白文声母时，没有把这 4 个声母列入。一般来说，这 4 个声母很少使用。

第五条　白文韵母共有 37 个，其形体及读音列表如下：

韵母		国际音标	例词	
			白文	汉义
单韵母	i	i	bix	低、矮
	ei	e	bei	去、走
	ai	ɛ	taip	台
	a	a	bax	泡沫
	o	o	box	簸
	u	u	kux	善于
	e	ɯ	bex	水塘
	v	v	kvx	蛇
复韵母	iai	iɛ	biai	边、问
	ia	ia	bia	端（动）
	iao	iau	miaofgeif	阉鸡
	io	io	biox	不是
	iou	iou	miouz	直
	ie	iɯ	miex	束
	ui	ui	huix	火
	uai	uɛ	guaiz	坏了
	ua	ua	gua	蕨菜
	uo	uo	guof	各
	ao	au	gaox	高
	ou	ou	ou	浇

说明：①南部方言有三个儿化音韵母：er[eɹ]、ier[ieɹ]、uer[ueɹ]，分别与中部方言 ai[ɛ] 、ain[ɛ̃]、iai[iɛ]、iain[iɛ̃]，uai[uɛ]、uain[uɛ̃] 对应。例如：

汉义	南部方言读音	中部方言读音
淡（味淡）	bierp	biaip
偏、斜	pierl	piail
命	mierz	miaip
瓦	werz	wainp
歪	kuerl	kuail
逛	guerx	guainx
寡	guerx	guaix

②中部方言有一套鼻化韵母，以加 n 表示（m、n、ŋ 作声母的音节不加）。它与南部方言的口元音韵母对应。中部方言的鼻化韵母分鼻化单韵母和鼻化复韵母。两种鼻化韵母列表如下：

白文		例词汉义	中部方言读音	南部方言读音
鼻化单韵母	in	梅子	jinx	jeix
	ein	晚饭	beinx	beix
	ain	掰	bainl	beif
	an	丈	zant	zaz
	on	美好	qonl	qoul
	en	次	benl	bef
	vn	东	dvnl	dvf
鼻化复韵母	iain	扁	biainx	bierx
	ian	猪大口吞吃	bianp	biap
	ion	面貌	pionl	pioul
	ien	冰	bienl	bie
	uin	远	duinx	duix
	uain	游逛	guainx	guerx
		裤	guanl	guaf

③韵母 v 有两用：在音节开头时为声母 [v]，在音节中间时为韵母 [v]。例如：valzix“袜子”、vaip“写”，是声母；baipkv“白曲”、dvf“东”、tvl“通”，是韵母。

④韵母 ui 亦有两用：在声母 j、q、x、y 后时，读元音 [y]，例如：juix“嘴”、quit“烙”、xuix“水”，在其他情况下读复元音 [ui]。

⑤为了避免词儿连写的混淆，凡 u 开头的音节，要把 u 改为 w。例如：uap → wap“核”、uerp → werp“写”、uix → wix“眼”。

⑥韵母 i 有变体 [ɿ]，它只与声母 z、c、s、ss 结合。例如：zilfvl“棕树”、cil“遗失”、six“麻”、ssitkuil“饵块”、zil cal“做错”。

⑦韵母 ao、uo、ou 主要存在于南部方言，与中部方言 o[o] 对应。拼写汉语借词时两个方言统一用这一组韵母。

第六条　白文声调。白语南、中两个方言各有 8 个声调，相同的有 7 个，不同的有 1 个。白文表示法列表如下：

<table>
<tr><th rowspan="2">调名</th><th colspan="2">调　号</th><th colspan="2">调　值</th><th colspan="2">松紧情况</th><th colspan="2">例　词</th></tr>
<tr><th>南</th><th>中</th><th>南</th><th>中</th><th>南</th><th>中</th><th>南</th><th>中</th></tr>
<tr><td>l 调</td><td>l</td><td>l</td><td>55</td><td>55</td><td colspan="2">松</td><td colspan="2">jilguil 犁头</td></tr>
<tr><td>b 调</td><td></td><td>b</td><td></td><td>55</td><td></td><td>紧</td><td></td><td>jib 继</td></tr>
<tr><td>f 调</td><td colspan="2">f</td><td colspan="2">35</td><td colspan="2">松</td><td colspan="2">jifjif 积极</td></tr>
<tr><td>x 调</td><td colspan="2">x</td><td colspan="2">33</td><td colspan="2">松</td><td colspan="2">jix 拉</td></tr>
<tr><td>省标调</td><td colspan="2"></td><td colspan="2">44</td><td colspan="2">紧</td><td colspan="2">ji 水蛭</td></tr>
<tr><td>z 调</td><td>z</td><td></td><td>32</td><td></td><td>松</td><td></td><td>jiz 渗出</td><td></td></tr>
<tr><td>t 调</td><td colspan="2">t</td><td colspan="2">31</td><td colspan="2">松</td><td colspan="2">jit 田</td></tr>
<tr><td>p 调</td><td colspan="2">p</td><td colspan="2">42</td><td colspan="2">紧</td><td colspan="2">jip 侄</td></tr>
<tr><td>d 调</td><td colspan="2">d</td><td colspan="2">21</td><td colspan="2">紧</td><td colspan="2">jid 旗</td></tr>
</table>

说明：

①调名读音按字母读音加“调”。调名字母与调号相同。

②调的松、紧由韵母的松喉元音和紧喉元音而来。除 d 调无对立的松喉调外，中部方言有对立的三对松、紧喉调，即 l 调对 b 调，x 调对省标调，t 调对 p 调。南部方言有对立的两对松、紧喉调，即 x 调对省标调，t 调对 p 调。紧喉调的标志是调号字母都带有圆形圈，即 b、p、d。

③中部方言的 b 调多为汉语借词声调。南部方言无此调，汉语去声调借词仍读 l 调。

④南部方言有 z 调，中部方言无此调。

第七条　拼写规则。

（1）词的连写和分写

多音节单纯词连写，复合词一般分写。例如：golleizi “蝴蝶”（单纯词），golleizi ded “一只蝴蝶”（有定指单位的复合词），yeifcilkvl “翅膀”（单纯词），yeifcilkvl zad “一双翅膀”（有定指单位的复合词）。

（2）四音格词不论何种结构形式，均以两个音节为连写单位，中间加短横“—”。

例如：

heilmerd—daotter　　雷鸣电闪（南）

hainllod—hainlbanp　　生龙活虎（中）

geildeip—ngedmaix　　鸡猪牛马（中）

yeye—gaga　　快吃状

（3）大写字母用法

人名、地名、专有名词的姓氏、专名、通名的第一个字母大写。

地名、专有名词例词看附录“白文样品”，人名的具体写法如下：

Zaol Zilhuap（南）赵志华　　Atkuaxzi 阿狗子

Litsvxjib（中）李书记　　Laotwanp（中）老王

Litsvjil（南）李书记　　Laozwap（南）老王

句子、诗行的第一个字母大写，例子参看后面“白文样品”。

专有名词缩写按词的第一个字母大写。例如：

D.B.Z.Z　大理白族自治州

D.Z　大理州　　B.Z　白州

D.B.Z.Z.SS.D.D　大理白族自治州人民代表大会

SS.D 人大　　Z.X 政协

D.S 大理市　　E.X 洱源县　H.X 鹤庆县

J.X 剑川县　　Y.X 云龙县

（4）移行符号

移行按音节移，后加横短“—”。例如：

cil–get·······························

（5）为了有利于形成共同语，对以下几个专有名词或出现频率极高的词形，有必要进行初步规范，南、中两大方言在调的读法上稍有差异，但词形书写可以保持一致。

①“白族”的白语词形为“Baipho”，汉字白读的词形为“Baifcuf”。

②“大理”词形为“Dallit”。

③“自治州”词形为“zilzilzou”。

④“不”词形为“mux”。

⑤后缀“子”的词形为“zi”，如 Baipzi“白子”、geifzi ded“一只小鸡”。

⑥“的”的词形为“no”。

第八条　标点符号、隔音符号、阿拉伯数字、计量单位、引文、专业名词符号的用法与汉语文的有关规定相同。

附录：白文样品（一）

Berp Milwa Kv

（南部方言）

Berp milwa zil berp jix jix,

Gou no zou de berp ngeid jix.

Cil no yeiz de berp yif koul,

Berp zifyoudbeid sei.

Berpherl—berpssit ye fv het,

Berpdoud—berpsoul niou sua qi.

Berpzoupni het nidgerf jif,

Berp milwa salhui.

Baip Milngua Kv

（中部方言）

Baip milngua zi baip jix jix,

Go no zo de baip ngeid jinx.

Cainl no yip de baip yil konl,

Baip zailyondbeid sei.

Baiphail—baipsit ye fv het,

Baipdond—baipsonl mia sua qi.

Baipzopyon zi yindgainl jil,

Baip milngua sanlhui.

月亮调

白姐白妹白月亮，漂白衣裳穿身上，

背后披张白羊皮，白鞋白晃晃。

大白米饭腹中藏，白言白语不声张。

白天人多不好见，相会月光下。

白文样品（二）
Celhuf Baipsif

（南部方言）

Baipho nidgerf zex 159 ngvt xuiz dier，zvtyaol gvz hel Ngvdnalset no Dallit Baifcuf zilzilzou lil Nulja Lifsufcuf zilzilzou. Beldedmef Baipngvzzi no sif mux, xif mel zafsif nadguoz. Zex Baipngvzzi sif hel zil,ngal ssvt baot saotmap、ji sit'vx、werp xel、ji Baipkv、hhep hazngvzzi sif ,duil tipgao ngal Baipho no vephual sulzif bel hux cvt zafsif jif.

Cenlzan Baipngvpzisvl

（中部方言）

Baipho yindgainl zex 159 ngvp noljai，zvtyaob gvpgaid zil Ngvdnalsent no Dallit Baifcuf zilzilzou yinl Nuljanx Lipsuxcuf zilzilzou het. Dedgeltanl，Baipngvpzi no svl yaf mux，zafsil no yinlgud. Baipngvpzi svl zex lap hhex zil，ngal yonp mot saotmap、ze sait'vx、vaip xen、ze Baipkv、hhep Hanpngvpzix svl，duib tipgaox ngal Baipho mal venphuab subzif zopgua zex mel xot cvt.

白文赞

白族有 159 万多人，主要居住在云南省大理白族自治州和怒江傈僳族自治州。从前，白族没有表达本民族语言的文字，深深感受到没有文字的痛苦。现在有了白族文字，我们用它扫盲、记事、写信、记录白曲、学习汉语文，对提高白族的文化素质很有好处。

后记

本书是《白族语言文化释义丛书》（三卷本）的一卷。在丛书的组织和编撰过程中，得到了云南美术出版社的大力支持，段然、韩洁等老师为丛书的编撰付出了很多心血。

云南省有十分丰富的民族语言资源，这些语言资源是云南各民族特色文化的重要载体和凝聚体。云南美术出版社推出本套丛书，是对云南少数民族语言文化进行挖掘整理的积极探索，也是构建中华各民族共有精神家园的重要举措，我们对本套丛书的编撰高度赞赏。

谚语熟语在各民族民间长期口耳相传，是一种语言文化中最为核心的部分，兼有多方面的价值。一方面，谚语熟语不仅保留了各民族语言中较为传统的词汇和表达形式，在语言表达和音韵格律上也都达到了较高的艺术水平，堪称各民族语言文学的经典形式。另一方面，谚语熟语是一个民族自然、生产、社会经验和智慧的结晶，深刻体现了各民族人民传统的哲学信仰、伦理道德、价值观念、生产生活特征，具有突出的文化性。因此，对于谚语熟语的搜集、整理和研究，既有语言文学的价值，也有文化学的突出价值。

鉴于以上认识，本书的释义兼顾了语言学和文化学两方面的价值取向。从语言学角度，进行了逐词的汉语直译，在直译中，对白语中十分重要的量词和具有突出语法价值的话题、体貌、受事、处所等语法标记进行了标注。从文化学角度，在阐释中对具有白族特色的文化背景进行了必要的交代，以使读者更好地理解谚语熟语的文化内涵。

本书是集体工作的成果。从搜集整理阶段开始，就充分发挥了中央民族大学中国少数民族语言文学专业白族同学和白族民间白语文爱好者的积极性，进行了涵盖大理、剑川、洱源、云龙、鹤庆等主要白族聚居区的谚语熟语搜集。大理杨绍钦、尹秀葵、赵芍丹、赵万喜、杨汉如、杨立新、杨茸茸、杨坤映、杨胜祥、张萍、杨锡差、董八五等，剑川段四梅、赵春旺、张进忠、邱旭清、施茂松、段剑平等，洱源李文彧，云龙杨伟妹、杨剑雄、杨正贤等师友参加了搜集整理。在国际音标标注、汉语直译、意译和阐释方面，中央民族大学中国少数民族语言文学专业 2018 级的李春晓（163 条）、杨静（104 条）、杨哲（60 条）三位同学做了主要工作，大理市下末完小的教师杨伟妹负责 20 条，其余由王锋负责。黄微、李创丹、李梦等同学也参加了全书的汇编，其中杨静做了较多工作，全书由王锋修订统稿。杨哲参与了书稿的校对工作。

本书的难点在于阐释方面。很多谚语熟语具有十分深刻而丰富的内涵，而且具有鲜明的地方色彩。由于本书的谚语熟语涵盖了多个白语的方言土语，对地方特点的把握很难做到准确无误，加上谚语熟语本身内涵的丰富性，阐幽释微常有言而未尽之感。因此，本书的阐释还有很多的不足乃至错漏，敬请读者批评指正。

著者

2021 年 9 月于北京

“十三五”国家重点图书、音像、电子出版物出版规划项目
民族文字出版专项资金资助项目

白族语言文化释义丛书

日常用语

张锡梅 著

云南出版集团
云南美术出版社

图书在版编目（CIP）数据

白族语言文化释义丛书．1，日常用语 / 张锡梅著
．-- 昆明：云南美术出版社，2022.6
ISBN 978-7-5489-4707-3

Ⅰ．①白… Ⅱ．①张… Ⅲ．①白语－社会习惯语－文化语言学－研究 Ⅳ．① H252

中国版本图书馆 CIP 数据核字（2021）第 192192 号

出 版 人：刘大伟
图书策划：张文璞 韩 洁
责任编辑：韩 洁 郑涵匀 赵异宝
责任校对：方 帆
装帧设计：范 晓

白族语言文化释义丛书 日常用语

张锡梅 著

出版发行：云南出版集团
云南美术出版社（昆明市环城西路 609 号）
印 装：云南金伦云印实业股份有限公司
开 本：787mm × 1092mm 1/16
印 张：36.25
版 次：2022 年 6 月第 1 版
印 次：2022 年 6 月第 1 次印刷
ISBN 978-7-5489-4707-3
定 价：399.00 元（全 3 册）

前言

白语（berpngvz）是白族的民族共同语。

白族主要聚居在云南省大理白族自治州境内，云南省怒江州、丽江市、保山市、昆明市、玉溪市、文山州等其他地州以及贵州省毕节市、六盘水市和湖南省桑植县、湖北省鹤峰县也有白族分布，据2010年第六次人口普查数据，白族人口共有193万。

白语的使用人口主要是大理州、怒江州、丽江市的白族，此外在保山隆阳、楚雄南华、文山丘北、玉溪元江、昆明沙朗等地也有零星分布。传统上将白语分为三大方言：大理（南部）方言、剑川（中部）方言、怒江（北部）方言。其中，大理和剑川方言比较接近，两者可以相互通话，怒江方言同其他两个方言差别较大，通话比较困难。一般认为，怒江方言受其他语言（主要是汉语）的影响相对较少，语言系统较为古朴。根据抽样调查数据估计，大理方言的使用人口约60万人，剑川方言的使用人口约50万人，怒江方言的使用人口约10万人。

白语兼有汉语和藏缅语的语言特点，因此，其语言系属问题一直存在争议，傅懋勣、徐琳、赵衍荪等学者认为白语属于汉藏语系藏缅语族彝语支，戴庆厦、杨应新等认为应单列白语支。此外，郑张尚芳等认为白语和汉语构成“汉白语族”，罗常培、李绍尼等认为白语是一种混合语。

白语大理、剑川两个方言的语音系统比较简明，怒江方言相对复杂，塞音和塞擦音分清、浊，并有舌尖后和小舌两组辅音。三个方言的元音都分松紧。剑川方言和怒江方言有鼻化韵母，而

大理方言都为元音韵母。三个方言都有大量的汉语借词。语法方面，白语属话题凸显型语言，基本语序和汉语一致，都为主谓宾（SVO）的语序。白语量词发达，量词的位置在名词之后。白语的肯定和否定形式有语音屈折对应现象，比如 geiz（见）和 guiz（不见）、dap（行）和 duap（不行）等。

白族人民在日常生活中以白语为交际工具，在各民族交流融合的过程中，白语和汉语互相影响，你中有我，我中有你，白语中有大量汉语借词，而大理的汉语方言，也借用了不少白语词汇。由于受白语影响，大理州境内的一些汉族人也兼通白语，居住在大理市、洱源县境内的部分回族也以白语为主要交际用语。怒江州的兰坪县境内，由于多民族杂居，而白语影响又比较大，白语因此成为当地各民族的共同交际语之一。从分布地区看，居住在平坝地区以及城镇附近的白族居民一般兼通汉语。而边远山区，如洱源西山、剑川象图、云龙高明等白族村寨的白族群众大部分只通白语。

白族有两种民族文字，一种是老白文，历史上又叫“白文”“僰文”，形成于南诏中后期（公元 9–10 世纪），是汉字系文字的一种，属于典型的南方仿汉型文字，其书写系统由假借汉字和自造字符构成，以假借汉字为主。自造字符白族民间称为“白字”，主要是通过汉字及其偏旁重新组合的形式造成，包括意义合体字、音义合体字、形声字、“口旁字”等类型，意义合体字如：“嫑”，白语读 mia，意为“不要”；“昆”，白语读 cal，意为“早饭”。音义合体字如：“䠆”，白语读 gex，意义为“厚”；“䏍”，白语读 wa，意义为“月”。形声字如：“倠”，白语读 nel，意为“你的”；“㖷”，白语读 doud，意为“话”。“口旁字”如：“哷”，白语读 ngerd，意为“去”；“咊”，白语读 bel，意为“他的”。也有个别的变体字和省略字，如“⺕”，白语读 liat 或 liax（jiax），意为“这样”等。

另一种文字是新白文，也叫拼音白文，是中华人民共和国成立以后在党和国家的关心支持下创制的拼音文字。1957 年，中国科学院少数民族语言调查第三工作队白语组深入各个白族聚居区开展语言文字调查，设计完成以南部方言为基础方言、下关白语为标准音的《白族文字方案》（草案），并于 1958 年在第二次全国少数民族语文科学讨论会上通过。1982 年初，大理州成立了“大理白族自治州白文研究组”，对 1958 年《白文方案》进行第一次修订，以中部方言为基础方言，以剑川金华白语为标准音，并进行推广试验，取得积极成效。1993 年 6 月，在云南省委、省人民政府和大理州委、州人民政府的关心支持下，由云南省少数民族语文指导工作委员会牵头在昆明召开了“白族语言文字问题科学讨论会”，对《白族文字方案》进行了再次补充和完善，以“一套方案兼顾两大方言（大理和剑川）”为出发点，制订了以大理方言和剑川方言为基础方言、以剑川金华镇和大理喜洲镇为标准音点

的新方案，修订后的《白族文字方案（草案）》规范了拼写，适应了白语文工作的实际，白语文的工作得到了白族群众的认可和欢迎，白语文也得到了积极的推广。

语言是重要的文化资源，作为中华民族语言大家庭中的一员，白语不仅丰富着中华民族的语言资源，同时也生动地体现了白族的社会、历史和文化。在今后很长的时间内，白语仍将作为白族最为重要的交际工具和民族特征而存在。

又记：2020 年 5 月，承蒙云南美术出版社和段然老师支持编撰白族语言文化释义丛书，包括日常用语、谚语熟语和话语材料三卷。丛书的撰写以 1993 年修订《白族文字方案（草案）》为标准，大理大学文学院副教授张锡梅负责日常用语卷的撰写，中国社会科学院民族学与人类学研究所研究员王锋牵头负责谚语熟语卷撰写，大理大学外国语学院副教授李素琴负责话语材料卷撰写。其中，日常用语卷主要使用大理方言，话语材料卷使用剑川方言，谚语熟语卷涵盖了大理、剑川两大方言。丛书采用统一的译释格式，即第一行为国际音标，第二行为汉语直译，第三行为拼音白文，第四行为汉语意译。

云南美术出版社十分重视云南省多样性民族语言文化的保护和传承，我们对此表示高度赞赏。段然老师一直以弘扬民族文化为己任，积极探索通过民族语言文化助力云南省民族团结进步边疆繁荣稳定示范区建设，韩洁老师在丛书编撰过程中耐心细致沟通，认真释疑解惑，确保了本套丛书顺利完成编撰，在此一并致谢。是为记。

目录

1. 家庭篇

ŋa^{55}xɔ^{31}tv^{35}

我们家 庭

ngal haotdvf

我们的家

001. na^{55}tsɯ^{33}xa^{31}ka^{31}ȵi^{21}ke^{ɹ35}?

你们是 哪里 人 家

nal zex hatgat nidgerf?

你们是哪里的人?

002. ŋa^{55}tsɯ^{33}tei^{31}lei^{33}ȵi^{21}ke^{ɹ35}.

我们是 大 理 人 家

ngal zex Deitleix nidgerf.

我们是大理人。

003. na^{55}sua^{44}pe^{ɹ42}ȵi^{55}sua^{44}xa^{32}?

你们说 白 还是说 汉

nal sua berp nil sua haz?

你们说白族话还是汉话?

004. ŋa^{55}sua^{44}pe^{ɹ42},li^{55}sua^{44}xa^{32}.

我们说 白 也 说 汉

ngal sua berp,lil sua haz.

我们说白族话，也说汉话。

005. pe^{ɹ42}li^{55}sua^{44}fe^{35},xa^{32}li^{55}sua^{44}fe^{35}.

白 也 说 好 汉 也 说 好

perp lil suafeif,haz lil suafeif.

白族话和汉话都说得很好。

006. ŋa^{55}tsɯ^{33}pe^{ɹ42}tsi^{44}pe^{ɹ42}ȵiv^{33}

我们是 白 子 白 女

ngal zex Berpzi–berpnivx.

我们是白族儿女。

007. ȵia^{55}tsɯ^{33}sua^{44}pe^{ɹ42}xuo^{33}

我们是 说 白 伙

nial zex suaberp huox.

我们是说白语的人（我们是白族）。

008. ŋɔ^{31}tsɯ^{33}sua^{44}pe^{ɹ42}ȵi^{21}ke^{ɹ35}

我 是 说 白 人 家

ngaot zex suaberp nidgerf.

我是说白语的人（我是白族人）。

009. ŋɯ^{55}ta^{55}tɕi^{33}pɯ^{55}sɔ^{42}ɣɯ^{42}ȵi^{21}tsɯ^{33}mi^{42}le^{ɹ35}nɔ^{44}.

我 大 姐 她的丈夫 人 是 弥勒 （助词）

ngel daljix bel saophhep nid zex Miplerf nao.

我大姐夫是弥勒人。

010. ŋɯ^{55}kɔ^{44}v^{33}ȵi^{21}tsɯ^{33}e^{ɹ33}kue^{ɹ35}nɔ^{44}.

我的哥 媳妇人 是 下 关（助词）

ngel gao vx nid zex Erxguerf nao.

我嫂子是下关人。

011. ŋɯ^{55}tɕie^{31}fv^{44}ȵi^{55}ta^{55}sɔ^{31}tsɯ^{33}xa^{55}tshu^{35}.

我的姐 夫 和 大 嫂 是 汉 族

ngel jieitfv nil dalsaot zex halcuf.

我的姐夫和大嫂是汉族。

012. pa^{55}pe^{ɹ42}li^{55}tɕhie^{ɹ55}thv^{55}tɔ^{33},xa^{32}li^{55}tɕhie^{ɹ55}thv^{55}tɔ^{33}.

他们白 也 听 懂 得 汉 也 听 懂 得

bal berp lil qierltvl daox,haz lil qierltvl daox.

他们既听得懂汉语，也听得懂白语。

013. na^{55}xɔ^{31}tv^{35}tsɯ^{33}jɯ^{44}tɯ^{44}ȵi^{21}keɹ^{35}ti^{55}ȵi^{21}?
你们家庭 有 吃 的 人 家 几 位
nal haotdvf zex ye de nidgerf dil nid?
你们家有几口人?

014. ŋa^{55}xɔ^{31}tv^{35}tsɯ^{33}jɯ^{44}tɯ^{44}ȵi^{21}keɹ^{35}ŋv^{44}ni^{21}.
我们家 庭有 吃 的 人 家 五 位
ngal haotdvf zex ye de nidgerf ngv nid.
我们家有五口人。

015. ŋɯ^{55}je^{44}pa^{55}ȵi^{55}ŋa^{55}fv^{35}khei^{55}xɯ^{55}lɔ^{32}.
我叔叔他们和 我们分 开 掉 了
ngel yei bal nil ngal fvfkeil hel laoz.
我叔叔家和我们分家了。

016. ŋɯ^{55}je^{44}v^{31}tsɯ^{33}ȵiv^{33}kou^{33}tɯ^{21}.
我的叔叔的有 女 两 个
ngel yei vt zex nivx gouxnid.
我的叔叔有两个女儿。

017. lɔ^{31}ta^{55}tɯ^{21}tsɔ^{35}xɔ^{31}tv^{35}.
老 大 个 招 家 庭
laotdal ded zaof haotdvf.
老大招郎上门。

018. lɔ^{31}eɹ^{55}tɯ^{21}zɯ^{31}xɯ^{55}jɯ^{44}xɯ^{31}.
老二 个 嫁 在 村 里
laot'erl ded sset hel ye het.
老二嫁在村子里。

019. ŋɯ^{55}lɔ^{32}ŋɯ^{55}nei^{44}ta^{21}ŋa^{55}jɯ^{55}.
我的爷爷我的奶奶跟我们吃
ngel laoz ngel nei dad ngal ye.
我爷爷奶奶跟我们一块过。

020. pa^{55}kou^{33}ȵi^{21}pia^{44}tsi^{42}sua^{44}lɔ^{32}.
他们两 位 八 十 岁 了
bal gouxnid bia zip sua laoz.
他们俩都八十岁了。

021. tsa^{55}kou^{31}ȵi^{21}fei^{33}xeɹ^{35}si^{44}.
全部两 人非常健康
zal gouxnid feix herlsi.
他们俩非常健康。

022. peɹ^{31}si^{31}li^{55}mɯ^{33}.
病 痛 也 没有
bertsit lil mux.
没有病痛。

023. ŋɯ^{55}ku^{35}teɹ^{44}feɹ^{44}xɯ^{55}tsi^{55}tseɹ^{35}.
我的姑姑打 发 在 周城
ngel guf derfer hel Zilzerd.
我的姑姑嫁到了周城。

024. nɯ^{55}ti^{33}nɯ^{55}ua^{55}ȵi^{44}tsɯ^{33}xɔ^{31}tv^{35}ȵi^{55}mu^{33}?
你的爸爸这几 天 在 家 庭还是没有
nel dix nel walni zex haotdvf nil mux?
你爸爸这几天在家吗?

025. ŋɯ^{55}ti^{33}nɯ^{55}ua^{55}ȵi^{44}tsɯ^{33}xɔ^{31}tv^{35}mu^{33}.
我的爸爸这几 天 在 家 庭 没有
ngel dix nel walni zex haotdvf mux.
我爸爸这几天不在家。

026. pɯ^{31}ȵi^{21}pe^{44}tshu^{44}me^{21}tsɔ^{21}.
那 人 走 出 门 了
bet nid bei cumeid zaod.
他出门去了。

027. na^{55}tsɯ^{33}ti^{55}tsɯ^{31}the^{33}?
你们有多少兄弟姐妹
nal zex dil zetteix?
你们家有多少兄弟姐妹?

028. ŋa^{55}tsɯ^{33}sa^{55}tsɯ^{31}the^{33}.
我们有 三 兄弟姐妹
ngal zex sal zetteix.
我们家有三个（兄弟姐妹）。

029. ŋɯ^{55}kɔ^{44}ji^{31}jɯ^{44}phe^{55}tsi^{35}xɯ^{55}lɔ^{32}.
我 哥已 经 培 植 掉 了
ngel gao yitjie peilzif hel laoz.
我的 哥哥已经成家了。

030. ŋɯ^{55}ta^{55}sɔ^{31}pɯ^{55}tsi^{55}ȵiv^{33}mɔ^{33}tsɯ^{33}xɯ^{33}tɕie^{33}nɔ^{44}.
我 大 嫂她的 做 女 妈 是 喜 洲 的
ngel dalsaot bel zilnivxmaox zex Hexjieix nao.
我大嫂的妈妈是喜洲人。

031. ŋɯ^{55}kɔ^{44}pɯ^{55}tsi^{44}ȵiv^{33}tsɯ^{33}kou^{33}ȵi^{21}.
我的哥哥他的子 女 有 两 人
ngel gao bel zinivx zex gouxnid.
我的哥哥有两个孩子。

032. tɔ^{31}pɯ^{31}tɯ^{21}ɕi^{44}sua^{44}.
大 那 个 四 岁
daot betded xisua.
大的孩子四岁。

033. tɔ^{31}pɯ^{31}tɯ^{21}tsɯ^{33}tsi^{44}tɯ^{21}.
大 那 个 是 儿子个
daot betded zex zi'ded.
大的那个是儿子。

034. sei^{33}pɯ^{31}tɯ^{21}mɑ^{33}ua^{44}xɯ^{55}mu^{33}na^{21}.

小 那　个 满　月　掉 没有呢（助词）

seix bedded maxwa hel mux nad.

小的那个还没有满月。

035. sei^{33}pɯ^{31}tɯ^{21}tsɯ^{33}n̥iv^{33}tsi^{44}tɯ^{21}.

小 那　个　是　女　子　个

seix bedded zex nivxzi ded.

小的那个是女孩。

036. pa^{55}jɯ^{44}pa^{55}v^{31}xɯ^{55}lɔ^{32}.

他们吃他们的 掉　了

bal ye bal vt hel laoz.

他们已经自立门户了。

037. nɔ^{31}ti^{55}sua^{44}?

你　几 岁?

naot dil sua?

你多大了?

038. keɹ^{55} tsi^{55}sua^{44}ŋɔ^{31}ne^{21}ji^{44}sua^{44}.

今　年　　　我　二十一岁

gerl zil sua ngaot neidyi sua.

我今年二十一岁。

039. nɔ^{31}ɣɯ^{42}si^{35}na^{35}mɔ^{44}?

你 学 书 还 没有

naot hhepsif naf mao?

你还读书吗?

040. ŋɔ^{31}ɣɯ^{42}tɕieɹ^{31}si^{35}na^{35}.

我 学　着　书 呢

ngaot hhep jiert sif naf.

我还在上学。

041. ŋɔ^{31}tsɯ^{33}eɹ^{33}kueɹ^{35}ɣɯ^{42}si^{35}.

我 在 下 关 学 书

ngaot zex Erxguerf hhepsif.

我在下关上学。

042. nɔ^{31}ɣɯ^{42}xa^{31}ja^{44}?

你 学 什 么

naot hhep hatya?

你学什么?

043. ŋɔ^{31}tsɯ^{33}ta^{55}li^{31}ta^{55}ɕiɔ^{35}ɣɯ^{42}ji^{44}ɕiɔ^{35}.

我 在 大 理 大 学 学 医 学

ngaot zex Dallitdalxiaof hhep yixiaof.

我在大理大学学医学。

044. nɔ^{31}tsi^{55}ȵi^{21}ɕi^{31}xɯ^{55}lɔ^{32}mu^{33}?

你 结 婚 掉 了 没有

naot zilnidxit hel laoz mux?

你结婚了吗?

045. ŋɔ^{31}tsi^{55}ȵi^{21}ɕi^{31}xɯ^{55}mu^{33}na^{35}.

我 结婚 掉 没有呢

ngaot zilnidxit hel mux naf.

我还没有结婚。

046. nɔ^{31}tɕhiou^{55}tɯ^{44}tɕia^{42}ȵi^{21}ȵi^{55}mu^{33}na^{35}?

你 好 得 朋友 个还是没有呢

naot qioul de jiap nid nil mux naf?

你谈恋爱了吗?

047. ŋɔ^{31}ji^{31}tɕiɯ^{44}tsɯ^{33}tɕia^{42}ȵi^{21}lɔ^{32}.

我 已 经 有 朋友 个了

ngaot yitjie zex jiap nid laoz.

我已经有女朋友(男朋友)了。

048. pɔ^{31}tsɯ^{33}se^{31}tɔ^{31}tsou^{32}tɕia^{42}ȵi^{21}lɔ^{32}mu^{33}?

她 有 小 伙 子 朋友个 了 没有

baot zex seitdaotzouz jiap nid laoz mux?

她有男朋友了吗?

049. pɔ^{31}tɕhiou^{55}tɯ^{44}tɕia^{42}ȵi^{21}mu^{33}na^{35}.

她 好 得 朋友 个没有呢

baot qioul de jiap nid mux naf.

她还没谈恋爱呢。

050. ŋɔ^{31}tsɯ^{33}ta^{35}ȵi^{21}tsɿ^{44}.

我 是 单 个 子

ngaot zex dafnidzi.

我是独身。

051. ŋɔ^{31}tsi^{55}ȵi^{21}ɕi^{31}lɔ^{32}.

我 结 婚 了

ngaot zilnidxit laoz.

我已经结婚了。

052. na^{55}tsɯ^{33}xɔ^{31}tɕieɹ^{42}ȵi^{55}mu^{33}?

你们有 房子 院 还是没有

nal zex haot jierp nil mux?

你们有房子吗?

053. ŋa^{55}xɔ^{31}a^{31}tɕieɹ^{42}mu^{33}

我们房子一院 没有

ngal haot at jierp mux.

我们没有自己的房子。

054. na^{55}kv^{32}a^{55}na^{44}?

你们住哪里

nal gvz alna?

你们住哪里?

055. ŋa^{55}ta^{44}ŋɯ^{55}ti^{33}mɔ^{33}pa^{55}nɔ^{44}kv^{32}a^{31}uei^{33}

我们和我的爸 妈 他们(助词)住一处

ngal da ngel dix maox bal nao gvz atweix.

我们和父母一起住。

056. pa^{55}meɹ^{32}tɯ^{44}ɕi^{35}xɔ^{31}tɕieɹ^{42}.

他们买 得 新房子 院

bal merz de xif haot jierp.

他们买了新房子。

057. na^{55}kv^{32}nɯ^{21}xɔ^{31}ȵi^{55}piɔ^{33}?

你们住楼房还是不是

nal gvz ned haot nil biaox?

你们住楼房吗?

058. piɔ^{33}ˈŋa^{55}kv^{3} phiɯ^{42}fa^{42}xɯ^{31}.

不是 我们住 平 房 里

biaox,ngal gvz piepfap het.

不是，我们住平房。

059. na^{55}tsɯ^{33}tsi^{44}ȵiv^{33}ȵi^{55}mu^{33}?

你们有 子 女 还是 没有

nal zex zinivx nil mux?

你们有孩子吗?

060. ŋa^{55}tsi^{44}ȵiv^{33}mu^{33}na^{35}.

我们子 女 没有呢

ngal zinivx mux naf.

我们还没有孩子。

061. pa^{55}kha^{31}tɯ^{44}ɣɯ^{33}sua^{44}xa^{55}tsi^{44}ȵiv^{33}.

他们打算得 明 年 生 子 女

bal kat de hhexsua hal zinivx.

他们打算明年要孩子。

062. ŋɯ^{55}v^{33}ȵi^{21}tshi^{55}nɔ^{44}pɯ^{31}ɕia^{35}sa^{55}ua^{44}lɔ^{32}.

我的妻子个身 上 不 闲 三 月 了

ngel vx nid cilnao bet xiaf salwa laoz.

我爱人已怀孕三个月了。

063. ŋɯ^{55}tɕi^{33}xa^{55}tɯ^{44}se^{31}tɔ^{31}tsou^{44}tɯ^{21}.

我的姐姐生 得 小 男 孩 个

ngel jix hal de seitdaotzou ded.

我姐姐生了一个男孩。

064. pɯ^{55}mɯ^{55}tsɯ^{33}tsi^{44}ȵiv^{33}sa^{55}tɯ^{21}.

他 助词 有 子 女 三 个

bel mel zex zinivx sal ded.

他有三个孩子。

065. tsi^{44}ȵiv^{33}sa^{55}tɯ^{21}a^{31}dɯ^{21}tɔ^{31}tɯ^{21}ɕi^{44}sua^{44}.

子 女 三 个 一 个 大 个 四 岁

zinivx sal ded at ded daot ded xisua.

三个孩子一个比一个大四岁。

066. ŋɯ^{55}mɯ^{55}tsɯ^{33}ȵiv^{33}na^{32}tsi^{44}tɯ^{21}.

我 助词有 女 孩 子 个

ngel mel zex nivxnazzi ded.

我有一个女孩。

067. pa^{55}kou^{33}tɯ^{21}tsɯ^{33}sua^{35}tsi^{44}sua^{35}ȵiv^{33}tui^{32}.

他们两 个 是 双 子 双 女 对

bal gouxded zex suafzi–suafnivx duiz.

他们两个是双胞胎。

068. nɯ^{55}v^{33}ȵi^{21}tsɯ^{33}xɔ^{31}tv^{35}ȵi^{55}mu^{33}?

你的妻子人在 家 庭 还是没有

nel vxnid zex haotdvf nil mux?

你妻子在家吗?

069. pɔ^{31}pei^{44}sou^{33}sv^{55}tsv^{44}ȵiv^{33}tsi^{21}lɔ^{32}.

她 走 送 小孩子 掉 了

baot bei soux svlzvnivx zid laoz.

她送孩子去了。

070. pɔ^{31}kɑ^{44}sv^{55}tsv^{44}ȵiv^{33}tɯ^{21}sou^{33}phia^{44}jou^{55}eɹ^{42}jui^{42}tsi^{2}lɔ^{32}.

她 把 小孩子 个 送 到 幼 儿 园 去 了

baot ga svlzvnivx ded soux pia youl'erpyuip zid laoz.

送孩子去幼儿园了。

071. na^{55}xɔ^{31}tv^{35}tsɯ^{33}ku^{33}ȵi^{21}ta^{21}na^{55}pɔ^{21}ȵi^{55}mu^{33}?

你们家庭 有 老 人 帮 你们忙还是没有

nal haotdvf zex guxnid dad nal baod nil mux?

你们家有老人帮忙吗?

072. xɔ^{31}tv^{35}tsɯ^{33}ŋɯ^{55}mɔ^{33}ta^{21}ŋa^{55}tɕia^{44}sou^{33}tsi^{44}ȵiv^{33}.

家 里 有 我的妈妈 帮我们 接 送 子 女

haotdvf zex ngel maox dad ngal jia soux zinivx.

家里有妈妈帮忙接送孩子。

073. ŋɯ^{55}ti^{33}mi^{44}nɔ^{44}meɹ^{32}tshɯ^{31}.

我的爹 面 上 买 菜

ngel dix mi nao merz cet.

我父亲负责买菜。

074. pa^{55}kou^{33}ȵi^{21}tsi^{55}ŋa^{55}jɯ^{44}tsha^{55}pei^{33}.

他们两 人做 我们吃 早饭晚饭

bal gouxnid zil ngal ye calbeix.

他们俩做饭给我们吃。

075. nɯ^{55}mɔ^{33}tsv^{42}xa^{31}le^{21}?

你的妈妈属（相）什么

nel maox zvp hatleid?

你妈妈属什么?

076. ŋɯ^{55}mɔ^{33}tsv^{42}ke^{42}.

我的妈妈属 鸡

ngel maox zvp geif.

我妈妈属鸡。

077. tsv^{42} ke^{42}tsɿ^{55}ta^{21}ŋɯ^{55}mɔ^{33}a^{31}tɕi^{21}.

属 鸡 是 跟我的妈妈一样年纪

zvp jeif zil dad ngel maox atjid.

属鸡，跟我妈妈一样大。

078. pa^{55}kou^{33}ȵi^{21}fv^{44}tsɿ^{42}sua^{44}lɔ^{32}.

她们两人 六 十 岁 了

bal gouxnid fvzip sua laoz.

他们都六十岁了。

079. nɯ^{55}ti^{23}nɯ^{55}mɔ^{33}ta^{21}nɯ^{55}zu^{35}tsɿ^{44}ȵiv^{33}.

你的爸你的妈 帮 你的领 子 女

nel dix nel maox dad nel zuf zinivx.

你爸妈帮你带小孩。

080. xa^{31}ȵi^{21}ta^{21}na^{55}sɯ^{33}kɯ^{31}xɔ^{31}?

谁 人 帮你们守 旧 房

hatnid dad nal sex gethaot?

谁帮你们看老家的房子?

081. sɯ^{33}xɔ^{31}nɔ^{44}a^{31}ȵi^{21}mu^{33}.

守 房 的 一人没有

sexhaot nao atnid mux.

没有人守房子。

082. tɕhieʴ^{31}keʴ^{35}pi^{35}liɯ^{42}se^{55}xuo^{33}xa^{55}tɕieʴ^{31}tieʴ^{44}.

请 隔 壁 邻 居 伙 看 着 点

qiert gerfbif–lieseil huox hal jiert dier.

请隔壁邻居看着点。

083. tsou^{44}mɔ^{35}na^{55}ŋɯ^{55}ti^{23}ŋɯ^{55}mɔ^{33}pe^{44}ta^{32}tsui^{32}tsui^{32}.
周　末（助词）我的爹我的妈走 回 趟　趟
zou maof nal ngel dix ngel maox bei'taz zuiz zuiz.
周末我爸妈间或会回去一趟。

084. kuo^{32}tɕia^{55}kuo^{32}ua^{44}na^{55}ŋa^{55}la^{32}a^{31}xɔ^{31}tsɿ^{44}pe^{44}ta^{32}.
过　节 过 月（助词）我们又一家子走 回
guozjia–guozwa nal ngal laz athaot zi bei'daz.
过年过节我们一家人都会回去。

085. nɯ^{55}ti^{23}nɯ^{55}mɔ^{33}nɯ^{31}ma^{44}tɕhiou^{55}ȵi^{55}mu^{33}?
你的爹你的妈 这段时间 好　还有没有
ngel tix ngel maox netma qioul nil mux?
你爸妈最近这段时间好吗?

086. tɕhou^{55}lɯ^{44},a^{31}pha^{44}pe^{33}jɯ^{44}xɯ^{55}.
好　　的　 一 到 晚饭吃 掉
qioulle,at pia bex ye hel.
好的，晚饭之后。

087. ku^{33}phɔ^{35}ȵi^{21}pe^{44}teɹ^{44}peɹ^{21}.
老 伯 位 走 打 牌
guxbaof nid be dierberd.
老先生去打牌。

088. ku^{33}jɔ^{32}ȵi^{21}ta^{44}pɯ^{21}ȵi^{21}tɕia^{42}xuo^{33}nɔ^{44}sa^{55}pu^{55}.
老婆 位 跟 她的人 伴 伙（助词）散步
guxyaoz nid da bednid jiaphuox nao salbul.
老太太跟她的伙伴去散步。

089. ŋa^{55}xɔ^{31}tv^{35}ȵi^{21}u^{31}ȵi^{44}ɕieɹ^{44}fei^{33}kuo^{32}tɕhiou^{55}.
我们家庭 人 口日 子 很 过 好
ngal haotdvf–nidwut ni'xier feix guoz qioul.
我们是一个幸福的家庭。

zu^{35}zu^{35}the^{33}the^{33} ssufssuf-teixteix
兄弟姐妹　张锡梅摄

tsɿ^{44}ȵiv^{33}tou^{35}mɔ^{33}zinivx-doufmaox
父母子女　张锡梅摄

ku^{33}jɔ^{32}ȵi^{21} guxyaoznid
老太太　张锡梅摄

附表一：白族亲属日常用语

白文	国际音标	汉语意思
dix	ti^{33}	爹（父亲、爸爸）
maox	$mɔ^{33}$	母（母亲、妈妈）
laotguf	$lɔ^{31}ku^{35}$	曾祖父（曾外祖父）
laotteil	$lɔ^{31}the^{55}$	祖母（曾外祖母）
laot	$lɔ^{31}$	祖父
nei	ne^{44}	祖母
weilgu	$ue^{55}ku^{44}$	外公
weilpaop	$ue^{55}phɔ^{42}$	外婆
dal/daldix	$ta^{55}/ta^{55}ti^{33}$	大伯
dalmaox	$ta^{55}mɔ^{33}$	大妈
yei	je^{44}	叔叔
guf	ku^{35}	阿姨
daotngv	$tɔ^{31}ŋv^{44}$	姨妈
bu	pu^{44}	姨父
yif	ji^{35}	小姨
gulme	$ku^{55}mɯ^{44}$	姑父
jioul	$tɕiou^{55}$	舅舅
gexme	$kɯ^{33}mɯ^{44}$	舅妈
teix	the^{33}	弟弟
niuxteix	$ȵiv^{33}the^{33}$	女弟弟（妹妹）
sual	sua^{35}	孙子
niuxsual	$ȵiv^{33}sua^{35}$	女孙子（外孙）
jip	$tɕi^{42}$	侄子（外甥）
niuxjip	$ȵiv^{33}tɕi^{42}$	侄女（外甥女）
baof/saop hhep/gux baof	$pɔ^{35}/sɔ^{42}ɣɯ^{42}/ku^{33}pɔ^{35}$	丈夫 / 老头子
vux/niouf maox/gux yaoz	$vu^{33}/ȵiou^{35}mɔ^{33}/ku^{33}jɔ^{32}$	妻子 / 老太婆
daotsexbex	$tɔ^{31}\ sɯ^{33}pɯ^{33}$	公公
daotsexyaoz	$tɔ^{31}\ sɯ^{33}\ jɔ^{32}$	婆婆
weifv	$ue^{44}\ fv^{44}$	外父（岳父）
weimuyaoz	$ue^{44}mu^{44}jɔ^{32}$	外母岳母

称呼以上部分亲属时，会在前面加个 at，比如 at dix（爹）、at maox（妈）等。

附表二：白族属相

白文	国际音标	汉语意思
svx	sv^{33}	鼠
nged	$ŋɯ^{21}$	牛
laod	$lɔ^{21}$	虎
taollao	$tɔ^{55}lɔ^{44}$	兔
nvd	nv^{21}	龙
kvx	khv^{33}	蛇
merx	$meɹ^{33}$	马
youd	jou^{21}	羊
sil	$sɿ^{55}$	猴
geif	ke^{35}	鸡
kuax	$khua^{33}$	狗
deip	te^{42}	猪

2. 生活篇

a^{21}ȵi^{44}
一天
atni
一天

001. mi^{44}phi^{31}tshu^{44}tɕhi^{44}lɔ^{32}.
太 阳 出 来 了
mi'pit cuqi laoz.
太阳出来了。

002. meʴ^{31}peʴ^{42}lɔ^{31}，meʴ^{44} khɯ^{44} lɔ^{32}.
亮 白 了 起 床 了
merdberp laoz，merke laoz.
天亮了，起床了。

003. tɯ^{31}tha^{55}tɕi^{31}tie^{31}lɔ^{32}?
现 在 几 点 了
dettal jit dieit laoz?
现在几点钟?

004. tɯ^{31}tha^{55}tsɯ^{33}tsheʴ^{33}xɯ^{44}tɕhi^{35}tie^{31}.
现 在 是 早 上 七 点
dettal zex cerxhe qif dieit.
现在是早上七点钟。

005. nɔ^{31}ɕi^{55}ɕieʴ^{55}lɔ^{35}mu^{33}?
你 睡 醒 了 不
naot xilxierl laof mux ?
你睡醒了没有?

006. nɔ^{31}me˞^{44}khɯ^{44}lɔ^{32}mu^{33}?

你 爬 起 了 没有

naot merke laoz mux?

你起床了吗?

007. ŋɔ^{31}me˞^{44}khɯ^{44}mu^{33}na^{35}.

我 爬 起 没 呢（助词）

ngaot merke mux naf.

我还没有起床。

008. ɣɯ^{42}si^{35}tsi^{21}tɕia^{44}lɔ^{32}.

学 书 时 间 了

hhepsif zidjia laoz.

上学时间到了。

009. ŋe˞^{21}tie˞^{33}me˞^{44}khɯ^{44}.

赶 紧 爬 起

ngerdjierx merke.

赶紧起床了。

010. tsi^{21}si^{44}pe^{33}ke˞^{32}tshe˞^{33}xu^{33}ȵi^{55}mu^{33}?

昨 天 晚 上 睡 好 还有 没

zid si beixgert cerx hux nil mux?

昨天晚上有没有睡好?

011. nɔ^{31}tv^{31}pɯ^{31}sɿ^{35}a^{31}?

你 动 不 吗

naot dvt bet sif at？

你不舒服吗?

012. ta^{21}ŋɯ^{55}nɔ^{55}tsou^{44}le^{21}nɔ^{44}pi^{55}pe˞^{35}pɔ^{31}.

帮我 闹 钟 个 上 闭 了 它

dad ngel naolzou leid nao bil berf baot.

帮我把闹钟关了。

013. nɔ^{31}jɔ^{31}pa^{31}sa^{55}keʴ^{35}mɯ^{55}pe^{44}ta^{31}jɯ^{35}.
 你 夜半 三 更 才 走 回 来
 naot yaotbat–salgerf mel bei dat yef.
 你半夜才回来。

014. tsheʴ^{33}lu^{35}lɔ^{35}mu^{33}?
 睡 够 了 没
 cerx luf laof mux？
 睡够了没有?

015. ka^{44}lɔ^{31}pɔ^{31}se^{21}tɕia^{42}tɕhiou^{55}pɔ^{31}.
 把 被 子 床 叠 好 它
 ga laotbaot seid jiap qioul baot.
 叠好被子。

016. tsi^{21}si^{44}pe^{33}keʴ^{31}nɔ^{31}fv^{31}tɔ^{31}ka^{31}.
 昨天 晚 上 你 呼 大 鼾
 zid si beigert naot fvtdaotgat.
 昨天晚上你打呼声音太大。

017. tsi^{21}si^{44}pe^{33}keʴ^{31}ŋɔ^{31}fei^{33}mɯ^{32}xe^{44}.
 昨 天晚 上 我 很 梦 害
 zid si beigert ngaot feix mez hei.
 昨天晚上我做恶梦。

018. tɯ^{35}lei^{21}n̥i^{55}pi^{55}mu^{33}nɔ^{31}tsɯ^{44}tsheʴ^{33}xɯ^{55}lɔ^{32}.
 灯 盏 也 关 不 你 就 睡 掉 了
 def leid nil bil mux naot ze cerx hel laot.
 灯也不关你就睡着了。

019. jɯ^{44}se^{31}tsha^{55}lɔ^{32}.
 吃 小 饭 了
 ye seitcal laoz.
 吃早点了。

生活篇

020. ŋɔ^{31}jɯ^{44}mu^{33}lɔ^{32}.

我 吃 不 了

ngaot ye mux laoz。

我不吃了。

021. ŋɔ^{31}jɯ^{44}pu^{33}lɔ^{32}.

我 吃 饱 了

ngaot ye bux laoz.

我吃饱了。

022. keɹ^{35}ȵi^{44}pi^{35}si^{35} tɔ^{31}.

今 天 风 大

gerl ni bifsif daot.

今天风大。

023. ji^{31}ue^{35}uo^{21}tieɹ^{44}.

穿 暖 和点

yit weifwod dier.

多穿点。

024. ka^{44}nɯ^{55}tɯ^{21}pɔ^{21}teɹ^{42}nɔ^{44}sv^{31}tɕhiou^{55}pɔ^{31}.

把 你的头 个 上 梳 好 它

ga nel dedbaod derp nao svt qioul baot.

梳好你的头发。

025. ji^{35}khu^{55}li^{44}li^{44}ji^{31}khɯ^{44}.

衣件 好好 穿 上

yifkul li'li yit ke.

好好穿上衣服。

026. nɯ^{55}ji^{35}khu^{55}ji^{31}feɹ^{33}xɯ^{55}lɔ^{32}.

你的衣 件 穿 反 掉 了

nel yifkul yit ferx hel laoz.

你的衣服穿反了。

027. ŋeʴ^{21}tɕiɯ^{31}tieʴ^{44}.

去 紧点

ngerdjiet dier.

快一点吧。

028. mu^{33}tsi^{55}ɣɯ^{42}si^{35}tsi^{42}mi^{33}tou^{33}lɔ^{32}.

不 然 学 书 赶 上 不 了

mux zil hhepsif zipmix doux laoz.

不然上学迟到了。

029. tɕhiou^{55}ɕi^{35}ɣɯ^{42}si^{35}.

好 心 学 书

qioulxif hhepsif.

好好读书。

030. zv^{31}ɕi^{35} ɣɯ^{42}si^{35}.

用 心 学 书

ssvtxif hhepsif.

用心读书。

031. ŋɔ^{31}tsi^{55}jɯ^{44}tsha^{55}lɔ^{32}.

我 做 吃 午饭 了

ngaot zil ye cal laoz.

我做午饭了。

032. ŋɯ^{55}fv^{44}uo^{44}xua^{31}lɔ^{32}.

我的腹 个 饿 了

ngel fvwo huat laoz.

我肚子饿了。

033. thu^{55}tsuo^{35}ke^{32}ŋeʴ^{33}.

摆放 碗筷

tul zuof geizngerx.

摆好碗筷。

034. ȵia^{55}tsui^{31}pe^{535}jɯ^{44}tsha^{55}.

我们准 备 吃 午饭

nial zuitbeil yecal.

准备吃饭了。

035. kɯ^{35}kɯ^{44}nɯ^{55}lɔ^{32}xeɹ^{55}zi^{31}ke^{32}.

舀 给 你的爷爷饭 碗

gef ge nel laoz herlssit geiz.

给你爷爷舀一碗饭。

035. keɹ^{42}kɯ^{44}pɯ^{31}ȵi^{21}pɯ^{55}nɔ^{44}tshɯ^{31}tieɹ^{55}.

夹 给 他 人他的上 菜 点

gerp ge bet nid bel nao cet dierl.

给他夹一点菜。

036. tɕia^{42}ŋɔ^{31}tɕhie^{55}ua^{55}khui^{31}.

给 我 钱 几 块

jiap ngaot qieil wal kuit.

给我几块钱。

037. tsha^{55}jɯ^{44}xɯ^{55}ŋɔ^{31}pe^{44}meɹ^{32}nɔ^{44}si^{35}ua^{55}tshueɹ^{44}.

饭 吃 后 我 去 买 上 书 几 本

cal ye hel ngaot bei merz nao sif wal cuer.

吃完饭我要去买几本书。

038. tsɿ^{32}jɯ^{44}pe^{33}xɯ^{55}nɔ^{31}pe^{44}ta^{31}jɯ^{35}tsɿ^{55}jɯ^{44}pe^{33}.

放 吃 晚饭 后 你 走 回 来 做 吃 晚饭

ziz ye beix hel naot bei dat yef zil ye beix.

放学后你回来做晚饭。

039. tsɿ^{32}jɯ^{44}pe^{33}xɯ^{55}tɯ^{33}nɯ^{55}the^{33}.

放 吃 晚饭后 等 你的 弟弟

ziz ye beix hel dex nel teix.

放学后等你弟弟。

040. ta^{44}nɯ^{55}the^{333}nɔ^{44}ji^{35}tɕhɿ^{31}pe^{44}ta^{31}jɯ^{35}.
跟 你的弟弟上 一 起 走 回 来
da nel teix nao yifqit bei dat yef.
跟你弟弟一起回家。

041. pe^{33}keɹ^{32}ȵia^{55}jɯ^{44}xa^{31}ja^{44}tshɯ^{31}?
晚 上 我们 吃 什 么 菜
beixgerz nial ye hatya cet？
晚上吃什么菜?

042. tshu^{33}nɔ^{44}kv^{35}tshɯ^{31}keɹ^{21}xɯ^{33} tsɿ^{44}tieɹ^{55}.
炒 助词 腌 菜 肉 丝 助词点
cux nao gvfcet gerd hex zi dierl.
炒腌菜肉丝。

043. xua^{44}jɯ^{44}nɔ^{44}pɔ^{35}lɔ^{35}tshɯ^{31}xeɹ^{55} u^{55}.
煮 吃 助词菠菜 汤 些（量词）
hua ye nao baoflaof cet herl wul.
煮菠菜汤。

044. tshua^{44}tshɯ^{31}tsɿ^{55}se^{31}ɕi^{35}tieɹ^{44}.
切 菜 助词小 心 点
cua cet zil seitxif dier.
切菜小心点。

045. ȵiou^{44}pɯ^{31}tshua^{33}khɯ^{44}sɯ^{33}phu^{44}nɔ^{44}.
不 要 切 到 手 只 上
niou bet cuax ke sexpu nao.
不要切到手。

046. ȵi^{55}tsu^{33}pe^{44}ta^{31} tieɹ^{44}jɯ^{35}.
您 早 走 回 点 来
nil zux bei dat dier yef.
您早点回来。

047. ue^{32}te^{42}tsɿ^{44}phe^{31}me^{21}xɯ^{55}tuo^{33}lɯ^{44}.

喂 猪 子 忘 记 　掉 　不 　的

weiz deipzi peit meid hel duox le.

不要忘记喂猪。

048. mi^{44}phi^{31}u^{42}lɔ^{32}，jɯ^{44}pe^{33}lɔ^{32}.

太 阳 　落 了 　吃 晚饭 了

mi'pit up laoz，ye beix laoz.

太阳落山了，吃晚饭了。

049. pe^{33}jɯ^{44}xɯ^{55}ŋɔ^{31}se^{33}ke^{32}ŋe^{ɹ33}.

晚饭吃 掉 我 　洗 碗筷（泛指碗碟等）

beix ye hel ngaot seix geizngerx.

吃完晚饭我洗碗。

050. ŋɯ^{55}mi^{44}nɔ^{44}ue^{32}te^{42}tsɿ^{44}.

我 　面 助词喂 猪 　子

ngel mi nao weiz deipzi.

我来喂猪。

051. ka^{44}tɕi^{31}ue^{ɹ35}ke^{ɹ35}ka^{44}sou^{33}

把 地面（泛指院落屋子）个扫扫

ga jitwerf gerf ga soux.

扫一下地。

052. xɯ^{44}thɯ^{55}jɯ^{35}lɔ^{32}.

黑 　下 　来 　了

he tel yef laoz.

天黑了。

053. se^{33}tɕy^{33}ue^{44},se^{33}kou^{44}.

洗 　嘴 眼 　洗 脚

seix juixwei, seix gou.

洗脸，洗脚。

054. ue^{35}ɕy^{33}ja^{44}tsɯ^{33}kuo^{35}le^{21}xɯ^{31}.

温水 些 在　锅 只 里

weifxuix ya zex guof led het.

热水在锅里面。

055. kuo^{35}le^{21}xɯ^{31}zu^{31}tɕhieɹ^{55}na^{55}sua^{35}nɔ^{44}ku^{21}.

锅 只 里 用 完 助词 烧 助词壶

guof led het ssutqierl nal suaf nao gud.

锅里用完了烧一壶。

056. se^{33}tɕhieɹ^{55}xɯ^{55}pe^{44}tsheɹ^{33}lɔ^{32}.

洗 完 后　走 睡 了

seixqierl hel bei cerx laoz.

洗完睡觉了。

057. tsuo^{35}ȵie^{35}ja^{44}tsɿ^{55}tɕhieɹ^{55}lɔ^{35}mu^{33}?

作 业 些 做 完 了 没有

zuofnieif ya zil qierl laof mux?

作业做完了没有?

058. lɔ^{31}pɔ^{31}se^{44}li^{44}li^{44}tha^{44}khɯ^{44}.

被子 床 好 好 盖 起

laotbaot sei li'li take.

被子好好盖着。

059. ka^{44}nɯ^{55}sɿ^{35}ja^{44}sɯ^{35}tɕiou^{55}pɔ^{31}.

把 你的书 些 收 好 它

ga nel sif ya sefqioul baot.

把你的书收好。

060. meɹ^{55}meɹ^{21}peɹ^{42}ȵiou^{44}pɯ^{31}pɯ^{35}le^{21}ma^{35}le^{21}ka^{44}xɔ^{44}vu^{44}ja^{44}ne^{44}phi^{55}xɯ^{55}.

明 亮 白 不要　奔 里 忙 里　把 货 物 些 拿 漏 掉

merl merdberp niouxbet befleid–mafleid ga hao'vu ya nei pil hex

明天早上不要慌里慌张把东西拿漏了。

061. tɔ^{31}me^{21}se^{32}nɔ^{44}ka^{32}khɯ^{44}pɔ^{31}.

大 门 扇助词 关 上 它

daotmeid seiz nao gaz ke baot.

关好大门。

062. ŋɔ^{31}pe^{44}ɣɯ^{42}sɿ^{35}tsɿ^{21}lɔ^{32}.

我 走 学 书助词了

ngaot bei hhepsif zid laoz.

我上学去了。

063. pe^{44}thu^{33}tsɿ^{55}se^{33}ɕi^{35}tieɹ^{44}.

走 路 助词小 心 点

beitux zil seixxif dier.

上学路上小心点。

064. pe^{44}tɕia^{44}nɯ^{55}mɔ^{33}tɯ^{21}ua^{55}pu^{31}.

走 接 你的妈妈 前几 步

bei jia nel maox ded wal but.

去接一下你妈妈。

065. nɯ^{55}mɔ^{33}pe^{44}tɕi^{31}me^{55}ou^{44}ɕy^{33}tsɔ^{21}.

你的妈妈走 田 里 浇 水 了

nel maox bei jit mel ou xuix zaod.

你妈去田里灌水去了。

066. keɹ^{55}ȵi^{44}ɕiɯ^{44}tɕhɿ^{44}.

今 天 星 期

gerlni xieqi.

今天是星期天。

067. keɹ^{55}ȵi^{44}ȵia^{55}seɹ^{44}kuo^{21}.

今 天 我们割 谷子

gerlni nial serguod.

今天咱们家割稻谷。

068. a^{31}mɔ^{33}tɕhieɹ^{33}tɯ^{44}ȵi^{21}keɹ^{35}ua^{55}ȵi^{21}.
阿 妈 请 助词 人 家 几 个
atmaox qierx de nigerf walnid.
妈妈请了几个人（来帮咱们割稻谷）。

069. ȵi^{44}xɯ^{31}na^{55}kou^{33}te^{33}sou^{33}kɯ^{32}ŋa^{55}ȵi^{44}tɯ^{31}.
天 里 你们两兄弟 送 给 我们午饭
nihet nal gouxtex soux gez ngal nidet.
中午你们兄弟俩给我们送午饭。

070. kɯ^{21}ta^{44}tsheɹ^{44}te^{55}nɯ^{55}te^{33}pe^{44}ŋa^{55}ɣɯ^{33}.
骑 单 车 带你的弟弟走 我们后
ged da'cer deil nel teix bei ngal hhex.
骑单车带你弟弟跟着我们。

071. ȵi^{44}pi^{31}ŋa^{55}ɕy^{33}ua^{55}ku^{21}.
灌助词我们水几 壶
ni pit nal xuix walgud.
带上几瓶水。

072. a^{31}ȵi^{44}tsɿ^{44}tsɯ^{33}xɔ^{31}tv^{35}.
一 天 住 在 家 里
at ni zi zex haotdvf.
整天都在家里。

073. ka^{44}ji^{35}pe^{32}ja^{44}ka^{44}se^{33}.
把 衣 服 些 洗洗
ga yifbeiz ya ga seix.
把衣服洗洗。

074. tshɿ^{55}khou^{55}kɯ^{31}li^{55}li^{44}li^{44}se^{33}.
身 体 个 也好好 洗
cilkoul get lil li'li seix.
好好洗个澡。

生活篇

075. ɣe^{21}tɕi^{33}nɔ^{44}li^{55}sua^{35}sua^{35}tsɿ^{44}.

鞋 双 上 也 刷 刷 助词

hheidjix nao lil suafsuaf zi.

鞋子也好好刷一下。

076. meʴ^{55}ȵi^{44}ka^{35}ka^{35}tɕiɯ^{44}tɕiɯ^{44}pe^{44}ɣɯ^{42}sɿ^{35}

明 天 干 干 净 净 走 学 书

merlni gafgaf–jiejie bei hhepsif.

明天干干净净去上学。

077. keʴ^{35}ȵi^{44}tsɯ^{33}tsɿ^{33}ȵi^{34}.

今 天 是 街 天

gerlni zex zixni.

今天是街天。

078. pe^{44}meʴ^{32}nɔ^{44}tɔ^{31}tshɯ^{31}ua^{55}pa^{42}.

走 买 助词大 菜 几 把

be merz nao daotcet wal bap.

去买上几把大青菜。

079. xa^{55}tsɿ^{35}xɯ^{55}se^{33}kɔ^{32}se^{33}.

挑拣 后 洗 它 洗

halzif hel seit gaoz seit.

拣拾后洗好。

080. ȵa^{55}kv^{35}jɯ^{44}nɔ^{44}kv^{35}tshɯ^{31}ua^{55}zɿ^{21}.

咱们腌吃 助词腌 菜 几 罐

nial gvf ye nao gvfcet walssid.

咱们腌几罐腌菜。

081. meʴ^{32}ta^{32}nɔ^{44}peʴ^{42}tshe^{31}kua^{35}teʴ^{42}.

买 搭 助词白 萝卜 颗

merz daz nao berp cetguaf derp.

再买个白萝卜。

082. kv^{35}ta^{32}pɯ^{55}xɯ^{31}tshe^{31}kua^{35}xɯ^{33}ua^{55}ȵiɯ^{32}.

腌 搭 它 里面萝 卜 丝 几 丝

gvf taz bel het cetguaf hex walniez.

掺点萝卜丝一起腌。

083. tsɿ^{55}tuo^{35}jɯ^{44}xu^{33}tie^{ɹ44}

助词多 吃 好 点

zil duof ye hux dier.

会更好吃一点。

084. tse^{44}pe^{44}xu^{35}nɔ^{44}ji^{55}me^{ɹ55}pe^{ɹ44}.

再 走 买 助词玉米 百

ze pei huf nao yilmerl ber.

再去买一百斤玉米。

085. zu^{31}pɔ^{31}ue^{32}ke^{35}te^{42}.

用 它 喂 鸡 猪

ssut baot weiz geif deip.

用它喂鸡和猪。

086. pe^{33}jɯ^{44}xɯ^{55}ŋɔ^{31}pe^{44}tɕhi^{44}ɕia^{35}tie^{ɹ55}.

晚饭吃 后 我 走 出 闲 点

beix ye hel ngaot beiqi xiaf dierl.

晚饭后我出去玩一会儿。

087. pe^{33}ke^{ɹ32}pe^{33}sa^{44}tsou^{33}pe^{44}ta^{32}tie^{ɹ44}.

晚 上 早 走 回 点

bexgerz–bexsa zoux be daz dier.

晚上早点回来。

088. jɔ^{32}xɯ^{31}pɔ^{31}a^{31}jɔ^{32}tsɿ^{44}tɯ^{35}lɔ^{31}pɔ^{31}.

夜 里 他 一夜助词 踢 被 子

yaoz het baot atyaoz zi def laotbaot.

他一晚上踢被子。

生活篇

089. a^{31}jɔ^{32}tsɿ^{44}tha^{44}kɔ^{32} lɔ^{31}pɔ^{31}.
一夜助词 盖 给 被 子
atyaoz zi ta gaoz laotbaot.
一个晚上都在给他盖被子。

090. nɯ^{55}ua^{55}ua^{44}pɔ^{31}ŋa^{35}tshu^{31}ɣeɹ^{44}mu^{33}lɔ^{32}.
这 几 月 他 撒夜尿 没 有 了
nel walsua baot ngafcuthher mux laoz.
这几个月他不尿床了。

091. ka^{44}tɯ^{21}tsa^{31}nɔ^{44}pi^{55}pieɹ^{35}pɔ^{31}.
把 灯 盏 上 关 掉 它
ga dedzat nao bil bierf baot.
把灯关掉。

092. li^{44}li^{44}psheɹ^{33}.
好 好 睡
li'li cerx.
好好睡觉。

093. tsa^{55}keɹ^{21}tsɿ^{44}ȵi^{21}tsheɹ^{33}tɕhiou^{55}mɯ^{32}xu^{33}.
全 部 助词人 睡 好 梦 好
zalgerd zi nid cerxqioul– mezhux.
大家睡个好觉。

注：kou^{33}te^{33}（koux tex）泛指两兄弟姐妹，可以指两兄弟、姐弟、兄妹、姐妹。

kuo^{35}tɕi^{21} guof jit
稻田　张锡梅摄

附表一：白族数字说法

白文	国际音标	汉语意思
yi	ji^{44}	一
gux	ku^{33}	二
sal	sa^{55}	三
xi	ɕi^{44}	四
ngvx	ŋv^{33}	五
fv	fv^{44}	六
qi	tɕhi^{44}	七
bia	pia^{44}	八
jiex	tɕiɯ^{33}	九
zip	tsɿ^{42}	十
neidzip	ne^{21}tsɿ^{42}	二十
ber	pe^{ɹ44}	百
qil	tɕhi^{55}	千
ngvz	ŋv^{32}	万

附表二：白族吃饭说法

白文	国际音标	汉语意思
seitcal	se^{31}tsha^{55}	小饭（早点）
cal	tsha^{55}	饭（特指一天的第一顿正式的饭）
daotcal	tɔ^{31}tsha^{55}	大饭（相对于小饭而言，指的是午饭）
ni’det	ȵi^{44}tɯ^{31}	晌午饭
beix	pe^{33}	晚饭
yaozfvf	jɔ^{32}fv^{35}	夜点

过去由于经济不发达，大家的日子普遍都不富裕，白族人闲时吃两餐，早餐和晚餐，只有忙时会加一餐午饭。

3. 路遇篇

tu^{33}nɔ^{44}jy^{44}tɯ^{44}

路 上 遇 到

tux nao yui de

路遇

白族人在路上遇到互相打招呼，一般不会说你好之类的，通常会问候身体如何，最近情况，吃饭了没有等等。打招呼有这么几种情况：

晚辈跟长辈招呼，要称呼长辈，且恭敬地问候。

001. a^{31}lɔ^{32},ȵi^{55}ka^{44}pe^{44}?
阿爷 您 走 走
atlaoz，nil ga bei?
阿爷，您出来走走?

002. a^{31}ne^{44},ȵi^{55}pe^{44}tɕhi^{44}jɔ^{35}?
阿 奶 您 走 出 助词
atnei，nil beiqi yaof？
阿奶，您出来走走?

003. ȵi^{55}tsha^{55}jɯ^{44}lɔ^{35}mu^{33}?
您 午饭 吃 了 没有
nil cal ye laof mux?
您吃过饭了吗?

004. a^{31}ta^{55}，ȵi^{55}nɯ^{31}pa^{31}xeɹ^{55}sɿ^{44}ȵi^{55}mu^{33}?
大伯 您 这段时间健康 还是没有
atdal,nil netbat herlsi nil mux?
大伯，您这段时间身体好吗?

005. a^{31}ta^{55}mɔ^{33},ɳ̥i^{55}pe^{44}ta^{21}xa^{31}ja^{44}?

阿大 妈 您 走 干 什么

atdalmaox，nil bei dad hatya?

大妈，您干嘛去?

006. a^{31}ku^{35},xa^{55}tɯ^{44}ɳ̥i^{55}mu^{33}a^{31}pa^{31}lɔ^{32}.

阿姨 看 见 您没有一 段了

atguf,hal de nil mux atbat laoz.

阿姨，有一段时间没有看见您了。

路遇篇

007. ɳ̥i^{55} tɯ^{55}ka^{55}ɳ̥i^{44}tɕiɯ^{331}ɳ̥i^{55}mu^{33}?

您 这 几 天 忙 还是 没有

nil del gal ni jiet nil mux?

您这段时间很忙吗?

008. lɔ^{32}sɿ^{35}tɕiɯ^{31}mu^{33}.

老 实 忙 没有

laozsif jiet mux.

不是很忙。

009. tɕiɯ^{31}fv^{35}tuo^{33}lɔ^{32}.

忙 很 不行 了

jiet fvf duox laoz.

太忙了。

010. ɳ̥i^{55}pe^{44}ji^{31}xa^{31}ɳ̥i^{21}?

您 走 找哪 位

nil bei yit hatnid?

您去找谁?

011. ŋɔ^{31}pe^{44}tɕhieɹ^{44}nɔ^{44}jou^{44}seɹ^{35}ɳ̥i^{21}.

我 走 请 助词 医 生 位

ngaot bei qierx nao youserf nid.

我去请位医生。

012. tɕhie˞^{33}jou^{44}se˞^{35}ȵi^{21}tsɯ^{33}xɔ^{31}tv^{35}xa^{31}ȵi^{21}tv^{31}pɯ^{31}sɿ^{35}?

请　医 生 位　是 家 庭 哪 位动 不 助词

qierx youserf nid zex haotdvf hatnid dvt bet sif?

家里谁需要请医生?

013. ŋɯ^{55}ku^{33}jɔ^{32}tɯ^{21}tv^{31}pɯ^{31}sɿ^{35}tɯ^{44}tie˞^{55}.

我的老 婆 个 动 不 助词得 点

ngel guxyaoz ded dvt bet sif de diel.

我老婆生病了。

014. pɯ^{31}ȵi^{21}tse^{55}tɔ^{21}xɔ^{55}?

那 人 怎 么 了

betnid zeildaod haol?

她怎么啦?

015. pɔ^{31}lia^{42}sɔ^{35}fv^{35}xɔ^{55}.

她 凉 伤 风 掉

baot liapsaoffvf haol.

她着凉了。

016. nɯ^{55}ka^{35}ȵi^{44}xe^{55}mɔ^{33}tshɯ^{44}pi^{32}pie˞^{35}xɔ^{55}.

这 几 天 天　母 量词 变 化　掉

nel gafni heilmaoxce biz bierf haol.

这几天天气变化大。

017. na^{55}ȵi^{55}sua^{44}pɯ^{31}ȵi^{21}mɯ^{55}se^{31}ɕi^{35}tie˞^{44}.

助词您 说 那 位 助词 小 心 点

nal nil sua betnid mel seitxif dier.

您告诉她注意身体。

018. pe^{33}ke˞^{44}ŋɔ^{31}mɯ^{55}pe^{44}tsɿ^{21}xa^{55}pɯ^{31}ȵi^{21}.

晚 上 我 助词走 助词看 那 位

beixger ngaot mel pei zid hal betnid.

晚上我再去看望她。

019. ŋɔ^{31}pe^{44}tɕi^{31}mɯ^{55}tsui^{32}.

我 去 田 里 趟

ngaot bei jit mel zuiz.

我去田里一趟。

020. ka^{44}xa^{55}tɯ^{31}ja^{44}jɯ^{44}tsɿ^{21}tɔ^{33}lɔ^{35}mu^{33}.

看 看 蚕豆些 吃助词得 了 没有

gahal det ya ye zid daot laof mux.

看看蚕豆可以吃了吗?

021. khua^{44}jɯ^{44}nɔ^{44}tɯ^{31}ka^{35}pa^{42}.

采 吃 助词蚕豆几 把

kua ye nao det gaf bap.

采几把蚕豆吃吃。

022. ŋɔ^{31}pe^{44}tsɿ^{55}kheɹ^{44}.

我 去 做 客

ngaot be zilke.

我去做客。

023. na^{55}tsɿ^{55}pa^{55}kheɹ^{44}ȵi^{55}mu^{33}?

你们做他们客 还是没有

nal zil bal ker nil mux?

你们做他们的客了吗?

024. ma^{55}jɯ^{44}xɯ^{55}ka^{44}pe^{44}.

饭 吃 了 走 走

mal ye hel gabei.

饭后走走。

025. a^{31}ku^{35},ȵi^{55}ta^{35}xa^{31}ja^{44}?

阿姨 您做 什 么

Atguf，nil daf hatya?

阿姨，您干嘛？

026. ŋɔ^{31}tsu^{35}sua^{55}.
我 带 孙子
ngaot zuf sual.
我带孙子。

027. tsu^{35}sua^{5}tsɿ^{55}sɔ^{35}khu^{44}lɯ^{44}.
带 孙子助词辛 苦 的
zuf sual zil saofku le.
带孙子很辛苦的。

028. na^{55}ȵi^{55}se^{31}ɕi^{35}tie˞^{44}.
助词您小 心 点
nal nil seitxif dier.
您要注意身体。

029. tsu^{35}sua^{5}tsɿ^{55}sɔ^{35}khu^{44}mu^{33}.
带 孙子助词辛 苦 没有
zuf sual zil saofku mux.
带孙子不辛苦。

030. tsu^{35}sua^{5}tsɿ^{55}khe^{33}ɕiɯ^{44}.
带 孙子助词开 心
zuf sual zil keixxie.
带孙子很开心的。

031. ŋɯ^{55}sua^{55}na^{55}khui^{55}tsɿ^{55}tou^{35}ȵi^{21}ɕi^{31}xua^{35}.
我的孙子那 个 助词逗 人 喜 欢
ngel sual nal kuil zil douf nid xithuaf.
我的孙子很惹人爱。

032. fe^{33}tsu^{35}xu^{33}.
十分带 好
feix zuf hux.
很好带的。

033. tsɔ^{33}lɔ^{32}.
是助词
zaox laoz.
是的。

034. n̥i^{55}sua^{55}khui^{55}fe^{33}khɔ^{31}e^{55}ua^{32}.
您的孙子个 十分可 爱 呀
nil sual kuil feix kaot'eil waz.
您的孙子很可爱的。

035. keɹ^{44}ua^{55}çieɹ^{44}tsɿ^{44}tsɿ^{55}xa^{55}tɯ^{44}n̥i^{55}fa^{35}tɯ^{44}tsɔ^{55}phie^{55}tsu^{35}tsɿ^{44}.
隔 几 天 子 助词看 见 您 发 的 相 片 张 助词
ger walxier zi zil hal de nil faf de zaolpieil zuf zi.
隔几天就看见您在朋友圈发的照片。

036. pha^{55}ti^{55}pha^{55}neɹ^{42}pɯ^{31}khui^{55}tsɯ^{33}.
胖 胖 的 那 个 有
paldil–palnerp bet kuil zex.
胖胖的一个。

037. pɔ^{31}pe^{44}thu^{33}lɔ^{35}mu^{33}?
他 走 路 了 没有
baot beitux laof mux?
他会走路了吗?

038. nɯ^{55}ua^{55}n̥i^{44}tsɯ^{55}tse^{55}ɣɯ^{42}pe^{44}thu^{33}.
这 几 天 正 在 学 走 路
nel wal ni zelzeil hhep beitux.
这几天正在学走路。

039. pɔ^{31}a^{31}n̥i^{44}tsɿ^{44}çia^{33}pe^{44}tçhi^{44}ua^{44}sɿ^{31}.
他一 天助词 想 走 出 外 面
baot atni zi xiat beiqi wasit.
他老是想出去外面玩。

040. ȵi^{44}ȵi^{44}tsɿ^{44}ka^{35}pɔ^{31}pe^{44}thu^{33}.
天 天 助词教 他 走　路
nini zi gaf baot beitux.
天天教他走路。

041. ji^{35}kua^{44}tsv^{44}ȵi^{55}tui^{35}khɯ^{44}tuo^{33}.
腰 杆 个　也　立　起 不行
yifgua zv nil duif ke duox.
腰也直不起来了。

041. nɯ^{55}ua^{55}ȵi^{44}pe^{44}tɕhi^{44}ŋeɹ^{21}ua^{55}pu^{31}lɔ^{32}.
这　几 天　走　出 去　几 步 了
nel walni beiqi ngerd wal but laoz.
这几天可以走几步了。

042. khe^{55}khɯ^{44}pɯ^{55}nɔ^{44}pe^{44}tɯ^{44}tɔ^{31}lɔ^{32}.
牵　起　他 上 走 得可以了
keilke bel nao bei de daox laoz.
牵着他的手就可以走出去了。

平辈打招呼，会随便一些，问的直接，回答也言简意赅。

043. keɹ^{55}ȵi^{44}tsɿ^{42}ŋv^{33}.
今 天 十　五
gerlni zipngvx.
今天是十五。

044. keɹ^{44}tieɹ^{55}tsɿ^{44}ŋɔ^{31}pe^{44}tsɯ^{35}ɣɯ^{35}nɯ^{55}mɯ^{55}
隔　点 助词我 走　来　　叫　你 助词
ger'dierlzi ngaot bei'zef hhef nel mel.
待会儿我过来叫你。

045. ȵia^{55}ji^{35}tɕhi^{31}pe^{44}se^{35}nɔ^{44}

我们一 起 走 寺 上

nial yifqit bei seif nao.

我们一起去寺庙里。

046. pe^{44}tɕhi^{44}jɔ^{35}a^{31}?

走 出 了 啊

beiqi yaof at?

出来走走?

047. nɔ^{31}pe^{44}xa^{31}ka^{31}?

你 走 哪 里?

naot bei hatgat?

你去哪里?

048. ŋɔ^{31}pe^{44}pa^{55}nɔ^{44}sɿ^{31}vu^{33}tie˞^{55}.

我 走 办 上 事 务 点

ngaot bei bal nao sitvux dierl.

我去办点事情。

049. ŋɔ^{31}pe^{44}tsɿ^{55}tsɿ^{33}.

我 走 赶 街

ngaot bei zilzix.

我去赶街。

050. nɔ^{31}jɯ^{44}lɔ^{35}mu^{33}?

你 吃 了没有

naot ye laof mux?

你吃饭了吗?

051. jɯ^{44}lɔ^{31},ŋɔ^{31}jɯ^{44}lɔ^{35}mu^{33}?

吃 了 你 吃 了 没有

ye laot,ngaot ye laof mux ?

我吃了，你呢?

052. pe^{44},n̥ia^{55}pe^{44}kɔ^{21}pɔ^{21}mɯ^{55}ka^{44}ɕia^{35}.

走 我们走 海 边（处所）闲闲

bei，nial bei gaodbaodmel ga'xiaf.

走，我们去海边（湖边）闲闲。

053. pe^{44}ŋɯ^{55}na^{31}ka^{44}ɕia^{35}khɯ^{33}.

走 我的家 闲闲 起

bei ngel nat ga'xiaf kex.

去我家玩玩去。

054. xa^{55}tɯ^{44}ŋɯ^{55}tsɿ^{44}tɯ^{21}n̥i^{55}mu^{33}?

看 见我的 儿子个 还是没有

hal de ngel zi ded nil mux?

看见我的儿子没有?

055. ŋɔ^{31}ji^{21}pɔ^{31}jɯ^{44}pe^{33}.

我找 他 吃 晚饭

ngaot yid baot yebeix.

我找他回家吃晚饭。

056. xa^{55}tɯ^{44}lɯ^{44}/xa^{55}tɯ^{44}mu^{33}.

看 见 了 看 见 没有

hal de le/ hal de mux.

看见了 / 没有看见。

057. pɔ^{31}tsɯ^{33}tshv^{55}tɯ^{21}mɯ^{55}.

他 在 巷子 头（处所标记）

baot zex cvldedmel.

他在巷子头。

058. ke˞^{35}pe^{33}ke˞^{32}pe^{44}ŋɯ^{55}na^{32}jɯ^{44}pe^{33}.

今 晚 上 走 我的家 吃 晚饭

gerlbeixgerz bei ngelnaz yebeix.

今天晚上去我家吃饭。

059. pe^{33}jɯ^{44}xɯ^{55}ŋa^{55}sa^{35}ji^{44}sɿ^{31}v^{33}tie^{ɹ55}.
晚饭吃 后 我们商议 事务 件
beix ye hel ngal safyi sitvx dierl.
晚饭后我们商量件事情。

060. ŋɔ^{31}pe^{44}me^{ɹ33}nɔ^{44}tshɯ^{31}tie^{ɹ55}.
我 走 买 上 菜 点
ngaot be merx nao cet dierl.
我去买点菜。

061. tɯ^{33}tɯ^{33}tsɿ^{44}，ŋɔ^{31}li^{55}pe^{44}me^{ɹ32}tshɯ^{31}.
等 等 助词 我 也 走 买 菜
dexdexzi,ngaot lil bei merzcet.
等等，我也去买菜。

062. ȵia^{55}kou^{33}ȵi^{21}ji^{35}tɕhi^{31}pe^{44}.
我们两 人 一 起 走
nial gouxnid yifqit bei.
我们一起去。

tshv^{55}ka^{32} cvlgaz
巷子 张锡梅摄

长辈跟晚辈打招呼，显示出长辈对晚辈的关爱，也体现了长辈的尊严。

063. nɔ^{31}tsɯ^{33}xa^{31}xɔ^{31}n̥i^{21}ke^{ɹ35}?

你 是 哪 家 人 家

naot zex hathaot nidgerf？

你是哪家的人?

064. ŋɔ^{31}tsɯ^{33}tsa^{35}ke^{ɹ55}xɔ^{31}n̥i^{21}ke^{ɹ35}.

我 是 张 家 人 家

ngaot zex Zafgerfhaot nidgerf.

我是张家人。

065. nɔ^{31}pe^{44}tɕhi^{44}ta^{35}xa^{31}ja^{44}?

你 走 出 干 什么

naot beiqi daf hatya？

你出来干什么?

066. ŋɔ^{31}pe^{44}ji^{21}ŋɯ^{55}tɕia^{42}xuo^{33}ɕia^{35}.

我 去 找我的伙伴 伙 闲

ngaot bei yid ngel jiaphuox xiaf.

我去找我的朋友玩。

067. n̥iou^{44}pɯ^{31}ma^{33}pe^{44}.

不 要 乱 走

niou bet maxbei.

不要走远了。

068. tsou^{33}pe^{44}ta^{31}tie^{ɹ44}.

早 走 回 点

zoux bei dat dier.

早点回家。

069. ɣɯ^{42}sɿ^{35}tsɿ^{44}xuo^{33}tsɿ^{32}jɯ^{44}tsha^{55}lɔ^{32}.

学 书 子 伙　放 吃 午饭 了

hhepsifzi huox ziz yecal laoz.

学生放学了（中午）。

070. ɣɯ^{42}sɿ^{35}tsɿ^{44}xuo^{33}tsɿ^{32}jɯ^{44} pe^{33}lɔ^{32}.

学 书 子 伙　放 吃　晚饭 了

hhepsifzi huox ziz yebeix laoz.

学生放学了（下午）。

071. nɔ^{31}çie^{ɹ32}xa^{31}le^{21}?

你 姓　什么?

naot xierz hatleid?

你姓什么?

072. ŋɔ^{31}çie^{ɹ32}ja^{35}.

我 姓 杨

ngaot xierz Yaf.

我姓杨。

073. nɔ^{31}tsɯ^{33}tu^{33}tshv^{55}tɯ^{21}nɔ^{44}tsɔ^{35}piɔ^{33}?

你 是 上 巷　前 上 是 不是

naot zex duxcvlded nao zaof biaox?

你是住在上面那个巷子?

074. piɔ^{33},ŋɔ^{31}tsɯ^{33}na^{21}pɔ^{21}nɔ^{44}.

不是我 是　南 边 的

biaox,ngaot zex nadbaod nao.

不是，我是南边的。

075. nɯ^{55}ŋɯ^{33}pa^{42}mie^{ɹ35}xa^{31}le^{21}?

你的喝　奶 名字 什 么

nel ngexbapmierf hatleid?

你的奶名叫什么?

076. ŋɯ^{55}mieʴ^{35}a^{31}lu^{42}.
我的名字阿龙
ngel mierf Atlup.
我叫阿龙。

077. na^{55}tsɯ^{33}ti^{55}tsɯ^{31}the^{33}?
你们有 几 兄弟（姐妹）
nal zex dil zettex?
你们有几兄弟（姐妹）。

078. ŋa^{55}tsɯ^{33}sa^{55}tsɯ^{31}the^{33}.
我们有 三 兄弟（姐妹）
ngal zex sal zettex.
我们有三兄弟（姐妹）。

079. ȵiv^{33}kou^{33}tɯ^{21}，tsɿ^{44}a^{31}tɯ^{21}.
女 两 个 男 一 个
nivx goux ded,zi at ded.
两个女的，一个男的。

080. ŋɔ^{31}tsɯ^{33}tu^{35}ɣeʴ^{42}tsɿ^{44}.
我 是 独 儿 子
ngaot zex duf erp zi.
我是独儿子。

路遇篇

tɕia^{44}ue^{42} jiaweip
接佛　张锡梅摄

附：大理的莲池会

莲池会是白族地区特有的民间女性信仰团体，莲池会有很多叫法，“老妈妈会”“妈妈会”“斋奶会”“经堂”“佛堂”“拜佛会”“念佛会”等。莲池会通常是由一个村子里面的中老年妇女组成，这些中老年妇女，一般是家中儿女均已成家，她们年轻时勤勤恳恳，任劳任怨，为家庭奉献了一辈子，在完成了人生中的大业之后，家务轻松了许多，便加入莲池会，开始了自己的些许追求。莲池会会组织大家到附近的县市，互相交流，互相学习，辛苦半生，也算是给了她们一个走出家庭，去开阔眼界的机会。她们在莲池会，可以暂时摆脱家务事的牵绊，跟朋友们互诉衷肠，吐槽家中大小事情，放飞自我的心灵。大理地区白族聚居村落，几乎村村都有莲池会，她们初一、十五会到村中的寺庙里，集体做饭，集体吃素，轮流供斋。碰到重大节日，比如本主节等，集体去寺庙吃斋。

4. 购物篇

meɹ^{32}xɔ^{44}vu^{44}

买 货 物（东 西）

merz haovu

购物

001. kɯ^{21}xɔ^{44}vu^{44}jɯ^{35}！

卖 货 物（东西）来

ged haovu yef！

卖东西！

002. ȵiou xa^{31}ja^{44}？

要 什么

niou hatya？

要什么？

003. ȵiou^{44}nɔ^{44}pi^{35}a^{31}pɔ^{35},tsɿ^{33}a^{31}ku^{21}.

要 上 盐一 包 酒 一 瓶

niou nao bif at baof，zix at gud.

要一包盐，一瓶酒。

004. kɯ^{21}ŋɔ^{31}tsɿ^{35}a^{31}pɔ^{35}.

卖 我 针 一包

ged ngaot zif at baof.

我要一包针。

005. xɔ^{35}xɯ^{44}ku^{33}khui^{55}.

线 两 块

haofhe gux kuil.

两块线。

006. tse^{44}ka^{44}la^{44}ja^{44}ti^{55}ɕiou^{33}a^{31}tɕie^{35}?
鲫鱼　　些　多　少　一　斤
zeiga'la ya dilxioux atjieif？
鲫鱼多少钱一斤?

007. tse^{44}ka^{44}la^{44}ȵia^{33}xe^{ɹ55}ta^{42}xe^{ɹ55}tiɔ^{44}.
鲫鱼　　这些　活　踩　活　跳
zeiga'la niax herldap–herltiao.
这些鲫鱼活蹦乱跳的。

008. ŋɔ^{31}tɕia^{35}ti^{44}mɯ^{55}tshe^{44}ta^{33}jɯ^{35}.
我　刚　刚　才　拉（网）回来
ngaot jiafdi mel cei dax yef.
我刚刚才打上来的。

009. ŋv^{35}tɯ^{21}pɔ^{21}te^{ɹ42}tse^{55}kɯ^{21}?
鱼　头　　个　怎么卖
ngvfdedbaod derp zeil ged？
鱼头怎么卖?

010. tɕhie^{ɹ31}tshɯ^{31}ja^{44} ti^{55}ɕiou^{33}a^{31}tɕie^{ɹ21}?
青　　菜　　些　多　少　一　把
qiertcet ya dilxioux at jierd？
青菜多少钱一把?

011. tɕhie^{ɹ31}tshɯ^{31}ja^{4}mɯ^{55}ke^{ɹ44}ta^{33}jɯ^{35}na^{21}.
青　菜　些　　才　掐　回　来　呢（助词）
qiertcet ya mel ger dax yel nad.
青菜才掐回来的。

012. kua^{44}la^{44}tshɯ^{31}ku^{33}kui^{31}a^{31}pa^{42}.
蕨菜　　　　两　块　一把
gua'lacet gux kuit at bap.
蕨菜两块钱一把。

013. pi^{21}tv^{55}ȵia^{33}fe^{33}se^{35}sɯ^{31}.
芋 头这些非常新鲜
biftvl niax feix seifset.
这些芋头非常新鲜。

014. ji^{55}me˞^{55}ja^{44}ti^{55}ɕiou^{33}a^{31}tɯ^{21}?
玉 米 些 多 少 一根
yilmerl ya dilxioux atded?
玉米多少一根?

015. tsɔ^{21}se^{44}ja^{44}tse^{55}mɯ^{55}kɯ^{21}?
茶叶 些 怎 么 卖
zaodsei ya zeil mel ged?
茶叶多少钱?

016. tsɔ^{21}se^{44}fv^{44}khui^{31}a^{31}pɔ^{35}.
茶 叶 六 块 一 包
zaodsei fvkuit atbaof.
茶叶六块一包。

017. je^{44}ja^{44}a^{31}pe˞^{44}a^{31}thiɔ^{55}.
烟 些 一百 一 条
yei ya atber attiaol.
烟一百元一条。

018. ɣa^{42}kɯ^{33}ji^{35}khui^{31}a^{31}ke^{32}.
菱角 一块 一 碗
hhapgex yifkuit atgeiz.
菱角一块一碗。

019. kɔ^{55}fv^{44}tshɯ^{31}ŋv^{33}khui^{31}a^{31}khui^{55}.
海 菜 五 块 一 捆
kaolfvcet ngvxkuit atkuil.
海菜五块一捆。

020. tɕhy^{55}pɯ^{55}nɔ^{44}le^{33}tɕi^{21}sa^{55}tɕie^{35}.

称　他上　　花红　三　斤

quil bel nao leixjid sal jieif.

要三斤花红。

021. ta^{42}xuo^{31}ti^{55}ɕiou^{33}?

搭伙　多　少（钱）?

daphuot dilxioux?

一共多少?

022. ta^{42}xuo^{31}sa^{55}tsɿ^{42}khui^{31}.

搭伙　三　十　块

daphuot salzip kuit.

一共三十元。

023. ŋɔ^{31}ne^{44}ȵi^{55}a^{31}peʴ^{44}.

我 拿 您 一 百

ngaot nei nil atber.

我给您一百。

024. ŋɔ^{31}pu^{33}khe^{55}tuo^{33}meʴ^{35}.

我 补　开 不行 啊

ngaot bux keil duox merl.

我找不开啊。

024. khɯ^{55}tsa^{35}ȵi^{55}mu^{33}na^{21}.

开　张　也 没有 呢（助词）

kelzaf nil mux nad.

还没有开张呢。

025. tɕia^{33}le^{21}tsɿ^{55}ȵi^{55}tɯ^{33}tɯ^{33}tsɿ^{44}.

这　样 助词您 等 等 助词

jiaxleid zil nil dex dex zi.

那么您先等一下。

购物篇

026. ŋɔ^{31}ɕie^{44}pe^{44}meʴ^{32}nɔ^{44}pi^{35}ti^{44}xɔ^{44}vu^{44}ua^{55}ja^{42}.
我 先 走 买 上 其 他 货 物 几 样
ngaot xiei bei merz nao bifdi haovu wal yap,
我先去买几样别的东西。

027. tɕhe^{55}tsu^{35}tsa^{44}khe^{55}xɯ^{55}mɯ^{55}ti^{21}pe^{44}tsɯ^{35}khɯ^{55}kɯ^{32}ȵi^{55}.
钱 张 找 开 后 才 走 来 开 给 您
qieil zuf za keil hel meldid bei zef kel gez nil.
钱找开了又来付给您钱。

028. keʴ^{35}ȵiou^{44}.
怕 不
gerf niou.
可以的。

029. ȵi^{55}ɕie^{44}pe^{44}meʴ^{32}tsɿ^{21}.
您 先 走 买 助词
nil xiei bei merz zid.
您先买别的去。

030. meʴ^{32}tɕhiou^{55}xɯ^{55}mɯ^{55}pe^{44}ta^{32}jɯ^{35}.
买 好 后 才 走 回 来
merz qioul hel mel bei daz yef.
买好了您再回来。

031. ŋeʴ^{35},kɯ^{55}ȵi^{55}tɕhie^{55}.
诺 开 您 钱
ngerf , kel nil qieil.
给您钱。

032. ma^{35}ȵi tse^{55}sɿ^{44}ŋeʴ^{21}tɕiɯ^{31}.
么 您 怎 么 走 紧
maf nil zeilsi ngerdjiet.
您怎么那么快。

033. ȵi^{55}khua^{55}ɕi^{35}tɔ^{33}lɔ^{32}ua^{31}.

您宽　心得了呀

nil kualxif daox laoz wat.

慢慢的得了（您别心急）。

034. tɕia^{44}ȵi^{55}mɯ^{55}jɔ^{32}.

接 您（宾格标记）了

jia nil mel yaoz.

接您的钱了。

购物篇

035. na^{35}ue^{35}ȵi^{55}lɔ^{32}.

谢 谢 您 了

nafweif nil laoz,

谢谢您了。

036. ȵi^{55}khua^{55}lɯ^{44}pe^{44}.

您 慢 慢 走

nil kualle bei.

您慢走。

037. meɹ^{32}tɯ^{44}xa^{31}le^{21}na^{55}ȵi^{55}tse^{44}pe^{44}tsɯ^{35}.

买 得 什 么 助词您再 走 来

merz de hatleid nal nil zei bei'zef.

需要什么您再来。

038. ŋɔ^{31}ȵiou^{44}pe^{44}tɕhi^{44}tɔ^{32}.

我 要　走 出 道

ngaot niou beiqi daoz.

我要出去一趟。

039. nɔ^{31}ȵiou^{44}pe^{44}a^{55}na^{44}?

你 要　走 哪 里

naot niou bei alna?

你要去哪里?

040. ŋɔ^{31}ȵiou^{44}pe^{44}meʴ^{32}xɔ^{44}vu^{44}

我 要 走 买 货 物

ngaot niou bei merz haovu.

我要去买东西。

041. nɔ^{31}pe^{44}a^{55}na^{44}ue^{33}meʴ^{32}?

你 走 哪 里 地点买

naot niou bei alna weix merz?

你要去哪里买?

042. ŋɔ^{31}ȵiou^{44}pe^{44}sa^{44}tsha^{31}xɯ^{31}meʴ^{32}

我 要 走 商 场 里 买

ngaot niou bei sacat het merz.

我要去商场里买。

043. nɔ^{31}pe^{44}sa^{44}tsha^{31}a^{55}le^{21}xɯ^{31}meʴ^{32}?

你 走 商 场 哪 个 里 买

naot bei sacat alleid het merz?

你去哪个商场买?

044. pe^{44}peʴ^{35}xuo^{55}sa^{44}tsha^{31} xɯ^{31}meʴ^{32}.

走 百 货 商 场 里 买

bei berfhuol–sacat het merz.

去百货商场里买。

045. pe^{44}te^{31}le^{33}ni^{55}eʴ^{33}kueʴ^{35}?

走 大 理还是下 关

bei Datleix nil Erxguerf?

去大理还是下关?

046. pe^{44}eʴ^{33}kueʴ^{35}, eʴ^{33}kueʴ^{35}xɔ^{44}vu^{44}meʴ^{35}tieʴ^{44}.

走 下 关 下 关 货 物 多 点

bei Erxguerf, Erxguerf haovu merf dier.

去下关，下关东西多。

047. nɔ^{31}ȵiou^{44}meʴ^{32}xa^{31}le^{21}?

你 要　　买　什 么

naot niou merz hatleid?

你要买什么?

048. ŋɔ^{31}ȵiou^{44}meʴ^{32}jɯ^{44}nɔ^{44}.

我 要　　买 吃 的

ngaot niou merz ye nao.

我要买吃的东西。

049. tse^{44}meʴ^{32}ji^{35}pe^{32}.

再 买 衣 裳

zei merz yifbeiz.

还买衣服。

050. kuo^{32}tseʴ^{35}ua^{44}ji^{44}nɔ^{44}ji^{35}pe^{32}.

过　春　节 穿 的 衣 裳

guoz zerfwa yi nao yifbeiz.

过年穿的衣服。

051. pɔ^{31}ȵi^{55},pɔ^{31}ta^{44}nɯ^{55}nɔ^{44}pe^{44}a^{31}?

他 呢 他　跟 你 助词走 啊

baot nil? baot da nel nao be at?

他呢，他陪你一起去吗?

052. tsɔ^{33}lɔ^{32},pɔ^{31}ȵi^{55}pe^{44}meʴ^{32}xɔ^{44}vu^{44}.

是 的　他也是走 买　货　物

zaox laoz,baot nil bei merz haovu.

是的，他也是一起去买东西。

053. pɔ^{31}li^{55}meʴ^{32}jɯ^{44}nɔ^{44}a^{31}?

他也是买 吃　的 吗

baot lil merz ye nao at?

他也要去买吃的吗?

054. piɔ^{33},pɔ^{31}ti^{21}meʴ^{332}ji^{35}pe^{32}.

不是她 只 买 衣 裳

biaox, baot did merz yifbeiz.

不是，她只买衣服。

055. peʴ^{35}xuo^{55}sa^{44}tsha^{31}xɯ^{31}le^{21}le^{21}tshi^{44}tshɯ^{33}.

百 货 商 场 里 样 样（助词）有

berfhuol–sacat het leidleid zi zex.

百货商场里什么都有。

056. kɯ^{21}xɔ^{44}vu^{44}ȵi^{21}ȵi^{55}?

售 货 物 人 呢

ged haovu nid nil?

售货员人呢?

057. tsɯ^{33}a^{55}ta^{44}！

在 这 里

zex alda!

在这里!

058. ȵi^{55}niou^{44}meʴ^{32}xa^{31}le^{21}?

您 要 买 什 么

nil niou merz hatleid?

您要买什么吗?

059. tɕhieʴ^{44}ȵi^{55}ne^{44}kɯ^{31}ŋɔ^{31}ji^{35}pe^{32}na^{55}khou^{55}ka^{44}sɿ^{31}.

请 您 拿 给 我 衣 服 那 件 试 试

qierx nil nei get ngaot yifbeiz nal koul gasit.

请您把那件衣服拿给我试试。

060. ji^{35}tɯ^{31}khou^{55}tɕi^{55}ɕiou^{33}tɕhie^{55}?

衣 这 件 多 少 钱

yif det koul jilxioux qieil?

这件上衣多少钱?

061. ji^{35}tɯ^{31}khou^{55}pɯ^{55}keʴ^{32}keʴ^{31}tɔ^{31}mu^{33}.

衣 这 件 它的价 贵 没有

yif det koul bel gerz gertdaot mux.

这件衣服价格不贵。

062. phi^{55}ji^{44}tieʴ^{44}tɔ^{33}ȵi^{55}mu^{33}?

便 宜 点 可以还是没有

pilyi dier daox nil mux?

可以便宜点吗？

063. ȵi^{55}kɯ^{32}tɕi^{55}ɕiou^{44}?

您 给 多 少

nil gez jilxioux?

您给多少？

064. ji^{35}nɯ^{31}khou^{55}ŋɯ^{55}nɔ^{44}ji^{32}xɔ^{35}tuo^{33}.

衣 这 件 我的 上 穿 合 不

yif net koul ngel nao yi haof duox.

这件衣服我穿不合身。

065. ȵia^{44}pe^{44}pi^{35}ti^{44}xuo^{33}na^{32}ka^{44}xa^{55}.

我们走 别 的 伙 那里看看

nial bei bif di huox naz gahal.

我们去别家看看。

066. tɯ^{21}mɯ^{55}na^{55}xɔ^{31}na^{32}ji^{35}pe^{32}li^{55}tɕi^{35}lɯ^{44}.

前 面 那 家 里 衣 裳 也 多 的

dedmel nalhaot naz yifbeiz lil jif le.

前面那家的衣服也蛮多的。

067. ȵia^{44}pe^{44}kuo^{32}ka^{44}xa^{55}.

我们走 过 看 看

nial bei guoz gahal.

我们去看看。

购物篇

068. khɯ^{31}ji^{35}tɯ^{31}thou^{33}xa^{55}tɕhiou^{55}ȵi^{55}mu^{33}?

内 衣 这 套　看 好　还是 不

ketyif det toux hal qioul nil mux ?

这套内衣好看吗?

069. ŋɔ^{31}tɕiɔ^{35}tɯ^{44}fe^{33}xa^{55}tɕhiou^{55}.

我 觉 得 很 看 好

ngaot jiaof de feix hal qioul .

我觉得很好看。

070. pi^{31}tɕia^{35}tɯ^{31}khou^{55}ŋɯ^{55}nɔ^{44}ji^{32} xɔ^{35}ȵi^{55}mu^{33}?

披 肩 这 件 我的助词穿 合还是没有

bitjiaf det koul ngel nao yiz haof nil mux?

我穿这披肩合身吗?

071. nɯ^{55}nɔ^{44}ji^{32}xɔ^{35}mu^{33}.

你的助词穿合 没有

nel nao yiz haof mux.

你穿不合身。

072. kua^{35}tɯ^{31}jou^{35}tse^{44}tsɯ^{33}pɯ^{55}tɕia^{42}seɹ^{35}na^{35}mɔ^{44}?

裤子这 条 再 有　其　他　色 助词没有

guaf det youf zei zex beljiap serf naf mao?

这条裤子还有其他颜色的吗?

073. mu^{33}lɔ^{32},ti^{21}tsɯ^{33}xɯ^{44}nɔ^{44}.

没 了 只 有　黑 助词

mux laoz , didzex he nao.

没有，只有黑色。

074. ŋɔ^{31}ɕia^{31}meɹ^{32}nɔ^{44}phi^{42}xe^{42}tɕi^{33}.

我 想 买 助词皮 鞋 双

ngaot xiat merz nao pipheip jix .

我想买一双皮鞋。

075. a^{31}mɔ^{33}meɹ^{32}tɯ^{44}kɔ^{55}v^{42}pɯ^{44}.

阿妈 买 得 围 裙 条

atmaox merz de kaol'vp be.

妈妈买了一条围裙。

076. a^{31}ti^{33}a^{31}le^{21}le^{55}meɹ^{32}tɯ^{44}mu^{33}.

阿爸一 样也 买 得 没有

atdix at leid leil merz de mux.

爸爸什么都没买。

075. ŋa^{55}ȵiou^{44}pe^{44}tsɿ^{55}pa^{35}jui^{44}sɿ^{35}u^{31}tsɿ^{33}.

我们要 走 赶 八 月 十 五街（渔潭会）

ngal niou bei zil bafyui–sifwut zit.

我们要去赶八月十五渔潭会。

077. ŋɯ^{55}kɔ^{44}tsɿ^{42}ua^{44}tsɿ^{55}ȵi^{21}ɕi^{31}.

我的哥哥十 月 结婚

ngel gao zipwa zilnidxit.

我哥哥十月要结婚。

078. ŋa^{55}pe^{44}meɹ^{32}nɔ^{44}kv^{31}tui^{32}.

我们走 买 助词柜子对

ngal bei merz nao gvt duiz.

我们去买对大柜子。

079. ɕia^{35}ua^{55}teɹ^{42}.

箱子几 个

xiaf wal terp.

几个箱子。

080. ŋa^{55}tsɯ^{33}tsɿ^{33}nɔ^{44}sɯ^{44}a^{31}jɔ^{31}.

我们在 街 上 宿一 夜

ngal zex zit nao se atyaot.

我们在街上住一夜。

081. meɹ^{55}ȵi^{44}pe^{44}ta^{32}jɯ^{35}.
明 天 走 回 来
merlni bei daz yef.
明天回来。

082. pa^{35}jui^{44}sɿ^{35}u^{31}tsɿ^{33}nɯ^{55}ua^{55}sua^{44}ȵi^{21}keɹ^{35}ɕiou^{33}lɔ^{32}.
八 月 十 五 街 这 几 岁 人 家 少 了
bafyui–sifwut zit nel walsua nidgerf xioux laoz.
这几年赶渔潭会的人少了。

083. tsɔ^{33}lɔ^{32}, ŋɯ^{55}kɔ^{44}ɕi^{31}xua^{35}tshua^{42}thou^{31}nɔ^{44}xɔ^{44}vu^{44}.
是 了 我的哥哥喜欢 传 统 助词货 物
zaox laoz,ngel gao xithuaf cuaptout nao haovu.
是的，但是我哥喜欢传统的东西。

084. pɔ^{31}ɕia^{31}ȵiou^{44}pa^{55}lɔ^{31}sɿ^{55}nɔ^{44}meɹ^{21}ua^{55}se^{32}.
他 想 要 他们老 式助词门 几 扇
baot xiat niou bal laotsil nao merd wal seiz.
他想要几扇老式的门。

085. pɔ^{31}ȵiou^{44}kua^{42}meɹ^{21}ȵi^{55}the^{44}meɹ^{32}?
他 要 木 门 还是 铁 门
baot niou guapmerd nil teimeid?
他要木门还是铁门?

086. pɔ^{31}ȵiou^{44}kua^{42}meɹ^{21}.
他 要 木 门
baot niou guapmerd.
他要木门 .

087. pɔ^{31}sua^{44}pa^{55}zu^{31}tɯ^{44}nɔ^{44}peɹ^{33}ja^{44}fe^{35}.
他 说 他们 用 得助词木板 些 好
baot sua bal ssut de nao berx ya feif.
他说他们用的木板好。

088. pa^{35}jui^{44}sɿ^{35}u^{31}tsɿ^{33}nɔ^{44}mɯ^{55}meɹ^{32}tɯ^{44}tɔ^{33}.

八 月 十 五 街 助词 才 买 得 得

bafyui–sifwut zit nao mel merz de daox.

渔潭会上才买得到。

089. ŋɯ^{55}ta^{55}ti^{33}pa^{55}pe^{44}meɹ^{32}lɔ^{35}tsɿ^{44}tɯ^{21}.

我的大爹 他们走 买 骡 子 个

ngel daldix bal bei merz laofzi ded.

我大爹他们去买匹骡子。

090. pa^{55}lɔ^{35}tsɿ^{44}tɯ^{21}ku^{33}xɯ^{55}lɔ^{32}.

他们骡 子 个 老 掉 了

bal laofzi ded gux hel laoz.

他们的骡子已经老了。

091. pɯ^{31}ȵi^{21}tse^{44}pe^{44}meɹ^{32}nɔ^{44}tɕi^{35}kv^{31}.

那 人 再 走 买 助词犁个

bet nid zei pei merz nao jifgvt.

他还要去买个犁。

092. ŋɯ^{55}ta^{55}mɔ^{33}pe^{44}meɹ^{32}nɔ^{44}tɯ^{35}ua^{55}le^{21}.

我的大 妈 走 买 助词箩筐几 个

ngel dalmaox bei merz nao def wal leid.

我大妈去买几个箩筐。

093. pa^{55}kou^{33}ȵi^{21}tsɿ^{55}tsɿ^{33}mu^{33}a^{31}keɹ^{21}ȵi^{44}ɕieɹ^{44}lɔ^{32}.

他们两 人 赶 街 没有一段 日 子 了

bal gouxnid zilzix mux axgerd ni'xier laoz.

他们俩很长时间没有赶街了。

094. ŋa^{55}ȵi^{55}pa^{55}ji^{35}tɕhi^{31}pe^{44}.

我们和他们一起 走

ngal nil bal yifqit bei.

我们跟他们一起去。

095. kueʴ^{33}sɔ^{35}ku^{44}xɔ^{55},ȵia^{55}pe^{44}meʴ^{32}ɣɯ^{33}nɔ^{44}tsɔ^{21}tsv^{35}.

逛 辛 苦 掉　我们走 买　喝 助词茶 盅

guerx saofku haol,nial bei merz hhex nao zaodzvf.

逛辛苦了，我们去买杯茶喝。

096. ŋɔ^{31}ɣɯ^{33}tsɔ^{21}mu^{33},ŋɔ^{31}meʴ^{32}nɔ^{44}ɕy^{33}ku^{21}.

我 喝 茶 不　我 买 助词 水 瓶

ngaot hhex zaod mux,ngaot merz nao xuixgud.

我不喝茶，我买瓶水喝。

097. kua^{42}u^{21}meʴ^{32}tɯ^{31}tɯ^{21}fe^{33}xa^{55}fe^{35}.

木 青 蛙 这 只 非常 看 好

guap wudmerf detded feix hafeif.

这只木青蛙非常好看。

098. ŋɔ^{31}meʴ^{32}ta^{31}kɯ^{44}ŋɯ^{55}sua^{55}tɯ^{21}ka^{44}tɕhiou^{31}.

我 买 回 给 我的 孙子 个 玩 玩

ngaot merz dat ge ngel sual ded gaqiout.

我买给我孙子玩玩。

099. ŋɯ^{55}sua^{55}ɕi^{31}xua^{35}ŋɯ^{33}ŋɯ^{21}pa^{42}.

我的孙子喜 欢 喝 牛 奶

ngel sual xithuaf ngex ngedbap.

我孙子喜欢喝牛奶。

100. ŋɔ^{31}meʴ^{32}kɯ^{31}pɔ^{31}ŋɯ^{21}pa^{42}ɕia^{35}.

我 买　给 他 牛 奶 箱

ngaot merz get baot ngedbap xiaf.

我买箱牛奶给他。

附：关于渔潭会（bafyui-sifwut zit：八月十五街）

相传唐永徽年间，在洱源渔潭坡油鱼洞中，有一条修炼成精的红鱼，经常到洱海中兴风作浪，掀翻渔船，伤害渔民，当地人苦不堪言。一天，观音路过渔潭坡，红鱼精正在洱海中作恶，只见洱海上空乌风暴雨，渔潭坡上飞沙走石，一艘艘渔船沉没海中，无数渔民葬身海底，于是观音抛出一张大网将红鱼精罩住，顿时风停浪止、晴空万里。观音制服了红鱼精，与红鱼精约法三章，准它于每年农历八月十五日出洞活动一次，其余时间均在洞中，鱼精一一应允，于是才把它放回洞中。为防止红鱼精出洞后再为非作歹，观音让当地渔民于每年农历八月十五日红鱼精出洞这天在渔潭坡上赶会，交易各种农具、渔具和家具，农副产品等，当红鱼精出洞时，看到熙熙攘攘的渔民们在交易捕鱼网具时，又退回洞中，不敢出洞作祟。随后渔潭会由交易捕鱼网具发展为物资交流大会，是大理地区仅次于三月街的物资交流会。由于中秋时分，农忙季节已过，大理各族人民开始筹备儿女的婚事，过去很多人到渔潭会购置嫁妆，渔潭会也叫“嫁妆会”。届时会有许多人去渔潭会购买白族传统的大柜子和有各种彩绘的木箱子。这些年由于经济的发展，渔潭会日渐式微。

白族村寨中的古戏台　张锡梅摄

tsɿ^{33}mi^{32}nɔ^{44} zixmiz nao
街面上　张锡梅摄

附表：白语生活用具名称

白文	国际音标	汉语意思
jilguil	tɕi^{55}kui^{55}	梨头
zvd seit	tsv^{21}se^{31}	锄头（把）
pal ded	pha^{55}tɯ^{21}	耙（把）
bex cvd	pɯ^{33}tsv^{33}	斧头（把）
yifdafmaox	ji^{35}ta^{35}mɔ^{33}	砍柴刀
hapyip	xa^{42}ji^{42}phi^{31}	镰刀
fv cei	fv^{44}tshe^{44}	锯子（把）
put sei	phu^{31}se^{44}	席子（床）
xuixkaf	ɕy^{33}ka^{35}	水缸
xuixtvt	ɕy^{33}thv^{31}	水桶
yifdaf zix	ji^{35}ta^{35}tsɿ^{44}	刀子（把）
jipdaf berz	tɕi^{42}ta^{35}peʴ^{42}	剪刀（把）
cuax cet berx	tshua^{33}tshɯ^{31}peʴ^{33}	菜板
weid leid	ue^{21}le^{21}	甑子（个）
zuoz kaol	tsuo^{32}khɔ^{55}	灶（座）
geiz	ke^{32}	碗（小）
ba	pa^{44}	碗（大）
zvt	tsv^{33}	筷子
saof	sɔ^{35}	纱布
guof	kuo^{35}	锅
nud	nu^{21}	口袋
def	tɯ^{35}	箩
nvx	nv^{33}	筐
tillaol	thi^{55}lɔ^{55}	提箩
laofguof	lɔ^{35}kuo^{35}	罗锅
tuxmed	thu^{33}mɯ^{21}	土罐

5. 节庆篇

kuo^{32}tɕia^{44}
过 节
guoz jia
过节

白族的节日有春节、二月八、清明、三月街、四月十五、蝴蝶会、绕三灵、端午节、火把节、八月十五、冬至节等。

（1）kuo^{32}tseɹ^{35}ua^{44}
过 春 月
guoz zerfwa
过年

春节是白族非常重要的节日，白族民间，春节是从年三十开始的，大年三十的晚上，做饭要淘洗好十二杯或十二碗米，人少的人家做十二杯（小酒杯），人多的人家做十二碗，初一早上就不再焖新米了，寓意一年十二月，月月有饭吃，这是过去生活比较困难时期美好的愿望，一直流传了下来。大年三十还要打扫卫生，家里家外，一概要打扫干净。初一早上还会早早去打井水，意为抢头水，谁要是抢到了头水，这一年会幸福安康。初一早上亲戚朋友会互相拜年，亲戚朋友来了，要给他们沏一杯米花茶。白族村村都有本主，本主节是一个重要的节日，春节有些村会把本主从寺庙里接出来，接到村里的广场上，表演歌舞，耍龙耍狮。过去过年，白族人还会请舞龙表演队到家里表演，表演完还唱白曲，庆贺家人平安健康。初二的习俗是接已经出嫁的姑娘回家过年。白族有句古话：七不出门，八不归家。所以要出门的人，初七就出行，生怕初八出门的话会有各种事情缠身，就不能及时归家了。

001. a^{31}sua^{44}tsɯ^{33}xɯ^{55}tsɿ^{42}ne^{44}ua^{44}.
一 年 有（助词）十 二 月
atsua zex hel zipnei wa.
一年有十二个月。

002. tseɹ^{35}ua^{44}phia^{44}jɯ^{35}ɕi^{31}xua^{35}ɕia^{44}.
春 月 到 来 喜 欢 程度副词
zerfwa pia yef xithuaf xia.
春节到来极喜欢。

003. tɕhi^{55}zu^{35}tɯ^{42}the^{33}pe^{44}ta^{31}jɯ^{35}
亲 兄 亲 弟 走 回 来
qilssuf–depteix bei dat yef.
兄弟姐妹聚一起。

004. tsɿ^{44}ȵiv^{33}tou^{35}mɔ^{33}tsɯ^{33}sa^{55}tɕi^{31}
子 女 父 母 在 一 起
zinivx–doufmaox zex sal jit.
父母子女在一起。

005. ue^{35}ȵi^{44}kuo^{32}tseɹ^{35}ua^{44}.
热 闹 过 春 月
weifni guoz zerfwa.
热闹过春节。

006. keɹ^{55}ȵi^{44}tsɯ^{33}sa^{55}tsɿ^{42}ȵi^{44}lɔ^{32}.
今 天 是 三 十 天 了
gerlni zex salzip ni laoz.
今天是大年三十。

007. keɹ^{55}pe^{33}keɹ^{31}ȵia^{55}tsou^{33}jɯ^{44}pe^{33}tieɹ^{44}.
今 晚 上 我们 早 吃 晚饭点
gerl beixgert nial zoux ye beix dier.
今天晚上我们早一点吃晚饭。

008. pe^{33}jɯ^{44} xɯ^{55}ȵia^{55}ta^{31}sɔ^{31}ue^{55}sɯ^{33}.
晚饭吃 后 我们打 扫 卫 生
beix ye hel nial datsaot weipsex.
晚饭后咱们打扫卫生。

009. ka^{35}ka^{35}jɯ^{44}jɯ^{44}kuo^{32}tseɹ^{35}ua^{44}.
干 干 净 净 过 春 月
gafgaf–jiejie guoz zerfwa.
干干净净过春节。

010. nɯ^{55}mi^{44}nɔ^{44}su^{33}jieɹ^{21}ɕi^{35}.
我 面 助词扫 场 心
nel minao sux jierdxif.
我负责扫院子。

011. xa^{31}ȵi^{21}ma^{35}po^{44}li^{42}tshua^{55}tsɿ^{44}?
谁 人 抹 玻 璃 窗 子
hat nid maf bo'lip cualzi?
谁来擦玻璃窗子?

012. zu^{31}ma^{35}pu^{44}le^{21}ma^{35}xɯ^{55}na^{55}ne^{44}nɔ^{44}pɔ^{55}tsɿ^{31}jɔ^{21}tsha^{42}.
用 抹 布 块 抹 后 助词用 助词报 纸 张 擦
ssut mafbu leid maf hel nal nei nao baolzit yaod caf.
抹布擦了再用报纸擦（吸一下水）。

013. ȵia^{33}le^{21}tsɿ^{44}me^{55}ma^{35}ka^{35}tɕiɯ^{44}tɔ^{33}.
这 样 子 才 抹 干 净 得
niax led zi mel maf gafjie daox.
这样子才会擦干净。

014. ŋɯ^{55}mi^{44}nɔ^{44}su^{33}tɔ^{31}me^{21}mɯ^{55}.
你 面 助词扫 大 门 （处所标记）
ngel minao sux daotmeid mel.
你负责打扫大门外。

015. ŋɔ^{31}pe^{44}ȵia^{44}tui^{32}.

你 走 贴 对联

ngaot bei nia duiz.

你去贴对联。

016. tɔ^{31}ɕiou^{35}ua^{55}ka^{35}ke^{31}tɕhi^{44}tɔ^{31}me^{21}mɯ^{55}.

大 香 几 只 点 出 大 门（处所标记）

daotxiouf walgaf geitqi daotmeid mel.

大门外点上几炷大香。

017. pu^{42}tsa^{31}ɕi^{35}tsui^{31}pe^{55}tɕhiou^{55}pɔ^{31}.

炮 炸 串 准 备 好 它

pupzat xif zuitbeil qioul baot.

准备好一串鞭炮。

018. pe^{33}keɹ^{32}ȵia^{55}fv^{35}me^{21}fv^{35}u^{31}.

晚 上 我们封 门 封 户

beixgerz nial fvfmeid–fvfwut.

（大年三十）晚上要封好门户。

019. sa^{55}tsɿ^{42}ȵi^{44}tsɿ^{55}ȵiou^{44}ka^{44}tshɯ^{31}ja^{44}meɹ^{32}tɕhiou^{55}pɔ^{31}.

三 十 天 助词要 把 菜 些 买 好 它

salzipni zil niou ga cet ya merz qioul baot.

大年三十要提前把过年的菜买好。

020. ua^{44}xeɹ^{55}ji^{44}ȵi^{44}tsɿ^{55}sɔ^{55}keɹ^{35}xuo^{33}ɕia^{44}te^{42}mu^{33}.

月 生 一天 助词屠 夫 伙 杀 猪 没有

waherlyi ni zil saolgerf huox xia deip mux.

大年初一无人屠宰（买不到肉）。

021. a^{31}sua^{44}tsɿ^{42}ne^{44}ua^{44},pa^{55}ȵi^{55}ɕia^{35}pɔ^{31}a^{31}ȵi^{44}.

一 年 十 二 月 他们也 闲 它 一 天

atsua zipnei wa,bal nil xiaf baot atni.

一年十二个月，他们也休息一天（大年初一）。

022. tsa^{55}keʴ^{21}tsɿ^{44}ȵi^{21}tɕhiou^{55}tɕhiou^{55}ɕi^{35}ɕi^{35}kou^{32}tseʴ^{35}ua^{44}.
全 部 助词人 好 好 心 心 过 春 月
zalgerdzi nid qioulqioul–xifxif guoz zerfwa.
所有人好好地过春节。

023. ȵi^{21}ȵi^{21}tsɿ^{44}li^{44}li^{44}ɕia^{35}pɔ^{31}ua^{55}ȵi^{44}.
人 人助词好好 闲 它 几 天
nid nid zi li'li xiaf baot walni.
人人好好休息几天。

024. sa^{55}tsɿ^{42}ȵi^{44}pe^{33}keʴ^{32}tsɿ^{55}jɯ^{44}pe^{33}.
三 十 天 晚 上 做 吃晚饭
salzipni beixgerz zil ye beix.
三十晚上做晚饭。

025. tsɿ^{55}ȵiou^{44}tɔ^{21}se^{33}nɔ^{44} me^{33}tsɿ^{42}ne^{44}tsv^{55}.
需 要 淘 洗 助词 米 十 二 盅（酒杯）
zil niou daod seix nao meix zipnei gvf.
需要淘上十二杯米。

026. mɯ^{33}tsɿ^{55}tsɿ^{42}ne^{44}ke^{32}.
没有助词十 二 碗
mux zil zipnei geiz.
或者十二碗米。

027. ua^{44}xeʴ^{55}ji^{44}ȵi^{44}meʴ^{21}peʴ^{42}sa^{44}jɯ^{44}jui^{42}ɕiɔ^{44}.
月 生 一 天 亮 白 搓 吃 元 宵
waherlyi ni merdberp sa ye yuipxiao.
大年初一的早上做元宵吃。

028. ŋɔ^{31}ti^{55}sua^{44}tsɿ^{55}jɯ^{44}ti^{55}teʴ^{42}.
你 几 岁 助词吃 几 个
ngaot dilsua zil ye dil derp.
你几岁就吃几个。

029. meʴ^{55}meʴ^{21}peʴ^{42}ȵia^{55}tsu^{33}meʴ^{33}kɯ^{44}tieʴ^{44}.

明　亮　白 我们　早　爬　　起　点

merl merdberp nial zux merke dier.

明天早上我们要早早起床。

030. ȵa^{55}ȵiou^{44}pe^{44}tɕhia^{31}tɯ^{21}ɕy^{33}.

我们 要 走　抢　头　水

nial niou bei qiat ded xuix.

我们去抢头水。

031. tsou^{33}meʴ^{21}peʴ^{42}tɕhi^{55}tɕeʴ^{21}ku^{31}tɕie^{31}pe^{44}tsɯ^{35}peʴ^{32}tseʴ^{35}ua^{44}.

早　亮　白　亲　戚　朋友　　走　来　拜　春　月

zoux merdberp qiljierd–gutjieit bei zef berz zerfwa.

天亮亲戚朋友会来拜年。

032. tsɯ^{35}tɯ^{31}pa^{55}ɣɯ^{33}nɔ^{44}tsɔ^{21}tsv^{35}.

沏　给 他们喝 助词茶　盅

zef get bal hhex nao zaodzvf.

给他们沏杯茶喝。

033. ua^{44}xeʴ^{55}ji^{44}ɕi^{35}ji^{35}ji^{32}kɯ^{44}.

月 生 一 新 衣穿 上

walherlyi xifyif yiz ke.

大年初一穿上新衣服。

034. ȵiv^{33}na^{32}ȵiv^{33}tsɿ^{44}xuo^{33}pe^{44}tɕhieʴ^{44}tɕi^{21}sɯ^{55}.

女孩子　　　　们 走　荡　　秋 千

nivxnaz–nivxzi huox bei qier jidsel.

女孩子们去荡秋千。

035. ue^{35}ue^{35}ȵi^{44}ȵi^{44}kuo^{32}tseʴ^{35}ua^{44}.

热 热　闹　闹 过　春 月

weifweif–nini guoz zerfwa.

热热闹闹过春节。

036. ȵia^{55}tsu^{33}jɯ^{44}se^{33}tsha^{55}tie˞^{44}.
我们早 吃 小 饭 点
nial zux ye seitcal dier
我们早一点吃早点。

037. a^{31}mɔ^{33}ȵiou^{44}pe^{44}tɕia^{44}ue^{42}.
阿 妈 要 走 接 佛
atmaox niou bei jia weip.
阿妈要去接佛。

038. tɕia^{44}ue^{42}pe^{44}xa^{31}ka^{31}tɕia^{44}?
接 佛 走 哪里 接
jiaweip bei hatgat jia ?
要去哪里接佛?

039. tɕia^{44}ue^{42}pe^{44}se^{35}nɔ^{44}tɕia^{44}.
接 佛 走寺庙助词接
jiaweip bei seifnao jia.
要去寺庙里接。

040. ue^{42}ja^{44}tɕia^{44}ta^{31}jɯ^{35}lɔ^{32}.
佛 些 接 回 来 了
weip ya jia dat yef laoz.
佛已经接回来了。

041. ȵia^{55}kɔ^{31}ji^{31}jɯ^{44}tɔ^{31}tsha^{55}lɔ^{32}.
我们可以 吃 大 饭 了
nial kaotyit ye daotcal laoz.
我们可以吃午饭了。

042. tɯ^{33}tɯ^{33}tsɿ^{44}tsɿ^{55}tɔ^{31}tɕhɿ^{31}pɔ^{21}xɔ^{31}pe^{44}tsɯ^{35}ȵia^{55}na^{32}sua^{31}nv^{21}.
等 等 助词就 大 建 旁 家 走 来 我们 家 耍 龙
dexdexzi zil Daotqitbaod haot bei zef nial naz suatnvd.
等会儿大建旁（村）龙队要来咱们家耍龙。。

043. sua^{31}nv^{21}sua^{31}xɯ^{55}tsɿ^{55}ȵia^{55}kou^{33}ȵi^{21}tɕi^{31}ua^{55}tsheɹ^{55}.
耍 龙 耍 后　就 我们两 位 唱 几　声
suatnvd suat hel zil nial gouxnid jit wal cerl.
耍龙之后咱们来唱曲。

044. tɕi^{31}khv^{44}na^{55}kou^{33}ȵi^{21}tɕi^{31}fe^{35}lɯ^{44}.
唱　曲 那　两　人 唱　好 的
jitkv nal gouxnid jit feif le.
那两位曲唱得很好。

045. ua^{44}xeɹ^{55}ne^{44}ȵi^{44}pe^{44}tɕia^{44}nɯ^{55}ku^{35}pa^{55}.
月 生　二 天　走 接　你的姑姑他们
waherlnei ni bei jia nel gul bal.
初二去接你姑姑她们。

046. ȵia^{55}thua^{42}thua^{42}jui^{42}jui^{42}kuo^{32}pɔ^{31}sua^{44}.
我们团　　团　　圆 圆　过　它 岁
nial tuaptuap–yuipyuip guoz baot sua.
咱们团团圆圆过个年。

047. ua^{44}xeɹ^{55}sa^{55}ȵi^{44}su^{33}ue^{42}.
月　生 三 天 送　佛
waherlsal ni suxweip.
初三送佛(回寺庙)。

048. ua^{44}xeɹ^{55}ɕi^{44}ȵi^{44}tɔ^{31}tɕhi^{31}pɔ^{21}xɔ^{31}tɕia^{44}ue^{42}.
月 生　四 天 大　建　旁　家 接　佛
waherlxi ni Daotqitbaod haot jiaweip.
初四大建旁村接本（注：大年初四双廊镇大建旁村接的佛就是本主）。

049. ua^{44}xeɹ^{55}fv^{44}ȵi^{44}pa^{55}su^{33}ue^{42}.
月 生 六 天 他们 送　佛
waherlfv ni bal suxweip.
初六他们送本主。

050. ua^{44}xeʴ^{55}tɕhi^{44}ȵi^{44}kɔ^{31}ji^{31}tshu^{44}me^{21}lɔ^{32}.

月生　七　天可以出　门了

waherlqi ni kaotyit cu meid laoz.

初七可以出门了。

051. tseʴ^{35}ua^{44}kuo^{32}phia^{44}tsɿ^{42}ŋv^{33}ȵi^{44}.

春月过　　到　十　五　天

zerfwa guoz pia zipngvx ni.

春节过到初十五（才算结束）。

sua^{31}nv^{21} suatnvd

耍龙　张锡梅摄

（2）tɕhi^{55}mi^{35}

清 明

qilmif

清明

在中国发展过程中，各民族不断融合，互相影响，互相借鉴，构建着中华民族共同体。和其他兄弟民族一样，白族清明节的祭祖，主要是上坟扫墓。白族各地的清明风俗略有不同，云龙上坟就在清明这一天。大理市上坟的时限比较宽泛，如果最近一年内有去世的亲人，那么这家人就上新坟，如果没有，就是上旧坟。新坟必须要在清明节这天进行，旧坟可以在清明节前后的一两周内。

052. tshi^{55}mi^{35}pe^{44}tsu^{33}mɯ^{32}.
清 明 走 上 坟
qilmif bei zuxmuz.
清明去上坟。

053. ȵia^{55}tsu^{33}meɹ^{21}peɹ^{42}pe^{44}tsu^{33}kɯ^{31}mu^{32}.
我们早 亮 白 走 上 旧 坟
nial zux merdberp bei zux get muz.
我们早上去上旧坟。

054. tɕie^{35}ȵi^{21}tse^{21}xui^{33}、tsɔ^{21}tɕhi^{44}、tsɿ^{33}tɕhi^{44}tɕhi^{55}li^{31}tɕhiou^{55}pɔ^{31}.
金 银 钱 火、茶 、酒 齐 理 好 它
jieifnid zeidhuix、zaodqi、zixqi qillit qioul baot。
准备好纸钱、茶、酒。

055. ka^{55}la^{55}、ȵiv^{33}se^{31}tse^{35}tɕhiou^{55}pɔ^{31}.
干 兰 乳 扇 炸 好 它
gallal、nivxseit zeif qioul baot.
煎好干兰和乳扇。

056. nɯ^{55}mi^{44}nɔ^{44}pe^{44}te^{44}nɔ^{44}sɯ^{55}ɣɯ^{42}ua^{55}kɔ^{35}.
你 面 助词走 摘 上 柳 树 几 枝
nel mi nao bei dei nao selhhep wal gaof.
你去摘几枝柳枝。

057. ŋɔ^{31}jeɹ^{32}tɯ^{35}le^{21}.

我 背 箩筐个

ngaot yerz def leid.

我背箩筐。

058. nɔ^{31}pia^{44}ke^{35}tɯ^{21}.

我 抱 鸡 只

naot bia geifded.

我抱鸡。

059. pɯ^{55}mi^{44}nɔ^{44}thi^{55}nɔ^{44}ɕy^{33}ku^{21}.

他 面 助词提 助词水 瓶

bel mi nao til nao xuix gud.

他提瓶水。

060. xa^{42}ji^{42}phi^{31}ne^{44}kɯ^{44}.

镰 刀 把 拿 起

hapyippit nei ke.

带把镰刀。

061. ȵia^{55}ka^{44}mu^{32}kɔ^{55}pie^{35}nɔ^{44}tshv^{31}lv^{31}ma^{21}khv^{31}ja^{44}ka^{44}seɹ^{44}.

我们把 坟 座 旁 助词杂 草 些 割 割

nial ga muzkaol bieifnao cvtlvt–madkvt yax ga ser.

我们把坟墓旁边的杂草割掉。

062. tu^{44}kɯ^{33}nɯ^{55}lɔ^{31}ku^{35}tɯ^{21}pɔ^{21}teɹ^{42}.

磕 给你的 老公公 头 个

du gex nel laozguf dedbaod derp.

给你的曾祖父磕个头。

063. xuo^{35}ne^{35}pe^{42}pɯ^{31}ȵi^{21}mu^{32}kɔ^{55}dɯ^{21}mɯ^{55}.

花 把 插 他 人 坟 座 前 面

huof neif beip bet nid muz kaol ded mel.

把花插在他的坟前。

064. $\text{ɕie}^{44}\text{pe}^{44}\text{ɕie}^{31}\text{tu}^{35}\text{pɔ}^{35}\text{se}^{35}\text{zɿ}^{21}$.

先 走　敬 祖 宗 山 神

xiei bei xieit dufbaof sefssit.

先去祭拜祖宗山神（dufbaof 指的是一个家族守护神）。

（3）$\text{sa}^{55}\text{ua}^{55}\text{tsɿ}^{33}$
三 月 街
Salwa'zix
三月街

农历三月，正是大理最美的季节。这时在大理古城西边的点苍山脚下，会有一个盛大的集会，这就是有“千年赶一街，一街赶千年”之称的三月街。

三月街原来叫“观音市”“观音街”“祭观音街”，传说千年之前，恶魔罗刹盘踞大理，性情残暴，日食人眼三十六双，民众苦不堪言。唐贞观年间，从西天来的观音大士制服了罗刹。观音大士怕罗刹卷土重来，每年农历的三月十五日至二十二日便来大理讲经说法，善男信女接踵而来。后来观音担心民众每年来听经受化，日久会耽误了农事生产，便劝导信徒们来赶会时带上农副产品进行交换，这样便逐步形成了定期举行的贸易集市——街子。因于每年农历三月举行，故又有"三月街"之称。

后来每年农历三月十五至二十一日，民众会自发在大理城西的点苍山脚下举行物资交流大会，同时会有赛马及对歌等活动。

这个最初带有宗教色彩的活动，就这样演变成为一个盛大的物资交流会。据记载，明清时期，就有四川、西藏以及江南各省的商人到此贸易。经过千年的发展，三月街不仅是大理人民的三月街，已经发展为滇西的民族市场。由于大理自古以来就是滇西的物资交流、集散中心，故而随着大理地区经济的发展，三月街由原来的佛事活动发展成为进行物资交流和群众性文娱活动的盛会。

每逢三月街时，街上人山人海，商贸云集，货物琳琅满目，中药材和各种土特产品是一个很大的亮点。

065. ȵia^{55}pe^{44}tsɿ^{55}sa^{55}ua^{44}tsɿ^{33}kɯ^{33}.

我们走 赶 三 月 街 起

nial bei zil Salwa'zix kex.

我们去赶走三月街吧。

066. pe^{445}sa^{55}ua^{44}tsɿ^{33}nɔ^{44}meʴ^{32}xa^{31}le^{21}?

走 三 月 街上 买 什 么

bei Salwa'zix nao merz hatleid？

去三月街买什么?

067. pe^{44}xa^{55}pa^{55}se^{55}ma^{31}.

走 看 他们赛 马

bei hal bal seilmat.

去看赛马。

068. nɯ^{55}ua^{55}sua^{44}nɔ^{44}se^{55}ma^{31}a^{31}sua^{44}pi^{31}sua^{44}xa^{55}fe^{35}.

这 几 年 助词赛 马 一 岁 比 岁 看 好

nel walsua nao seilmat atsua bit sua hal feif.

这几年赛马一年比一年精彩。

069. pɯ^{55}tɕia^{42}tse^{44}pe^{44}meʴ^{32}nɔ^{44}jou^{44}ua^{55}jou^{32}.

别 的 再 走 买 上 药 几 种

beljiap zei bei merz nao you wal youz.

再去买上几种药。

070. Sa^{55}ua^{44}tsɿ^{33}nɔ^{44}jou^{44}ja^{44}la^{31}ȵiou^{44}phi^{55}ji^{44}la^{31}ȵiou^{44}tɕhiou^{55}.

三 月 街 上 药 些 又 要 便 宜 又 要 好

Salwa'zix nao you ya lat niou pilyi lat niou qioul.

三月街的药便宜又好。

071. nɯ^{55}tsv^{44}ȵiv^{33}tɯ^{21}se^{31}.

你的孩子 个 小

nel zvnivx ded seit.

你的孩子还小。

072. nɔ^{31}ȵiou^{44}pɯ^{31}pe^{44}xɔ^{44}.

你 要 不 走 了

naot niou bet bei hao.

你不要去了。

073. ka^{44}kɔ^{31}peʴ^{31}xɯ^{55}lɯ^{44}.

把 搞病 掉 的（助词）

ga gaot bert hel le.

会让他（她）生病的。

074. tsɿ^{55}ȵia^{55}tsou^{33}pe^{44}tieʴ^{44}na^{21}.

话题标记我们早走 点 呢（助词）

zil nial zoux bei dier nad.

我们要早一点出发。

075. mu^{33}tsɿ^{55}ȵi^{21}keʴ^{35}the^{55}meʴ^{35}tsɿ^{21}lɔ^{32}.

没有（助词）人家太 多助词了

mux zil nidgerf teil merf zid laoz.

不然人就太多了。

076. sa^{55}ua^{44}tsɿ^{33}the^{55}ɣeʴ^{44}tsɿ^{21}lɔ^{32}.

三 月 街 太 挤 助词了

Salwa'zix teil hher zid laoz.

三月街人太多了。

077. ȵia^{55}pe^{33}jɯ^{44}xɯ^{55}pe^{44}.

我们晚饭吃 掉 走

nial beix ye hel bei.

晚饭吃了我们再去。

078. pe^{33}jɯ^{44}xɯ^{55}ɕi^{55}ɕi^{44}tieʴ^{44}.

晚饭吃 掉 凉快 点

beix ye hel xilxi dier.

晚饭后凉快些。

（4） $kue^{ɹ31}sa^{55}na^{21}$
逛 三 都
guerxsalnad
绕三灵

绕三灵，白语叫 “观上览”，意为“逛三都”，原属农闲季节白族民间的自娱性迎神赛会，大理白族绕三灵，白族称为“观上览”或祈雨会，“观”就是“闲逛”或“游览”。“绕三灵”是白族人在长期农耕生活和稻作习俗中形成的以娱神、娱人为内容，以歌舞、崇祀活动为载体，含有历史、宗教、民俗、艺术、商贸等诸多文化内容的传统民间文化活动。“绕三灵”也记写为“绕山林”“绕桑林”“逛山林”等等，白语称为“观上览”。该活动流传于苍山洱海地区的白族村寨，是当地白族人民农忙前游春歌舞盛大集会，迄今已有一千多年历史。三灵指“神都”圣源寺，“仙都”金圭寺，“佛都”崇圣寺。“绕三灵”活动一般从大理古城出发，至洱海边的河矣城村终止，历时三天，主要是途经并串游这三个寺庙，所以称为“绕三灵”。一般是第一天在大理古城崇圣寺（佛都）附近绕“佛”，第二天在喜洲庆洞村（神都）绕“神”，第三天在海边河矣城村（仙都）绕“仙”。2006 年 5 月，“白族绕三灵”入选为第一批国家级非物质文化遗产名录（民俗类）。

每年农历四月二十三日至二十五日，生活在苍山洱海一带数百个村庄的白族民众，身着节日盛装，浓妆艳抹，以村庄为单位，几十人至上百人不等，成群结队，携带祭祀用具和简单的行李以及食品、炊具等，从四面八方赴会。人们满怀热情，希望通过自己虔诚的祭拜，使当年风调雨顺，秋后五谷丰登；也祈祷阖家平安。走在“绕三灵”队伍前面的是一男一女（有时也为两男或两女）两位手执柳树枝和牛尾的中老年人（称花柳树老人），紧跟其后的是吹笛子，吹树叶，手执“霸王鞭”“金钱鼓”的男女舞者和载歌载舞、手执扇子或草帽的妇女等，数十人为一队，一队接一队，排成一条“长蛇阵”。在花柳树老人的带领下，于农历四月二十三日早晨，聚集到大理古城南门城隍庙，点燃香烛，准备行装。尔后从城隍庙出发，一路载歌载舞，沿着点苍山麓向北，先到矗立着唐代三塔的“佛都”崇圣寺燃香祭拜；继而又迤逦北行到达苍山五台峰下的庆洞村，祭拜“神都”的庆洞“本主”庙。人们认为“神都”所供奉的是大理地区最大的本主“五百神王”段宗榜。然后，在寺院内外场地，打“霸王鞭”和“金钱鼓”，跳扇子舞、唱白族调子，傍晚在周围埋锅做饭，当晚即夜宿庆洞庙宇和四周野地树林中。人们尽情歌舞狂欢，通宵达旦，热闹非常，使这里成为“绕三灵”活动的中心场所。之后再到“仙都”祭拜“洱海之神”斩蟒英雄段赤诚本主等，此后祭拜民众才逐渐散去。

在三天的时间里，“绕三灵”的人们要行走四十多公里路程，吹吹打打，亦歌亦舞，对歌应答，近年来其他民族甚至外国游客也参与其中。这一历史悠久的活动具有深厚的群众基础，活动规模庞大，巡游空间广阔，体现出白族在文化上的高度包容吸纳能力和创新精神。

喜洲庆洞神都圣源寺

观音阁（张锡梅摄）

079. ke^{ɹ55}tsɿ^{55}sua^{44}pe^{44}kue^{ɹ31}sa^{55}na^{21}ȵi^{55}mu^{33}?
今　岁　走 逛　三 都还是没有
gerlzilsua bei guertsalnad nil mux?
今年去绕三灵吗?

080. kv^{32}ji^{21}pe^{44}ȵi^{55}kv^{32}tshe^{ɹ44}pe^{44}?
坐船 走 还是坐　车　走
gvz yid bei nil gvz cer bei?
坐船还是坐车去?

081. çie^{44}kv^{32}tshe^{ɹ44}pɯ^{44}te^{31}le^{33}.
先 坐 车　走 大 理
xiei gvz cer bei Deitleix.
先坐车去大理。

082. kv^{32}ji^{21}pe^{44}ta^{32}jɯ^{35}.
坐 船走 返 回
gvz yid bei daz yef.
坐船回来。

083. ɔ^{21}ji^{21}tse^{ɹ21}pe^{44}na^{35}mɔ^{44}?
河矣城　走 还是（疑问助词）
Aodyidzerd bei naf mao?
河矣城还去吗?

084. ɔ^{21}ji^{21}tse^{ɹ21}pe^{44}mu^{33}lɔ^{32}.
河矣城　走 没有了
Aodyidzerd bei mux laoz.
河矣城不去了。

085. pe^{44}ke^{ɹ44}tɯ^{21}tsou^{35}.
走 庆 洞
bei Kerxdedzouf.
去庆洞村。

（5）$fv^{44}ua^{44}v^{21}$
六 月疯
Fvwa'vd
火把节

火把节是全体白族的共同节日。是白族除春节外最正式最隆重的节日。

火把节，原先被称为“星回节”，是白语 xil(柴) huix(火) jia 的音译。现代白语中有三种称呼，一种是 xinl huix jia， 另一种是 fvngua'vd （音近：夫汪吾，即六月疯），第三种称呼叫 zul hol yind (做花船 ）。

关于火把节的起源，无疑应该是火崇拜，但是在历史发展的进程中，白族人民给予了它新的含义，他们普遍认为是和柏洁夫人有关。白族民间至今还有“火烧松明楼”的故事。

节庆篇

唐初，分布在洱海地区的众多少数民族部落经过相互兼并，最后形成蒙巂诏、越析诏、浪穹诏、邆赕诏、施浪诏、蒙舍诏六个大的部落，称为“六诏”。后来，蒙舍诏首领皮逻阁企图吞并其他五诏。农历六月二十四这天，皮逻阁用松树搭建了一个临时楼阁，诱召各诏首领到松明楼喝酒，意欲纵火将他们烧死。《南诏野史》载:“逻阁乃豫建松明大楼祀祖于上,使人语五诏曰:六月二十四日乃星回节,当祭祖,不赴者罪。”邓赕诏主的柏洁夫人（又名慈善夫人）觉得皮逻阁居心不良，恐丈夫会有难，劝丈夫不要去，但迫于祭祖和南诏的威力，邓赕诏主不得不去。柏节夫人知道此去凶多吉少，于是将一只铁钏戴在丈夫的手上，后皮逻阁火烧松明楼，赴宴的五诏诏主皆烧死，被烧得面目全非，难以辨认，柏洁夫人凭借铁钏认出了丈夫的遗体。皮逻阁见柏洁夫人貌美聪慧，便逼她为妾。柏节夫人假意答应，回去将丈夫掩埋后，率众与围城的南诏兵浴血奋战，弹尽粮绝后于六月二十五日投洱海而死。

每到六月二十五这天，大理、剑川、洱源等白族聚居区各族群众都要穿上节日的盛装，杀猪宰羊，庆祝节日。小孩忙着装饰自己的火把，姑娘们忙着把从山上挖来的凤仙花根捣碎，包在手上染成红指甲，大小村子的中央，都会立一根大大的火把，周围用麦秆、干竹等捆成一个大火把，上面插着预示五谷丰登的彩色升斗，一般是三个，寓意“连升三级”。每个升斗四周插着国泰民安、风调雨顺、人寿年丰、五谷丰登、六畜兴旺之类字画的小纸旗；升斗下面挂着火把梨、海棠果、花红、灯具以及五彩旗。

入夜，人们点燃大火把后，孩子们各自举着小火把在田野上奔跑喊叫，不时将一把把松香面撒在火苗上，腾起阵阵烈焰。靠近海边的村庄，还要进行划船比赛。人们以此来纪念高风亮节、坚贞不屈的柏节夫人。

火把节主要通过拜火把、点火把、耍火把、跳火把等活动，预祝五谷丰登、六畜兴旺。节日在当日白天做准备，在太阳落山后开始启动。

太阳落山前，各家提前吃完晚饭，扶老携幼出门观赏火把。在大火把点燃之前，年轻的媳妇们打着伞，背上新生婴儿在火把下转三圈，以示祛邪得福。

火把节的高潮是耍火把。男女青年各持一个火把。见人就从挎包里抓出一把松香粉往火把上撒。每撒一把，就会发出耀眼的火光，发出“轰”的一响，火苗燎向对方，叫作“敬上一把”。白族认为火苗可燎去身上的晦气，故竞相燎耍。燎耍过后，青年要成群结队，举着小火把到田间地头，向火把撒松香粉，给谷物照穗，其意是消除病虫保丰收。

待火把燃得差不多了，大家会把许多火把放在地上，从火把上跳过去，寓意生活红红火火。

火把节近尾声时大家互相道别散去。同时到燃尽的火把下面捡木炭回去放在房子里面辟邪。大人们拿着未燃尽的火把尾巴，家中各处走一圈，床底上也要拿火把尾巴甩一甩，驱邪。

云龙的白族还有一个特色，火把节这一天要吃火把节面（me miz herl），这个面非常有讲究，把杀年猪时留下的猪头和腊羊乳饼放在一起煮，熟了之后的汤做面汤，猪头肉和腊羊乳饼作为盖料，加上各种作料，很是可口。此外还有一个风俗，当年新成家的两口子，火把节这天新娘要回娘家，新郎可跟着去也可不跟，如果新郎要跟着去，晚饭后新郎一定要躲好，不然就会成为村里面吹火把（pel huix zuit）的对象，云龙的吹火把，是在松香中加入鸡屎，专门对着新郎撒，会烧到衣服，有时会烧到皮肤。所以这些年来，这个风俗已经不再流行了。

086. fv^{44}ua^{44}v^{21}phia^{44}jɯ^{35}tsɿ^{55}ɲ̊ia^{55}ke^{31}xui^{33}tsui^{31}.

六 月 疯 到 来（助词）我们点火把

Fvwa'vd pia yef zil nial geit huixzuit.

火把节到点火把。

087. xui^{33}tsui^{31}tsui^{31}nɔ^{44}tuo^{35}pe^{42}bɯ^{55}nɔ^{44}me^{35}ua^{55}sɿ^{35}.

火 把 把 上 多 插 它 上 明脂 几 丝

huixzuit zuit nao duof beip bel nao meif wal sif.

火把上多插上几根引火的木柴。

节庆篇

088. pɔ^{31}mɯ^{55}su^{55}xu^{33}tieʴ^{44}.

它 才 烧 好 点

baot mel sul hux dier.

它才易燃。

089. sɯ^{35}tɯ^{35}ja^{44}pe^{42}pɯ^{55}nɔ^{44}sa^{55}teʴ^{42}.

升 斗 些 插　它 上 三 个

sefdef ya beip bel nao sal derp.

插上三根升斗。

090. tse^{44}kua^{44}nɔ^{44}le^{33}tɕi^{21}ua^{55}teʴ^{42}，xa^{31}ta^{55}ua^{425}teʴ^{42}.

再 挂 上 花红　几 个　　海 棠 几 个

zei gua nao leixjid wal derp, hattal wal derp.

挂上几个海棠和花红。

091. jɯ^{44}tɯ^{21}phia^{44}jɯ^{44}ŋv^{44}，tɔ^{55}tshv^{55}ke^{31}xui^{33}tsui^{31}.

村 头 到 村 尾　　　到 处 点 火 把

ye ded pia ye ngv, daolcvl geit huixzuit.

村头到村尾，到处点火把。

092. jɯ^{44}ɕi^{35}xɯ^{31}tse^{44}li^{35} tɯ^{44}tɔ^{31}xui^{33}tsui^{31}tsui^{31}.

村 心 里 再 立 得 大 火 把 把

ye xifhet zei lif de daot huixzuit zuit.

村子中间还有一只大火把。

093. fv^{44}ua^{44}v^{21}jɯ^{44}jɯ^{44}tsɿ^{44}ue^{35}ȵi^{44}.

六 月 疯村 村 助词热 闹

Fvwa'vd ye ye zi weifni.

火把节村村都很热闹。

094. se^{31}ȵiv^{33}tsɿ^{44}xuo^{33}ɣeʴ^{44}tɕia^{44}tɕhiɯ^{55}.

小 女 子 伙　染　凤仙花

seitnivxzi huox hher jiaqiel.

小姑娘们用凤仙花染指甲。

095. pɯ^{55}tɯ^{21}mɯ^{55}zu^{31}tɕiɯ^{35}kua^{35}se^{44}.

从前 用 南 瓜 叶

beldedmel ssut jief guaf sei.

从前用南瓜叶包指甲。

096. tɯ^{31}tha^{55}zu^{31}phiɔ^{31}pɔ^{35}.

现 在 用 布 包

dettal ssut piaot baof.

现在用布包。

097. pe^{33}tɕia^{42}xɯ^{55}，se^{31}ȵiou^{35}mɔ^{33}xuo^{33}tɕia^{55}tɯ^{44}pa^{55}tsɿ^{44}ȵiv^{44}.

其他的 小 婆 娘 伙 背 着 他们 子 女

bel jiap hel,seit nioufmaox huox jial de bal zinivx.

另外，少妇们背着她们的孩子。

098. tsu^{32}tɯ^{44}sa^{32}pa^{42}.

打 着 伞 把

zuz de saz bap.

打着把伞。

099. pe^{44}tɔ^{31}xui^{33}tsui^{31}tsui^{33}ku^{44}mɯ^{55}.

走 大 火 把 把 足（处所标记）

bei daot huixzuit zuit gumel.

走到大火把下面。

100. zɔ^{31}pɯ^{55}nɔ^{44}sa^{55}tɕhui^{55}.

绕 它 助词 三 圈

ssaot bel nao salquil.

绕着它转三圈。

101. ɕi^{44}ua^{55}tsɿ^{44}ȵiv^{33}xuo^{33}mu^{33}peɹ^{31}mu^{33}sɿ^{31}，li^{44}li^{44}kuo^{35}tɔ^{31}.

希 望 子 女 伙 无 病 无 痛，好好 长 大

xiwal zinivx huox muxbert–muxsit,li'li guofdaot.

希望自己的孩子无病无灾，好好长大。

ke^{31}xui^{33}tsui^{31} geit huixzuit
点火把　张锡梅摄

（6） tv^{55}tv^{55}tse^{44}

冬至节

dvldvlzei

冬至节

在白族聚居的地方，冬至节叫“dvldvlzei”，习俗是吃糍粑。

冬至即将来临，农活基本做完，于是人们开始准备做糍粑了。做糍粑要用糯米，先把糯米淘洗干净，浸泡一段时间，然后放进甑子蒸熟。蒸熟之后，就要打糍粑了。打糍粑是小孩子最喜欢参与的活动了，把蒸熟的糯米放入石臼，用木舂不断地舂打糯米，直到糯米变成一团，一边打，一边从石臼中扯一点出来偷偷放进嘴里，这大概是小孩子们参与打糍粑的乐趣吧。打糍粑是一件力气活，需要几个大人轮流捶打。

糯米捣成团之后，再取出用擀面杖擀均匀，成月饼状。冬至那天，家家户户会发一盆木炭火，小孩子们团团围坐，开始烤吃糍粑，本来是又硬又冷、被切成三角形的糍粑，经过火烤，很快膨胀，待两面都膨胀，糍粑就被烤熟了，把糍粑不断地拉长，一边说着“日子长长的”，寓意冬至节之后，白天一天比一天长了，再蘸上早早就熬好的糖稀，放入口中，品尝味道甜蜜的生活，这种日子，既满足又幸福。

102. tv^{55}tv^{55}tse^{44}，teɹ^{44}jɯ^{44}teɹ^{44}sɿ^{33}.
冬 至 节　打 吃 糍 粑
dvldvlzei, der ye dersix.
冬至节，吃糍粑。

103. ɕie^{44}ka^{44}sɿ^{33}me^{33}tsɿ^{21}tɕhiou^{55}pɔ^{31}.
先 把 糯 米 泡 好　它
xiei ga sixmeix zid qioul baot.
先泡好糯米。

104. zu^{31}ue^{21}le^{21} tsɯ^{35}tsv^{42}.
用 甑子个 蒸　熟
ssut weidleid zef zvp.
用甑子蒸熟。

105. ne^{44}ȵi^{44}tsou^{42}khui^{55}sɯ^{33}kɯ^{33}le^{21}xɯ^{31}.

拿 进 石 头 杵 臼 个 里

nei ni zoulkuil sexgex leid het.

放进石头杵臼里。

106. teʴ^{44}peʴ^{55}xɯ^{55}.

打 软 了

der perl hel.

打软之后。

107. ȵiɯ^{35}tsɿ^{55}a^{31}phi^{31}a^{31}phi^{31}tsɿ^{44}.

揉 成 一 张 一 张 助词

nief zil atpit atpit zi.

揉成圆圆的一张一张。

108. su^{55}jɯ^{44}teʴ^{44}sɿ^{33}pɯ^{31}tha^{55}，ji^{35}meʴ^{55}jɯ^{44}，ji^{35}meʴ^{55}sua^{44}：ȵi^{44}tsu^{35}ȵi^{44}tsu^{35}.

烧 吃 糍粑 那 趟 一 面 吃 一 面 说 日 长 日 长

sul ye dersix bettal,yif merl ye,yi merl sua:ni zuf nif zuf.

烧糍粑吃的时候，要一边吃，一边说：日子一天比天长（意冬至过后，白天就一天比一天长了，同时也寓意幸福生活长长久久）。

109. thv^{55}tɯ^{44}v^{33}pɯ^{31}xuo^{33}.

讨 到 媳妇那些伙

tvl de vx bet huox.

有未婚妻的伙子。

110. ȵiou^{44}pe^{44}ue^{44}nu^{55}jɔ^{32}pa^{55}xɔ^{31}tv^{35}ɣɔ^{31}teʴ^{44}sɿ^{33}.

要 走 外 母 婆 他们家庭 送 糍粑

niou bei weimuyaoz bal haotdvf hhaot dersix.

要去未来的岳母家送糍粑。

附表一：白族节日的说法

白语	国际音标	汉语意思
zerfwa	the^{ɹ35}ua^{44}	春节
erlyuibaf	e^{ɹ55}jui^{44}pa^{35}	二月八
qilmif	tɕhi^{55}mi^{35}	清明
Salwa'zix	sa^{55}ua^{44}tsɿ^{33}	三月街
silyuisifwut	sɿ^{55}jui^{44}sɿ^{35}u^{31}	四月十五（蝴蝶会）
guerxsalnad	kue^{ɹ33}sa^{55}na^{21}	绕三灵
ngvxwa’ngvx	ŋv^{33}ua^{44}ŋv^{33}	五月五（端午节）
Fvwa‘vd	fv^{44}ua^{44}v^{21}	六月疯（火把节）
qiwa zipxi(sul baof)	tɕhi^{44}ua^{554}tsɿ^{42}ɕi^{44}(su^{55}pɔ^{35})	七月十四（烧包）
bafyuisifwut	pa^{35}jui^{44}sɿ^{35}u^{31}	八月十五（中秋节）
dvldvlzei	tv^{55}tv^{55}tse^{44}	冬至节

白族初几日的表示方法：一般在数字前加上 waherl，比如，初一，就是 waherl yi。

十以后的数字前加上 zip，就表示十开头的，比如，十一，就是 zip yi，十二是 zip nei。

下作邑村绕三灵传习点　张锡梅摄

6. 客事篇

tɕhieɹ^{33}keɹ^{44}

请　客

qierxker

请客

“死生之事大矣”，孩子出生、儿女结婚、自己盖房子、父母亡故，这些人生大事，白族人会邀请亲朋好友来做客，以表示庆祝或哀悼之意。

（1）tɕi^{32}xeɹ^{55}

出 生

jiz herl

出生

白族旧俗，亲友家有小孩子出生，会去送竹米。用一个提篮，里面装米，米上面摆上一圈鸡蛋，根据亲疏远近，再送上一些小孩子用得着的衣裳或者礼品。一般是中午饭吃了送，满月之前送，主人家会款待一碗鸡蛋汤圆。满月之后就不再送，再送只有等主人家举行汤饼之庆的时候了。白族人家孩子出生，会在大门口插上一对彩旗，彩旗上如果有两条飘带，表明这家人生了男孩，如果只有一条飘带，那么就是女孩。插上彩旗，路过的人看了，就自然会明白，这家人有小孩子出生了，就不会半夜打扰。同时怀孕的女性，也就不会上门，因为白族有孕妇上门会踩干奶水之说。彩旗会在小孩满月之后取下。小孩子取名字请客时，外公或舅舅要上座，吃鸡头，如果外公或舅舅未到，不能开席。小孩的乳名由外公家人取，以示对母亲的尊重，学名由父亲这边来取。

001. pɯ^{31}ȵi^{21}tsɿ^{44}v^{33}ȵi^{21}sɯ^{33}xɔ^{31}xɯ^{55}lɔ^{32}.

那 人 子 妻 人 生　家 掉 了

bet nid zi'vx nid sexhaot hel laoz.

那人的儿媳生了。

客事篇

002. ȵia^{55}meʴ^{55}ȵi^{44}pe^{44}sou^{33}ke^{35}me^{33}kɯ^{33}.
我们明 天 走 送 竹 米 起
nial merlni bei soux geifmeix kex.
我们明天去送竹米吧。

003. nɔ^{31}tse^{55}mɯ^{55}zɯ^{33}tɯ^{44}?
你 怎 么 认 得
ngaot zeil mel ssex de?
你是怎么知道的?

004. pa^{55}tɔ^{31}me^{31}se^{32}nɔ^{44}pe^{42}tɯ^{44}tɕi^{21}ka^{35}lɔ^{32}.
他们大 门 扇 上 插 得 旗 杆 了
bal daotmeit seiz nao beip de jidgaf laoz.
他们大门上已经插了彩旗了。

005. sou^{33}tɯ^{44}tsɿ^{44}tɯ^{21}ȵi^{55}ȵiv^{33}tɯ^{21}?
生 得 子 个 还是女 个
soux de zi'ded nil nivxded?
生了男孩还是女孩?

006. sou^{33}tɯ^{44}se^{31}tɔ^{31}tsou^{44}tɯ^{21}.
生 得 小 男 孩 个
soux de seitdaotzou ded.
生了个男孩子。

007. pa^{55}a^{55}na^{44}ȵi^{44}ta^{42}meʴ^{35}?
他们哪 天 起 名
bal alnani dapmerf?
他们哪一天取名字（请客）?

008. pa^{55}ma^{33}ua^{44}xɯ^{55}mɯ^{55}ta^{42}meʴ^{35}na^{21}.
他们满 月 后 才 取 名字呢（助词）
bal maxwa hel mel dapmerf nad.
他们满月后再取名字（请客）。

009. pa^{55}ta^{42}meɹ^{33}pɯ^{31}ȵi^{44}ŋɔ^{31}mɯ^{55}pe^{44}tsɿ^{55}kheɹ^{44}

他们取 名 那 天 我 才 走 做 客

bal dapmerf betni ngaot mel bei zilker,

他们取名那天再去做客。

010. nɯ^{55}ua^{55}ȵi^{44}tɕiɯ^{31}fv^{35}tuo^{33}.

这 几 天 忙 不

nel walni jiet fvf duox.

这几天太忙了。

011. tsɿ^{55}ŋɔ^{31}tɯ^{33}nɔ^{31}mu^{33}lɔ^{32}.

话题标记我等你没有了

zil ngaot dex naot mux laoz.

那么我就不等你了。

012. ŋɔ^{31}meɹ^{55}ȵi^{44}ȵi^{44}xɯ^{31}pe^{44}sou^{33}ke^{35}me^{33}。

我 明 天 天 里 走 送 竹 米

ngaot merlni nihet bei soux geifmeix.

我明天中午去送竹米。

013. pe^{44}jɯ^{44}pɯ^{55}nɔ^{44}tsa^{42}mi^{32}xuo^{35}pa^{44}.

走 吃 他的助词汤圆 花（大）碗

bei ye bel nao zapmiz huof ba.

我去吃一碗汤圆。

014. na^{55}se^{33}ȵi^{21}keɹ^{35}tɯ^{21}sou^{33}thɯ^{55}pɯ^{31}tha^{55}ti^{55}tɕie^{35}?

你们小人 家 个 生 下 那 时 几 斤

nal seix nidgerf ded soux tel bettal diljieif?

你家孩子生下来有几斤?

015. nɯ^{31}thv^{55}ɕia^{44}ta^{44}tsv^{33}，pia^{44}tɕie^{35}lɯ^{44}.

这 个 相 当 重， 八 斤 的

net tvl xia'da zvx,bia jieif le.

这个孩子有八斤的。

016. pɯ^{55}pa^{42}u^{55}ŋɯ^{33}lu^{35}ȵi^{55}mu^{33}?

他的奶量词喝 够 还是没有

bel bap wul ngex luf nil mux?

他（妈妈）的奶够（他）喝吗？

017. ŋɯ^{33}lu^{35}lɯ^{44}，çie^{35}meɹ^{35}na^{21}.

喝 够 的　还 多 呢（助词）

ngex luf le,xieif merf nad.

够的，还多的。

018. ŋɯ^{55}tsɿ^{44}nɯ^{31}khui^{55}tɕy^{21}ȵi^{55}mu^{33}？

你的子 这 块 乖 还是没有

ngel zi net kuil juid nil mux？

你的儿子乖吗?

019. tɕy^{21}lɯ^{44}，jɯ^{44}xɯ^{55}tsheɹ^{33}，tsheɹ^{33}xɯ^{55}jɯ^{44}.

乖 的　吃 后 睡　睡 后 吃

juidle,ye hel cerx, cerx hel ye.

乖的，吃了睡，睡了吃。

020. tsheɹ^{33}me^{33}li^{55}fe^{33}tseɹ^{33}xu^{33}.

睡　觉 也很 睡 好

cerx meix lil feix cerx hux.

觉也睡得很好。

021. tɕy^{21}tsɿ^{55}tɔ^{31}ȵi^{21}xuo^{44}li^{55}çiou^{33}sɔ^{35}khu^{44}tieɹ^{44}.

乖 助词大 人 伙 也 少　辛 苦 点

juid zil daotnidhuo lil xioux saofku dier.

（孩子）乖大人也少辛苦点。

022. a^{31}ȵi^{44}ta^{44}pɯ^{55}se^{33}tshɿ^{55}khou^{55}xui^{35}

一天 帮 他　洗 身　体　回

atni dad bel seix cilkoul huif.

一天给他洗一回澡。

023. pɯ^{55}tɯ^{21}ma^{35}li^{55}fe^{33}fe^{35}.

他 头 发 也 很 好

bel dedmaf lil feix feif.

他的头发也很好。

024. la^{32}ȵiou^{44}tsou^{35}，la^{32}ȵiou^{44}xɯ^{44}.

又 要 长 又 要 黑

laz niou zouf,laz niou he.

又长又黑。

025. xɯ^{33}tsou^{35}，kou^{44}tsou^{35}，meɹ^{55}ȵi^{44}tsɯ^{33}ka^{35}kou^{44}tiɔ^{55}tsɿ^{31}khɔ^{55}.

手 长 脚 长 明 天 是 高 脚 条 子 个

sex zouf,gou zouf,merlni zex gafgou–tiaolzit kaol

手长，脚长，以后会长成高个小伙。

026. fe^{33}xeɹ^{55}jy^{21}pɯ^{55}tɕiou^{55},jy^{21}pɯ^{55}tɕiou^{55}tsɿ^{55}fe^{35}tsɿ^{44}.

很 生 像 他的舅 像他的 舅 助词好 子

feix herl yuid bel jioul,yuid bel jioul zil feifzi.

长得很像他舅舅，和他舅舅一样帅。

027. pɯ^{55}ue^{55}kou^{44}pe^{44}tsɯ^{35}lɔ^{32},ȵi^{55}kv^{32}tsou^{33}tou^{33}sɿ^{31}.

他的外 公 走 来 了 您 坐 到 上 面

bel weilgou bei zef laoz,nil gvz zoux douxsit.

他外公来了，您坐上面去。

028. tsa^{44}phu^{42}tsa^{31}，ȵia^{55}kɔ^{31}ji^{31}ke^{33}ɕi^{35}lɔ^{32}.

炸 炮 炸 我们可以 开 席 了

za pupzat,nial kaotyit keixxif laoz.

放鞭炮，可以开席了。

029. phu^{42}tsa^{31}la^{31}ti^{55}tsa^{44}kɯ^{44}lɔ^{32},pɯ^{55}meɹ^{35}tsheɹ^{55}ta^{42}tɕhi^{44}lɔ^{32}.

炮 炸 又助词炸 起 了 他的名字 量词 取 出 了

pupzat lat dil za ke laoz,bel merfcerl dap qi laoz.

鞭炮又响，他的名字已经取好了。

030. pɯ^{55}ŋɯ^{33}pa^{42}meɹ^{35}a^{31}lu^{42}，ɣɯ^{42}sɿ^{35}meɹ^{35}tsa^{44}ji^{35}lu^{42}.

他的 喝 奶 名 阿 龙　学 书 名 张 一 龙。

bel ngexbap merf Atlup,hhepsifmerf Zayiflup.

他的乳名叫阿龙，学名叫张一龙。

白族小孩子出生所插的彩旗（张锡梅摄）

（2）$ts\gamma^{55}ȵi^{21}ɕi^{31}$
结 婚
zil nid xit
结婚

婚俗在白族所有的习俗中，是最为复杂和烦琐的，也是历时最长的，大概是以此告诫新人，结婚不易，要懂得珍惜婚姻。白族各地婚俗稍有不同，大同小异。

在男女有意之后，如果是娶妻，那么男方要去女方家问名，请人合两人的八字，过去很讲究，现在大家都不太在意了。如果两人八字相合，则择日去女方家提亲，白语叫“ya bafzi”（押八字），男方要通过媒人向女方家送去三色水礼，红糖、茶叶、酒，此外还会有其他财物，财物数量不管多少，一般都带有“六”字，白语中“六、禄”同音，都发“luf”，寓意有福有禄。男方要请部分亲朋好友及女方亲戚在家中吃饭，让大家做见证，男女双方已经定亲了。

定亲之后，就可以择日举行婚礼了，婚礼一般在腊月举行。不同地方稍有区别，有的地方四天，有的地方三天。第一天搭彩棚，大门口用两棵大松树搭成彩棚，第二天“音色杯 yeserf beix”：吃“色”饭。“色”是白族地区很特殊的一道菜，被誉为白族的“沙拉”。第三天是正喜，午饭之后，新郎带着伴郎们择时出发，唢呐队吹吹打打，到女方家迎接新娘。正喜这天，女方中午宴宾客，男方晚上宴宾客，都需要上八大碗。正喜这天迎亲，新郎简单拜一下祖先，管事的人给媒人带来的小孩子挂上一套红布。新郎到女方家门口，唢呐队要三吹三打，女方才开门让迎亲的人进门。在新娘家，要举行拜别父母仪式，女方给媒人带来的小孩再披上一道红彩。新娘离家之后，要哭别父母，叫哭嫁。新郎接新娘回家，过去一般是坐轿，现在路近的一般走路，因为路上还要闹新郎新娘。路人经过新娘，要偷偷掐一把，以示吉利。到新郎家后，进新房之前，会请德高望重的人在洞房门楣上钉上一面筛子，筛子里面有一面镜子，既有辟邪，也有祝福之意。钉完之后，新郎新娘会抢着进洞房，争坐在枕头上，据说谁先坐上谁当家。洞房里有两位老婆婆，会给新郎新娘喝有花椒、辣椒泡好的水，花椒麻，白语叫“gaod”，辣椒辣，白语叫“qil”，此二者在白语中与“富贵”“亲热”同音，寓意新人生活“亲亲热热、富富贵贵”。晚上，客人散席之后，新郎新娘和伴郎伴娘等人一起吃“xif'v beix”（新娘饭），有些地方叫狗剩饭。

新婚的第二天，新娘要早早起床，打扫院子，意味着她已经成为这个家的一分子。

第二天，或者第三天，新人要回门，路近的话一般午饭吃后出发，在娘家吃过晚饭之后、太阳下山之前回到婆家。回娘家要带上一些瓜子、花生、米花、糖果，路上遇到熟人要分享给他们。回门之后，婚礼也就结束了。

031. ȵi^{55}se^{31}tsɿ^{44}tɯ^{21}thu^{55}tɯ^{44}v^{33}ȵi^{21}lɔ^{35}mu^{33}?
您的小子 个 讨 得 妻 人 了 没有
nil seit zi ded tul de vx nid laof mux?
您的小儿子娶妻了没有?

032. tɯ^{21}nɯ^{31}pa^{31}ja^{44}pa^{35}tsɿ^{44}ja^{44}xɯ^{55}lɔ^{32}.
前 那 段压 八字 压 掉 了
ded net bat ya bafzi ya hel laoz.
前段时间合过八字了。

033. keʴ^{55}ȵi^{44}pe^{33}keʴ^{31}pe^{44}tɕhiou^{55}me^{35}.
今 天 晚 上 走 求 媒
gerlni beixgert bei qioulmeif
今天晚上请媒人去提亲。

034. thu^{55}tɯ^{33}xa^{31}ka^{31}nɔ^{44}ȵi^{21}?
讨 得 哪 里助词人
tul de hatgat nao nid?
娶了哪里的人?

035. thu^{55}tɯ^{44}peʴ^{42}xa^{55}jɯ^{44}nɔ^{44}ȵi^{21}.
讨 得 白 汉 场助词 人
tul de Berphalye nao nid.
娶了白汉场(村)的人。

036. pa^{55}kou^{33}ȵi^{21}ɣɯ^{42}sɿ^{35}pɯ^{31}ta^{55}tsɯ^{33}thou^{42}ɕiɔ^{35}.
他们两 人 学 书 那 趟 是 同 学
bal gounid hhepsif bet tal zex toupxiaof.
他们俩是同学。

037. ja^{42}ua^{33}tsɿ^{55}pe^{55}tsɿ^{35}pɔ^{31}lɔ^{32}.
腊 月 助词培 植 他 了
yapwa zil peilzif baot.
腊月就结婚了。

038. keɹ^{55}ȵi^{44}ta^{44}tshe^{31}xɔ^{31}.

今 天 搭 彩 房

gerlni da ceithaot.

今天搭彩楼。

039. tɔ^{31}me^{35}mɯ^{55}a^{31}pɔ^{31}pe^{42}nɔ^{44}jeɹ^{21}a^{31}te^{44}.

大 门 地方 一 边 插上 松 一 棵

daot meif mel at baod beip nao yerd at dei .

大门两边一边插上一棵松。

040. jeɹ^{21}fa^{35}ma^{21}ja^{44}sa^{31}ȵi^{44}thɔ^{55}u^{55}xɯ^{31}tɕy^{31}.

松毛 些 撒 进 堂 屋 里 些

yerdfafmad ya sat ni taolwul het quit.

撒些松针到堂屋里。

041. meɹ^{35}ȵi^{55}jɯ^{44}seɹ^{35}pe^{33}.

明 天 吃 色 晚饭

merlni ye serf beix.

明天晚上吃“色”饭。

042. ɣɯ^{33}ȵi^{44}tsɿ^{55}tɔ^{31}ɕi^{31}lɔ^{32}.

后 天 助词大喜 了

hhexni zil daotxit laoz.

后天是正喜日。

043. tɔ^{31}ɕi^{31}ȵi^{44}na^{55}tɕi^{31}tie^{31}pe^{44}tɕia^{44}v^{33}?

大 喜天 你们几 点 走 接 妻

daotxit ni nal jitdieit bei jia'vx?

正喜那天几点去接新娘?

044. xa^{55}tɯ^{44}tsɿ^{21}tsɿ^{21}tsɯ^{33}sɿ^{35}ji^{35}tie^{31}

看 得 时 辰 是 十 一 点

hal de zidzid zex sifyifdieix.

看的时辰是十一点。

045. nɔ^{31}tsu^{33}pe^{44}kuo^{32}tieɹ^{44}jɯ^{35}.

你 早 走 过 点 来

naot zux bei guoz dier yef.

你早点过来。

046. ta^{21}ŋɯ^{55}nɔ^{44}pe^{44}tɕia^{44}v^{33}.

搭 我 助词走 接 妻

dad ngel nao bei jia'vx.

跟我去接新娘子。

047. ɕi^{35}v^{44}ȵi^{21}ȵi^{55}pɯ^{55}ȵiv^{33}lɔ^{31}tsɿ^{44}tɕia^{42}xuo^{33}pe^{44}eɹ^{33}kueɹ^{35}sv^{31}tɯ^{21}pɔ^{21}.

新 娘 人 和 她的女 孩 子 伴 伙 走 下 关 梳头

xif'v nid nil bel nivxlaotzi jiap huox bei Erxguerf svt dedbaod.

新娘和她的伴娘们去下关梳头了。

048. pa^{55}tsua^{35}ɕiou^{35}ta^{31}jɯ^{35}mɯ^{55}jɯ^{44}tsha^{55}.

她们装 扮 回 来 才 吃 午饭

bal zuafxiouf dat yef mel ye cal.

她们打扮好才回来吃午饭。

049. tsa^{55}jɯ^{55}xɯ^{55}tsɿ^{55}tɕia^{44}v^{33}xuo^{44}pe^{44}phia^{44}lɔ^{32}.

午饭吃 后 助词 接 妻 伙 走 到 了

cal ye hel zil jia'vx huox bei pia laoz.

饭吃后接新娘的人就来了。

050. phɯ^{55}ti^{55}teɹ^{44}ȵi^{21}pe^{44}tsɿ^{21}tɯ^{21}.

吹 唢 呐 人 走 助词前

pel dilder nid bei zid ded.

吹唢呐的人走在前面。

051. ȵia^{55}pe^{44}ɣɯ^{35}ɕi^{35}v^{44}pa^{55}me^{21}.

我们走 叫 新娘 他们（家）门

nial bei hhef xif'v bal med.

我们叫新娘家开门

客事篇

052. ti^{55}teɹ^{44}le^{21}phɯ^{55}pɔ^{31}sa^{55}xui^{35}pa^{55}mɯ^{55}khɯ^{55}ȵia^{55}me^{21}na^{21}.

唢呐 个 吹　它 三 回他们 才　开　我们 门 呢（助词）

dilder led pel baot salhuif balmel kel nial meid nad.

唢呐吹三回他们才会开门。

053. me^{35}ȵi^{21}ka^{44}ȵi^{55}sua^{55}tɯ^{21}khe^{55}kuo^{32}jɯ^{35}.

媒 人把 您的孙子 个 牵 过 来

meif nid ga nil sual ded keil guoz yef.

媒人把您的孙子牵过来。

054. ȵia^{55}pa^{31}ke^{44}pɔ^{31}xu^{35}a^{31}tɔ^{31}.

我们绑 给 他 红 一 道

nial bat ge baot huf at daot.

我们给他披上一道红。

055. ta^{35}thu^{33}pa^{21}xuo^{33}pe^{44}phɯ^{55}ti^{55}teɹ^{44}ȵi^{21}ɣɯ^{33}.

端 托　盘 伙　走 吹　唢 呐　人 后

daf tuxbad huox bei pel dilder nid hhex.

端托盘的人走在吹唢呐的人后面。

056. ɕiɯ^{44}na^{42}pɔ^{35}kv^{31}thɯ^{55}，ɕi^{35}v^{44}kv^{31}thɯ^{55}.

新　郎 倌 跪 下　　新娘 跪 下

xie'napbaof gvt tel，xif'v gvt tel.

新郎跪下，新娘跪下。

067. ȵia^{55}khe^{33}sɿ^{31}peɹ^{32}tou^{35}mɔ^{33}.

我们开 始　拜　父　母

nial keixsit berz doufmaox

我们开始拜父母了。

058. ɕie^{44}tu^{44}nɔ^{44}tɯ^{21}pɔ^{21}sa^{55}teɹ^{42}.

先 磕 助词头　三　个

xiei du nao dedbaod sal derp.

先磕上三个头。

059. thou^{33}pha^{35}le^{21}ta^{35}khɯ^{44}.
托 盘 个 端 起
touxpaf leid daf ke.
端起托盘。

060. tɕiɯ^{44}kɯ^{33}ti^{33}ȵi^{55}mɔ^{33}tsɔ^{35}tsv^{35}.
敬 给 爹 和 妈 茶 盅
jie gex dix nil maox zaofzvf.
敬给爹娘一杯茶。

061. tɕiɯ^{44}kɯ^{33}ti^{33}ȵi^{55}mɔ^{33}tsɿ^{31}tsv^{35}.
敬 给 爹 和 妈 酒 盅
jie gex dix nil maox zitzvf.
敬给爹娘一杯酒。

062. jy^{44}tɯ^{44}ɕi^{35}v^{44}ȵi^{21}tsɿ^{55}ȵia^{44}pe^{44}tɕie˞^{44}kɔ^{32}tshua^{33}.
遇 到 新 娘 人 助词 我们 走 掐 她 把
yui de xif'v nid zil nial bei jier gaoz cuax.
遇到新娘我们就掐她一把。

063. ȵia^{55}pe˞^{42}xuo^{33}nɔ^{44}fɯ^{44}su^{35}.
我们 白 伙 助词 风 俗
nial Berphuox nao fex suf
咱们白族的风俗。

064. tɔ^{31}ɕi^{31}ɣɯ^{33}ȵi^{44}the^{44}tshe^{31}xɔ^{31}.
大喜 后 天 拆 彩 房
daotxit hhex ni tei ceithaot.
正喜日之后第二天拆彩房。

065. the^{44}tshe^{31}xɔ^{31}ȵi^{44}ka^{35}ke^{32}ɕi^{35}v^{44}zɯ^{44}tɕhi^{55}zɯ^{44}tɕie˞^{31}.
拆 彩 房 天 教 给 新娘 认 亲 认 戚
tei ceithaot ni gaf gez xif'v sseqil–ssejiert.
拆彩房这一天让新娘认男方亲戚。

066. the^{44}tshe^{31}xɔ^{31}ɣɯ^{33}tɔ^{31}pe^{21}ȵi^{44}xui^{35}me^{35}.

拆　彩　房 后面　　天 回　门

tei ceithaot hhex daot beid ni huifmeif.

拆彩房之后的日子回门。

067. xui^{35}me^{35}pia^{44}pi^{31}tɯ^{35}le^{21}.

回　门 端 助词 箩 个

huifmeif bia bit def led.

回门要带个箩箩

068. tɯ^{35}le^{21}xɯ^{31}ȵi^{44}pɯ^{55}xɯ^{31}jeɹ^{21}tsɿ^{44}、tsha^{42}li^{31}xua^{44}、phu^{31}me^{33}、sui^{31}kuo^{31}ta^{42}.

箩 个 里　装 它　里 松　子　　葵　花 子　　米　花　　水 果　糖

def led hex ni bel het yerdzi、caplithua、putmeix、suitguottap.

箩箩里面要装上松子、瓜子、米花和水果糖。

069. thu^{33}nɔ^{44}jy^{44}tɯ^{44}tɕhi^{55}tɕieɹ^{21}xuo^{33}，ja^{21}kɯ^{32}pa^{55}.

途　上　遇　到　亲　戚　　伙　　抓 给 他们

tuxnao yui de qiljerd huox, yad gez bal.

路上遇到亲友，要给他们(吃)。

070. xui^{35}me^{35}ȵi^{44}tsha^{55}jɯ^{44}xɯ^{55}pe^{44}，mi^{44}phi^{31}u^{42}tɯ^{21}mɯ^{55}pe^{44}ta^{31}jɯ^{35}.

回　门　天　午饭 吃　后　走　　太　阳　落　头(标记)走 回　来

huifmeif ni cal ye hel bei,mi'pit up dedmel beidat yef.

回门在婆家吃了午饭后走，太阳落山之前要回来。

（3）zu^{33}ua^{21}
竖大梁
ssuxwad
竖房子

白族民居建筑历史悠久，白族民居的平面布局和组合形式一般有“一正两耳”、“两房一耳”、“三坊一照壁”、“四合五天井”、“六合同春”和“走马转角楼”等。白族崇尚白色，其建筑外墙均以白色为主调，门窗喜欢雕龙画凤。

建房也是人生大事，有“立柱庆典”或“丁建志喜”之称。白族会在立大梁这一天请亲戚朋友欢庆，还会举行一系列的仪式。亲戚朋友贺礼，一般是端一托盘米，所贺礼钱插在米上。

这一天早上，亲戚朋友们会来帮忙，吃过简单的中午饭之后，主人会在选定的吉时之前，让亲戚朋友中的长者上座，然后分糕给他们吃，寓意今后的生活步步高。然后主人在堂屋跪下，抱着公鸡，先拜帮忙盖房的木匠和泥水匠，之后拜双方父母，感激父母的养育之恩，个人才得以起房盖屋。之后再拜木匠和泥水匠，把公鸡递给他们，让他们开光，两人拿着公鸡，嘴里念念有词，从东方开始拜，四方拜过之后，又拜中堂，然后把鸡用笼子罩好，这鸡在仪式结束之后就归木匠和泥水匠了。拜完之后，两人爬上房梁，坐在主梁上，开始丢馒头了，这是仪式中小孩子们最喜欢的部分，因为可以抢馒头。最先要破五方，也就是往东西南北中扔五个大馒头，中间的馒头由主人来接。主人接过之后，二人就向人群扔馒头了。馒头扔完之后，再遍地撒金银，把硬币和瓜子、花生等一起丢下去。最后是洒下一茶壶水，寓意风调雨顺，结束仪式，晚饭开席，晚上待客要八大碗。

tha^{35}keɹ^{35}xɔ^{31} Zafgerfhaot
张姓人家的照壁　张锡梅摄

客事篇

070. pɯ^{55}xɔ^{31}ke^{ɹ35}tsv^{31}khɯ^{44}lɔ^{32}.

他的房 间 盖 起 了

bel haotgerf cvt ke yef laoz.

他的房子盖好了。

071. ɣɯ^{33}ȵi^{44}tɕhie^{ɹ33}khe^{ɹ44}.

后 天 请 客

hhexni qierxker.

后天请客。

072.tiɯ^{55}tɯ^{44}ɕia^{55}u^{31}lia^{31}tie^{31}zu^{33}ua^{21}.

定 的 下 午 两 点 竖 梁

diel de xialwut liatdieit ssuxwad.

定了下午两点举行竖房仪式。

073. ȵia^{55}ji^{35}tɕhi^{31}pe^{44}ta^{35}me^{33}.

我们一 起 走 端 米

nial yifqit bei dafmeix

我们一起去贺礼。

074. pɔ^{31}li^{55}ŋɔ^{31}tɕhiɯ^{55}tɕia^{44}，ŋɯ^{55}ȵiv^{33}tɯ^{21}pe^{55}tɕi^{55}kɯ^{32}pa^{35}.

他 和 我 亲 家 我的 女 个 拜 继 给 他们。

baot lil ngaot qieljia,ngel nivx ded beiljil gez bal.

他是我亲家，我的女儿拜继给他们。

075. pa^{55}kou^{33}pha^{55}mɔ^{33}tsɯ^{33}ŋɯ^{55}ȵiv^{33}ka^{35}ti^{33}ka^{35}mɔ^{33}.

他们两 公 婆 是 我的女 干爹 干妈

bal gouxpalmaox zex ngel nivx gafdix gafmaox.

他们俩是我女儿的干爸干妈。

076. ŋɔ^{31}ȵiou^{44}tsɯ^{35}kɔ^{32}kɔ^{35}ue^{32}.

我 要 蒸 给 糕 甑

naot niou zef gaoz gaofweiz.

我要给他蒸一甑糕。

077. na^{55}ku^{33}ȵi^{21}xuo^{33}kv^{32}tsou^{33}jɯ^{35}.
我们老 人 伙　坐 上　来
nal guxnid huox gvz zoux yef.
老人家们请上坐。

078. a^{31}ȵi^{21}nɔ^{44}fv^{35}kɯ^{33}pa^{55}jɯ^{44}kɔ^{35}khui^{55}.
一人上　分 给 他们吃 糕　块
atnid nao fvf ge bal ye gaofkuil.
一人分一块糕给他们。

079. tsɔ^{55}tsu^{31}kou^{33}ȵi^{21}kv^{31}thɯ^{55}jɯ^{35}，ke^{35}pɔ^{35}tɯ^{21}pia^{44}khɯ^{44}.
造　主　两　人　跪 下　　来　　鸡 公　只 抱　起
zaolzut gouxnid gvt tel yel,geifbaot ded biake.
造主两位跪下，抱着公鸡。

080. na^{35}ue^{35}ŋv^{44}tɕiou^{32}ȵi^{55}ne^{21}ɕy^{33}tɕiou^{32}ua^{55}ȵi^{21}.
谢　谢 木　匠　　和　泥 水　匠　　几　人
nalweif ngvjiouz nil neidxuixjiouz walnid.
谢谢木匠和泥水匠。

081. na^{35}ue^{35}tɔ^{35}mɔ^{33}ua^{55}ȵi^{21}.
谢 谢　爹 妈 几 位
nafweif douxmaox walnid.
谢谢几位父母（夫妻双方父母）。

082. tse^{44}na^{35}ue^{35}ŋv^{44}tɕiou^{32}ȵi^{55}ne^{21}ɕy^{33}tɕiou^{32}.
再　谢 谢　木　匠　和 泥　水　匠
zei nalweif ngvjiouz nil neidxuixjiouz.
再次感谢木匠和泥水匠。

083. tsa^{44}phu^{42}tsa^{31}，ȵia^{55}khe^{33}sɿ^{31}pieɹ^{35}ma^{35}thv^{31}.
炸 炮　　仗　　我们 开 始　丢　　馒　头
za pupzat, nial keixsit bierf maftvt.
放炮仗，我们开始丢馒头（仪式）。

084. tɔ^{31}ŋv^{44}tɕiou^{32}ɲi^{21}ke^{35}khɯ^{44}lia^{42}tɯ^{21}nɔ^{44}pieʴ^{35}.

大 木 匠　人 爬　起　梁 个 上 丢

daot ngvxjiouz nid geif ke liap ded nao bierf.

大木匠爬到大梁上丢下来。

085. tɔ^{31}ma^{35}thv^{31}tsɿ^{42}kui^{55}.

大 馒 头 十　个

daot maftvt zip kuil.

大馒头十个。

086. tv^{31}na^{21}se^{35}pɯ^{44}a^{31}pɔ^{21}nɔ^{44}pieʴ^{35}ua^{55}khui^{55}.

东 南 西 北　一 边 上 丢　几　个

dvf nad seif be at baod nao bierf wal kuil.

东南西北一边丢几个。

087. kheʴ^{44}tsɯ^{31}mɔ^{33}tɕia^{44}ku^{33}khui^{55}.

客　主 婆　接　两　个

kerzetmaox jia gux kuil.

主人接两个。

088. ŋv^{44}tɕiou^{32}ɲi^{55}ta^{35}ɲi^{21}tsɿ^{44}tsou^{35}nɔ^{44}khui^{55}.

木 匠　人 独 人 子　藏　上 个

ngvxjiouz nid dafnidzi zouf nao kuil.

大木匠自己留几个。

089. tɔ^{31}ma^{35}thv^{31}pieʴ^{35}tɕieʴ^{55}xɯ^{55}pieʴ^{35}se^{31}ma^{35}thv^{31}.

大 馒 头　丢　完　后　丢　小 馒 头

daot maftvt bierf qierl hel bierf seit mafkvt.

大馒头丢完丢小馒头。

090. tsɿ^{55}kheʴ^{44}xuo^{33}tɕhia^{31}ma^{35}thv^{31}.

做 客　伙　抢　馒　头

zil ker huox qiat maftvt.

做客的人们抢馒头。

091. ma^{35}thv^{31}pieɹ^{35}tɕieɹ^{55}xɯ^{55}.

馒 头 丢 完 后

maftvt bierf qierl hel.

馒头丢完后。

092. pieɹ^{35}thɯ^{55}jeɹ^{21}tsɿ^{44}tsha^{42}li^{31}xua^{44}，pɯ^{55}xɯ^{31}tsɯ^{33}kueɹ^{35}pi^{55}tsɿ^{44}.

丢 下 松 子 葵 花 子 它 里 有 国 币 子

bierf tel yerdzi caplithua,bel het zex guerfbilzi.

丢下松子瓜子硬币等。

093. tse^{44}tsɯ^{35}thɯ^{55}ɕy^{33}ku^{21}.

再 倒 下 水 壶

zei zeftel xuix gud

再倒下一茶壶水。

094. tsu^{35}jui^{55}kheɹ^{44}tsɯ^{31}mɔ^{33}ȵi^{21}tɔ^{31}feɹ^{44}tɔ^{31}ua^{44}，fɯ^{33}thiɔ^{42}jy^{31}sui^{55}.

祝 愿 主 人 婆 人 大 发 大 旺 风 调 雨 顺

zufyuil ker'zet maox nid daotfer–daotwa,fextiaop–yuitsuil.

祝愿主人家发达兴旺，风调雨顺。

（4）ɕi^{44}xɯ^{55}

死 掉

xihel

死亡

白族的丧葬习俗，经历了从土葬到火葬，又回到土葬的变迁，白族的葬礼习俗也比较多，大致有入殓、守灵、出殡、安葬几个阶段。一般老人去世之后，要由亲属为他洗身，穿新衣，洗身用青蒿和热水，然后才能入殓（白语称为 ni gua）。然后孝子身着蓑衣，头戴草帽，腰系草绳，去本家族门前报丧，孝子跪在门外，由领孝子的人进门去报丧，如母死，孝子要到舅家去报丧。入殓之后，会请人择黄道吉日出殡。未出殡之前，孝子们都要守灵，在灵柩旁铺上稻草，孝子们晚上就睡在稻草上，叫“坐草伤悲，还父母功劳”。亲戚来问吊，死者家属要给他们发孝，子侄、孙子辈发白孝，曾孙发红孝，玄孙发黄孝。出殡那天，孝子们头戴由竹子制成的丧帽，手拿丧棒，跪着送行。去世的老人家中如果有四代（有曾孙），则贴绿色对联，有五代则贴红对联，三代以下贴白对联。按白族风俗，会请当地艺人用纸扎大摇钱树一棵，放在家所在的巷子口，由女婿们守着，小摇钱树两棵，金童玉女一对（白语叫 zvl ssed），幡无数个。亲属们中的孙辈和重孙辈拿着幡，出殡时引路用。出殡时遇有桥，孝子们要跪下，让棺材从身上抬过，民间认为死人无法过桥，要从孝子们身上渡过，孝子们以此报答养育之恩。

白族除了本主崇拜，也有祖先崇拜，认为祖先虽然已经去世，但他们的灵魂与家人同在，时时关心子孙后代，所以家家户户家中都有祖先牌位，遇有重要的节日会祭祀祖先。

白族是一个善于接受新事物，新观念的民族，这些年洱海一带不再实行土葬，火化之后骨灰盒放在村里的公共灵堂。

095. a^{31}ɕiou^{55}pɯ^{55}ne^{44}mu^{33}xɯ^{55}lɔ^{32}.
阿 秀 她的 奶 没有 掉 了
atxioul bel nei mux hel laoz.
阿秀她奶奶去世了。

096. ȵia^{55}pe^{33}keɹ^{32}pe^{44}pa^{55}na^{32}peɹ^{44}ɕi^{33}.
我们晚 上 走 他们家 问 死
nial beixgerz bei bal naz ber'xix.
我们晚上去他们家吊丧（问几时出殡）。

097. a^{31}ɕiou^{55}pɯ^{55}ti^{33}keɹ^{55}ȵi^{44}ȵi^{44}xɯ^{33}tɕi^{42}xi^{33}tsɯ^{33}tsɿ^{35}lɔ^{32}.

阿 秀 她的爹 今 天 天 里 赶 死 主 助词 了

atxioul bel dix gerlni nihet jip xixzex zif laoz.

阿秀她爹今天中午去请死主（指的是死者有血缘关系的亲戚）了。

098. pɯ^{31}ȵi^{21}tɯ^{32}tɯ^{44}mɯ^{44}kua^{44}tɯ^{42}mɯ^{42}tɯ^{32}.

那 人 戴 得 麦 秆 帽 子 顶

betnid dez de megua depmep dez.

他戴着一顶草帽。

099. ji^{35}kua^{44}tsv^{44}nɔ^{44}tshɯ^{44}tɯ^{44}ma^{44}su^{44}ȵiɯ^{32}.

腰 杆 条 助词系 着 稻 草 根

yifgua zv nao ce de masu niez.

腰间系了一根稻草绳。

100. pa^{55}na^{44}ȵi^{44}tshu^{44}?

他们哪 天 出

bal nani cu?

他们哪天出殡?

101. tsɿ^{42}fv^{44}ȵi^{44}tshu^{44}.

十 六日 出

zipfv ni cu.

初十六出。

102. na^{55}ȵi^{55}pa^{55}tɕhi^{55}ȵi^{55}mu^{33}?

你们和他们 亲还是没有

nal nil bal qil nil mux ?

你们和他们是亲戚吗?

103. ŋa^{55}ȵi^{55}pa^{55}tɕhi^{55}lɯ^{44},ŋa^{55}ȵiou^{44}pe^{44}kv^{31}ɕiou^{44}na^{21}.

我们和他们亲 的 我们要 走 跪 孝 助词

ngal nil bal qil le,ngal niou bei gvtxiou nad.

我们和他们是亲戚，我们要去守孝的。

104. ŋa^{55}jɯ^{35}pɯ^{31}ȵi^{21}mɯ^{55}a^{31}the^{55}.

我们叫 那 人（宾格）阿太

ngal hhef bet nid mel atteil.

我们叫她阿太（曾祖母）。

105. ŋa^{55}ȵiou^{33}tɯ^{32}xuo^{35}ɕiou^{44}.

我们要 戴 红 孝

ngal nioux dez huof xiou.

我们要戴红孝。

106. pɯ^{31}ȵi^{21}ti^{55}sua^{44}?

那 人 几 岁

betnid dil sua?

她几岁?

107. pɯ^{31}ȵi^{21}tsɯ^{33}tɕiɯ^{33}tsɿ^{42}sua^{44}lɔ^{31}.

那 人 有 九 十 岁 了

betnid zex jiexzip sua laoz.

她九十岁了。

108. pɯ^{31}ȵi^{21}tɯ^{44}tɯ^{44}xa^{31}ja^{44}peɹ^{33}ȵi^{55}mu^{33}?

那 个 得 到 什么 病 还是没有

bednid de de hatya berx nil mux?

她得了什么病吗?

109. mu^{33}，pɯ^{31}ȵi^{21}a^{31}ya^{44}peɹ^{31}ȵi^{55}mu^{33}.

没有 那 人一 样 病 也 没有

mux,betnid atya bert nil mux.

没有，她没有得病（无疾而终）。

110. phiɯ^{42}sɿ^{42}jɯ^{44}sɿ^{35}ɣɯ^{33}ɕia^{31}mɯ^{55}.

平 时 吃 得 喝 想 的

piepsip yesif–hhexxiat mel.

平时能吃能喝。

111. tseɹ^{21}çeɹ^{44}ȵi^{44}kv^{32}tçeɹ^{31}tsɯ^{44}tçhi^{44}miɔ^{33}mu^{33}xɯ^{55}lɔ^{32}.

昨 天 坐着就 气 息 没 有 掉 了

zerdxierni gvz jiert zex qimiaox mux laoz.

昨天坐着就没有气息了（去世了）。

112. pɯ^{31}ȵi^{21}fv^{35}tçi^{55}xu^{33}，tsɿ^{44}sua^{55}xuo^{33}li^{55}fv^{35}tçhi^{55}xu^{33}lɔ^{32}.

那 人 福 气 好 子 孙 伙 也福 气 好 了

bednid fvfqil hux,zisual huox lil fvfqil hux laoz.

她福气好（没有受罪），子孙们也福气好。

113. tsɿ^{55}pa^{55}ȵia^{44}peɹ^{42}tui^{32}mu^{33}lɔ^{32}，pa^{44}ȵiou^{44}ȵia^{44}lv^{44}tui^{32}lɔ^{32}.

（话题）他们贴白对联没有了 他们要 贴 绿 对联了

zil bal nia berpduiz mux laoz,bal nioux nia lv'duiz laoz.

那么他们就不贴白对联了，要贴绿对联了。

114. pa^{55}tɔ^{31}tse^{21}tsɯ^{31}li^{35}xɯ^{55}tshv^{55}tɯ^{21}mɯ^{55}.

他们大钱 树 立 在 巷子 头 （处所标记）

bal daot zeidzet lif hel cvl ded mel.

他们的大摇钱树立在巷头。

115. tɔ^{31}tse^{21}tsɯ^{31}tsɯ^{33}ȵiv^{33}sɔ^{42}ɣɯ^{42}xuo^{33}sɯ^{33}.

大 钱 树 要 女 丈 夫 伙 守

daot zeidzet zex nivx saophhep huox sex.

大摇钱树由女婿们守着。

116. pɯ^{21}ȵi^{21}tsɿ^{44}sua^{55}tshou^{42}sui^{44}tsɯ^{33}a^{31}keɹ^{35}.

那 人 子 孙 重 孙 有 一 堆

bednid zisual coupsui zex at gerf.

她有一大堆子孙。

117. ta^{35}feɹ^{55}nɔ^{44}ȵi^{21}keɹ^{35}ȵi^{55}fe^{33}tçi^{35}.

抬 幡 助词人家 也 很 多

daf ferl nao nidgerf nil feix jif.

抬引路幡的人也多。

118. ku^{31}tseɹ^{35}na^{32}tsɿ^{55}tsɿ^{44}xuo^{33}kv^{31}tɯ^{55}.
桥 座 里 助词 子 伙 跪 下
gutgerf naz zil zi huo gvttel.
有桥处儿子们要跪下。

119. ȵi^{21}tsu^{55}le^{21}ja^{42}pa^{55}nɔ^{44}ta^{35}kuo^{32}.
棺 材 个 从 他们上 抬 过
nidcul led yap bal nao daf guoz.
棺材要从他们身上抬过。

附表一：白语年龄说法

白语	国际音标	汉语意思
zipsua	tsɿ^{42}sua^{44}	十岁
neidsua	ȵe^{21}sua^{44}	二十岁
salzipsua	sa^{55}tsɿ^{42}sua^{44}	三十岁
xidsua	ɕi^{21}sua^{44}	四十岁
ngv'zipsua	ŋv^{44}tsɿ^{42}sua^{44}	五十岁
fv'zipsua	fv^{44}tsɿ^{42}sua^{44}	六十岁
citzipsua	tshɿ^{31}tsɿ^{42}sua^{44}	七十岁
ba'zipsua	pa^{44}tsɿ^{42}sua^{44}	八十岁
jiexzipsua	tɕhɯ^{33}tsɿ^{42}sua^{44}	九十岁
atbersua	a^{31}peɹ^{44}sua^{44}	一百岁

附表二：白语四音格词

白语中有大量的四音格词，所谓四音格词，也叫“四音格联绵词”“四字格”“四字并列结构” “并列四字（音）格”。四音格词是由四个音节组成的大于词小于词组的语言单位。四音格词指的是意义上只表达一个整体概念，结构上凝固且不可拆分的四音格，其功能完全等同于一个词。白语中的四音格词，不仅说起来感觉朗朗上口，也很形象、生动地描绘着事物，这些词，很难找到对应的其他民族语言。有些读起来就能感受到它的意思，比如 cu'lu–ku'lu，指的是皮肤较为粗糙，摸起来像树皮一样，你读着会有粗糙的感觉。

白语中的四音格词数量众多，下面稍作举隅：

白语	国际音标	汉语意思
atderl-atgerp	a^{31}teɹ^{55}a^{31}keɹ^{42}	一点一滴
beidgex-datdaot	pe^{21}kɯ^{33}ta^{31}tɔ^{31}	皮厚胆大
cu'lu-ku'lu	tshu^{44}lu^{44}khu^{44}lu^{44}	粗糙
fv'zi-fv'maox	fv^{44}tsɿ^{44}fv^{44}mɔ^{33}	腹子腹母（五脏六腑）
gafgu-dapxia	ka^{35}ku^{44}ta^{42}ɕa^{44}	干巴巴（难以下咽）
herlbaod-zvpqi	xeɹ^{55}pɔ^{21}tsv^{42}tɕhi^{44}	半生半熟（夹生）
heilmerd-daotter	xe^{55}meɹ^{21}tɔ^{31}theɹ^{44}	电闪雷鸣
huaflaf-zaflaf	xua^{35}la^{35}tsa^{35}la^{35}	慌里慌张
kullul-terler	Khu^{55}lu^{55}tseɹ^{44}leɹ^{44}	参差不齐
keljuix-dvtzeip	khɯ^{55}tɕy^{33}tv^{31}tse^{42}	开嘴动舌（开口）
muxni-muxyaot	mu^{33}ȵi^{44}mu^{33}jɔ^{31}	没日没夜
qilqil-gaodgaod	tɕhi^{55}tɕhi^{55}kɔ^{21}kɔ^{21}	亲亲热热
salqil-ngvjierd	sa^{55}tɕhi^{55}ŋv^{44}tɕeɹ^{21}	三亲六戚
tuixtuix-mafmaf	thui^{33}thui^{44}ma^{35}ma^{35}	推脱
werfnad-kuerlbe	ueɹ^{35}na^{21}kheɹ^{55}pe^{44}	歪南倒北（东倒西歪）
xiflif-suerflerf	ɕi^{35}li^{35}sueɹ^{35}leɹ^{35}	形容很烂

7. 地理篇

tɕi^{31}fv^{35}me^{ɹ35}、xe^{55}tɕi^{31}

地名　天地

jitfvfmerf、heiljit

地名、天气

（1）tɕi^{31}fv^{35}me^{ɹ35}

地名

jitfvf merf

地名

大理州，首府驻大理市，地处云南省中部偏西，东巡洱海，西至点苍山脉，辖大理市和祥云、弥渡、宾川、永平、云龙、洱源、鹤庆、剑川 8 个县以及漾濞、巍山、南涧 3 个自治县，以大理市为中心，东部是宾川和祥云，南部是巍山和南涧，西部是云龙、永平和漾濞，北部三县是洱源、鹤庆、剑川。有云南省第二大内湖，洱海。西部屹立着苍山十九峰，涧中流下十八溪水，成为一道非常靓丽的风景。

苍洱毓秀，养育出了许多优秀的白族儿女，他们中有著名政治家、学者、诗人、书法家赵藩，有东北抗联名将周保中将军。有将中国第一颗人造卫星送入轨道的“两弹一星”功勋王希季院士。有歼 –10 战斗机总设计师、被誉为“歼 –10 之父”的宋文骢院士。有被誉为中国“试管婴儿之母”的张丽珠教授。作为中华民族的一员，他们为中华民族伟大复兴事业做出了自己的贡献，本文特意提及他们的家乡，以此向他们致敬。

001. ȵi^{55}tsɯ^{44}a^{55}na^{44}nɔ^{44}?
　　您　是 哪 里 助词
　　nil zex alna nao?
　　您是哪里人?

002. ŋɔ^{31}tsɯ^{44}tshua^{55}nu^{21}nɔ^{4}.

我 是 双廊 助词

ngaot zex Cualnud nao.

我是双廊的。

003. tshua^{55}nu^{21}tsɯ^{33}a^{55}na^{44}ue^{33}?

双 廊 在 哪 里 处

Cualnud zex alna weix?

双廊在什么地方?

004. tshua^{55}nu^{21}tsɯ^{33}kɔ^{31} tv^{35}mi^{32}.

双 廊 在 河 东 面

Cualnud ze gaod dvf miz.

双廊在洱海东面。

005. xɯ^{33}tɕhie^{33}tui^{32}kuo^{32}ŋeɹ^{21}xɯ^{55}.

喜 洲 对 过 去 之后

Hexjieix duiz guoz ngerd hel.

喜洲对面。

006. ua^{42}sɯ^{44}pe^{44}kuo^{32}pɯ^{44}pɔ^{31}.

挖色 走 过 北 边

Wapse bei guoz bebaot.

挖色往北走。

007. a^{31}ta^{55}，ŋɔ^{31}tsɿ^{55}pieɹ^{44}ȵi^{55}tsheɹ^{55}.

阿 大 我 助词问 您 声

atdal，ngaot zil bier nil cerl.

大爹，我请问您一声。

008. sɔ^{55}tsu^{21}zu^{35}tse^{55}mɯ^{55}pe^{44}?

沙村 怎 么 走

Saolzudssuf zeil mel bei？

沙村怎么去?

009. sv^{31}thu^{33}nɯ^{31}tsv^{44}ji^{35}tsɿ^{35}pe^{44}thɯ^{55}ŋe˞^{21}.
顺 路 这 条 一 直 走 下 去
svt tux net zv yifzif bei tel ngerd.
顺着这条路一直走下去。

010. pi^{35}pɔ^{21}jɯ^{44}na^{55}jɯ^{44}tsɯ^{33}sɔ^{55}tsu^{21}zu^{35}lɔ^{32}.
左 边 村 那 村 是 沙村 了
bifbaod ye nal ye zex Saolzudssuf laoz.
左边那个村子就是沙村。

011. ȵi^{55}pe^{44}sɔ^{55}tsu^{32}zu^{35}ta^{21}xa^{31}ya^{44}?
您 走 沙村 干 什 么
nil bei Saolzudssuf dad hatya？
您去沙村干什么?

012. ŋɔ^{31}pe^{44}ji^{21}ŋa^{55}tɕhi^{55}tɕie˞^{21}ȵi^{21}.
我 走 找我们亲 戚 人
ngaot bei yid ngal qiljierd nid.
我去走亲戚。

013. pɯ^{31}ȵi^{21}tsɯ^{33}xa^{31}ka^{31}ȵi^{21}ke˞^{35}?
那 人 是 哪 里 人 家
bet nid zex hatgat nidgerf?
那人是哪里的?

014. pɯ^{31}ȵi^{21}tsɯ^{33}tou^{33}tsou^{44}jɯ^{44}nɔ^{44},pɯ^{31}ȵi^{21}tɕi^{21}khv^{44}fe^{33}tɕi^{21}tɕiou^{55}.
那 人 是 上 作 邑助词 那 人 唱 曲 很 唱 好
bet nid zex Douxzouye nao,bet nit jidkv feix jidqioul.
他是上作邑村的，他唱大本曲唱得非常好。

015. pɯ^{31}ȵi^{21}tsɯ^{33}ta^{55}pɯ^{31}tɕhiou^{35}nɔ^{44}kue˞^{35}tɕia^{44}tɕi^{35}tshua^{42}zɯ^{42}ȵi^{21}.
那 人 是 大 本 曲 助词 国 家 级 传 人 个
bet nid zex dalbetqiouf nao guerfjia jif cuapssep nid.
那人是大本曲国家级传人。

016. ueʴ^{42}sɿ^{44}fe^{33}ueʴ^{42}xu^{33}nɔ^{44}tsɔ^{55}fa^{42}pɯ^{31}ȵi^{21}tsɯ^{33}xa^{31}ka^{31}nɔ^{44}?

写 诗 很 写 好 助词赵 藩 那 人 是 哪 里 的(助词)

werp si feix werp hux nao Zaolfap betnid zex hatgat nao?

诗人赵藩是哪里人?

017. pɯ^{31}ȵi^{21}thɯ^{33}tɕie^{42}tshui^{55}nɔ^{44}.

那 人 是 剑 川 的(助词)

bet nid zex Jieipcuil nao.

他是剑川人。

018. tsou^{44}pɔ^{32}tsu^{44}tɕia^{44}tɕy^{44}tsɯ^{33}a^{55}na^{44}ue^{33}nɔ^{44}.

周 保 中 将 军 是 哪 里 处 助词

Zoubaotzu jiajui laz zex alna weix nao?

周保中将军是哪里人?

019. tsou^{44}pɔ^{31}tsu^{44}tɕa^{44}tɕy^{44}tsɯ^{33}ua^{35}tɕhiɔ^{55}ȵi^{21}keʴ^{35}.

周 保 中 将 军 是 湾 桥 人 家

Zoubaotzu jiajui zex Wafqiaol nidgerf.

周保中将军是湾桥人。

020. ua^{42}ɕi^{44}tɕi^{55}jy^{55}sɿ^{55}tsɯ^{33}xa^{31}ka^{31}nɔ^{44}.

王 希 季 院 士 是 哪 里 助词

Wapxijil yuilsil zex hatgat nao?

王希季院士是哪里人?

021. pɯ^{31}ȵi^{21}tsɯ^{33}tou^{33}mɔ^{35}nɔ^{44}.

那 人 是 上 末 的(助词)

bet ni zex Douxmaof nao.

他是(大理)上末村的。

022. su^{55}vɯ^{42}cou^{33}jy^{55}sɿ^{55}pɯ^{55}lɔ^{31}tɕia^{44}tsɯ^{33}a^{55}na^{44}ue^{33}?

宋 文 骢 院 士他的老 家 是 哪 里 处

Sulvepcoux yuilsil bel laotjia zex alna weix?

宋文骢院士的老家在哪里?

地理篇

023. su^{55}vɯ^{42}cou^{33}jy^{55}sɿ^{55}li^{55}ȵia^{55}te^{31}le^{33}nɔ^{44}.

宋 文 骢 院士也是咱们大 理的（助词）

Sulwepcoux yuilsil lil nial Deitleix nao.

宋文骢院士也是咱们大理人。

024. ŋɔ^{31}tɕheɹ^{55}tɯ^{44}pa^{55}sua^{44}tsa^{44}li^{55}tsu^{44}tɕiɔ^{55}sou^{55}tsɯ^{33}ȵia^{55}nɯ^{31}ue^{33}nɔ^{44}，tsɿ^{21}tsɔ^{33}ȵi^{55}pɔ^{33}?

我 听 得 他们说 张 丽 珠 教 授 是 我们这 处 的 真 是还是不是

ngaot qierl de bal sua Zalilzu jiaolsoul zex nial net wex nao,zid zaox nil baox?

我听说张丽珠教授是我们这里的，真的吗?

025. tsɔ^{33}lɔ^{32}，pa^{55}tsɯ^{33}tou^{33}kv^{55}peɹ^{21}nɔ^{44}.

是 了 他们 是 翔龙村 助词

zaox laoz,bal zex Douxgvlberd nao.

是的，他们是（喜洲）翔龙村的。

026. pa^{55}ua^{55}ȵi^{21}tsɯ^{33}ȵia^{55}peɹ^{42}xuo^{33}nɔ^{44}tɕiɔ^{44}ɔ^{55}.

他们几 人 是 咱们 白 伙 助词骄 傲

bal wal nid zex nial Berphuox nao jiaox'aol.

他们几位是咱们白族人民的骄傲。

027. te^{31}le^{33}tsɯ^{33}tsɿ^{42}ne^{44}ɕie^{55}sɿ^{55}.

大 理 有 十 二 县 市

Deitleix zex zipnei xieilsil.

大理有十二个县市。

028. pɯ^{44}pɔ^{21}tsɯ^{33}lɔ^{35}xɔ^{55}ɕi^{44}、o^{42}kheɹ^{44}、tɕhie^{42}tshui^{55}.

北 边 有 洱源 鹤 庆 剑川

bebaod zex Laofhaolxi、Opker、Jieipcuil.

北边三个县是洱源、鹤庆、剑川。

029. tv^{35}pɔ^{21}tsɯ^{33}piɯ^{44}tshua^{33}、tɕhia^{42}jy^{42}.

东 边 有 宾 川 祥 云

dvfbaod zex Biecuax、Qiapyuip

东边是宾川、祥云。

地理篇

030. se^{35}pɔ^{31}tsɯ^{33}ja^{55}pi^{35}、jy^{42}lu^{42}、jou^{31}phiɯ^{42}.

西 边 有 漾濞 云 龙 永 平

seifbaod zex Yalbif 、yuiplup、Youtpiep

西边是漾濞、云龙 、永平。

031. na^{21}pɔ^{21}tsɯ^{33}ue^{44}sa^{44}、na^{42}tɕie^{55}.

南 边 有 巍 山 南 涧

nadbaod zex Weisa、Napjieil

南边是巍山、南涧。

032. te^{31}le^{33}tsɯ^{33}kɔ^{21}kɔ^{21}pɯ^{55}meʴ^{35}eʴ^{33}kɔ^{31}.

大 理 有 湖 条 它 名 洱 河

Deitleix zex gaodgaod bel merf Erxgaot

大理有个湖叫洱海。

033. se^{35}mi^{32}nɔ^{44}tsɯ^{33}tɕi^{21}cɔ^{55}se^{35}khui^{55}.

西 面 助词有 苍山 座

seifmiz nao zex Jidcaolseif kuil.

西面有座山叫苍山。

034. kv^{35}ŋv^{44}pe^{44}kuo^{32}jɯ^{35}tsɯ^{44}tou^{33}kueʴ^{35}.

江 尾 走 过 来 有 上 关

Kvfngv bei guoz yef zex Douxguerf

江尾过来有个上关。

035. eʴ^{33}mi^{32}nɔ^{44}tsɯ^{33}eʴ^{33}kueʴ^{35}.

下 面 助词有 下 关

erx miz nao zex Erxguerf.

下面有个下关。

vdgaof
云朵 张锡梅摄

（2）xe⁵⁵tɕi³¹
天 地
heiljit
天气

大理冬无严寒，夏无酷暑，四季如春，常年气温在 10–25 摄氏度之间，适宜居住。三十多年前，苍山到三月街时节，山顶上还白雪皑皑，如今随着全球气温变暖，除了冬季，苍山山顶不再有积雪的景象。

036. $\mathrm{ke^{ɹ55}n̥i^{44}xe^{55}tɕi^{31}tɕhiou^{55}n̥i^{55}mu^{33}}$?
今 天 天 地 好 还是没有
gerlni heiljit qioul nil mux?
今天天气好吗？

037. keʴ^{55}ȵi^{44}xe^{55}tɕi^{31}la^{35}.
今 天 天 地 晴
gerlni heiljit laf.
今天天气晴。

038. keʴ^{55}ȵi^{44}xe^{55}mɔ^{33}tshɯ^{44}fe^{33}xu^{33}.
今 天 天 母个（量词）很好
gerlni heilmaox ce feix hux
今天天气很好。

039. xe^{55}khv^{55}xɯ^{31}v^{21}kɔ^{35}tsɿ^{44}li^{55}mu^{33}.
天 空 里 云朵 助词也没有
heilkvl het vdgaof zi lil mux
天上一朵云都没有。

040. tseʴ^{21}seʴ^{44}ȵi^{44}jɔ^{32}xɯ^{31}u^{42}xɯ^{55}v^{33}ɕi^{44}ɕi^{44}.
昨 天 夜 里 下 掉 雨水 场（量词）
zerdserni yaozhet up hel vxxi xi.
昨天夜里下了场雨。

041. tseʴ^{21}seʴ^{44}ȵi^{44}a^{31}ȵi^{44}tsɿ^{44}xe^{55}mɔ^{33}tshɯ^{33}.
昨 天一 天 助词天 母 坏
zerdserni at ni zi heilmaox cex.
昨天一整天天气不好。

042. khɯ^{35}sɯ^{31}khɯ^{35}sɯ^{31}mɯ^{55}.
冷 嗖 冷 嗖 助词
gefset–gefset mel.
冷飕飕的。

043. pe^{33}keʴ^{32}xe^{55}meʴ^{21}tɔ^{31}theʴ^{44}，la^{44}tɕi^{31}xui^{33}，u^{42}v^{33}ɕi^{44}.
晚 上 天 鸣 大 叫 闪 地 火 下 雨 水
beixgerz heilmerd–daotter, la'jithuix, up vxxi,
昨天晚上电闪雷鸣，下雨。

地理篇

044. fe^{33}ke^{ɹ35}ȵi^{21}ke^{ɹ35}.

很 怕 人 家

feix gerf nidgerf.

让人害怕。

045. ke^{ɹ55}ȵi^{44}tshe^{ɹ33}khɯ^{44}u^{42}sɯ^{44}xɯ^{55}lɔ^{32}.

今 天 早 上 下 停 掉 了

gerlni cerxke up se hel laoz,

今天早上不下了。

046.ɕie^{ɹ55}tɕhi^{44}jɯ^{35}lɔ^{32}.

晴 出 来 了

xierl qi yef laoz.

晴出来了。

047. tse^{44}tshv^{44}tɕhi^{44}kou^{32}tɯ^{21}.

再 出 出 虹 个（量词）

zei cvqi gouz ded.

出了彩虹。

048. ȵi^{44}xɯ^{31}pi^{35}sɿ^{35}sɿ^{35}li^{55}mu^{33}.

天 里 风 丝 丝也 没有

nihet bifsif sif lil mux.

白天一丝风也没有。

049. mi^{44}phi^{31}fe^{33}ji^{31}，tshɿ^{55}xɔ^{31}sɿ^{31}.

太 阳 很 锋利助词 晒 疼

mi'pit feix yit, zil haot sit.

太阳很辣，晒疼。

050. v^{33}ɕi^{44}u^{42}thɯ^{31}mu^{33}，mi^{44}phi^{31}tshv^{44}tɕhi^{44}fe^{33}ɣɯ^{31}ȵi^{44}.

雨 水 下 掉 没有 太 阳 出 来 很 炎 热

vxxi up tet mux, mi'pit cv qi feix hhexni.

雨没下下，太阳出来很热。

051. tsɔ^{33}lɔ^{32}，tshv^{44}ŋa^{21}lɔ^{32}.

是 的　出 汗 了

zaox laoz, cv ngad laoz.

是的，出汗了。

052. ȵia^{55}tsou^{21}ke^{35}ɕi^{55}ɕi^{44}tshv^{31}.

我们藏 到 凉快 处

nial zoud geif xilxi cvt.

我们到凉快处。

053. ȵia^{55}te^{31}le^{33}nɔ^{44}xe^{55}tɕhi^{31}tɕhiou^{55}.

我们大 理助词天 地　好

nial Deitleix nao heiljit qioul.

我们大理天气好。

054. ȵia^{55}tɯ^{31}ue^{33}a^{31}sua^{44}tsɿ^{44}fe^{33}ɣɯ^{31}ȵi^{44}pia^{33}le^{31}mu^{33}.

我们这 里 一 岁 助词很 热 天 那 种没有

nial detweix at sua zi feix hhetni biax leid mux.

我们这里一年到头没有很热的日子。

055. tsɔ^{33}lɔ^{32}，tv^{35}ua^{44}le^{55}ti^{21}tsɯ^{33}thɯ^{55}sou^{55}ua^{55}ȵi^{44}.

是 了 冬 月 也 只 是 下 霜 几 天

zaoxlaoz, dvfwa leil did zex telsoul walni.

是的，冬天也只有几天会下霜。

056. u^{42}sui^{44}tsɿ^{21}tɕia^{44}ɕiou^{33}.

下 雪 时 间 下

upsui zidjia xioux.

很少下雪。

057. sei^{31}tsɿ^{21}tɕia^{44}pɯ^{31}tha^{55}tsɿ^{55}tv^{35}ua^{44}le^{55}thɯ^{55}sou^{55}.

小 时　间　那 趟 助词冬月　也 下 霜

seit zidjia bettal zil dvfwa leil tel soul.

小时候冬天会下霜。

058. tɯ^{31}tha^{55}tsɿ^{55}sou^{55}le^{55}kui^{32}lɔ^{32}.

这 趟 助词 霜 也 不见 了

detal zil soul leil guiz laoz.

现在霜也不下了。

059. tsɔ^{33},tɯ^{31}tha^{55}tse^{44}pi^{31}se^{31}tsɿ^{21}ɕia^{44}pɯ^{31}tha^{55}ue^{35}uo^{21}na^{35}.

是 这 趟 再 比 小 时 间 那 趟 温 暖 呢（助词）

zaox, detal zeibit seit zidjia betlal weifwod naf.

是的，现在比小时候暖和。

060. tɯ^{55}ka^{55}sua^{44}xe^{55}ka^{35}.

这 几 岁 天 干

del gal sua heilgaf.

这几年天干。

061. ȵia^{55}a^{55}ta^{44}tv^{35}ua^{44}ȵi^{55}tse˞^{35}ua^{44}xe^{55}ka^{35}.

我们这里 冬 月 和 春 月 天 干

nial alda dvfwa nil zerfwa heilgaf.

我们这里冬季和春季天干。

062. tɕhi^{44}pia^{44}ua^{44}v^{33}ɕi^{44}tɕi^{35}，ŋv^{21}khua^{33}jɯ^{44}pe˞^{42}me^{33}.

七 八 月 雨 水 多 黄 狗 吃 白 米

qi bia wa vxxi jif，ngvd kuax ye berpmeix.

七八月雨水多，黄狗吃白米（比喻来年丰收）。

063. ua^{44}ȵi^{32}nɔ^{44}pi^{35}sɿ^{35}tɔ^{31}pɯ^{55}，ke˞^{35}ȵiou^{44}xu^{33}tɕhi^{44}.

外 面助词风 大 吹 怕 要 好 出

wamiz nao bifsif daot pel, gerf niou huxqi.

外面风大吹，天气恐怕要晴了。

064. tv^{35}ua^{44}xe^{55}tɕi^{31}a^{31}ȵi^{44}pi^{31}ȵi^{44}kɯ^{35}thɯ^{55}jɯ^{35}lɔ^{32}.

冬 月 天 地 一 天比 天 冷 下 来 了

dvfwa heiljit at ni bit ni gef tel yel laoz.

冬天一天比一天冷了。

065. sv^{32}nɔ^{44}pia^{33}tsɯ^{33}tsɯ^{31}pɔ^{33}tsɔ^{35}piɔ^{33}?
山 上 那 是 树木 是 不是
svz nao biax zex zetbaot zaofbiaox?
山那边那些是树木吗?

066. piɔ^{33}，pia^{33}tsɯ^{33}v^{21}ja^{44}.
不是 那些是 云 些
biao，biax zex vd ya.
不是，那是乌云。

067. xa^{55}v^{21}xa^{55}tɕhiou^{42}v^{33}ɕi^{44}tɔ^{33}ȵi^{55}mu^{33}?
看 云 看 好 雨 水得 不没有
hal vd hal qioup vxxi daox nil mux?
看云可以看出下雨吗?

068. tɔ^{33}lɯ^{44}，ku^{33}xuo^{44}sua:
可以的 古 伙 说
daox le,guxhuo sua:
可以的，古人云:

069. keʴ^{55}ȵi^{44}pe^{33}keʴ^{32}xe^{55}tv^{35}tsheʴ^{44}.
今 天 晚 上 天 东 红
gerlni beixgerz heil dvf cer,
今天晚上东方红（出了红云）。

070. ɣɯ^{33}ȵi^{44}meʴ^{21}peʴ^{42}u^{42}sueʴ^{44}sueʴ^{44}.
后 天 亮 白 下 水（拟声词：水流声音）
hhex ni merdberp up suersuer.
第二天早上下雨。

071. tɕhi^{44}pa^{44}ua^{44}v^{33}ɕi^{44}tɔ^{31}u^{42}.
七 八 月 雨 水大 下
qi ba wa vxxi daot up.
七八月大下雨。

072. pɯ^{55}tɯ^{21}mɯ^{55}，ȵia^{55}ȵia^{33}xɯ^{31}v^{33}ɕi^{44}a^{31}u^{42}tsɿ^{55}tsheɹ^{44}ɕy^{33}phɯ^{33}.

从前　　　　　　我们 这 里 雨水 一下助词 赤　水　冲

bel ded mel , nial niax het vxxi at up zil cer'xuix pex.

以前，我们这里一下雨就会有洪水冲下来。

073. pɯ^{44}tɕhi^{31}fv^{35}nɔ^{44}tv^{35}ua^{44}fe^{33}khɯ^{35}.

北 地 方 助词冬 月 很 冷

be jitfvf nao dvfwa feix gef.

北方的冬天很冷。

074. na^{21}tɕi^{31}fv^{35}nɔ^{44}tɕhi^{44}pia^{44}ua^{44}fe^{33}ɣɯ^{31}ȵi^{44}.

南 地 方 助词七　八　月 很 炎 热

nad jitfvf nao qi bia wa feix hhetni.

南方的七八月很热。

075. pɯ^{55}tɯ^{21}mɯ^{55}，sa^{55}ua^{44}tsɿ^{31}ȵi^{55}tɕi^{21}tshɔ^{55}se^{35}nɔ^{44}tsɯ^{33}sui^{44}ȵa^{35}.

从前　　　　　　三 月　街 也 苍　山　上　有　雪　呢（助词）

beldedmel,Salwa'zit nil Jidcaolseif nao zex sui naf.

从前，三月街时间苍山上还有雪。

076. tɯ^{31}tha^{55}tsɿ^{55}u^{42}sui^{44}ȵi^{55}ɕiou^{33}.

现 在　助词 下 雪 也 少

dettal zil up sui nil xioux.

现在雪也很少下了。

077. a^{31}sua^{44}pi^{31}sua^{44}ue^{35}.

一 岁 比 岁　热

at sua bit sua weif.

一年比一年热。

附表一：大理有十二个县市，他们的白语名称分别是

白语	国际音标	汉语意思
Deitleix	te^{31}le^{33}	大理
Jeipcuil	tɕie^{42}tshui^{55}	剑川
Opkerx	o^{42}kheʴ^{44}	鹤庆
Laodhaolxi	lɔ^{21}xɔ^{55}ɕi^{44}	洱源
Weisa	ue^{44}sa^{44}	巍山
Biecua	piɯ^{44}tshua^{44}	宾川
Mipdul	mi^{42}tu^{55}	弥渡
Qiapyuip	tɕhia^{42}jui^{42}	祥云
Youtpiep	jou^{31}phiɯ^{42}	永平
Yalbif	ja^{55}pi^{35}	漾濞
Yuiplup	jui^{42}lu^{42}	云龙
Napjieil	na^{42}tɕie^{55}	南涧

附表二：大理市十一个乡镇的白语名是：

白语	国际音标	汉语意思
Exguerf	eʴ^{33}kueʴ^{35}	下关
Douxguerf	tou^{33}kueʴ^{35}	上关
Deitleix	te^{31}le^{33}	大理
Tagud	tha^{44}ku^{21}	银桥
Wafqiaol	ua^{35}tɕhɔ^{55}	湾桥
Hexjieix	xɯ^{33}tɕe^{33}	喜洲
Cualnud	tshua^{315}nu^{21}	双廊
Wapse	ua^{42}sɯ^{44}	挖色
Gaoddvf	kɔ^{21}tv^{35}	海东
Felyiep	fɯ^{55}jɯ^{42}	凤仪
Daotye	tɔ^{31}jɯ^{44}	（大村）太邑

附表三：白语方位词

白语	国际音标	汉语意思
dvf	tv^{35}	东
nad	na^{21}	南
seif	se^{35}	西
be	pɯ^{44}	北
ded	tɯ^{21}	前
hhex	ɣɯ^{33}	后
doux	tou^{33}	上
erx	e^{ɹ33}	下
zerbaod	tse^{ɹ44}pɔ^{21}	右边
bifbaod	pi^{35}pɔ^{21}	左边

pe^{ɹ42}xuo^{33}ji^{35}pe^{32} Berphuox yifbeiz
白族服饰　杨娟供图

8. 衣食篇

ji^{35}pe^{32}ȵi^{55}jɯ^{44}ŋɯ^{44}
衣裳 和吃喝
yifbeiz nil yengex
服饰和美食

（1）ji^{35}pe^{32}
衣裳
yifbeiz
服饰

白族尚白，白族的服饰以白色为主。

白族女性的服饰，主要有头帕、上衣、领褂、腰带、围裙、长裤、绣花鞋几个部分。头帕有专用的毛巾，年轻女性还在里面加一点印染的蓝色布料，头帕的一端缀有长长的白穗，头帕戴在头上，长穗可以垂到腰间。上衣是长款的，前短后长，过去要把整个臀部遮住，现在改良了，超过腰部即可，上衣一般是白色的。领褂也是前短后长，领褂的颜色就丰富了，年轻女性一般穿红色、黄色等鲜艳的颜色，中老年会选择偏冷的色系，蓝色、黑色等。上衣和领褂都是右衽结钮。腰带是用来束腰的，为了整个人看起来更婀娜。腰带束好之后，再系上围腰。围腰过去很讲究，要超过膝盖，现在服饰越来越多元化，各种款式都有，围腰也就没有那么讲究了。围腰是用两根长长的飘带系在腰上，飘带和围腰用围腰花（kuaxnivxbif）连接。

过去中青年妇女要穿绲边红、绿衣裤，绲衣、绲裤均为宽袖宽裤管。随着时代的发展，白族也与时俱进，服饰与其他民族已无异。过去妇女还常穿各式绣花鞋，红缨花碎布麻草鞋，现草鞋已废弃，绣花鞋由于独具民族特色，又成为年轻人的新宠。

白族男子的服饰已与汉族无异，节庆之日，闲暇之时，老年男子会穿上长衫，头戴帽子。

过去，云龙及洱源西山的一些山地白族，冬天的避寒衣服，男性穿羊皮褂子，女性穿羊皮披肩，穿法是羊毛朝外。

白族孩子小时候，头上会戴一顶虎头或鸡头帽，统一叫“迪迪等”（diddif det）。

001. ȵia^{55}peɹ^{42}xuo^{33}ɕi^{31}xua^{35}peɹ^{42}nɔ^{44}ji^{35}pe^{32}.

咱们白 伙 喜 欢 白 助词衣 裳

nial Berphuox xithuaf berp nao yifbeiz.

咱们白族喜欢白颜色的衣服。

002. ȵia^{55}ku^{33}xuo^{33}pa^{55}ji^{32}tsu^{21}ji^{35}.

咱们老 伙 他们穿 长 衣

nial gux huox bal yiz zudyif.

咱们白族老人穿白族衣服。

003. se^{31}xuo^{33}tsɿ^{55}ɕi^{31}hua^{35}tshɯ^{55}ji^{35}.

小 伙 助词喜 欢 短 衣

seit huox zil xithuaf jiz celyif.

年轻人喜欢穿汉族服饰。

（因为白族衣服相对于汉族服饰比较长，所以民间百姓称白族衣服为长衣，汉族服饰为短衣。）

004. pɯ^{55}tɯ^{21}mɯ^{55},ȵiv^{33}ȵi^{21}xuo^{33}khɔ^{55}v^{42}pɯ^{44}ȵiou^{33}tsou^{21}phia^{44}keɹ^{31}keɹ^{35}te^{44}le^{21}eɹ^{33}sɿ^{31}.

从前 女 人 伙 围 腰 条 要 长 到 膝盖 个 下 面

bel ded mel,nivxnid huox kaol'vp be nioux zoud pia gertgerfdei leid erxsit.

从前，女性的围腰要长及膝盖之下。

005. tsɿ^{44}ȵi^{21}xuo^{33}tsɿ^{55}tsuo^{31}sɯ^{44}ji^{32}tshɯ^{55}ji^{35}tshɯ^{55} kua^{35}.

男 人 伙 做 工 作 穿 短 衣 短 裤

zinid huox zil zuozse yiz celyif celguaf.

男人们工作时穿短的衣衫。

006. ku^{33}pɔ^{35}xuo^{33}ɕia^{35}tsɿ^{21}tɕia^{44}ji^{32}se^{44}tsɿ^{31}，tɯ^{32}nɔ^{44}ɕiɔ^{31}mɔ^{55}tɯ^{32}.

老 公 伙 闲 时 间 穿 长袍 戴 助词 帽 子 顶

guxbaof huox xiaf zidjia yiz seizit koul,dez nao xiaotmaol dez.

老先生们闲暇时穿长袍，戴顶帽子。

007. ku^{33}jɔ^{32}pa^{42}xuo^{33}nɔ^{44}pi^{31}tɕia^{35}tsɯ^{33}xɯ^{44}nɔ^{44}mu^{33}tsɿ^{55}la^{42}nɔ^{44}.

老太婆　伙 助词坎肩　是 黑 助词没有助词 蓝 助词

guxyaozbap huox nao bitjiaf leid zex he nao mux zil lap nao

老太太们的坎肩不是黑的就是蓝的。

008. ȵiv^{33}lɔ^{32}tsɿ^{44}xuo^{33}nɔ^{44}pi^{31}tɕia^{35}le^{21}tsɯ^{33}xuo^{35}nɔ^{44}.

女孩子　伙 助词坎肩 件 是 红 助词

nivxlaozzi huox nao bitjiaf leid zex huox nao.

女孩子们的坎肩通常是红色的。

009. meʴ^{55}ȵi^{44}kuo^{32}tɕia^{44}tsɿ^{55}ȵia^{55}ji^{32}tsu^{21}ji^{35}.

明 天 过　节 助词咱们穿 长 衣

merlni guozjia zil nial yiz zud yif.

明天过节咱们穿白族衣服。

010. ȵa^{55}ji^{55}tsɿ^{55}pɔ^{31}ji^{35}tse^{35}tsɿ^{44}.

咱们穿助词它一 致 助词

nial yiz zil baot yifzeif zi.

咱们要穿得一致。

011. tsu^{21}ji^{35}ji^{32}peʴ^{42}nɔ^{44}pɯ^{21}khou^{55}.

长 衣 穿白　助词那　件

zdyif yiz berp nao bed koul.

（里面的）长服穿白色的那件。

012. pi^{31}tɕia^{35}ji^{32}xuo^{35}nɔ^{44}pɯ^{21}le^{21}.

坎肩　穿 红　助词那 件

bitjiaf yiz huof nao bed leid.

坎肩穿红色的那件。

013. ji^{35}ta^{35}pɔ^{35}tshɯ^{44}tseʴ^{44}nɔ^{44}pɯ^{21}tsv^{44}.

腰带　　系　窄 助词那 条

yifdafbaof ce zer nao bed zv.

腰带系窄的那条。

014. khɔ^{55}v^{42}kɔ^{55}lv^{44}nɔ^{44}pɯ^{21}pɯ^{44}.

围腰 系 绿 助词那 块

kaol'vp kaol lv nao bed be.

围腰系绿色的那一块。

025. kua^{35}ȵia^{55}kɔ^{35}ji^{32}kɔ^{32}v^{31}.

裤 咱们 各 穿 各 的

guaf nial gaof yiz gaof vt.

裤子各穿各的（自行决定）。

016. tɕhieɹ^{44}xuo^{35}ŋe^{21}tɕi^{33}tsou^{44}kɯ^{44}.

绣 花 鞋 双 穿 起

qierhuofngeid jix zou ke.

穿上绣花鞋。

017. ue^{21}tɕie^{35}ja^{44}zɔ^{44}tɕhiou^{55}pɔ^{31}.

包头 个 绕 好 它

weidjieif ya ssao qioul baot.

头巾要绕好。

018. tɯ^{21}ma^{35}tshɯ^{55}pɯ^{31}xuo^{44}tɕia^{44}nɔ^{44}tɕia^{31}tɯ^{21}ma^{35}pi^{35}.

头 发 短 那 伙 接 助词 假 头 发 辫

dedmaf cel bet huo jia nao jiat dedmaf bif.

头发短的（无法盘上头巾）辫子上接上假发。

019. sueɹ^{44}tɯ^{21}le^{21}tsu^{35}tieɹ^{44}.

垂须穗 个 长 点

suerded leid zuf dier.

（包头上的）垂须穗要长点。

020. nɯ^{55}khua^{33}ȵiv^{33}pi^{35}nɯ^{31}le^{21}tse^{55}sɿ^{44}xa^{55}fe^{35}.

你的狗 耳朵 这 个 怎 么 看 好

nel kuaxnivxbif net leid zeil si halfeif!

你的围腰花怎么这么好看!

021. khua^{33}ȵiv^{33}pi^{35}le^{21}nɔ^{44}meɹ^{35}tsheɹ^{55}le^{55}a^{31}ka^{31}ta^{21}ka^{31}nɔ^{44}a^{31}jou^{31}mu^{32}.

狗 耳 朵 个 助词 名 字 也一 处 跟 处 助词一样没有

kuaxnivxbif leid nao merfcerl leil at gat dad gat nao at youz mux.

围腰花的叫法一处跟一处不一样。

022. ua^{42}sɯ^{44}ɣɯ^{35}pɯ^{55}mɯ^{55}a^{44}tɕy^{33}tui^{32}.

挖 色 叫 它 宾格 鸭嘴

Wapse hhef bel mel ajuix duiz.

挖色叫鸭嘴。

023. fɯ^{55}ji^{42}ɣɯ^{35}pɯ^{55}mɯ^{55}ji^{35}jɔ^{42}xuo^{35}.

凤 仪 叫 它 宾格 衣腰 花

Felyip hhef bel mel jifyaophuof.

凤仪叫衣腰花。

034. nɯ^{31}le^{21}tsɯ^{33}ŋɯ^{55}mɔ^{33}ti^{21}ta^{35}ȵi^{21}tsɿ^{44}tɕheɹ^{44}tɯ^{44}.

这 个 是 我的 妈 自己 人 做 绣 的

net leid zex ngel maox did daf nid zi qier de.

这个是我妈妈自己绣的。

025. khɔ^{55}v^{42}pɯ^{44}nɔ^{44}phiɔ^{44}te^{55}nɯ^{31}tui^{32}ȵi^{55}pɯ^{31}ȵi^{21} tɕheɹ^{44}tɯ^{44}.

围腰 条 助词 飘 带 这 对 也是她 人 绣 的

kao'vp be nao piaodeil net duiz nil bet nid qier de.

围腰上的这对飘带也是她绣的。

026. tsɿ^{44}ȵi^{21}xuo^{33}ji^{32}ȵa^{55}ze^{33}tɯ^{44}nɔ^{44}ma^{31}kua^{55}pɯ^{31}le^{21}.

男 人 伙 穿咱们染 的 助词 马 褂 那 件

zinid huox yiz nial sseix de nao matgual bet leid.

男人穿咱们染的那件马褂。

027. ȵiv^{33}ȵi^{21}xuo^{33}ka^{44}sueɹ^{44}sueɹ^{44}ɕi^{35}kua^{44}khɯ^{44}.

女 人 伙 把 挂链 串 挂 起

nivxnid huox ga suersuerxif gua ke.

女人挂起挂链（一种银制首饰，挂在衣服纽扣上）。

028. nɔ^{31}keɹ^{55}ȵi^{44}ji^{32}tsu^{21}ji^{35}ȵi^{55}tshɯ^{55}ji^{35}?

你 今 天 穿 长 衣还是短 衣

naot gerlni yiz zudyif nil celyif?

你今天穿白族服装还是汉族服饰?

029. keɹ^{55}ȵi^{44}tsɿ^{55}tsuo^{42}sɯ^{33}，ji^{32}tshɯ^{55}ji^{35}.

今 天 做 工 作 穿 短 衣

gerlni zil zuozsex,yiz celyif.

今天做活，穿短衣。

030. ȵiv^{33}ȵi^{21}xuo^{33}pu^{35}kua^{31}ȵi^{44}sua^{44}tɔ^{31}se^{31},tsu^{44}ȵiv^{33} ku^{21}.

女 人 伙 不 管 日 岁 大 小 戴 耳 环

nivxnid huox bufguat ni sua daot seit,zu nivxgud.

（白族）女性不管年龄大小，都戴耳环。

031. pɯ^{55}tɯ^{21}mɯ^{55}tsɿ^{55}ȵiv^{44}ȵi^{21}xuo^{33}ji^{35}pe^{32}ja^{44}nɔ^{44}tse^{44} kui^{31}pie^{44}.

从前 助词女 人 伙 衣裳 些 助词还 绲 边

beldedmel zil nivxnid huox yifbez ya nao zei guit biei.

从前，女性的衣服要有绲边。

032. nɯ^{21}tha^{55}tsɿ^{55}tsui^{44}sui^{35}ȵi^{21}keɹ^{35}ɕi^{31}xua^{35}.

现在 助词随便 人 家 喜 欢

nettal zil zuisuif nidgerf xithuaf

现在任由个人喜好。

033. nɯ^{21}tha^{55}ȵia^{55}tsu^{21}ji^{35}nɔ^{44}sɿ^{55}ja^{55}li^{55}jy^{35}le^{42}jy^{35}meɹ^{35}.

现在 咱们长 衣助词式 样也越来 越 多

nettal nial zudyif nao silyal lil yuifleip–yuifmerf.

现在白族衣服的式样越来越多。

034. tsɿ^{55}tɯ^{44}jy^{35}le^{42}jy^{35}xa^{55}xu^{33}.

做 得 越来 越 看 好

zil de yuif leip yuif hal hux.

做得越来越好看。

035. o^{42}keɹ^{44}xuo^{33}nɔ^{44}tsu^{21}ji^{35}la^{32}ta^{44}ȵia^{55}nɔ^{44}a^{31}jou^{32}mu^{33}.

鹤庆 伙 助词长 衣 又 跟我们助词一样 没有

Opker huox nao zudyif laz da nial nao at youz mux.

鹤庆的白族服装又跟我们不一样。

036. tɕie^{42}tshui^{55}xuo^{33}nɔ^{44} tsu^{21}ji^{35}le^{55}ta^{44}ȵia^{55}a^{31}jou^{32}mu^{33}.

剑川 伙 助词 长 衣也 跟 我们一样 没有

Jieipcuil huox nao zudyif leil da nial at youz mux.

剑川的白族服装也跟我们不一样。

037. pa^{55}ȵiv^{44}ȵi^{21}xuo^{33}tɯ^{32}ɕiɔ^{31}mɔ^{55},ȵia^{55}zɔ^{44}ue^{35}tɕie^{35}.

他们女 人 伙 戴 帽子 我们绕 头 帕

bal nivxnid huox dez xiaotmaol,nial ssao weidjieif.

他们女性（头上）戴帽子，我们戴头帕。

038. pɯ^{55}tɯ^{21}mɯ^{55}，tsɯ^{33}jui^{42}lu^{42}，a^{31}phia^{44}tv^{35}ua^{44}.

从前 在 云 龙 一 到 冬 月

beldedmel ,zex Yuilup,at pia dvf wa.

从前，在云龙（县），一到冬天。

039. tsɿ^{44}ȵi^{21}xuo^{33}ji^{32}jou^{21}pe^{21}ji^{35}khou^{55}.

男 人 伙 穿 羊 皮 衣 件

zinid huox yiz youd beid yif koul.

男人会穿羊皮褂子。

040. ȵiv^{33}ȵi^{21}xuo^{33}ji^{44}jou^{21}pe^{21}se^{44}.

女 人 伙 穿 羊 皮 披肩

nivxnid huox yi youd beid sei.

女人穿羊皮披肩。

041. sv^{55}tsv^{44}ȵiv^{33}xuo^{33}se^{31}tsɿ^{21}tɕia^{44}tɯ^{32}kɔ^{32}ti^{21}ti^{35}tɯ^{32}.

小 儿 女 伙 小 时 节 戴 给 “迪迪顶”

svlzvnivx huox seit zidjia dez gaoz diddif dez.

孩子小时候会给他们戴白族帽子（迪迪帽）。

042. ji^{32}kɯ^{44}pɔ^{31}tɕhi^{44}keɹ^{55}v^{44}kua^{35}.

穿 给 他 出 屁股 裤

yiz ge baot qikerl'v guaf.

给他穿开裆裤。

043. tshɯ^{44}kɔ^{32}tɕiɔ^{31}pɯ^{44}.

系 给 屁裙块

ce gaot jiaot be.

给他系个屁裙。

穿民族服饰的白族女性（龚美花摄）

khua^{33}ȵiv^{33}pi^{35} kuaxnivxbif
围腰花 张锡梅摄

(2) jɯ^{44}ŋɯ^{33}
吃喝
yengex
饮食

由于地理环境的影响，白族的饮食和西南地区其他民族一样，偏辣。白族独特的美食有乳扇，乳扇是用新鲜的牛奶制作的，可以煎炸，是白族三道茶回味茶中必不可少的食品之一，也可以生吃，大理古城街头有放多小商贩在卖夹沙乳扇，把乳扇放到火上烤，中间夹上豆沙或是白糖，一边烤一边卷，味道独特。

剑川、云龙、洱源的高寒山区，会制作乳饼，乳饼是用羊奶做的，云龙还会用制作腊肉的方法做腊乳饼。

冻鱼也是白族的一道名菜，“吃冻鱼，晒肚皮”，应该是大理独特的一景。做冻鱼的鱼种类很多，可以是大青鱼，鲫鱼，小鱼，各具各的味道。如果是大青鱼，除去鱼鳞，开肠剥肚，把鱼胆及肠子等去掉，洗干净，砍成小段，如果鱼不是太大，就不用砍了，一条一条煮，小鱼只需要洗干净，就可以煮了。在锅里放冷水，加花椒，再放洗好剁好的鱼，煮涨后，放入干辣椒面、梅干、大蒜、葱姜等调料，之后，再煮半个小时左右，即可起锅。冻鱼的汤要收浓一点，要放在天井或井水中，自然冻成才好吃。

生皮是大理人民聚餐时必不可少的美食。生皮不等同于生肉，得用火烧过的猪肉才可以做生皮，燃料也很讲究，只能用松毛、稻草和麦秆三种，用它们烧出来的猪皮色金黄均匀，皮和肉都有一种清香。

白族待客，必不可少的是八大碗，八大碗包括：酥肉、蒸排骨、冷拼盘、东坡肉、大白豆、笋丝、木耳、杂菜汤。前面四个菜是必备的，后面的素菜会随着季节有所变化。物资匮乏的年代，做客的时候，女性和孩子常常把肉类留下来，用筷子串成串，带回家。

炖梅也是大理特产之一。炖梅味道较酸，但是功用很大。可以内服外用，外用，可以敷在皮肤溃烂的地方，能去疮生肌。当然，更广泛的还是食用。夏天到了，暑气十足的时候，从陶罐中掏出几颗，加入一点白糖，倒入一些凉开水，沁人心脾，消暑止渴。现在大理专门有一种凉茶，叫乌梅茶。还有就是吃各种凉菜时候的蘸水碗了，白族做蘸水的时候，一般不用其他醋，就用炖梅，尤其是吃生皮的这道白族独特的菜肴时，一定要用炖梅做蘸水佐料，生皮才能入口入心，回味无穷。炖梅煮鱼也是别具风味，白族煮酸辣鱼时，加入几颗炖梅，很是提味。

“粑粑叫饵块”，大理的饵块有两种，一种是大块的，像砖头一样，吃的时候需要刀切，可以炒或煮。一种是片状的，作为早点吃的，中间夹上火腿肠或油条，很受学生们的欢迎。

面片汤过去也是白族地区常见的菜肴，把面揉好，水开之后，一片一片掐进锅里，加上新鲜蔬菜，很是满足口腹之欲。大理的面片汤和云龙的面条汤发音一样（memizherl），但是是材质相同而形状不同的两种食物。

白族人喜欢喝茶，老年男性会喝烤茶，把茶罐放到炭火上烤，之后放入茶叶，再均匀地烤着，然后倒入开水，会听见如雷般鸣声，白族谓之“雷响茶”。如果有贵客到，海西一带还会待之“一苦二甜三回味”的三道茶。过年节，会做米花茶款待亲友。

044. keɹ^{55}ȵi^{44}meɹ^{21}peɹ^{42}ȵi^{55}jɯ^{44}xa^{31}ja^{44}se^{31}tsha^{55}?
今 天 亮 白 您 吃 什么 小 饭
gerlni merdberp nil ye hatya setcal?
今天早上您吃了什么早点？

045. keʴ^{55}ȵi^{44}meʴ^{21}peʴ^{42}ŋɔ^{31}jɯ^{44}xɯ^{55}jou^{55}fv^{32}ke^{32}.

今 天 亮 白 我 吃 掉 油 粉 碗

gerlni merdberp ngaot ye hel youlfvz geiz.

今天早上我吃了碗油粉。

046. ȵi^{55}sua^{55}tɯ^{21}nɔ^{44}tɔ^{21}kɔ^{31}jɯ^{44}dɯ^{44}xa^{31}ja^{44}?

您 孙 个 助词做 给 吃 的 什么

nil sual ded nao daod gaot ye de hatya?

您给孙子做了什么吃的?

047. ŋɯ^{55}sua^{55}tɯ^{21}nɔ^{44}tɔ^{21}kɔ^{31}jɯ^{44}tɯ^{44}ŋɯ^{21}pa^{42}ȵi^{55}ke^{35}se^{32}.

我 孙 个 助词做给 吃 的 牛 奶 和 鸡 蛋

ngel sual ded nao daod gaot ye de ngedbap nil geifseiz.

我给孙子做了牛奶鸡蛋。

048. ȵi^{44}xɯ^{31}jɯ^{44}a^{55}ja^{44}ȵi^{55}?

天 里 吃 什么 呢

nihet ye alya nil?

中午吃什么呢?

049. ȵi^{44}xɯ^{31}ȵia^{55}pe^{44}ka^{31}thou^{33}jɯ^{44}xeʴ^{55}gkeʴ^{21}khɯ^{33}.

天 里 我们走 感 通 吃 生 肉 起

nihet nial bei Gattoux ye herlgerd kex.

中午我们去感通吃生皮去（感通是一个寺院的名称，在大理市上末村西圣应峰，上末村有许多以生皮为主菜的商家，渐渐地，大家都习惯说去感通吃生皮了）。

050. tsɔ^{33}，ȵia^{55}ji^{35}tɕhi^{31}pe^{44}kɯ^{33}.

是 我们一 起 走 起

zaox, nial yifqit bei kex.

好，咱们一起去。

051. jɯ^{44}xeɹ^{55}gkeɹ^{21}tsɿ^{55}te^{42}tɯ^{21}ȵiou^{44}zu^{31}mɯ^{44}kua^{44}ja^{44} tsɿ^{55}su^{55}pɔ^{31}.

吃 生 皮 助词猪 头 (量词) 要用 麦 秆 些 做 烧 它

ye herlgerd zil deipded niou ssut megua ya zil sul baot.

吃生皮的猪（杀好之后）要用麦秆烧。

052. mɯ^{44}kua^{44}mu^{33}tsɿ^{55}zu^{31}ma^{44}.

麦 秆 没有助词 用 稻草

megua mux zil ssut ma.

没有麦秆用稻草。

053. tsui^{55}xu^{33}tsɿ^{55}zu^{31}jeɹ^{21}fa^{35}ma^{21}.

最 好 助词用 松针

zuil hux zil ssut yerdfafmad.

最好是用松针。

054. sua^{55}tsɿ^{44}ke^{32}ȵiou^{44}zu^{31}tsv^{33}tɕie^{33}thiɔ^{42}.

酸 汁 碗 要 用 炖 梅 调

sualzi geiz niou ssut zvtjieix tiaop.

蘸水要用炖梅调。

055. ŋɔ^{31}na^{21}tsɿ^{55}sua^{44}tui^{32}dɯ^{44}tsv^{33}tɕie^{33}zɿ^{21}.

我 去 岁 炖 得 炖 梅 罐

ngaot nadzilsua duiz de zvtjieixssid.

我去年炖了一罐炖梅。

056. nɔ^{31}ka^{44}tui^{332}xɯ^{55}xa^{31}ka^{31}?

你 把 炖 助词 哪里

naot ga duiz hel hatgat?

你炖在哪里?

057. zu^{31}xui^{33}pa^{21}le^{31}tui^{32}tɯ^{44}，fe^{33}jɯ^{44}fe^{35}.

用 火 盆 个 炖 得 很 吃 好

ssut huixbad leit duiz de,feix ye feif.

用火盆炖的，很好吃（炖在火盆旁边）。

058. ŋɔ^{31}tui^{32}tsuo^{32}khɔ^{55}pie^{35}nɔ^{44}，xui^{33}me^{21}mɯ^{55}.

我 炖　灶 量词 边　上　　火　门　处所标记

ngaot duiz zuozkaol bieif nao,huix meid mel.

我炖在灶边上，火门旁边（白族旧灶是一种土灶，烧火处很宽，可以放下一些瓶罐，用来炖炖梅，可以利用做饭时的余火，很节能）。

059. tui^{32}tɕhi^{44}li^{55}jɯ^{44}fe^{35}.

炖　出 也 吃 好

duiz qi lil ye feif.

炖出来（的炖梅）也好吃。

060. pe^{33}keɹ^{32}ȵia^{55}jɔ^{35}tsɔ^{55}lɔ^{31}sɿ^{44}jɯ^{44}pe^{33}.

晚上　我们约 赵 老 师 吃 晚饭

beixgerz nial yaof Zaollaotsi ye beix.

晚上我们约赵老师吃饭。

061. pɯ^{31}ȵi^{21}mɯ^{55}ti^{21}ja^{42}peɹ^{35}tɕiɯ^{44}pe^{44}ta^{31}jɯ^{35}na^{21}.

那 人　才　从　北 京　走 回 来 呢（助词）

bet nid mel did yap Berfjie bei dat yef nad,.

他（她）才从北京回来的。

062. xa^{31}tha^{55}jɯ^{44}pe^{33}?

什么时候吃晚饭

hattal ye beix?

晚饭几点钟吃?

063. ɣɯ^{33}ȵi^{44}tɯ^{31}lu^{35}tie^{31}tɕi^{21}ɣɯ^{33}jɯ^{44}pe^{33}.

后 晌 午　六 点 前 后 吃 晚饭

hhex ni'ded luf dieit jidhhex ye beix.

下午六点左右吃晚饭。

064. ȵia^{55}tɔ^{21}nɔ^{44}xa^{31}ja^{44}tshɯ^{31}ua^{55}ja^{42}?

我们做助词 什么　菜　几 样

nial daod nao hatya cet wal yap?

我们做什么菜?

065. pe^{44}meʴ^{32}nɔ^{44}ŋv^{35}ua^{55}tɯ^{21}，tsv^{33}nɔ^{44}ŋv^{35}pa^{21}.

走 买 助词鱼 几 条　煮 助词 鱼 盆

bei merz nao ngvf wal ded, zvx nao ngvf bad.

去买上几条鱼，煮盆鱼。

066. tse^{35}jɯ^{44}nɔ^{44}ȵiv^{33}se^{32}pha^{42}.

煎 吃 助词乳 扇 盘

zeif ye nao nivxseiz pap.

煎一盘乳扇。

067. ȵiv^{33}se^{32}tshɯ^{33}xa^{31}ja^{44}tsɿ^{55}tɯ^{44}.

乳 扇 是　什 么 做 的

nivxseiz zex hatya zil de?

乳扇是用什么做的?

068. ȵiv^{33}se^{32}tsɯ^{33}zu^{31}ŋɯ^{21}pa^{42}tsɿ^{55}tɯ^{44}.

乳 扇 是 用 牛 奶 做 的

nivxseiz zex ssut ngedbap zil de.

乳扇是用牛奶做的。

069. ŋɯ^{21}pa^{42}ja^{44}tsui^{44}tɕhiou^{55}xɯ^{55},tɕhi^{31}nɔ^{44}xui^{44}tsou^{32}.

牛 奶 些 挤 好　后　起 助词火　堆

ngedbap ya zui qioul hel,qit nao huix zouz.

牛奶挤好后，生堆火。

070. tsɿ^{35}nɔ^{44}se^{31}kuo^{35}tsɿ^{44}pe^{21}，xy^{33}u^{55}xua^{44}khɯ^{44}jɯ^{35}，ua^{42}pɯ^{55}nɔ^{44}ŋɯ^{21}pa^{42}ke^{32}.

支 上 小 锅 子 个　水量词开 起 来　挖 它 助词牛 奶 碗

zif nao seit guof zi beid,xuix wul hua ke yef,wap bel het ngedbap geiz.

火上放只小锅，等小锅里的水开了，舀入一碗牛奶。

071. ŋɯ^{21}pa^{42}ja^{44}pi^{31}tsɿ^{55}a^{31}khui^{55}tsɿ^{44}xɯ^{55},ka^{44}la^{44}tsɿ^{55}a^{31}phieʴ^{55}tsɿ^{44},kua^{44}khɯ^{44}tɕia^{55}tsɿ^{44}le^{21}nɔ^{44}.

牛 奶 些 变 成 一 块 助词后 把 拉 成 一片 助词 挂 在　架 子 个 上

ngedbap ya bit zil at kuil zi hel , ga la zil at pierl zi,gua ke jialzi leid nao.

牛奶凝聚成团之后，拉成片，挂在（特制）的架子上。

072. tse^{44}tsa^{44}nɔ^{44}jou^{21}pa^{42}pha^{42}.

再 煎 上 羊 奶 盘

zei za nao youdbap pap.

再煎一盘羊乳饼。

073. tsɯ^{35}jɯ^{44}nɔ^{44}ke^{35}se^{32}pi^{21}thv^{55}xuo^{35}ue^{42}ke^{32}.

蒸 吃 助词鸡蛋 芋花 碗

zef ye nao geifseiz bidtvl–huofweip geiz.

蒸一碗鸡蛋芋花。

074. tse^{44}tse^{35}nɔ^{44}tse^{35}mi^{32}ua^{55}le^{21}.

再 煎 上 糯米 几 卷

zei zeif nao geifmiz wal leid.

再煎上几卷糯米卷（zeifmiz，一种糯米卷，白族民间俗称叫化子卷铺盖，糯米里面卷上红糖，软糯可口）。

075. pɯ^{31}ȵi^{21}tsɯ^{44}ua^{44}sɿ^{31}a^{31}keɹ^{21}ȵi^{44}ɕieɹ^{44}，ɕia^{31}jɯ^{44}ȵia^{55} xɔ^{31}tv^{35}nɔ^{44}tshɯ^{31}lɔ^{32}.

那 人 有 外 面 一段 日 子 想 吃咱们 家 庭 助词 菜 了

bet nid zex wasit at gerd ni'xier,xiat ye nial haotdvf nao cet laoz.

他（她）在外面很长时间了，想吃家乡菜了。

076. tsv^{33}jɯ^{44}nɔ^{44}khɔ^{55}fv^{44}tshɯ^{31}xeɹ^{55}u^{55}.

煮 吃 上 海 菜 汤 量词（一般用于液体）

zvx ye nao kaolfvcet herl wul.

煮个海菜汤。

077. v^{44}nɔ^{44}lɔ^{35}kuo^{35}xeɹ^{55}zɿ^{31}mɯ^{21}.

焖上 罗 锅 米 饭 锅

v nao laofguof herlssit med.

焖锅罗锅饭。

078. kua^{31}tsɿ^{44}tɯ^{31}xɔ^{31}nɔ^{44}xeɹ^{55}pha^{44}ja^{44}jɯ^{44}tɕhiou^{55}lɯ^{44}.

餐 厅 这 家 的 菜 些 吃 好 的

guatzi det haot nao herlpa ya ye qioul le.

这家餐厅的饭菜真好吃。

079. ȵia^{55}te^{31}le^{33}ȵi^{21}keʴ^{35}xuo^{33}tse^{44}ɕi^{31}xua^{35}jɯ^{44}xa^{31}ya^{44}?
我们大理 人 家 伙 再 喜 欢 吃 什 么
nial Deitleix nidgerf huox zei xithuaf ye hatya?
咱们大理人还喜欢吃什么?

080. ŋɔ^{31}ɕi^{31}xua^{35}jɯ^{44}mɯ^{44}mi^{32}xeʴ^{55}.
我 喜 欢 吃 麦面 汤
ngaot xithuaf ye memizherl.
我喜欢吃面片汤。

081. ɣɯ^{42}sɿ^{35}tsɿ^{44}xuo^{33}meʴ^{21}peʴ^{42}ɕi^{31}xua^{35}su^{55}jɯ^{44}zɿ^{31} khui^{55}.
学 书 子 伙 亮 白 喜 欢 烧 吃 饵 块
hhep sif zi huox merdberp xithuaf sul ye ssitkuil.
早上学生们喜欢烧饵块吃。

082. tseʴ^{35}ua^{44}ȵia^{55}jɯ^{44}tv^{44}ŋv^{35}tv^{44}keʴ^{21}.
春 月 咱们 吃 冻 鱼 冻 肉
zerfwa nial ye dv'ngvf dv'gerd.
春节喜欢吃冻鱼冻肉。

083. ɣɯ^{31}ȵi^{44}ȵi^{44}ɕeʴ^{44}jɯ^{44}jou^{55}fv^{32}，pa^{31}jɯ^{44}kv^{35}tshɯ^{31}.
炎 热 天 吃 油 粉 拌 吃 腌 菜
hhetni nixier ye youlfvz,bat ye gvfcet.
热天吃油粉，拌腌菜。

084. ȵia^{55}pa^{31}kheʴ^{44}ȵiou^{44}jɯ^{44}pa^{35}ta^{55}ua^{31}.
我们办 客 要 吃 八 大 碗
nial bat ker niou ye bafdalwat
咱们办事（请客）要吃八大碗。

085. pa^{35}ta^{55}ua^{31}tsɯ^{33}na^{44}pia^{44}pa^{44}?
八 大 碗 是 哪 八 碗?
bafdalwat zex na biaba?
八大碗是哪八个菜?

086. su^{44}zu^{35}、tu^{44}pɔ^{44}、ja^{42}jy^{55}fɯ^{33}tsɯ^{44}、te^{42}ka^{35}lia^{42} phie^{55}、sui^{31}sɿ^{44}、mu^{35}eɹ^{31}、tɔ^{31}tɯ^{21}、tsa^{21}kuo^{33}tshe^{55}.

酥肉　东 坡　洋 芋 粉 蒸　猪 肝 凉 片　笋 丝　木 耳　大豆　杂锅菜

su'ssuf、dubao、yafyuil–fetze、deipgaf–liappieil、suitsi、muf'ert、daotdet、zadguoceil.

酥肉、东坡肉、洋芋粉蒸、猪肝凉片、笋丝、木耳、大白豆、杂锅菜。

087. ȵiv^{33}ȵi^{21}ȵi^{55}sv^{55}tsv^{44}ȵiv^{33}xuo^{33}pe^{44}tsɿ^{55}kheɹ^{44}.

女 人和 小 儿 女 伙 走 做 客

nivxnid nil svlzvnivx huox bei zilker.

妇女和小孩子们去做客。

088. keɹ^{21}ja^{44}pa^{55}ka^{44}lu^{35}khɯ^{44}.

肉 些 他们把 留 起

gerdya bal ga luf ke.

把肉留着。

089. zu^{31}tsv^{31}tha^{31}tshv^{55}khɯ^{44}，ta^{35}ta^{31}xɔ^{31}tv^{35}.

用 箸 根 串 起　抬 回 家 庭

ssut zvttat cvl ke ,daf dat haotdvf.

用筷子串起，拿回家。

090. ku^{33}pɔ^{35}xuo^{33}ɕi^{31}xua^{35}ŋɯ^{33}tsɔ^{21}.

老 丈夫 伙 喜 欢 喝 茶

guxbaof huox xithuaf ngex zaod

老先生们喜欢喝茶。

091. ŋɯ^{55}lɔ^{31}meɹ^{21}peɹ^{42}meɹ^{44}khɯ^{44}jɯ^{35}，ɕie^{44}tsɯ^{33}xui^{33}tsuo^{21}nɔ^{44}ka^{44}tsɔ^{21}tɕy^{35}le^{21}ta^{21}khɯ^{44}.

我的爷 亮 白 爬 起 来　先 把 火 座 上 把 茶 罐 个 煨 起

ngel laot merdberp merke yef,xiei zex huixzuod nao ga zaodjuif leid dad ke.

我爷爷早上起来后，先把茶罐煨在火旁边。

092. tsɔ^{21}tɕy^{35}le^{21}ta^{21}tɯ^{44}tsha^{44}pu^{35}tuo^{44}，ka^{44}tsɔ^{21}se^{44}ja^{44} khe^{44}ȵi^{44}pɯ^{55}xɯ^{31}.

茶 罐 个 煨 得 差 不 多　把 茶 叶 些 放 进 它 里面

zaodjuif leid dad de cabufduo,ga zaod ya kei ni bel het.

茶罐煨好了，把茶叶放进去。

093. khu^{31}tɕiou^{55}xɯ^{55}，tɔ^{55}ȵi^{44}tsɔ^{21}tɕy^{35}le^{21}xɯ^{31}tou^{44}xua^{44}ɕy^{33}.

烤　好　后　　倒 进 茶　罐　个 里　滚　开　水

kut qioul hel,daol ni zaodjuif leid het doux hua xuix.

烤好后，把滚开水倒进去。

094. tsɔ^{21}tɕy^{35}le^{21}ɣɯ^{21}lɯ^{21}lɯ^{21}meɹ^{21}khɯ^{44}jɯ^{35},phɔ^{55}tɕhi^{44} lui^{42}ɕia^{31}tsha^{42}.

茶　罐 个 象声词（雷响声）响起来 泡　出　雷　响　茶

zaodjuif leid “hhed led led” merd ke yef,paol qi “luip xiat cap”.

茶罐里会发出雷响声，泡出来的茶就叫雷响茶。

095. ȵia^{55}se^{31}tsha^{55}tse^{44}tsɯ^{33}eɹ^{33}sɿ^{44}mi^{31}ɕie^{55}.

咱们小 饭　再　有　饵　丝 米 线

nial seitcal zei zex erxsi mitxieil.

咱们早点还有饵丝米线。

096. seɹ^{35}li^{55}ȵia^{55}vu^{31}nɔ^{44}theɹ^{35}seɹ^{35}.

色 也是咱们的助词特 色

serf lil nial vut nao terfserf.

色也是咱们的特色（菜）。

097. seɹ^{35}tsɯ^{33}zu^{31}tɕhieɹ^{31}tshɯ^{31}ȵi^{55}tɯ^{31}fv^{44}pa^{31}tɯ^{44}.

色　是　用　青　　菜　和 豆 腐 拌　的

serf zex ssut qiertcet nil detfv bat de.

“色”是用青菜和豆腐拌成的。

098. ka^{44}tɕheɹ^{31}tshɯ^{31}ja^{44}lui^{44}kɔ^{32}lui^{44},lɔ^{42}tɕhi^{44}jɯ^{35}tuo^{32} tsɿ^{55}fv^{55}fv^{55}.

把　青　　茶　些 烫 给 烫　捞 出　来 剁　成 细 细

ga qietcet ya lui gaoz lui,laop qi yef duoz zil fvlfvl.

把青菜氽一下，捞出后剁成细细的。

099. tɯ^{31}fv^{44}ja^{44}ne^{44}ȵi^{44}jɯ^{21}kuo^{35}xɯ^{31}，tɕiɔ^{31}kɔ^{32}tɕiɔ^{31}，tuo^{32}tɕhiou^{55}xɯ^{55}nɔ^{44}tshɯ^{31}ja^{44}pa^{31}ta^{44}pɯ^{55}nɔ^{44}.

豆 腐 些 拿　进 油　锅　里　搅　给　搅，剁　好　　后　的　菜　些 拌 跟 它 助词

detfv ya nei ni yed guof het,jiaot gaoz jiaot,duoz qioul hel nao cetya bat da bel nao.

豆腐放入油锅，搅拌一下，剁好的青菜和它拌在一起。

100. pi^{35}、tɯ^{31}xɯ^{31}、fe^{33}tshou^{33}、ku^{35}、jou^{21}tɕiou^{35}ku^{44}pɯ^{55}nɔ^{44}、pa^{31}tɕhiou^{55}xɯ^{55}、tsɯ^{33}seɹ^{35}pa^{44}lɔ^{32}.

盐 草果 葱 姜 花椒 放 它 上 拌 好 后 是 色 碗 了

bif,dethet,feixcoux,guf,lafzi,youdjiouf,gu bel nao,bat qioul hel,zex serf ba laoz.

加上盐、草果、葱、姜、花椒等（佐料）拌好，就是“色”了。

白语中的碗有大碗和小碗小分，大碗叫“巴”（ba），小碗叫“该”（geiz）。

附 :peɹ^{42}mi^{55}ua^{44}khv^{44}

白 月亮 曲

Berp milwa kv

白月亮曲

peɹ^{42}mi^{55}ua^{44}tsɿ^{55}peɹ^{42}tɕhi^{33}tɕhi^{33}

白 月 亮 助词 白 姐 姐

Berp milwa zil berp jix jix,

白月亮呀白姐姐，

kou^{44}nɔ^{44}tsou^{44}tɯ^{44}peɹ^{42}ŋe^{21}tɕhi^{33}

脚 上 穿 着 白 鞋 双

Gou nao zou de berp ngeid jix,

脚上穿着白鞋子，

tsɿ^{55}nɔ^{44}ji^{32}tɯ^{44}peɹ^{42}ji^{35}khou^{55}

身 上 穿 着 白 衣 件

Cil nao yiz de berpjif koul,

身上穿着白衣裳，

pe^{32}tɯ^{44}jou^{21}pe^{21}se^{44}

披 着 羊 皮 件

Beiz de youdbeid sei.

披着白羊皮。

peʴ^{42}xeʴ^{55}peʴ^{42}zɿ^{31}jɯ^{44}fv^{44}xɯ^{31}

白 米 白 饭 吃 腹 里

Berpherl–berpssit ye fv het,

大白米饭吃进腹，

peʴ^{42}tou^{21}peʴ^{42}sou^{55}ȵiou^{44}sua^{44}tɕhi^{44}

白 言 白 语 不要 说 出

Berpdoud–berpsoul niou sua qi,

白言白语（情话）别说出，

peʴ^{42}tsou^{21}ȵi^{44}xɯ^{31}ȵi^{21}keʴ^{35}tɕhi^{35}

白日 日 里 人 家 多

Berpzoudnihet nidgerf jif,

白天人多难相见，

peʴ^{42}mi^{55}ua^{44}sa^{55}xui^{44}

白 月亮 相 见

Berp milwa salhui.

月亮底下会。

小金花

（张锡梅 摄）

9. 工作篇

tsuo^{32}sɯ^{33}

工作

zuozsex

工作

001. nɯ^{55}ti^{33}tsɿ^{55}xa^{31}ja^{44}tsuo^{32}sɯ^{33}?

你的爹做 什 么 工 作

nel dix zil hatya zuozsex?

你父亲干什么工作?

002. pɯ^{21}ȵi^{21}tsɿ^{44}ne^{21}ɕy^{33}tɕiou^{32}.

那 人 做 泥 水 匠

bet nid zil neidxuixjiouz.

他是泥水匠。

003. nɯ^{55}ti^{33}nɯ^{55}mɔ^{33}tsɿ^{55}xa^{31}ya?

你的爹你的妈 做 什 么

nel dix nel maox zil hatya?

你的父母做什么工作?

004. ŋɯ^{55}ti^{33}tsɯ^{33}jou^{44}seʴ^{35}ȵi^{21}.

我的爹 是 药 师 人

ngel dix zex youserf nid.

我父亲是医生。

005. nɯ^{55}ti^{33}tsɯ^{33}xa^{31}ka^{31}tsɿ^{55}jou^{44}seʴ^{35}?

你的爹 在 哪 里 做 药 师

nel dix zex hatgat zil youserf?

你父亲在哪里做医生?

006. pɯ^{31}n̠ʲi^{21}tsɯ^{33}xɯ^{33}tɕie^{33}ji^{44}ua^{55}xɯ^{31}.

那 人 在 喜洲　　医院 里

bet nid zex Hexjieix yiwal het.

他在喜洲医院（工作）。

007. pɯ^{31}n̠ʲi^{21}thui^{55}ɕiou^{44}lɔ^{35}mu^{33}?

那 人 退 休 了 没有

bet nid tuilxiou laof mux?

他要退休了吗?

008. pɯ^{31}n̠ʲi^{21}tse^{44}a^{31}sua^{44}thui^{55}ɕiou^{44}.

那 人 再 一 岁 退 休

bet nid zei at sua tuilxiou.

他还有一年就退休。

009. thui^{55}ɕiou^{44}xɯ^{55}pɯ^{31}n̠ʲi^{21}ɕia^{31}ta^{21}xa^{31}ja^{44}?

退 休　　后 那 人 想 干 什 么

tuilxiou hel bet nid xiat dad hatya?

退休后他想干什么?

010. thui^{55}ɕiou^{44}xɯ^{55}pɯ^{31}n̠ʲi^{21}pe^{44}ta^{33}jɯ^{35}khɯ^{55}nɔ^{44}tsou^{44} jɔ^{35}phu^{31}tsɿ^{44}keɹ^{44}.

退 休　　后 那 人 走 回 来 开 助词 中　药 铺　子 个

tuilxiou hel bet nid bei dax yef kel nao zouyaof putzi ger.

退休后他想回来开个中药铺。

011. mie^{33}fe^{55}ta^{21}n̠ʲi^{21}keɹ^{35}xa^{55}pa^{31}.

免　费 给 人　家　看 病

mieixfeil dad nitkerf halbat.

免费给人看病。

012. ŋɯ^{55}mɔ^{33}tsɯ^{33}xɔ^{31}tv^{35}pha^{42}xe^{55}tɕi^{31}.

我的妈 在 家 庭 耙 天 地

ngel maox zex haotdvf pap heiljit.

我妈在家里干农活。

013. nɯ^{55}ua^{55}sua^{44}pɯ^{31}ȵi^{21}tsv^{32}jou^{44}.

这 几 岁 那 人 种 药

nel wa sua bet nid zvz you

这几年她种药。

014. tsv^{32}tɯ^{44}lɔ^{35}ue^{33}phu^{55}、peʴ^{42}xa^{55}、tɕhieʴ^{55}tsou^{33}se^{44}.

种 得 重楼 白蒿 车前草

zvde zex laofweixpul、berphal、qierlzouxsei.

种了重楼、白蒿、车前草。

015. ȵi^{55}kɔ^{44}ȵi^{21}ta^{21}xa^{31}ja^{44}ȵi^{55}?

你 哥 人 干 什么 呢

nil gao nid dad hatya nil?

你的哥哥干什么呢?

016. ŋɯ^{55}kɔ^{44}ka^{35}sɿ^{35}.

我的哥 教 书

ngel gao gafsif.

我哥哥教书。

017. pɔ^{31}tshɯ^{33}xa^{31}ka^{31}ka^{35}?

他 在 哪 里 教

baot zex hatgat gaf?

他在哪里教（书）?

018. pɔ^{31}tsɯ^{33}tsɿ^{55}tseʴ^{21}ka^{35}.

他 在 周城 教

baot zex Zilzerd gaf.

他在周城教（书）。

019. ȵi^{55}tsɿ^{55}xa^{31}ja^{44}ȵi^{55}，a^{31}ta^{55}?

您 做 什 么 呢 阿 大

nil zil hatya nil, at dal?

您做什么呢，大爹?

020. ŋɔ^{31}tsɯ^{33}ŋv^{44}tɕiou^{32}.

我 是 木 匠

ngaot zex ngvjiouz.

我是木匠。

021. nɔ^{31}ku^{44}tsuo^{35}xɯ^{55}lɔ^{32}mu^{33}?

你 工 作 掉 了 没有

naot gu'zuof he laoz mux?

你工作了吗?

022. mu^{33}na^{35}，ŋɔ^{31}ɣɯ^{42}tɕieʴ^{31}sɿ^{35}na^{21}.

没有助词 我 学 着 书 助词

mux naf, ngaot hhep jiert sif nad.

没有，我还在上学。

023. nɯ^{21}tha^{55}ŋɯ^{55}nɔ^{44}ku^{44}tsuo^{35}tsɯ^{33}ɣɯ^{42}sɿ^{35}lɔ^{32}.

现在 我的助词工 作 是 学 书 了

nettal ngel nao gu'zuof zex hhepsif laoz.

现在我的工作是读书。

024. ŋɔ^{31}ɣɯ^{33}sua^{44}mɯ^{55}ku^{44}tsuo^{35}.

我 明 岁 才 工 作

ngaot hhex sua mel gu'zuof.

我明年才工作。

025. nɔ^{31}ɕia^{31}tsɿ^{55}xa^{31}le^{21}ȵi^{55}?

你 想 做 什 么呢

naot xiat zil hatleid nil?

你想做什么呢?

026. ŋɔ^{31}ɕia^{31}khɔ^{31}ku^{44}vu^{55}jui^{42}.

我 想 考 公 务 员

ngaot xiat kaot guvulyuip.

我想考公务员。

027. khɔ^{31}ku^{44}vu^{55}jui^{42}na^{21}khɔ^{31}lɯ^{44}.
考 公 务员 难 考 的
kaot guvulyuip nad kaot le.
公务员难考的。

028. tsɔ^{35},ŋɔ^{31}ȵiou^{44}li^{44}li^{44}tsui^{31}pe^{55}.
是的我 要 好好 准 备
zaof, ngaot niou li'li zuitbeil.
是的，我要好好准备。

029. na^{55}pɯ^{55}ta^{44}ȵi^{21}keɹ^{35}xuo^{33}tɕi^{31}tie^{31}sa^{55}pa^{44}?
你们那 里 人 家 伙 几 点 上 班
nal belda nidgerf huox jit dieit salba?
你们那里几点上班?

030. lɔ^{31}sɿ^{44}xuo^{33}ȵi^{55}jou^{44}seɹ^{35}xuo^{33}pa^{35}tie^{31}sa^{55}pa^{44}.
老 师 伙 和 药 师 伙 八 点 上 班
laotsi huox nil youserf huox baf dieit salba.
老师和医生八点上班。

031. pɯ^{55}tɕia^{42}xuo^{33}pa^{42}tie^{31}pa^{55}sa^{55}pa^{44}.
其 他 伙 八 点 半 上 班
bel jiap huox baf dieit bal salba.
其他人八点半上班。

032. na^{55}mɯ^{31}ue^{33}ȵi^{21}keɹ^{35}xuo^{33}ku^{44}tsuo^{35}pa^{35}kɔ^{55}ɕiɔ^{31} sɿ^{42}ȵi^{55}mu^{33}?
你们 这 里 人 家 伙 工 作 八 个 小 时还是没有
nal net weix nidgerf huox gu'zuof baf gaol xiaotsip nil mux?
你们这里的人每天工作八个小时吗?

033. tsɔ^{33},ŋa^{55}a^{55}ta^{44}a^{31}ȵi^{44}sa^{55}pa^{44}pa^{35}kɔ^{55}ɕiɔ^{31}sɿ^{42}.
是的我们这 里一天 上 班 八 个 小 时
zaox, ngal alda at ni salba baf gaol xiaotsip.
是的，我们这里一天上班八个小时。

034. nɔ^{31}sa^{55}pa^{44}ku^{44}pe^{44}li^{55}khɯ^{55}tsheɹ^{44}?
你 上 班 足 走 还是开 车
naot salba gubei lil kelcer?
你上班走路还是开车?

035. ȵi^{44}ȵi^{44}tsɿ^{44}khɯ^{55}tsheɹ^{44}ȵia^{33}le^{21}mu^{33}.
天 天 助词 开 车 这 种 没有
nini zi kelcer niax leid mux.
没有天天开车。

036. khɯ^{55}tsheɹ^{44}nɔ^{44}tsɯ^{33}tɕia^{21}tɕia^{21}.
开 车 助词 有 次 次
kelcer nao zex jiad jiad.
偶尔开次车。

037. v^{33}ɕi^{33}u^{42}tsɿ^{55}khɯ^{55}tsheɹ^{44}.
雨 下 助词开 车
vx'xi up zil kelcer.
下雨就开车。

038. ku^{44}pe^{44}tsɿ^{21}tɕia^{44}tɕi^{35}.
足 走 时 间 多
gubei zidjia jif.
走路时间多。

039. tsheɹ^{44}the^{55}tɕi^{35}tsɿ^{21}lɔ^{32}.
车 太 多 助词 了
cer teil jif zid laoz.
车子太多了。

040. khɯ^{55}tsheɹ^{44}tsɯ^{33}ku^{44}pe^{44}ŋeɹ^{21}tɕiɯ^{31}mu^{33}.
开 车 有 走 路 快 没有
kelcer zex gubei ngerdjiet mux.
开车没有走路快。

041. na^{55}ȵi^{21}ta^{35}xa^{31}ja^{44}.

那 人 干 什 么

nal nid daf hatya?

那人做什么呢?

042. pɯ^{31}ȵi^{21}tɕi^{21}khv^{44}.

那 人 唱 曲

bet nid jidkv.

那位是唱曲的。

043. sa^{55}ua^{44}tsɿ^{33}nɔ^{44}sui^{42}sɿ^{42}xa^{55}tɯ^{44}pɯ^{31}ȵi^{21}tsɯ^{33}ɕi^{44} tshe^{55}le^{21}nɔ^{44}tɕi^{21}khv^{44}.

三 月 街 上 随 时 看 见 那 人 在 戏 台 个 上 唱 曲

Salwa'zix nao suipsip hal de bet nid zex xiteil leid nao jidkv.

三月街期间时时看见他在戏台上唱曲。

044. pɯ^{31}ȵi^{21}ku^{33}jɔ^{32}ȵi^{21}tɕi^{21}ȵi^{55}nu^{33}?

那 人 老 婆人 唱 还是没有

bet nid guxyaoz nid jid nil mux?

他的老婆也唱曲吗（称呼别人的妻子为 guxyaoz 而不是 vxnid，说明这两口子已经到了一定的年纪，如果是年轻妻子，会被人称为 vxnid，中年的已婚妇女会被叫作 nioufmaox）?

045. pɯ^{31}ȵi^{21}ku^{33}jɔ^{32}ȵi^{21}tsɯ^{33}ɕi^{44}the^{55}le^{21}ŋeɹ^{33}sɿ^{31}kɯ^{21} kv^{35}ɕy^{55}li^{55}.

那 人 老 婆 人 在 戏 台 个 下 面 卖 腌 梨

bet nid guxyaoz nid zex xiteil leid ngerx sit ged gvf xuillil.

他老婆在戏台下面卖腌梨。

046. pa^{55}ku^{33}ȵi^{21}sua^{44}sua^{44}tsɿ^{44}pe^{44}tsɯ^{35}tsɿ^{55}sa^{55}ua^{44} tsɿ^{33}.

他们两人 岁 岁 助词走 来 赶 三 月 街

bal guxnid sua sua zi bei zef zil Salwa'zix.

他们两人年年都来赶三月街。

047. na^{55}ua^{55}ȵi^{21}tsɿ^{55}xa^{31}ja^{44}tsuo^{32}sɯ^{33}?

那 几 人 做 什么 工 作

nal wal nid zil hatya zuozsex?

那几位是做什么工作的?

048. pa^{55}tsɯ^{33}kɔ^{21}mi^{21}zɔ^{21},pa^{55}keɹ^{44}ŋv^{35}.

他们是 渔民 他们捕 鱼

bal zex gaodmidssaod,bal ger ngvf.

他们是渔民，他们捕鱼。

049. tɕi^{55}kui^{21}zɿ^{31}xɔ^{31}ta^{42}tɕie^{35}thɔ^{55}.

金 圭 寺 家 擀 毡 子

Jilguidssit haot dap jieif taol.

金圭寺（村）的人擀毡子。

050. xɯ^{33}tɕie^{33}xuo^{33}tsɿ^{55}sɯ^{35}ji^{44}.

喜洲 伙 做 生 意

Hexjieix huox zil sefyi.

喜洲人做生意。

051. na^{55}xɔ^{31}ku^{42}tsɿ^{33}，pa^{55}ku^{42}ji^{55}meɹ^{55}tsɿ^{33}.

那 家 酿 酒 他们酿玉 米 酒

nal haot gupzix,bal gup yilmerl zix.

那家人酿酒，他们酿的是苞谷酒。

052. pɯ^{55}tɯ^{21}mɯ^{55},su^{44}nɔ^{44}xuo^{33}tse^{42}kɯ^{35}ɕi^{35},seɹ^{44}kɯ^{35}mɔ^{35}tshu^{33}.

从前 山 上 伙 砍 卖 薪 割 卖 茅 草

beldedmel,su nao huox zeip gef xif,ser gef maofcux.

从前，住在山上的人们以卖柴和卖茅草为生。

053. nɯ^{31}tha^{55}pa^{55}ue^{32}ŋɯ^{21}ue^{32}jou^{35}.

现在 他们喂 牛 喂 羊

nettal bal weiz nged weiz youd.

他们现在饲养牛羊。

054. tsɯ^{33}su^{33}tɯ^{21}nɔ^{44}xa^{55}ŋɯ^{21}xa^{55}jou^{21}.

在 山 头 上 看 牛 看 羊

zex su ded nao hal nged hal youd.

在山上放牛羊（放牧）。

055. na^{55}xɔ^{31}pa^{55}su^{55}tha^{31}，pa^{55}zu^{31}tɯ^{44}ɔ^{21}tɔ^{21}pe^{21}ja^{44} su^{55}.

那 家 他们烧 炭 他们用 得 核 桃皮 些 烧

nal haot bal sultat,bal ssut de aoddaod beid ya sul.

那家人烧炭，炭是用核桃皮烧成的。

056. ŋa^{55}keʴ^{44}peʴ^{44}tsɯ^{33}a^{31}xɔ^{31}，pa^{55}pi^{35}kɯ^{21}nv^{33}.

我们隔 壁 有 一 家 他们编 卖 筐

ngal gerber zex at haot,bal bif ged nvx.

我们隔壁有一家人编箩筐卖。

057. ŋa^{55}jɯ^{44}xɯ^{31}tse^{21}ji^{35}pɯ^{31}xɔ^{31}fe^{33}tse^{21}xu^{33}.

我们村 里 缝 衣 那 家 很 缝 好

ngal ye het zeidyif bet haot feix zeid hux.

我们村里那家裁缝衣服缝得很好。

058. pa^{55}a^{31}xɔ^{31}tsɿ^{44}tsɿ^{55}tshe^{55}fv^{35}.

他们一家 子 做 裁 缝

bal at haot zi zil ceilfvf.

他们一家都是裁缝。

附表一：白族动物名称

白文	国际音标	汉语意思
aofgvf	ɔ^{35}kv^{35}	蜈蚣
bat	pa^{31}	豹子
bidfvf	pi^{21}fv^{35}	蜻蜓
bifherp	pi^{35}xe˞^{42}	壁虎
billaolsvx	pi^{55}lɔ^{55}sv^{33}	松鼠
bexhhed	pɯ^{33}ɣɯ^{21}	猫头鹰
cer'vp	tshe˞^{44}v^{42}	麂子
dvldil'aod	tv^{55}ti^{55}ɔ^{21}	蜘蛛
geifzifzvd	ke^{35}tsɿ^{35}tsv^{21}	千足虫
halheil'oud	xa^{55}xe^{55}ou^{21}	竹节虫
huaplaopcvt	xua^{42}lɔ^{42}tshv^{31}	黄鼠狼
huixssed	xui^{33}zɯ^{21}	萤火虫
merdxi	me˞^{21}ɕi^{44}	蝉
ngedsixdaot	ŋɯ^{21}sɿ^{33}tɔ^{31}	屎壳郎
ngedjieif	ŋɯ^{21}tɕe^{35}	金龟子
ngedbaofbeix	ŋɯ^{21}pɔ^{35}pe^{33}	金龟甲
tuxqiel	thu^{33}tɕhɯ^{55}	蜗牛
tuxgua	thu^{33}kua^{44}	蟋蟀
taollilmerp	thɔ^{55}li^{55}me˞^{42}	毛驴
sif	sɿ^{35}	狮子

附表二：人体各个部分的白语叫法

白文	国际音标	汉语意思
cilkoul	tshɿ^{55}khou^{55}	身体
dedbaod	tɯ^{21}pɔ^{21}	头
dedmaf	tɯ^{21}ma^{35}	头发
juixweix	tɕy^{33}ue^{33}	脸
weixmeif	ue^{33}me^{35}	眉毛
weixpu/weisvl	ue^{33}phu^{44}/ ue^{33}sv^{55}	一只眼睛 / 一双眼睛
weixxilgerl	ue^{33}ɕi^{55}ke˞^{55}	眼珠
bidgua	pi^{21}kua^{44}	鼻梁
bidfv'dei	pi^{21}fv^{44}te^{44}	鼻子
niouxbif/niouxdoup	ȵiou^{33}pi^{35}/ ȵiou^{33}tou^{42}	耳朵
juixguerf	tɕy^{33}kue˞^{35}	嘴巴

白文	国际音标	汉语意思
juixbeid	tɕy^{33}pe^{21}	嘴唇
ziba	tsɿ^{44}pa^{44}	牙齿
zeip	tse^{42}	舌
daotngerd	tɔ^{31}ŋeɹ^{21}	大牙
wudjuix	u^{21}tɕy^{33}	胡子
buxguaded	pu^{33}kua^{44}tɯ^{21}	肩膀
xif	ɕi^{35}	心
gaf	ka^{35}	肝
fv	fv^{44}	肚 / 腹
youdfv'dei	jou^{21}fv^{44}te^{44}	肚脐眼
hhexdud	ɣɯ^{33}tu^{21}	臂部
sexgou	sɯ^{33}kou^{44}	手脚 / 四肢
sexdedmaox	sɯ^{33}tɯ^{21}mɔ^{33}	手指头
gu'dedmaox	ku^{44}tɯ^{21}mɔ^{33}	脚指头
sexjitnger	sɯ^{33}tɕi^{31}ŋeɹ^{44}	手指甲
gujitnger	ku^{44}tɕi^{31}ŋeɹ^{44}	脚指甲
sexzei	sɯ^{33}tse^{44}	手腕
daotkuert	tɔ^{32}khueɹ^{31}	大腿
gertgerfdei	keɹ^{31}keɹ^{35}te^{44}	膝盖
jiapbapzi	tɕia^{42}pa^{42}tsɿ^{44}	腿肚子
xiaoflaodguil	ɕiɔ^{35}lɔ^{21}kui^{55}	股骨
gua'ded	kua^{44}tɯ^{21}	骨头
sexperl	sɯ^{33}pheɹ^{55}	手掌
sexjitxil	sɯ^{33}tɕi^{31}ɕi^{55}	手掌心
gujitxil	Ku^{44}tɕi^{31}ɕi^{55}	脚心

kueɹ33ɕia35 guerxxiaf
旅游
张锡梅摄

kueɹ33ɕia35 guerxxiaf
旅游
王美兰摄

旅游篇

10. 旅游篇

kue^{ɹ33}çia^{35}
逛　闲
guerxxiaf
旅游

作为“天气常如二三月，花枝不断四时春”的大理，一直是旅游胜地。悠久的历史，别样的民族风情，得天独厚的地理环境，青瓦白墙的民居辉映在苍山洱海间，大理被誉为“东方的瑞士”。四季如春、气候宜人，四时花枝不断，所以得到国内外众多游人的青睐。

001. çy^{55}li^{55}xuo^{35}pi^{35}，ta^{21}xuo^{35}pi^{35}.
梨　花　风　桃 花　风
xuillil huof bif,dad huof bif.
梨花风，桃花风（春风吹到）。

002. teɹ^{44}tshv^{55}kuo^{32}xɯ^{55}tshv^{55}ua^{44}phia^{44}.
打 春　过　后　春　月 到
dercvl guoz hel cvlwa pia.
立春过后春天到。

003. tshv^{55}ua^{44}phia^{44}jɯ^{35}ta^{21}xuo^{35}khe^{55}.
春　月　到　来 桃 花　开
cvlwa pia yel dadhuof keil.
春天到来桃花开。

004. ta^{21}xuo^{35}khe^{55}xɯ^{55}ȵia^{55}kue^{ɹ33}çia^{35}.
桃　花　开　后　咱们 逛　闲
dadhuof keil hel nial guerxxiaf.
桃花开了咱们去旅游。

005. ȵia^{55}te^{31}le^{33}tsɯ^{33}xu^{33}tɕi^{31}fv^{35}.

咱们大 理 是 好 地 方

nial Deitleix zex hux jitfvf.

咱们大理好地方。

006. ȵia^{55}tou^{33}tsɯ^{33}tou^{33}kueɹ^{35}，eɹ^{33}tsɯ^{33}eɹ^{33}kueɹ^{35}.

咱们上 有 上 关 下 有 下 关

nial doux zex Douxguerf,erx zex Erxguerf.

上有上关（龙首关），下有下关（龙尾关）。

唐开元二十六年（738 年）南诏王皮逻阁统一六诏后，定都太和，随后在南北两端（下关、上关）筑关隘设防，“立龙首、龙尾二关”。龙口关因地势昂然突起，犹如游龙之首，故又名“龙首关”。下关又叫“龙尾关”，此二地名已流传千年，如今已是后人缅怀历史的风景胜地。

007. tv^{35}pɔ^{21}tsɯ^{33}eɹ^{33}kɔ^{21}，se^{35}pɔ^{21}tsɯ^{33}tɕi^{31}tshɔ^{55}se^{35}.

东 边 有 洱 海 西 边 有 苍山

dvf baod zex Erxgaod,seif baod zex Jitcaolseif.

东有洱海，西有苍山。

008. tɕhi^{44}pa^{44}ua^{44}pi^{35}ti^{44}ka^{31}ɣɯ^{31}ȵi^{44}fv^{35}tuo^{33}.

七 八 月 别 的处 热 天 很 不

qi ba wa bif di gat hhetni fvf doux.

七八月别的地方特别热。

009. ȵia^{55}nɯ^{21}ka^{31}a^{31}tieɹ^{55}li^{55}ɣɯ^{31}ȵi^{44}mu^{33}.

咱们这 里 一 点 也 热 天 没有

nial nedgat atdierl lil hhetni mux.

咱们这里一点也不热。

010. tsɿ^{42}ji^{44}ja^{42}ua^{44}pi^{35}ti^{44}ka^{31}u^{42}sui^{44}.

十 一 腊 月 别 的 处下 雪

zipyi yapwa bif di gat up sui.

十冬腊月别的地方下雪。

011. ȵia^{55}nɯ^{21}ka^{31}mi^{44}phi^{31}xɔ^{31}khɯ^{44}ue^{35}fv^{35}tuo^{33}.

咱们这 里 太阳 晒 起 温 很 不

nial nedgat mi'pit haot ke weif fvf doux.

咱们这里暖洋洋。

012. a^{31}sua^{44}tsɿ^{42}ne^{44}ua^{44}，ua^{44}ua^{44}xuo^{35}khe^{55}ma^{33}.

一 年 十 二 月 月 月 花 开 满

atsua zipnei wa,wa wa huof keil max.

一年十二月，月月开满花。

013. kɔ^{31}ɕy^{33}u^{55}ȵi^{44}ȵi^{44}tsɿ^{44}tɕhieʴ^{55}jɯ^{55}.

河 水量词天 天 助词青 程度副词

gaotxuix wul ni'ni zi qerl yel.

洱海水日日清澈。

014. tɕi^{31}tshɔ^{55}se^{35}nɔ^{44}tsɯ^{31}pɔ^{33}lv^{44}jɯ^{55}.

苍 山 上 森林 绿 程度副词

Jitcaolseif nao zetbaox lv yel.

苍山树木苍翠。

015. ȵia^{55}xɔ^{31}ya^{44}tsɯ^{33}tɕhieʴ^{55}ueʴ^{44}peʴ^{42}ŋv^{33}pɔ^{33}.

咱们房 些 是 青 瓦 白 墙

nial haot ya zex qierl werz berp ngvxbaox.

房子是青瓦白墙。

016. ɕia^{35}fe^{35}kuo^{32}tɕi^{44}tuo^{33}.

闲 好 过 出 不

xiaffeif guoz qi duox.

休闲好地方。

017. tɕi^{55}ɕiou^{33}ȵi^{21}keʴ^{35}ɕia^{31}pe^{44}jɯ^{35}kueʴ^{33}ɕia^{35}.

多 少 人 家 想 走 来 逛 闲

jilxioux nidgerf xiat bei yef guerxxiaf.

多少人想来旅游。

018. a^{31}pha^{44}tɕia^{55}tɕhi^{44}，tɕhui^{42}kueɹ^{35}kɔ^{35}ti^{55}nɔ^{44}n̥i^{21}keɹ^{35}pe^{44}tsɯ^{35}.

一 到 假 期　全 国 各 地助词人 家 走 来

at pia jialqi,quipguerf gaofdil nao nidgerf bei zef.

一到假期，全国各地的人们蜂拥而至。

019. n̥a^{55}te^{31}le^{33}pe^{44}tsɯ^{35}kueɹ^{33}ɕia^{35}nɔ^{44}n̥i^{21}keɹ^{35}the^{55}tɕi^{35}tsɿ^{21}lɔ^{32}.

咱们大理 走 来 逛 闲 助词人 家 太 多 助词了

nial Deitleix bei zef guerxxiaf nao nidgerf teil jif zid laoz.

来咱们大理旅游的人太多了。

020. ɣeɹ^{44}n̥i^{55}ɣeɹ^{44}fv^{35}tuo^{33}.

挤 也 挤 很 不

hher nil hher fvf duox.

太挤了。

021. fa^{55}tɕia^{55}n̥ia^{55}li^{55}pe^{44}pi^{35}ti^{44}ka^{31}kueɹ^{33}ɕia^{35}khɯ^{44}.

放 假 咱们也走 别 的 处 逛 闲 起

faljial nial lil bei bif di gat guerxxiaf kex.

放假咱们也去别的地方旅游去。

022. nɔ^{31}ɕi^{31}xua^{35}pe^{44}tɕhi^{44}kueɹ^{33}ɕia^{35}n̥i^{55}mu^{33}?

你 喜 欢 走 出 逛 闲 还是没有

naot xithuaf beiqi guerxxiaf nil mux?

你喜欢旅游吗?

023. ŋɔ^{31}ɕi^{31}xua^{35}pe^{44}tɕhi^{44}kueɹ^{33}ɕia^{35}lɯ^{44}.

我 喜 欢 走 出 逛 闲 的

ngaot xithuaf beiqi guerxxiaf le.

我喜欢旅游的。

024. ŋa^{55}a^{31}xɔ^{31}tsɿ^{44}ɕi^{31}xua^{35}ma^{33}kueɹ^{33}ɕia^{35}.

我们一家 子 喜 欢 乱 逛 闲

ngal at haot zi xithuaf max guerxxiaf .

我们家里人都喜欢到处旅游。

025. tshu^{55}se^{31}ŋɯ^{55}ti^{33}ŋɯ^{55}mɔ^{33}tɔ^{55}tsv^{55}tsu^{35}ŋɔ^{31}pe^{44} kueʴ^{33}ɕia^{35}.

从　小我的爹 我的妈 到 处 领 我 走 逛 闲

cul seit ngel dix ngel maox daolcvl zuf ngaot bei guerxxiaf .

从小父母就带我到处旅游。

026. ŋɔ^{31}pe^{44}kuo^{32}nɔ^{44}tɕi^{31}fv^{35}meʴ^{35}lɯ^{44}.

我 走 过 助词地 方 多 的

ngaot bei guoz nao jitfvf merf le.

我去过很多地方。

027. nɔ^{31}pe^{44}kuo^{32}tsha^{42}tshɯ^{42}ȵi^{55}mu^{33}?

你 走 过 长　城 还是没有

naot bei guoz Capcep nil mux ?

你去过长城吗?

028. pe^{44}kuo^{32}xu^{33}lu^{44}ua^{55}tɕia^{21}lɔ^{32}.

走 过 很 多 几 次 了

bei guoz hux lu waljiad laoz.

去过很多次了。

029. nɔ^{31}pɯ^{55}tɕia^{42}tse^{44}pe^{44}kuo^{32}a^{55}na^{44}?

你 别的　 再 走 过 哪 里

naot bel jiap zei bei guoz alna ?

你还去过哪里?

030. tse^{44}pe^{44}kuo^{32}xe^{31}na^{42}.

再 走 过 海 南

zei bei guoz Heitnap .

还去过海南。

031. tsu^{44}kueʴ^{35}kueʴ^{33}ɕia^{35}nɔ^{44}tɕi^{31}fv^{35}fe^{33}tɕi^{35}.

中 国 逛 闲 的 地 方 很多

Zuguerf guerxxiaf nao jitfvf feix jif.

中国的风景名胜很多。

旅游篇

032. nɔ^{31}tsɯ^{33}pe^{44}tsɯ^{35}kueʴ^{33}ɕia^{35}tsɔ^{35}piɔ^{33}?

你 是 走 来 逛 闲 是 不是

naot zex bei zef guerxxiaf zaof biaox ?

你是来旅游的吗?

033. tsɔ^{33}lɔ^{32}，ŋɔ^{31}ɕi^{31}xua^{35}kueʴ^{33}ɕia^{35}.

是 的 我 喜 欢 旅 游

zaox laoz，ngaot xithuaf guerxxiaf.

是的，我是一名旅游爱好者。

034. nɔ^{31}tsɯ^{33}a^{55}na^{44}ue^{33}pe^{44}tsɯ^{35}?

你 是 哪里 处 走 来

naot zex alna weix bei zef?

你从哪里来的?

035. ŋɔ^{31}tsɯ^{33}the^{42}ua^{44}pe^{44}tsɯ^{35}.

我 是 台 湾 走 来

ngaot zex Teipwa bei zef.

我从台湾地区来的。

036. nɔ^{31}tsv^{32}ma^{31}tsheʴ^{44}n̥i^{55}nu^{33}?

你 坐 马 车 还是 没有

ngaot zvz matcer nil mux?

你坐马车吗?

037. kɔ^{31}ji^{31}kɯ^{44}nɔ^{31}tsɯ^{32}phia^{44}sa^{33}tha^{35}.

可以 把 你 运 到 三 塔

kaotyit ge naot zez pia Saxtaf.

可以坐到三塔（崇圣寺）。

038. ŋɔ^{31}khɔ^{33}n̥i^{55}ma^{31}tsheʴ^{44}tɕia^{44}a^{31}n̥i^{44}ti^{55}ɕiou^{44}?

我 租 您 马 车 辆 一 天 多 少

ngaot kaox nil matcer jia at ni dilxioux?

租用您的马车一天多少钱?

039. nɔ^{31}zu^{31}a^{31}ȵi^{44}tsɿ^{55}ŋv^{33}tsɿ^{42}khui^{31}.
你 用 一天 助词五 十 块
naot ssut atni zil ngvx zip kuit.
你租用一天的话五十元。

040. sa^{33}tha^{33}khɯ^{31}pɔ^{21}tsɯ^{33}lui^{31}jou^{42}tsheɹ^{44}ȵi^{55}mu^{33}?
三 塔 里 面 有 旅 游 车 还是没有
Saxtax ket baod zex luityoup cer nil mux ?
三塔（寺）里面有旅游巴士吗?

041. ŋɯ^{55}ne^{44}ku^{33}xɔ^{55}，pɯ^{31}ȵi^{21}pe^{44}khɯ^{44}tuo^{33}.
我的奶 老 了 那 人 走 起 不
ngel nei gux haol,bet nid bei ke duox.
我奶奶年纪大了，她走不动了。

042. kueɹ^{33}ɕia^{35}tsɿ^{21}tɕia^{44}a^{31}keɹ^{21}tsɿ^{44}ȵiou^{44}kv^{32}lui^{31}jou^{42} tsheɹ^{44}.
逛 闲 时 候 全 部 子 要 坐 旅 游 车
guerxxiaf zidjia atgerd zi niou gvz luityoup cer .
旅游时大家都想乘坐旅游观光车。

043. na^{55}niou^{44}tɔ^{31}jou^{42}ȵi^{21}ȵi^{55}mu^{33}?
你们要 导 游 人还是 没有
nal niou daotyoup nid nil mux?
你们需要导游吗?

044. ȵiou^{44}nɔ^{44}tɔ^{31}jou^{42}a^{31}ȵi^{21}.
要 助词导 游 一人
niou nao daotyoup at nid.
需要一名导游。

045. tɔ^{31}jou^{42}ȵi^{21}sua^{44}tɯ^{44}tɔ^{33}xa^{31}ja^{44}ŋv^{32}?
导 游 人 说 得 会 什么 语
daotyoup nid sua de daox hatya ngvz?
导游会说什么语言?

046. pɔ^{31}sua^{44}tɯ^{44}tɔ^{33}peʴ^{42}ŋv^{32}.

他说 得 会白 语

baot sua de daox berpngvz.

他会说白族语。

047. sua^{44}xa^{31}li^{55}tɔ^{33}，phu^{31}thou^{33}xua^{55}li^{55}sua^{44}xu^{33}.

说 汉 也 得　普 通　话 也 说 好

sua hat lil daox,puttoux hual lil sua hux.

说汉语也行，普通话说得很好。

048. sua^{44}jɯ^{33}jy^{31}li^{55}tɔ^{33}，pɯ^{55}nɔ^{44}jɯ^{33}jy^{31}fe^{33}tɕhiou^{55}.

说 英 语 也 得　他 助词英 语 很 好

sua yexyuit lil daox,bel nao yexyuit feix qioul.

说英语也可以，他的英语很好。

049. nɔ^{31}tɯ^{21}mɯ^{55}pe^{44}kuo^{32}a^{55}ta^{44}ȵi^{55}mu^{33}?

你 以前　走 过　这里 还是没有

naot dedmef bei guoz alda nil mux?

你以前来过这里吗?

050. mu^{33}，a^{31}tɕia^{21}le^{55}pe^{44}kuo^{32}mu^{33}.

没有 一 次 也 走 过 没有

mux，at jiad leil bei guoz mux.

没有，一次都没有来过。

051. ŋɔ^{31}te^{31}ji^{44}tɕia^{21}pe^{44}a^{55}ta^{44}.

我 第 一 次 走 这里

ngaot deit yi jiad bei alda.

我第一次来这里。

052. a^{55}ta^{44}tɕi^{31}fv^{35}sɿ^{35}tse^{55}a^{33}tɕhiou^{55}.

这里 地方 实 在 看 好

alda jitfvf sifzeil ax qioul.

这里的风景真美。

053. ŋɯ^{55}tɕia^{42}xuo^{33}tsɯ^{33}a^{55}ta^{44}tsɔ^{55}tɯ^{44}ɕia^{55}a^{31}tieɹ^{44}.

我的伴 伙 在 这 里 照 得 相 一 堆

ngel jiap huox zex alda zaol de xial atdier.

我的朋友在这里拍了很多照片。

054. ŋɔ^{31}tse^{44}a^{33}kuo^{32}tɕia^{33}sɿ^{35}xa^{55}fe^{35}nɔ^{44}tɕi^{31}fv^{35} mu^{33}na^{21}.

我 再 看 过 这样 看 好 的 地方 没有 呢

ngaot zei ax guoz jiaxsif hal feif nao jitfvf mux nad.

我还没有见过这么美丽的风景。

055. ŋɔ^{31}ɕi^{31}xua^{35}pe^{44}kɔ^{21}pɔ^{21}mɯ^{55}ɕia^{35}.

我 喜 欢 走 海 边 （处所）闲

ngaot xithuaf bei gaodbaod mel xiaf.

我喜欢去海边。

056. ŋɔ^{31}ɕia^{31}pe^{44}xa^{55}tshɔ^{31}jui^{42}.

我 想 走 看 草 原

ngaot xiat bei hal caotyuip

我想去看看草原。

057. ŋɔ^{31}ȵiou^{44}nu^{31}li^{35}ku^{44}tsuo^{35}.

我 要 努 力 工 作

ngaot niou nutlif gu'zuof

我要努力工作。

058. ɕia^{35}tsɿ^{31}tɕia^{44}tɔ^{55}tsv^{55}pe^{44}kueɹ^{33}ɕia^{35}.

闲 时候 到 处 走 逛 闲

xiaf zidjia daolcvl bei guerxxiaf.

休息时到处去旅游。

059. te^{31}le^{33}nɔ^{44}tsɔ^{21}xuo^{35}fe^{33}xa^{55}fe^{35}

大 理 的 茶 花 很 看 好

Deitleix nao zaodhuof feix hal feif.

大理的茶花开得艳。

060. tsɔ^{21}xuo^{35}khe^{55}tsɿ^{21}tɕia^{44}ȵia^{55}pe^{44}ka^{44}kue^{ɹ33}.

茶 花 开 时 间 咱们走 逛逛

zaodhuof keil zidjia nial bei gaguerx.

茶花开时咱们去观赏观赏。

061. xu^{42}tie^{35}tɕui^{42}nɔ^{44}kɔ^{55}li^{44}tɔ^{31}tɔ^{31}se^{31}se^{31}tsɯ^{33}a^{31} ke^{ɹ21}.

蝴 蝶 泉 的 蝴蝶 大 大 小小 有 一 堆

Hupdieifquip nao gaolli daotdaot seitseit zex at gerd.

蝴蝶泉有很多蝴蝶。

062. xuo^{35}tɕie^{35}ŋv^{35}ua^{55}tɯ^{21}li^{55}kɔ^{31}ji^{31}ka^{44}a^{33}.

红鲤鱼 几 条 也 可 以看看

huofjieifngvf wal ded lil kaotyit ga'ax.

几条红鲤鱼也值得观看。

063. nɯ^{31}tha^{55}pe^{44}tsɯ^{35}te^{31}le^{33}kue^{ɹ33}ɕia^{35}xuo^{33}ɕi^{31}hua^{35}kɯ^{21}ta^{44}tshe^{ɹ44}zɔ^{31}kɔ^{31}le^{21}a^{31}tshui^{55}.

现在 走 来 大 理 逛 闲 伙 喜 欢 骑 单 车 绕 河 个 一 圈

nettal bei zef Deitleix guerxxiaf huox xithuaf ged dacer ssaot gaot leid at cuil

现在来大理旅游的人们喜欢骑单车环海。

064. mu^{33}tsɿ^{55}khɯ^{55}tse^{ɹ44}zɔ^{31}a^{31}tsui^{32}.

不 助词 开 车 绕 一 趟

mux zil kelcer ssaot at zuiz.

或者开车绕一圈。

065. tsɯ^{33}kɔ^{21}se^{35}xa^{55}mi^{44}phi^{31}tshv^{44}tɕi^{44}.

在 河 西 看 太阳 出 来

zex gaodseif hal mi'pit cv qi.

在海西观日出。

066. pe^{44}kɔ^{31}tv^{35}xa^{55}mi^{44}phi^{31}u^{42}.

走 河 东 看 太阳 落

bei gaotdvf hal mi'pit up.

在海东看日落。

附 :vu^{44}tiou^{44}(ŋv^{35}tiou^{44})
泥鳅调 （鱼调）
Vu diou(ngvf diou)
泥鳅调（鱼调）

se^{31}tɕhie^{ɹ55}ŋv^{35}tɯ^{21}ke^{ɹ35}tɯ^{44}ke^{ɹ35},
小 青 鱼 个 怕 怕
Seit qierl ngvf ded gerf de gerf,
小青鱼儿惊又惊，

tsɯ^{33}lɔ^{32}tɕie^{ɹ42}tɯ^{35}mu^{33}ɕy^{33}tɕie^{ɹ33};
有 了 地 基 没有 水 塘
zex laoz jierpdef mux xuixjierx;
有了地盘没水塘；

tsɯ^{33}lɔ^{32}ɕy^{33}tɕie^{ɹ33}mu^{33}tɕie^{ɹ42}tɯ^{35},
有 了 水 塘 没有地 基
zex laoz xuixjierx mux jierpdef,
有了水塘没地盘，

tsou^{21}xɯ^{55}tshu^{33}kɔ^{35}e^{ɹ33}.
藏 在 草 枝 下
zoud hel cux gaof erx.
水草下面藏。

tɕiɯ^{31}tɕiɯ^{31}tsou^{21}tsɿ^{55}ŋou^{32}tsv^{44}tuo^{33},
紧 紧 藏 助词饿 不
Jietjiet zoud zil ngouz zv duox,
紧紧躲着饿得慌，

jou^{35}tɕhi^{44}jɯ^{35}tsɿ^{55}tsuo^{35}pa^{55}ke^{ɹ44};
游 出 来 助词被 他们 捕
youf qi yef zil zuof bal ger;
游出来又被人捉；

ka^{44}ŋɔ^{31}ke^{ɹ44}ȵi^{44}ŋv^{35}tɯ^{35}xɯ^{31},
把 我 捕 进 鱼 篓 里
ga ngaot ger ni ngvfdef het,
把我捉进鱼篓里，

xe^{ɹ55}pe^{21}lɔ^{32}xe^{ɹ55}tshue^{ɹ44}.
生 剥 了 生 涮
herl beid laoz herl cuer.
活剥来生吞。

ka^{44}ŋɔ^{31}pe^{31}ke^{35}tsɿ^{33}ɕi^{35}xɯ^{31},
把 我 摆 在 街 心 里
Ga ngaot beit geif zix xif het,
把我摆在街面上，

mi^{44}phi^{31}ka^{44}ŋɯ^{55}ue^{33}xɔ^{31}tshe^{ɹ44};
太阳　把 我的眼睛晒 红
mi'pit ga ngel weix haot cer;
太阳把眼儿晒红；

tsɯ^{33}tɕhie^{55}tsɿ^{44}tɯ^{21}me^{ɹ32}xɯ^{55}tsɿ^{21},
有　钱　助词个 买　掉　助词
zex qieil zi ded merz hel zid,
有钱之人来买走，

kua^{35}kua^{35}nɔ^{44}tshue^{ɹ44}tshue^{ɹ44}.
刮　刮　助词 涮　涮
guaf guaf nao cuer cuer.
刮刮又洗洗。

旅游篇

pɯ^{55}pɔ^{35}tɯ^{21}tsɔ^{42}ȵiou^{44}tsɿ^{55}tse^{35},
他的丈夫个 说 要 做 煎
Bel baof ded zaop niou zil zeif,
丈夫说要煎着吃，

pɯ^{55}jɔ^{32}tɯ^{21}tsɔ^{42}ȵiou^{44}tsɿ^{55}eʴ^{44};
他的老婆个说 要 做 腌
bel yaoz ded zaop niou zil er;
老婆偏要拿来腌；

ka^{44}ŋɔ^{31}pe^{31}tsou^{33}tseʴ^{35}tsɿ^{44}nɔ^{44},
把 我 摆 上 桌 子 上
ga ngaot beit zoux zerizi nao,
把我摆在餐桌上，

ȵi^{55}tɕhieʴ^{33}lɔ^{31}ŋɔ^{31}tɕhieʴ^{33}.
您 请 来 我 请
nil qierx laoz ngaot qierx.
您请又我请。

ŋv^{35}tɯ^{21}ŋv^{35}keʴ^{21}pa^{55}jɯ^{44}xɯ^{55},
鱼 头 鱼 肉 他们吃 掉
Ngvf ded ngvf gerd bal ye hel,
鱼头鱼肉全吃掉，

ŋv^{35}tɕhi^{31}ŋv^{35}keʴ^{44}liou^{44}thɯ^{55}eʴ^{33};
鱼 刺 鱼 鳞 丢 朝 下
ngvf qit ngvf ger liou tel er;
鱼刺鱼鳞满地丢；

a^{55}mi^{55}pe^{44}tɯ^{35}ta^{35}ŋv^{35}tɕhi^{31},
猫 走 来 叼 鱼 刺
almil bei def daf ngvf qit;
猫咪跑来叼鱼刺，

tou^{35}khɯ^{33}(te^{44}tɕhi^{44})khua^{33}sa^{55}teʴ^{44}.

逗 起　带 出 狗　相 打

douf kex(dei qi) kuax sal der.

惹来狗儿斗。

keʴ^{44}ŋɔ^{31}pɯ^{31}tɯ^{21}tsheʴ^{44}ti^{55}tiou^{42},

捕 我 那 个 赤身裸体

Ger ngaot bet ded cer'dildioup,

捕我的人倾家产。

kɯ^{21}ŋɔ^{31}pɯ^{31}tɯ^{21}pɔ^{31}ka^{44}seʴ^{44};

卖 我 那 个 他 叫 化

ged ngaot bet ded baot gaser;

卖我的人做叫花。

tshe^{44}tɔ^{31}ua^{31}tɯ^{21}khui^{33}tɔ^{31}tsa^{32},

拉 大 网 个 亏 大 债

cei daot wat ded kuix daot zaz,

拉大网者亏大钱。

xeʴ^{55}khou^{44}kuo^{32}n̩i^{44}ɕieʴ^{44}.

生 哭　过 日子

herl kou guoz ni'xier.

号哭讨生活。

旅游篇

大理天朗气清　张锡梅摄

白族文字方案（草案）

云南省少数民族语言文字指导工作委员会

1993 年 6 月 18 日

第一条　白族文字方案（简称白文方案）遵照国务院批准的关于少数民族文字方案中设计字母的五项原则制订。字母形式采用拉丁字母，白语中与汉语相同或相近的音，用与汉语拼音方案相同的字母表示。

第二条　采用同一方案拼写两个方言。南部方言以大理喜洲的语音为代表；中部方言以剑川金华的语音为代表；以下简称“南部”“中部”方言。

第三条　白文字母共有 26 个。

（1）白文字母表的印刷体如下：

大写	A B C D E F G H I
小写	a b c d e f g h i
大写	J K L M N O P Q R
小写	j k l m n o p q r
大写	S T U V W X Y Z
小写	s t u v w x y z

（2）　字母名称（读法与汉语拼音字母名称相同）

a	b	c	d	e	f	g
（a）	(bei)	(cei)	(dei)	(e)	(eif)	(gei)
h	i	j	k	l	m	n
(ha)	(yi)	(jei)	(kei)	(eil)	(eim)	(nei)
o	p	q	r	s	t	
(o)	(pei)	(qiu)	(ar)	(eis)	(tei)	
u	v	w	x	w	z	
(u)	(vei)	(wa)	(xi)	(ya)	(zei)	

第四条 白文声母共有23个，其形体及读音列表如下：

声母	国际音标	例词	
		白文	汉义
b	p	ba	大碗
p	ph	pa	踢
m	m	ma	稻草
f	f	fv	六
v	v	va	袜
d	t	da	与、和
t	th	ta	盖（被）
n	n	na	纳（鞋底）
l	l	la	腊（肉）
g	k	ga	仓库
k	kh	ka	渴
ng	ŋ	nga	咬
h	x	ha	扒（吃饭）
hh	ɣ	hhep	学
j	tɕ	ja	接
q	tɕh	qa	贴
ni	ȵ	nia	亮
x	ɕ	xa	杀
y	j	ya	回
z	ts	za	砸
c	tsh	ca	叉
s	s	sa	撒
ss	z	ssit	二（二月）

说明：为拼写其他方言土语及汉语普通话借词，另设 zh[tʂ]、ch [tʂh]、sh[ʂ]、r[ʐ]4 个声母。因为现代汉语普通话借词中卷舌音声母被借入白语，尤其是在被借入南、中二方言后，卷舌音声母均变成相应的平舌音声母。即使在被借入其他方言土语时，卷舌音声母也常常变为平舌音声母。所以，归纳及制订 23 个白文声母时，没有把这 4 个声母列入。一般来说，这 4 个声母很少使用。

第五条　白文韵母共有37个，其形体及读音列表如下：

韵母		国际音标	例词	
			白文	汉义
单韵母	i	i	bix	低、矮
	ei	e	bei	去、走
	ai	ɛ	taip	台
	a	a	bax	泡沫
	o	o	box	簸
	u	u	kux	善于
	e	ɯ	bex	水塘
	v	v	kvx	蛇
复韵母	iai	iɛ	biai	边、问
	ia	ia	bia	端（动）
	iao	iau	miaofgeif	阉鸡
	io	io	biox	不是
	iou	iou	miouz	直
	ie	iɯ	miex	束
	ui	ui	huix	火
	uai	uɛ	guaiz	坏了
	ua	ua	gua	蕨菜
	uo	uo	guof	各
	ao	au	gaox	高
	ou	ou	ou	浇

说明：①南部方言有三个儿化音韵母：er[eɹ]、ier[ieɹ]、uer[ueɹ]，分别与中部方言 ai[ɛ]、ain[ɛ̃]、iai[iɛ]、iain[iɛ̃]，uai[uɛ]、uain[uɛ̃] 对应。例如：

汉义	南部方言读音	中部方言读音
淡（味淡）	bierp	biaip
偏、斜	pierl	piail
命	mierz	miaip
瓦	werz	wainp
歪	kuerl	kuail
逛	guerx	guainx
寡	guerx	guaix

②中部方言有一套鼻化韵母，以加 n 表示（m、n、ŋ 作声母的音节不加）。它与南部方言的口元音韵母对应。中部方言的鼻化韵母分鼻化单韵母和鼻化复韵母。两种鼻化韵母列表如下：

白文		例词汉义	中部方言读音	南部方言读音
鼻化单韵母	in	梅子	jinx	jeix
	ein	晚饭	beinx	beix
	ain	掰	bainl	beif
	an	丈	zant	zaz
	on	美好	qonl	qoul
	en	次	benl	bef
	vn	东	dvnl	dvf
鼻化复韵母	iain	扁	biainx	bierx
	ian	猪大口吞吃	bianp	biap
	ion	面貌	pionl	pioul
	ien	冰	bienl	bie
	uin	远	duinx	duix
	uain	游逛	guainx	guerx
		裤	guanl	guaf

③韵母 v 有两用：在音节开头时为声母 [v]，在音节中间时为韵母 [v]。例如：valzix“袜子”、vaip“写”，是声母；baipkv“白曲”、dvf“东”、tvl“通”，是韵母。

④韵母 ui 亦有两用：在声母 j、q、x、y 后时，读元音 [y]，例如：juix“嘴”、quit“烙”、xuix“水”，在其他情况下读复元音 [ui]。

⑤为了避免词儿连写的混淆，凡 u 开头的音节，要把 u 改为 w。例如：uap → wap“核”、uerp → werp“写”、uix → wix“眼”。

⑥韵母 i 有变体 [ɿ]，它只与声母 z、c、s、ss 结合。例如：zilfvl“棕树”、cil“遗失”、six“麻”、ssitkuil“饵块”、zil cal“做错”。

⑦韵母 ao、uo、ou 主要存在于南部方言，与中部方言 o[o] 对应。拼写汉语借词时两个方言统一用这一组韵母。

第六条　白文声调。白语南、中两个方言各有8个声调，相同的有7个，不同的有1个。白文表示法列表如下：

调名	调号		调值		松紧情况		例词	
	南	中	南	中	南	中	南	中
l 调	l	l	55	55	松		jilguil 犁头	
b 调		b		55		紧		jib 继
f 调	f		35		松		jifjif 积极	
x 调	x		33		松		jix 拉	
省标调			44		紧		ji 水蛭	
z 调	z		32		松		jiz 渗出	
t 调	t		31		松		jit 田	
p 调	p		42		紧		jip 侄	
d 调	d		21		紧		jid 旗	

说明：

①调名读音按字母读音加“调”。调名字母与调号相同。

②调的松、紧由韵母的松喉元音和紧喉元音而来。除d调无对立的松喉调外，中部方言有对立的三对松、紧喉调，即l调对b调，x调对省标调，t调对p调。南部方言有对立的两对松、紧喉调，即x调对省标调，t调对p调。紧喉调的标志是调号字母都带有圆形圈，即b、p、d。

③中部方言的b调多为汉语借词声调。南部方言无此调，汉语去声调借词仍读l调。

④南部方言有z调，中部方言无此调。

第七条　拼写规则。

（1）词的连写和分写

多音节单纯词连写，复合词一般分写。例如：golleizi“蝴蝶”（单纯词），golleizi ded“一只蝴蝶”（有定指单位的复合词），yeifcilkvl“翅膀”（单纯词），yeifcilkvl zad“一双翅膀”（有定指单位的复合词）。

（2）四音格词不论何种结构形式，均以两个音节为连写单位，中间加短横“—”。

例如：

heilmerd—daotter　　雷鸣电闪（南）

hainllod—hainlbanp　　生龙活虎（中）

geildeip—ngedmaix　　鸡猪牛马（中）

yeye—gaga　　快吃状

（3）大写字母用法

人名、地名、专有名词的姓氏、专名、通名的第一个字母大写。

地名、专有名词例词看附录“白文样品”，人名的具体写法如下：

Zaol Zilhuap（南）赵志华　　Atkuaxzi 阿狗子

Litsvxjib（中）李书记　　Laotwanp（中）老王

Litsvjil（南）李书记　　Laozwap（南）老王

句子、诗行的第一个字母大写，例子参看后面“白文样品”。

专有名词缩写按词的第一个字母大写。例如：

D.B.Z.Z　大理白族自治州

D.Z　大理州　　B.Z　白州

D.B.Z.Z.SS.D.D 大理白族自治州人民代表大会

SS.D 人大 Z.X 政协

D.S 大理市 E.X 洱源县 H.X 鹤庆县

J.X 剑川县 Y.X 云龙县

（4）移行符号

移行按音节移，后加横短“—”。例如：

cil–get……………………………

（5）为了有利于形成共同语，对以下几个专有名词或出现频率极高的词形，有必要进行初步规范，南、中两大方言在调的读法上稍有差异，但词形书写可以保持一致。

①“白族”的白语词形为“Baipho”，汉字白读的词形为“Baifcuf”。

②“大理”词形为“Dallit”。

③“自治州”词形为“zilzilzou”。

④“不”词形为“mux”。

⑤后缀“子”的词形为“zi”，如 Baipzi“白子”、geifzi ded“一只小鸡”。

⑥“的”的词形为“no”。

第八条 标点符号、隔音符号、阿拉伯数字、计量单位、引文、专业名词符号的用法与汉语文的有关规定相同。

附录：白文样品（一）

Berp Milwa Kv

（南部方言）

Berp milwa zil berp jix jix,

Gou no zou de berp ngeid jix.

Cil no yeiz de berp yif koul,

Berp zifyoudbeid sei.

Berpherl—berpssit ye fv het,

Berpdoud—berpsoul niou sua qi.

Berpzoupni het nidgerf jif,

Berp milwa salhui.

Baip Milngua Kv

（中部方言）

Baip milngua zi baip jix jix,

Go no zo de baip ngeid jinx.

Cainl no yip de baip yil konl,

Baip zailyondbeid sei.

Baiphail—baipsit ye fv het,

Baipdond—baipsonl mia sua qi.

Baipzopyon zi yindgainl jil,

Baip milngua sanlhui.

月亮调

白姐白妹白月亮，漂白衣裳穿身上，

背后披张白羊皮，白鞋白晃晃。

大白米饭腹中藏，白言白语不声张。

白天人多不好见，相会月光下。

白文样品（二）
Celhuf Baipsif

（南部方言）

Baipho nidgerf zex 159 ngvt xuiz dier，zvtyaol gvz hel Ngvdnalset no Dallit Baifcuf zilzilzou lil Nulja Lifsufcuf zilzilzou. Beldedmef Baipngvzzi no sif mux, xif mel zafsif nadguoz. Zex Baipngvzzi sif hel zil,ngal ssvt baot saotmap、ji sit'vx、werp xel、ji Baipkv、hhep hazngvzzi sif ,duil tipgao ngal Baipho no vephual sulzif bel hux cvt zafsif jif.

Cenlzan Baipngvpzisvl

（中部方言）

Baipho yindgainl zex 159 ngvp noljai，zvtyaob gvpgaid zil Ngvdnalsent no Dallit Baifcuf zilzilzou yinl Nuljanx Lipsuxcuf zilzilzou het. Dedgeltanl，Baipngvpzi no svl yaf mux，zafsil no yinlgud. Baipngvpzi svl zex lap hhex zil，ngal yonp mot saotmap、ze sait'vx、vaip xen、ze Baipkv、hhep Hanpngvpzix svl，duib tipgaox ngal Baipho mal venphuab subzif zopgua zex mel xot cvt.

白文赞

白族有 159 万多人，主要居住在云南省大理白族自治州和怒江傈僳族自治州。从前，白族没有表达本民族语言的文字，深深感受到没有文字的痛苦。现在有了白族文字，我们用它扫盲、记事、写信、记录白曲、学习汉语文，对提高白族的文化素质很有好处。

语言是一个民族最重要的特征之一。白族人民的共同语是白语，“suaberp[sua^{44}pe^{ɹ42}] 说白（语）”是白族民族认同的重要渠道。

笔者自幼生活在洱海之滨，上小学之前，没有接触过别的语言，交际语言就是白语。笔者的奶奶，一辈子都没有离开过洱海边的那个小村庄，笔者的爷爷及父母亲，也都是地道的白族，在笔者离乡求学之前，我们无论是在家里，还是与周围的乡亲交流，都是用白语。近几十年来，我们的社会日新月异，发展得非常快，我的家乡，也由过去寂寂无名的一个小山村，变成了“苍洱风光第一乡”。我们的生活与过去相比，有了极大的改善。美中不足的是，这些年来，说白语的人越来越少，笔者生活的村庄，是一个典型的白族村，但是年轻的一代说白语的人不断锐减，白语面临亟需保护的景况。

所幸的是，2015 年以来，教育部、国家语委启动中国语言资源保护工程，利用现代化技术手段，按照统一的工作和技术规范，从国家层面开展对全国少数民族语言和汉语方言的调查、保存、展示和开发利用等工作。迄今为止，已有 12 个白语语言点列入“中国语言资源保护工程”项目调研。

很多学者也意识到了语言保护的重要性，比如段然女士。当接到她的邀请，要撰写《白族语言文化释义丛书》的时候，笔者既欣喜，又感恩。在写作过程中，亦得到韩洁编辑耐心而又细致的帮助，书的装帧非常精美，在此一并致谢！

《白族语言文化释义丛书》有三本，笔者的这一本是《日常用语》，分为十篇：家庭篇、生活篇、路遇篇、购物篇、节庆篇、客事篇、地理篇、衣食篇、工作篇、旅游篇，从不同的方面给读者呈现白族人民日常交际、问候用语。每篇后面有一个或几个附表，介绍白族生活用具或亲属称谓等的白语说法。本书因为大部分都是短语，所以除了地名和专有名词之外，拼音白文这一行句子开头不再大写，特此说明！另外，人名的书写，参照了中国社会科学院研究员王锋编著的《白语大理方言基础教程》一书。

笔者的故乡双廊，与白语大理方言标准音点喜洲隔洱海相望，我们的语法是一致的，绝大部分词汇也是相同的，只有个别的词汇在发音的时候，声调可能会不太一样。在文中，有些词语，比如 zinivx 和 zvnivx，意思是一样的，都是子女。还有 ngex 和 hhex, 都是喝的意思，所以不同篇章中可能使用了不同的说法。还有一些需要解决的问题，比如 v 单独做声母的时候，是写作 v，还是写作 vu，白语文学术界目前也没有统一的规定，不同的篇章中也用了不同的写法。如果有错讹之处，是本人的问题，敬请诸君批评指正。

张锡梅

2021 年 10 月